도산절차에서의 신탁의 법리

문혜영 지음

경인문화사

들어가며

　신탁법과 도산법은 민법의 법리에 기초하면서도 일반적인 민법의 체계와는 다른 매우 독특한 특징을 가지고 있다. 필자는 사법연수원을 수료하고 변호사로서 업무를 시작하면서 신탁법과 도산법을 접하게 되었는데, 금융 자문을 주된 업무로 하면서 실무에서 신탁이라는 구조가 얼마나 유용하게 활용되고 있는지 직접 경험할 수 있었고, 또 업무를 시작하던 해에 금융위기를 겪으면서 도산법에 대해서도 많은 경험을 쌓게 되었다.

　변호사로서 실무경험을 쌓기 전에 대학원에서 민법을 전공하면서 민법 공부를 병행하던 필자는 이러한 경험을 바탕으로 민법에서 파생되는 영역이지만 독특한 특징을 가지고 있는 신탁법과 도산법의 매력에 빠지게 되었고, 또한 이러한 이유로 신탁과 도산에 관한 주제로 박사학위 논문을 작성하여 2023년 8월에 박사학위를 취득하였다. 이 책은 위 박사논문을 크게 수정한 것은 아니고, 분량의 조절을 위해 각주 일부를 조정하고 참고문헌을 최신판으로 수정하는 등의 작은 수정만을 거친 것이다.

　이 책의 출간을 위해 박사논문을 다시 읽어보며 정리하다보니, 처음 이 주제로 박사논문을 작성하기로 결심하고 나서, 영국을 방문했던 기억이 다시 떠올랐다. 영국은 신탁제도가 발생한 국가에 어울리게도 사회 곳곳에서 신탁제도를 활용하고 있는 것을 직접 눈으로 확인할 수 있었고, 이러한 경험은 이 책을 작성함에 있어서도 매우 큰 도움이 되었다.

　이처럼 신탁제도가 생활에 밀접하게 스며들어 있는 영국과는 달리, 우리 민법 그리고 전반적인 법체계는 소위 대륙법계에 기초한 것이기 때문에 영미법에서 발전된 신탁은 아직 우리 법체계나 법인식에 완전히 녹아들어 있지 못한 것으로 보인다. 그렇지만 의외로 우리 신탁법의 역사는 상당히 긴 편이며, 2012년에 신탁법을 전면 개정한 이후에는 신탁의 활용 또한 활발해지고 있다. 그렇지만 도산절차에서 신탁에 대하여 제기되는 법적 논쟁들을 살펴보면 아직도 신탁의 본질적 특징에 대한 오해가 있는 것으로 보인다. 이는 신탁이 우리 대륙법계에서 생소한 법체계인 탓도 있지만, 도산절차 또한 법원의 재량권을 넓게 인정한다는 독특한 특징을 가지고 있기 때문이기도 하다.

따라서 신탁과 도산의 관계를 명확하게 정리하기 위해서는 신탁의 본질적인 특징과 도산절차의 의의 및 한계에 대한 명확한 이해를 바탕으로 도산절차에서의 신탁의 법리를 검토할 필요가 있다. 그리고 신탁과 도산의 관계에 있어 가장 핵심적인 것은 '신탁의 도산절연성'이다. 이 책은 이러한 신탁의 도산절연성을 중심으로 하여 신탁과 도산절차의 관계에 대해서 정리하고자 하였고, 이를 통해 신탁과 도산의 관계를 균형적으로 바라보고자 하였다.

위와 같은 필자의 시도가 어느 정도 성공적이었는지는 독자의 평가에 달린 것이겠지만, 그래도 신탁과 도산의 관계에 대하여 그동안 쟁점별로 산발적으로 흩어져 논의되던 것들을 모아 정리하여 하나의 관통하는 관점에서 바라보고 검토함으로써 신탁과 도산의 관계에 대한 의미있는 첫 걸음을 내디딘 것으로 평가받을 수 있기를 바란다.

이러한 바램을 가지고 이 책의 출간을 준비하다보니, 박사논문을 작성하는 동안 옆에서 같이 고생했던 가족들이 떠올라 감사 인사를 전하고자 한다. 변호사 생활을 하면서 늘상 바쁜 모습만 보여줬던 엄마였지만, 박사논문 쓴다고 주말에까지 정신없이 바빴던 엄마를 이해해주고 늘 응원해준 사랑하는 딸 재연이에게 우선 고맙다는 말을 하고 싶다. 그리고 필요한 자료를 찾는데 적극적으로 도움을 주며 격려해준 남편 심현근 부장판사에게는 그 도움이 없었으면 이 글은 작성할 수 없었을 것이라는 감사를 꼭 전하고 싶다. 그리고 항상 자식을 자랑스럽게 생각하고 믿어주시며 응원해주시는 부모님께는 어떠한 감사의 말을 드려도 모자

랄 것이며, 언제나 훌륭한 글로 나에게 자극을 주는 언니 문소영 기자에게도 항상 감사한다.

그리고 변호사 생활로 바쁜 가운데에서도 필자가 연구를 게을리하지 않고 이 자리에까지 올 수 있게 힘을 주시고 자극을 주셨던 은사님이신 김재형 대법관님께 깊은 감사의 인사를 올린다. 특히 김재형 대법관님께서 다시 모교로 돌아오셔서 학자의 길을 이어가시는 모습은 제자인 필자에게 큰 가르침이 되고 있다. 또한 미국 유학을 마치고 방황하던 필자를 지도제자로 흔쾌히 받아주시고 박사논문을 완성할 수 있도록 힘을 주신 이계정 지도교수님께 깊은 감사의 말씀을 드린다. 바쁜 변호사의 업무를 이해해주시면서 항상 따뜻하게 지도해주신 덕분에 이 작업을 마칠 수 있었다고 생각된다. 마지막으로, 박사논문을 작성하는 과정에서 훌륭한 심사의견을 주셔서 보다 완성된 글이 될 수 있도록 도움을 주신 권영준 대법관님을 비롯한 심사위원분들께도 깊은 감사 인사를 드린다.

이러한 수많은 도움과 격려를 통해 완성한 이 책이 신탁과 도산의 발전에 조금이나마 기여할 수 있기를 기대하며, 그리고 필자 또한 학자로서 새로운 길을 시작한 만큼 이 분야에 대한 연구를 계속하여 발전시켜 나갈 수 있기를 다짐하며 이 글을 마친다.

2024. 8.

문혜영

목 차

:: 들어가며

제1장 서 론 ··· 1
1. 신탁과 도산 ··· 3
2. 구성 및 연구방법 ·· 8
   가. 신탁과 도산절차의 관계에 대한 고찰 ························ 8
   나. 위탁자, 수탁자 및 수익자의 도산절차에서의 신탁의 법리 · 9

제2장 신탁과 도산절차 ·· 13
1. 신탁과 도산절차의 관계 ·· 15
2. 도산절차의 의의 및 특징 ··· 17
   가. 도산절차의 의의 및 개념 ··· 17
      1) 도산절차란 무엇인가 ·· 17
      2) 현행 채무자회생법 상의 도산절차의 개요 ················ 17
   나. 미국법상의 도산절차의 의의 및 특징 ························ 19
      1) 미국법상의 도산절차의 개념 및 발전 ······················ 19
      2) 미국 도산법상 채무자 재산의 확정의 문제 ·············· 23
      3) 미국 도산법상 이해관계인의 권리의 집단적 처리 ········ 28
      4) 소결 ··· 31

다. 일본법상의 도산절차의 의의 및 특징 ·························· 32
　　　　1) 일본법상의 도산절차의 개념 및 발전 ························ 32
　　　　2) 일본 도산법상 채무자 재산의 확정의 문제 ·················· 36
　　　　3) 일본 도산법상 이해관계인의 권리의 조정 ··················· 41
　　　　4) 소결 ·· 43
　　라. 채무자회생법상의 도산절차 ······································ 45
　　　　1) 채무자회생법상의 도산절차의 개관 ·························· 45
　　　　2) 채무자 재산의 확정 ··· 46
　　　　3) 부인권 ·· 47
　　　　4) 이해관계인의 권리의 조정 ··································· 49
　　마. 환취권 ··· 51
　　　　1) 환취권의 개념 및 의의 ······································ 51
　　　　2) 소유권유보부 매매의 경우의 환취권의 문제 ················· 55
　　　　3) 금융리스의 경우의 환취권의 문제 ··························· 64
　　　　4) 소결 ·· 67
3. 신탁의 의의 및 특징 ·· 70
　가. 신탁의 개념 및 신탁의 설정 ······································ 70
　　　　1) 신탁의 개념 ·· 70
　　　　2) 신탁의 설정 방식 및 신탁의 유형 ··························· 72
　나. 신탁재산의 귀속 - 신탁재산의 위탁자로부터의 분리 ······· 73
　　　　1) 신탁재산의 개념 ·· 73
　　　　2) 신탁재산의 귀속의 문제 ····································· 75
　　　　3) 비교법적 고찰 - 영미법에서의 신탁재산의 귀속 ············ 77
　　　　4) 비교법적 고찰 - 퀘벡주에서의 신탁재산의 귀속 ············ 80

5) 비교법적 고찰 - 일본법에서의 신탁재산의 귀속 ············ 82
   6) 국내법에서의 논의 ·· 84
   7) 소결 ·· 85
 다. 신탁재산의 독립성 - 신탁재산의 수탁자로부터의 분리 ···· 87
   1) 신탁재산의 독립성의 개념 ·· 87
   2) 영미법에서의 신탁재산의 독립성 ······································ 88
   3) 일본법에서의 신탁재산의 독립성 ······································ 90
   4) 국내법에서의 신탁재산의 독립성 ······································ 91
 라. 수익권의 성격 - 신탁재산의 수익자로부터의 분리 ·········· 91
   1) 수익권의 개념 ·· 91
   2) 영미법에서의 수익권의 성격 ·· 92
   3) 일본법에서의 수익권의 성격 ·· 97
   4) 국내법에서의 수익권의 성격 ·· 98
4. 신탁의 도산절연성 ·· 102
 가. 신탁의 도산절연성의 원칙 ··· 102
 나. 신탁의 본질로서의 신탁의 도산절연성 ······························· 104
 다. 자기신탁의 경우의 도산절연성 ··· 109
   1) 자기신탁의 개념 ·· 109
   2) 자기신탁의 도산절연성 - 집행면탈의 문제 ···················· 111
 다. 자익신탁의 경우의 도산절연성 ··· 112
   1) 자익신탁의 개념 ·· 112
   2) 자익신탁의 도산절연성 ·· 114
 마. 신탁의 도산절연성이 문제되는 경우 ··································· 116
   1) 신탁이 무효인 경우 ·· 116
   2) 신탁에 취소 사유가 있는 경우_사해신탁 등 ················· 117
   3) 법에 의하여 신탁이 종료되는 경우 ································ 118
   4) 신탁재산의 성격으로 인한 경우 ······································ 119

바. 소결 ··· 119
　5. 도산절차와 신탁의 관계 ··· 121
　　가. 도산절차의 목적과 그 한계 ·· 121
　　　1) 도산절차의 의의 ·· 121
　　　2) 미국법에서의 도산절차의 목표 및 그 한계 ················ 121
　　　3) 도산절차에서의 '형식보다 실질'에 대한 논의 ············ 128
　　　4) 도산절차의 본질과 그 정책적 고려의 한계 ················ 133
　　나. 신탁의 도산절연성에 대한 수정 가능성 ······················· 135
　　　1) 도산절차에서의 수정 가능성 ·· 135
　　　2) 신탁법에서의 수정 가능성 - 철회가능신탁 ················ 137
　　　3) 소결 ··· 143

제3장 위탁자의 도산절차에서의 신탁의 법리 ················ 145

　1. 위탁자의 도산절차에서의 신탁의 일반적 지위 ············· 147
　　가. 위탁자에 의한 신탁의 설정 ·· 147
　　나. 신탁재산의 수탁자로의 완전한 이전의 판단 기준 ······· 148
　　　1) 문제의 소재 ··· 148
　　　2) 자산유동화법 제13조의 유추 적용의 가능성 ············· 149
　　　3) 신탁에 있어서의 진정양도의 기준 ······························ 153
　2. 위탁자의 도산절차에서의 담보신탁 ································· 154
　　가. 문제의 소재 ··· 154
　　나. 담보신탁의 개념 ··· 156
　　다. 담보신탁과 다른 법률관계와의 구별 ······························ 158
　　　1) 의의 ·· 158
　　　2) 관리신탁, 처분신탁 또는 개발신탁 등과의 구별 ········ 159
　　　3) 다른 유형의 담보 목적 신탁과의 구별 ······················· 162

4) 담보신탁과 양도담보의 구별 ·· 165
    5) 담보신탁과 담보권신탁의 구별 ·· 168
  라. 비교법적 고찰 - 미국법에서의 Deed of Trust ············· 178
    1) 의의 ··· 178
    2) Deed of Trust의 개념 및 특징 ··· 179
    3) Deed of Trust와 담보신탁의 차이점 ································· 184
  마. 비교법적 고찰 - 프랑스법에서의 담보신탁 ·················· 185
    1) 의의 ··· 185
    2) 프랑스법에서의 담보신탁 ·· 188
  바. 담보신탁에 관한 최근의 대법원 판결들의 검토 ············· 194
    1) 담보신탁에 대한 대법원판결의 검토 필요성 ················· 194
    2) 대법원 2018. 10. 18. 선고 2016다220143 (전합체) ········ 195
    3) 대법원 2022. 5. 12. 선고 2017다278187 ························ 201
    4) 소결 ··· 204
  사. 담보신탁의 도산절연성에 대한 검토 ····························· 205
    1) 문제의 소재 ··· 205
    2) 담보신탁의 도산절연성에 대한 학설의 검토 ················· 205
3. 위탁자의 도산절차에서의 담보권신탁 ······························ 226
  가. 담보권신탁의 개념 및 의의 ·· 226
  나. 담보권신탁의 도산절차에서의 지위 ······························ 229
    1) 담보권신탁의 특징 ··· 229
    2) 회생담보권이 인정되는지 여부 - 부종성의 문제 ········· 229
    3) 별제권이 인정되는지 여부 ··· 235
4. 쌍방미이행 쌍무계약의 문제 ··· 235
  가. 쌍방미이행 쌍무계약의 개념 ··· 235
  나. 신탁이 쌍방미이행 쌍무계약에 해당하는지 여부 ········· 236
    1) 쌍방미이행 쌍무계약이 문제되는 신탁_신탁계약 ·········· 236

2) 신탁계약이 쌍무계약에 해당하는지 여부 ················ 237
   3) 쌍무계약인 신탁계약이 미이행상태인 경우 ············ 238
 5. 위탁자의 신탁이 사해신탁인 경우의 문제 ················ 240
  가. 사해신탁의 개념 및 채권자취소권 ························· 240
  나. 채무자회생법상 부인권의 개념 및 채권자취소권 ········· 242
  다. 사해신탁과 채무자회생법상의 부인권 ····················· 245
  라. 위탁자의 도산절차에서의 사해신탁의 취급 ················ 246
   1) 문제의 제기 ··· 246
   2) 부인권 행사의 상대방 ······································ 247
   3) 수탁자에 대하여 부인권을 행사하는 경우 ··············· 247
   4) 수익자에 대하여 부인권을 행사하는 경우 ··············· 248
   5) 선의의 제3자의 보호 ······································ 249
   6) 부인권 행사의 효과 ·· 250
  마. 사해신탁의 부인과 도산절연성 ······························ 251

제4장 수탁자의 도산절차에서의 신탁의 법리 ················ 253

 1. 수탁자의 도산절차에서의 신탁재산의 일반적 지위 ······· 255
  가. 수탁자의 도산절차에서의 신탁재산 ························ 255
  나. 신탁재산에 대한 환취권의 행사 ····························· 256
   1) 신탁재산의 독립성과 환취권 ······························ 256
   2) 수탁자의 파산절차에서의 환취권의 행사 ················ 257
   3) 수탁자의 회생절차에서의 환취권의 행사 ················ 260
   4) 신탁이 종료되는 경우의 환취권의 행사 ················· 263
   5) 환취권의 대상이 되는 신탁재산 ·························· 263
 2. 수탁자에 대한 도산절차에서 수익자의 지위 ················ 272
  가. 의의 ··· 272

나. 수탁자의 도산절차에서 수익자의 환취권 행사 ·············· 273
　　　　1) 문제의 제기 ·· 273
　　　　2) 학설의 대립 ·· 274
　　　　3) 현행법 및 판례 - 수익자에 대한 환취권의 불인정 ······ 275
　　　　4) 수익자에 대한 환취권 인정 필요성에 대한 검토 ········· 276
　3. 수탁자에 대한 도산절차에서 신탁채권자의 지위 ··········· 280
　　가. 신탁채권의 개념 ·· 280
　　　　1) 신탁채권의 의의 및 범위 ··· 280
　　　　2) 수탁자의 불법행위로 인한 손해배상청구권의 경우 ······ 281
　　나. 수탁자의 도산절차에서 신탁채권의 취급 ························· 283
　　　　1) 신탁재산에 대한 청구 ··· 283
　　　　2) 수탁자의 고유재산에 대한 청구 ····································· 284
　4. 수탁자에 대한 도산절차 개시의 경우 수탁자의 지위 ··· 288
　　가. 수탁자에 대하여 파산절차가 개시되는 경우 ···················· 288
　　　　1) 수탁자의 임무 종료 ··· 288
　　　　2) 신수탁자의 선정의 문제 ··· 288
　　나. 수탁자에 대하여 회생절차가 개시되는 경우 ···················· 289
　　　　1) 문제의 제기 ·· 289
　　　　2) 국내에서의 논의 ·· 290
　　　　3) 일본 신탁법의 검토 ··· 291
　　　　4) 소결 ··· 292
　　　　5) 여론 - 쌍방미이행 쌍무계약 해지의 문제 ···················· 294
　5. 수탁자의 도산절차에서 사해신탁의 취급 ·························· 294
　　가. 문제의 소재 ··· 294
　　나. 사해신탁 취소 ··· 295
　　　　1) 사해신탁 취소의 요건 - 수탁자 선의의 고려 여부 ······ 295

2) 신탁채권자의 문제 ··· 298
　다. 사해신탁 취소권 행사 요건 - 수익자의 악의 ················ 302
　라. 선의의 수탁자에 대한 사해신탁 취소 ···························· 304
　마. 악의의 수탁자에 대한 사해신탁 취소 ···························· 305
　　1) 원상회복청구의 경우 ··· 305
　　2) 가액배상청구의 경우 ··· 305

제5장 수익자 도산절차에서의 신탁의 법리 ············ 309

1. 수익자의 도산절차에서의 수익권 ································ 311
2. 수익자의 관리인 또는 파산관재인의 신탁에서의 지위 ·· 312
　가. 수익자의 지위의 이전의 문제 ···································· 312
　나. 도산절차에서의 수익권의 처리의 문제 ························· 313
　　1) 문제의 제기 ·· 313
　　2) 수익권의 처분 가능성 ·· 314
3. 수익자로서의 책임의 처리의 문제 ································ 316
　가. 수탁자의 수익자에 대한 비용상환청구권 ····················· 316
　나. 비용상환청구권 등의 수익자의 도산절차에서의 지위 ····· 317
4. 수익자 도산절차에서의 사해신탁의 취급 ······················· 319
　가. 문제의 제기 ·· 319
　나. 사해신탁 취소 및 원상회복의 소 ································ 319
　　1) 일반론 ··· 319
　　2) 수익자에 대하여 도산절차가 개시된 경우 ················ 321
　다. 수익권양도청구권의 행사 ··· 328
　　1) 수익권양도청구권의 일반 ···································· 328
　　2) 수익자의 도산절차에서의 수익권양도청구권의 취급 ····· 333

제6장 신탁재산 자체의 도산 ·· 335

1. 문제의 소재 ·· 337
2. 신탁재산 자체의 도산절차 개시 가능 여부 ················ 337
  가. 문제의 제기 ·· 337
  나. 유한책임신탁 외 신탁에 대한 파산신청 ················ 338
    1) 현행법의 해석상 가능한지 여부 ···················· 338
    2) 유한책임신탁 외 신탁에 대한 파산의 도입 가능성 ······ 339
    3) 신탁재산의 회생절차 인정의 필요성에 대한 검토 ······· 343
3. 유한책임신탁의 파산 ·· 344
  가. 문제의 제기 ·· 344
  나. 파산신청의 주체 ·· 344
  다. 파산원인 ·· 345
  라. 채권의 순위 ·· 345
4. 소결 ·· 346

제7장 결 어 ··· 349

참고문헌 354
찾아보기 372

제1장

서론

1. 신탁과 도산

　신탁은 위탁자가 수탁자에게 특정 재산을 이전하거나 담보권을 설정하는 등의 처분을 하고, 수탁자는 수익자의 이익 또는 특정의 목적을 위하여 그 재산을 관리 또는 처분 등을 하게 하는 법률관계를 말한다(신탁법 제2조).

　신탁은 영미법에서 발전되어 온 법률관계로, 오랜 역사를 가지고 생활 곳곳에서 신탁을 활용하고 있는 영미 국가와는 달리,[1] IMF 이후에 비로소 새로운 선진 금융기법의 도입을 통하여 신탁을 활용하기 시작하였고, 현재까지도 주로 금융거래 등 상업적 영역에서만 신탁을 활용하고 있는 우리나라에서는 아직 신탁을 친숙하게 받아들이지는 못하는 것으로 보인다. 그렇지만 우리법이 신탁을 도입한 역사는 의외로 긴 편이다. 우리법은 1961년 12월 30일에 신탁법을 제정하여 신탁을 명문으로 규정하였고, 그 이전에도 의용 신탁법에 의하여 신탁을 법으로 인정하여 왔다.[2]

　신탁의 설정은 위탁자의 신탁 선언, 위탁자의 유언 또는 위탁자와 수탁자 간의 신탁의 계약에 의하여 이루어지게 되는데(신탁법 제3조 제1

---

[1] 신탁의 고향이라고 할 수 있는 영국에서는 오래전부터 가족의 자산을 후손에게 물려주기 위한 수단으로 신탁을 활용하는 예가 많았다. Geraint Thomas & Alastair Hudson (2004), pp. 47-48. 또한 영국에서는 국가 문화재 등을 관리하기 위하여 공익 목적의 신탁을 활용하는 경우도 흔히 볼 수 있는데, 대표적으로 국립미술관(National Gallery)이 보유하고 있는 작품들을 신탁(the National Gallery Trust)을 통하여 관리하고 있는 것이 그 예이다. 위 예를 포함하여 영국에서의 공익 목적의 신탁의 현황은 https://www.gov.uk/government/organisations/ charity-commission 에서 확인할 수 있다.

[2] 신탁법이 제정되기 전에는 조선민사령 제1조 제7호의 2에 의하여 일본 신탁법이 의용되었는데, 1961년에 신탁법이 제정됨으로써 의용 신탁법은 삭제되었다.

항), 가장 일반적인 형태는 위탁자와 수탁자 간에 신탁 설정의 합의를 하는 신탁계약의 형태라고 할 수 있다. 신탁계약에 따른 신탁의 설정의 경우, 그 신탁의 합의는 위탁자와 수탁자 사이에 이루어지고, 신탁의 대상이 되는 특정 재산의 이전 등의 처분 또한 위탁자와 수탁자 사이에서 이루어지게 되는데, 그러한 신탁에 따른 이익은 신탁 거래의 당사자인 위탁자 또는 수탁자가 아닌 수익자가 향유하게 된다. 또한 신탁의 대상이 되는 신탁재산은 신탁에 의하여 위탁자로부터 수탁자로 이전되고 법적으로 수탁자의 소유가 되지만, 수탁자 자신의 고유재산과는 분리되어 관리된다. 이에 따라 신탁의 대상이 되는 신탁재산은 위탁자, 수탁자 및 수익자 모두로부터 독립적인 지위를 가지고, 오로지 신탁계약이 정하는 바에 의해서만 처분이 될 뿐, 위탁자, 수탁자 또는 수익자 개인의 자의에 의하여 처분되지 못한다.

이와 같이 신탁은 일반적인 법률행위와는 다른 독특한 특징을 가진다. 그리고 도산절차에서 신탁의 법률관계를 법적으로 어떻게 처리하여야 할 것인지에 대한 검토를 함에 있어서도, 이러한 신탁의 독특한 특징을 고려하여야 하며, 그러한 이유로 다른 법률행위와는 다른 관점에서 이를 검토하는 것이 필요하다.

즉, 신탁법상의 신탁을 통하여 위탁자 소유의 재산을 신탁 목적으로 이전하면, 신탁재산은 대내외적으로 위탁자로부터 수탁자로 완전히 이전하게 되므로, 위탁자의 채권자는 신탁된 재산에 대하여는 더 이상 강제집행 할 수 없으며, 신탁재산은 위탁자의 「채무자 회생 및 파산에 관한 법률」(이하 "채무자회생법")에 따른 회생절차 또는 파산절차에 영향을 받지 않게 된다는 점을 이해하고 이러한 이해를 바탕으로 도산절차에서의 신탁의 법리를 검토하여야 한다. 또한 신탁재산이 대내외적으로 수탁자에게 이전된다고 하더라도 수탁자의 채권자는 신탁재산에 대하여는 강제집행할 수 없고(신탁법 제22조 참조), 수탁자의 파산재단, 또는 회생절차에서의 채무자의 재산을 구성하지 아니하므로(신탁법 제24조 참조), 신탁재산은 수탁자의 채무자회생법상 회생절차 또는 파산절차에도 영향을 받지 않는다. 그리고 수익자는 신탁계약이 정하는 바에 따라 신탁재산으로부터 수익을 받는 권리를 가지는 자일 뿐이고, 신탁재산 자체에 대하여 처분 등의 권한을 가지는 것은 아니므로, 수익자의 수익권이 수익자의 도산절차에서 수익자의 책임재산에 포함됨은 별론으로 하고, 대내외적으로 수탁자가 소유하는 신탁재산은 수익자의 채무자회생법상 회생절차 또는 파산절차에도 영향을 받지 않는다.

이러한 신탁의 도산절차에서의 특징을 흔히 '신탁의 도산절연성'이라고 표현하며,3) 도산절차에서의 신탁의 법리를 검토함에 있어 가장 중요한 특징은 결국 '신탁의 도산절연성'이라고 할 수 있다. 그리고 이러한 도산절연성은 실무상 거래에서 신탁을 택하게 되는 주요한 이유 중 하나이다. 거래 당사자의 입장에서는 거래 상대방의 도산절차 개시가 거래에 있어 가장 큰 위험 중 하나이기 때문에 이러한 위험을 회피하기 위한 방안을 고민하게 되고, 이러한 회피에 가장 적합한 거래 구조가 바로 신탁이다. 이러한 이유로 실무에서는 신탁을 거래구조로 이용하는 경우가 많다. 특히 자산유동화거래와 부동산개발 사업 등에서는 신탁이 매우 빈번하게 사용되고 있다.

그런데, 이와 같은 신탁의 도산절연성과 관련하여, 사실상 일반 금융거래와 다를 바가 없는데, 단지 도산절차에서 절연되기 위하여 신탁구조를 채택한 경우에는 다른 채권자들과의 형평성을 고려하여 도산절연성

---

3) 도산절연이나 도산격리라는 용어는 법령상의 용어가 아니고 학술상으로도 정립된 용어는 아니라는 견해가 있었으나(임채웅(2008a), 423면), 최근의 학술논문 등에서는 '도산절연'이라는 용어를 종종 사용하고 있는 것으로 보인다(윤진수(2018), 698면 이하; 이계정(2020b), 93-94면 등). 또한 대법원은 담보신탁이 설정된 골프장시설에 대한 전원합의체판결(대법원 2018. 10. 18. 선고 2016다220143 전원합의체 판결)에서 도산격리라는 용어를 사용하면서 담보신탁의 도산격리 효과에 관하여 판단한 바 있다. 따라서, 종래 실무에서 사용되던 도산격리 또는 도산절연이라는 표현이 최근에는 일반적인 학술 및 판례상의 용어로 인정되고 있는 것으로 보인다. 이 글에서는 이에 대한 표현 중 '도산절연'이라는 용어를 사용하기로 한다.

을 부정하여야 한다는 비판적인 견해들이 등장하고 있는 것으로 보인다.4) 이는 주로 위탁자의 도산절차와 관련하여 제기되는 쟁점이다.

　이러한 견해가 힘을 얻게 된 배경에는, 도산절차는 채무의 면책 또는 채무의 조정 등을 통하여 재정적 파탄에 빠진 채무자를 다시 정상화시키는 절차로 발전해왔고, 이와 같이 채무자를 경제적으로 재건하기 위해서는 최대한 채무자의 자산을 확보하는 것이 필요하므로, 이를 위해서는 정책적으로 타인의 권리나 다른 법률상의 원칙을 제한할 수 있다는 생각이 있는 것으로 이해된다. 물론 도산절차가 재정적 파탄에 빠진 채무자를 다시 경제구성원으로 회복시킴으로써 사회 전체의 경제 발전에 기여하고자 하는 방향으로 발전해온 것은 사실이고, 현재의 도산절차가 이와 같은 긍정적인 역할을 하고 있는 것도 사실이다. 그렇지만 이를 위하여 도산절차가 아무런 제한 없이 다른 실체법상의 권리의 본질이나 기본 법리를 무시하고 모든 권리를 도산절차에 구속시켜 제한할 수 있다는 것은 아니며 이는 도산절차의 의의와 한계를 벗어나는 것이다.

　신탁의 도산절연성에 대하여 비판적인 태도를 가지는 근거는 신탁을 다른 법률관계와 다르게 보는 것이 형평성에 반한다는 인식과, 도산절차는 공익적 목적을 위하여 이해관계인들을 공정하게 취급하여야 한다는 인식에 기초하고 있는 것으로 이해된다. 그런데, 영미법계에 뿌리를 두고 있는 신탁은 대륙법계를 계수한 우리 법체계와는 이질적인 특징을 가지고 있고 그러한 이유로 다른 법률관계와는 다르게 취급되어야 한다. 그런데 위에서도 언급한 바와 같이, 우리는 신탁을 법으로 규정한 역사는 오래되었음에도 불구하고, 신탁제도를 활발하게 이용하게 된 것은 그

---

4) 이와 관련하여 주된 쟁점이라고 할 수 있는 것은 채권의 담보를 목적으로 신탁을 설정한 경우에는 다른 담보목적의 법률관계와의 형평성을 고려하여 이를 도산절차에서 담보권으로 보아야 하고, 신탁의 도산절연성을 인정하여서는 안된다는 주장이다. 윤진수(2018), 723면 이하; 정소민(2019), 104-110면; 최효종/김소연(2018), 481-484면; 함대영(2010), 78-81면. 이에 대해서는 아래의 제3장 2. 부분에서 자세히 논의하도록 하겠다.

리 오래되지 않았고, 신탁법 규정 또한 매우 오랫동안 개정되지 않아 미비한 상태였다가. 2012년에 신탁법이 전면 개정되고 나서야 비로소 신탁의 본질적인 내용들이 제대로 반영된 신탁법의 제대로 된 법 기초가 마련되었다. 이런 이유로, 아직 우리법 체계는 신탁의 개념 및 그 특징을 명확하게 이해하고 다른 대륙법 체계의 법률관계와의 차이를 인식하고 이를 받아들이는 것에 익숙하지 않은 것으로 생각된다.

그런데 '신탁의 도산절연성'은 신탁이라는 법률관계의 독특한 특징으로부터 도출되는 신탁의 가장 중요하고 본질적인 특징이다. 따라서 신탁 자체가 적법하게 설정되지 않았거나, 신탁법 등의 규정에 의하여 신탁을 해지하거나 취소함으로써 신탁이 종료되는 경우가 아닌 한, 그 신탁은 도산절차에 구속되지 않는 것이 원칙이다. 최근 도산절차에서 신탁이 법적 쟁점으로 문제되는 사례가 늘어가고 있는데, 아직까지 이와 같은 신탁의 특징과 도산절차의 한계에 대한 명확한 이해를 바탕으로 한 명쾌한 정리가 이루어지지 않고 있는 것으로 보인다. 이러한 이유로 이 글에서는 도산절차에서의 신탁의 법리를 거시적 관점과 미시적 관점을 모두 사용하여 전체적으로 검토해보고자 한다.

이에 따라 이 글은 도산절차의 의의 및 그 한계와 신탁법상의 신탁의 중요한 본질에 대하여 자세히 살펴봄으로써, 신탁과 관련된 법률관계를 도산절차에서 어떻게 처리하여야 하는지에 대하여 일반적인 원칙을 세우고, 이러한 일반적인 원칙 하에서 위탁자의 도산절차, 수탁자의 도산절차 및 수익자의 도산절차에서 각기 다른 측면에서 발생하는 여러 법률적 쟁점들을 자세히 검토하고 살펴보고자 한다.

지금까지의 신탁과 도산에 대한 연구는 주로 위탁자의 도산절차에서의 도산절연성의 문제나 수탁자의 도산절차에서의 신탁재산의 독립성에 대한 문제만을 주로 다룬 측면이 있으며, 또한 신탁에 대한 연구에서 도산에 관한 쟁점이 일부 다루어지거나, 도산절차에서의 연구에서 신탁에 대하여도 일부 언급하는 방식 등으로 다루어짐으로써, 보다 깊이 있고

유기적으로 연구되지 못한 측면이 있다. 그래서 이 글에서는 도산절차에서의 신탁의 법리에 관련된 법적 쟁점을 자세히, 그리고 종합적으로 검토하면서, 현존하는 문제점들을 해결할 방안에 대하여 고민해보고, 이러한 종합적이고 원칙에 충실한 검토를 통하여 신탁의 특징을 보다 친숙하게 받아들이고 이를 도산절차에서도 폭넓게 인정할 수 있는 발판을 마련하고자 한다.

2. 구성 및 연구방법

가. 신탁과 도산절차의 관계에 대한 고찰

이 글은 먼저, 신탁과 도산의 관계에 대한 검토를 위하여 도산절차의 개념, 특징 및 그 한계에 대하여 살펴본 후, 신탁법상의 신탁의 특징에 대하여 검토하여, 도산절차에서 신탁을 어떻게 처리하여야 할 것인지에 대하여 일반적인 원칙을 세워보고자 한다.

채무자회생법은 일본 도산법의 영향을 받았고, 일본 도산법은 2차 세계대전 이후 미국의 도산법제를 강제로 계수하면서 발전해온 것이므로, 우선 영미법계에서 도산법제가 어떻게 발전되어 왔는지를 살펴보고, 다음으로 일본법에서의 도산제도도 살펴보고자 한다. 이러한 비교법적 고찰을 통하여 도산제도의 기본적 이념이 무엇인지를 살펴보고, 그 한계도 연구해보고자 한다. 특히 도산절차가 공공의 이익을 위한 사회정책적인 절차라는 성격을 가진다는 이유로, 도산법원에 넓은 재량권을 부여하는 경향이 있는데, 이러한 경향을 뒷받침하는 근거는 무엇이고, 이러한 경향성의 목표와 한계가 무엇인지를 미국에서의 '형식보다 실질'에 대한 논의를 중심으로 하여 살펴보도록 하겠다.

또한 신탁법상의 신탁은 영미법계에서 계수된 개념이므로, 영미법에서의 신탁재산의 귀속 및 그 독립성, 수익권의 성격에 대한 논의를 비교법적으로 고찰해보고, 이를 계수한 일본에서 이를 어떠한 방식으로 규정하고 있는지 살펴봄으로써, 신탁의 본질적인 특징이 무엇인지, 그리고 이러한 본질적인 특징으로서의 도산절연성이 인정될 수 있는지를 살펴보고자 한다. 또한 이러한 신탁의 도산절연성의 원칙이 제한되거나 변경될 수 있는 성질의 것인지, 특히 도산절차에서 어떠한 경우에, 어떠한 절차를 거쳐서 제한될 수 있을 것인지에 대하여 비교법적 검토를 통하여 살펴보고자 한다.

　이러한 연구를 통하여 우리법상의 신탁과 도산의 개념 및 본질에 대하여 파악하고, 이를 바탕으로 신탁과 도산절차의 관계에 대한 기본적인 원칙을 세워보고자 한다.

나. 위탁자, 수탁자 및 수익자의 도산절차에서의 신탁의 법리

　다음으로, 신탁에서의 각 당사자, 즉 위탁자, 수탁자 및 수익자에 대하여 각각 도산절차가 개시되었을 경우에 신탁과 관련된 법적 쟁점에 무엇이 있으며, 이를 어떻게 해결하는 것이 위의 기본적인 원칙에 맞는 해석일지에 대하여 논해보고자 한다.

　첫째로, 위탁자의 도산절차에서의 신탁과 관련해서는, 신탁과 도산의 관계에서 가장 자주 문제가 되는 도산절연성의 문제를 가장 큰 쟁점으로 다루게 된다. 도산절연성이 인정되기 위해서는 신탁법상의 적법한 신탁이어야 하는데, 결국 위탁자로부터 수탁자로의 "진정한 양도"가 이루어졌는지 여부가 쟁점이 된다. 이 때 이러한 진정한 양도가 이루어졌는지를 판단하는 기준을 어떻게 정해야 할지 검토가 필요하다. 또한, 이와 관련하여 많이 논의되는 것이 위탁자가 담보목적으로 신탁을 한 경우인데, 담보신탁과 담보권신탁이 그것이다. 특히 담보신탁과 관련하여 그 경제적 실질은 담보라는 사실에 주목하면서 이를 도산절차에서 담보권으로 취급하여야 한다는 견해들이 최근 많이 대두되고 있는데, 이러한 주장이 과연 타당한지 살펴보기 위하여 담보신탁의 개념을 먼저 명확하게 정의해본 후, 담보신탁과 유사한 제도를 인정하고 있는 다른 나라에서의 취급례 또는 입법례, 특히 담보신탁에 대하여 명문 규정을 두고 있는 프랑스법을 살펴보고자 한다. 그리고 위탁자의 신탁이 위탁자의 채권자를 해하는 사해신탁인 경우와 관련하여 신탁법은 사해신탁에 관한 규정을, 그리고 채무자회생법은 사해신탁에 대한 부인권 행사에 대한 규정을 별도로 두고 있는데 이러한 규정들을 바탕으로 사해신탁과 채권자취소권의 차이, 사해신탁의 취소와 부인권의 관계 등을 살펴보고 어떠한 문제점이 있는지를 검토하고자 한다.

둘째로, 수탁자의 도산절차에서의 신탁과 관련해서는, 신탁재산이 수탁자의 도산절차로부터 독립성을 가진다는 원칙 하에서, 그렇다면 신탁재산에 대하여 이해관계가 있는 신탁채권자 및 수익자들은 수탁자에 대하여 어떠한 권리를 가질 수 있는지 살펴보고자 한다. 수익자의 경우에는 신탁재산을 수탁자의 도산절차로부터 보호하기 위하여 수탁자의 고유재산에 혼입된 신탁재산에 대하여 직접 환취권을 행사할 수 있을지 문제되고, 신탁채권자의 경우에는 신탁재산뿐만 아니라 수탁자의 고유재산에 대해서도 권리를 행사할 수 있는데, 이러한 권리가 수탁자의 도산절차에서 어떻게 처리되는지 검토해보고자 한다. 또한 신탁법은 수탁자에 대하여 파산절차가 개시되는 경우에 수탁자의 지위가 종료된다고 규정하고 있을 뿐, 회생절차가 개시되는 경우에는 언급하고 있지 않은데, 회생절차 진행 중인 수탁자가 계속 수탁업무를 진행하는 것이 적절한지에 대한 고민도 필요하다. 추가적으로 사해신탁이 이루어진 경우에 수탁자에 대하여 회생절차 또는 파산절차가 개시되는 경우에는, 채무자회생법상의 부인권에 관한 규정들은 위탁자가 사해신탁을 한 경우에 관한 규정들이므로, 그 신탁행위의 상대방인 수탁자에 대하여 회생절차 또는 파산절차가 개시되는 경우에는 이러한 부인권에 관한 규정이 적용되지 않는다. 그리고 신탁재산은 수탁자의 고유재산에 속하지 않아 수탁자의 도산절차 개시에도 불구하고 그 영향을 받지 않는데, 이 때 위탁자의 채권자는 신탁법 제8조에 따른 사해신탁의 소를 어떻게 제기해야 하는지 검토하고자 한다.

셋째로, 수익자에 대하여 회생절차 또는 파산절차가 개시되는 경우와 관련해서는, 먼저 수익자는 신탁에 대하여 권리를 가지는 자에 해당하므로, 수익자의 회생절차 또는 파산절차에서 그 수익권은 채무자의 재산으로서 의미를 가지게 될 것이다. 이 때 수익자들의 채권자들을 위하여 그 수익권을 어떻게 처리할 수 있을지 검토가 필요하다. 또한 신탁에서 수익자의 지위는 권리뿐 아니라 의무도 가지는데, 수익자의 책임을 수익자의 도산절차에서 어떻게 처리해야 할지도 검토하고자 한다. 그리고, 사해신탁과 관련하여 수익자에 대하여 회생절차 또는 파산절차가 개시된 경우, 그 관리인 또는 파산관재인에 대하여 사해신탁의 취소 및 원상회복의 소를 제기할 때 그 청구권의 성격이 환취권 또는 공익채권(파산절차의 경우에는 재단채권)에 해당할 수 있을지 검토하도록 하겠다.

마지막으로 신탁재산 자체에 대하여 도산절차 개시가 가능한지 여부가 문제되는데, 신탁법은 유한책임신탁의 경우에 파산이 가능함을 명시하고 있으며, 채무자회생법 또한 관련 법률을 규정하고 있다. 그런데 유한책임신탁이 아닌 경우에도 신탁재산의 파산을 인정할 수 있을지, 그리고 파산이 아닌 회생절차 개시도 가능한지 등에 대한 추가적인 검토를 진행하고자 한다.

제2장

신탁과 도산절차

1. 신탁과 도산절차의 관계

도산이라는 용어는 법률에 정의된 용어라기보다는 일상에서 사용되던 용어로서,5) 일반적으로 기업이나 개인이 재정적으로 어려운 상태에 빠져 채무를 상환하는 데 있어 어려움을 겪는 상태를 의미하는 것으로 이해된다. 이와 같이 도산상태에 빠진 채무자에 대하여는 채권자들이 개별적으로 만기를 유예해주거나, 추가로 자금을 융통하여 주는 등의 방식으로 채무자에게 다시 기회를 제공할 수도 있고, 채무불이행을 선언하고 채권을 강제로 회수하기 위하여 담보권을 실행하거나 채무자의 재산을 압류하는 등 채권의 집행을 할 수도 있다. 그러나 이와 같이 각 채권자들이 개별적으로 처리를 하게 되면 채권 변제에 있어 혼란이 야기되어 채권자들 간에 불평등이 발생하고, 채무자의 재산의 환가에 있어서 그 가치가 제대로 평가받지 못하는 등의 불이익이 발생하게 되며, 무엇보다 채무자가 안정적으로 정상화되기 어렵다는 문제가 발생한다.

이에 이러한 문제들을 해결하기 위하여 법원에서 개입하여 채무자의 총 자산을 파악하고, 채무자가 부담하고 있는 채무의 총액을 확정하여, 이를 바탕으로 채권자들의 권리를 집단적으로 조정함으로써 채권자들에게 공평한 배분을 할 수 있도록 하는 법적 근거를 마련한 것이 채무자회

---

5) 채무자회생법 제5편 제628조 이하에서 '국제도산'에 관하여 규정하고 있고, 해당 규정들에서 '외국도산절차'라는 표현을 사용하고 있다. 또한, 「채무자 회생 및 파산에 관한 규칙」제2조에서 회생절차, 파산절차, 개인회생절차 또는 국제도산절차를 총칭하여 도산절차라고 한다고 규정하고 있으며, 다른 법령이나 판례 등에서도 '도산'이라는 용어를 빈번히 사용하고 있는 것으로 보인다. 그렇지만 도산의 의미에 대하여 채무자회생법에서 별도로 명확하게 정의하고 있는 것은 아니다. 따라서 법률상 명확한 정의가 없는 이상, 이와 같은 도산의 의미는 일상에서 사용되는 '도산'이라는 용어를 그 의미 그대로 법률 등에서 사용하고 있는 것으로 이해된다.

생법이고, 이러한 채무자회생법에 따라 도산상태의 채무자에 대하여 어떠한 절차를 개시하는 것을 일반적으로 도산절차의 개시라고 칭한다.[6]

한편 신탁이라 함은 위에서 설명한 바와 같이 신탁법상 적법하고 유효하게 설정된 신탁으로서, 도산절차에서 도산절연성이라는 특징을 가지며, 이러한 '신탁의 도산절연성'으로 인하여 신탁은 도산절차에서 다른 법률행위 등과는 다르게 취급된다.

이하에서는 이와 같은 신탁과 도산절차의 관계에 대하여 특정 쟁점을 중심으로 하지 않은 일반적인 관점에서 우선 정리해보고자 하며, 이를 위하여 도산절차의 의의 및 특징, 그리고 그 한계 등에 대하여 비교법적 연구를 포함하여 깊이 연구하고, 신탁의 의의 및 특징에 대하여도 비교법적 연구를 통하여 자세히 살펴봄으로써, 신탁의 본질적 특징으로서의 신탁의 도산절연성 및 이를 바탕으로 한 도산절차와 신탁의 관계에 대하여 심도있게 논의해보고자 한다.

---

[6] 이 글에서의 '도산절차'는 도산상태에 있는 채무자에 대하여 각 채권자들이 사적으로 처리하는 절차까지 포함하는 개념은 아니고, 위와 같이 채무자회생법에 따른 법적 절차를 진행하는 경우만으로 한정하고자 한다. 도산절차의 의미를 넓게 보는 경우에는 「기업구조조정 촉진법」(이하 "기촉법")에 따른 공동관리절차(소위 '워크아웃절차'를 말한다. 이하 "워크아웃절차")와 채권자들이 모여서 진행하게 되는 사적 정리절차 등을 포함하기도 한다. 그런데, 이러한 사적 절차 또는 법원에 의해 진행되지 않는 절차 등은 다른 법률상의 권리 등을 제한할 법적 근거가 없는 경우가 대부분이고(워크아웃절차의 경우에는 담보권 실행 제한과 같은 법에 의한 제한 사항들이 일부 존재하기는 하나 대부분의 제한은 채권자협의회에서 정해지는 바에 따라 이루어지고, 채권자협의회의 결의사항은 협의회에 참여한 당사자 간의 일종의 사적 계약에 해당하는 것이다), 당사자들을 사적 계약에 따라 구속할 뿐이다. 따라서 신탁법상의 신탁과의 관계에서 특별히 문제될 사항은 많지 않은 것으로 보인다. 또한 위에서 언급한 바와 같이 「채무자 회생 및 파산에 관한 규칙」제2조는 회생절차, 파산절차, 개인회생절차 또는 국제도산절차를 총칭하여 도산절차라고 규정하고 있으며, 도산절차를 채무자의 도산상태를 법에 의하여 재판상 처리하는 파산절차나 회생절차 등에 한정하여 설명하면서 사적정리절차와 구별하는 견해도 많다(전병서 (2019), 4-14면; 오수근(2017), 174면). 이와 같은 이유로 이 글에서는 도산절차의 개념을 채무자회생법에 따른 회생절차와 파산절차와 같은 법적 절차에 한정하는 개념으로 정하고 이에 따라 검토를 진행하고자 한다.

2. 도산절차의 의의 및 특징

가. 도산절차의 의의 및 개념

1) 도산절차란 무엇인가

도산이라 함은 일반적으로 채무자가 채무를 변제할 수 없는 상태를 말한다.[7] 현행 채무자회생법에 따른 도산절차의 설명을 보면, "재정적 어려움으로 인하여 파탄에 직면해 있는 채무자에 대하여 채권자·주주·지분권자 등 이해관계인의 법률관계를 조정하여 채무자 또는 그 사업의 효율적인 회생을 도모하거나, 회생이 어려운 채무자의 재산을 공정하게 환가·배당하는 것을 목적으로" 하는 절차를 말한다(채무자회생법 제1조). 따라서 현행 법률상 도산상태는 "재정적 어려움으로 인하여 파탄에 직면해 있는" 상태라고 설명할 수 있으며, 도산절차란 이와 같은 도산상태의 채무자에 대하여 채권을 가지고 있거나 주권 또는 지분권을 가지고 있는 이해관계인의 법률관계를 조정하여 회생을 도모하거나, 회생이 어려운 경우에는 채무자의 재산을 공정하게 환가하여 이를 이해관계인에게 배당하는 것을 말한다.

2) 현행 채무자회생법 상의 도산절차의 개요

현행 채무자회생법상 도산절차는 크게 채무자의 정상화를 도모하는 회생절차와, 청산을 전제로 채무자의 자산을 처분하여 채권자들에게 공

---

[7] 전병서(2019), 3-4면. 해당 문헌에서는 이러한 채무자의 상태를 "결정적 경제적 파탄상태"라고 설명하고 있는데, 이하에서 보듯이 경제적 파탄과 재정적 파탄은 구분되어야 하고 도산상태는 이 두 가지 상태를 포함하는 개념이라고 이해하는 것이 더 타당하다.

평하게 배분하는 것이 주된 목적인 파산절차로 나뉜다. 두 절차 모두 채무자의 도산상태를 전제로 하지만, 채무자가 재정적 파탄 상태인 경우에 회생절차가 개시되게 되고, 재정적 파탄을 넘어서 경제적 파탄에까지 이른 채무자의 경우에는 파산절차가 개시되게 된다.8)

우리나라의 기존의 도산 관련 법률은 「파산법」, 「회사정리법」, 「화의법」 및 「개인채무자회생법」으로 각각 나뉘어 규정되어 있었다.9) 그런데 2005년에 제정되어 2006년 4월 1일부터 시행된 채무자회생법에 따라 위 각 규정이 모두 통합적으로 하나의 법률로 규율되게 되면서, 위 각 법률은 모두 폐지되었다(채무자회생법 부칙 제2조).

우리나라의 도산절차 관련 법률은 일본의 도산법의 영향을 받아 도산 관련 법률을 제정하면서 시작된 것이고, 위와 같이 2005년에 새로이 통합적으로 제정한 채무자회생법 또한 기존 법률들을 기초로 제정한 것이므로, 일본 도산법의 영향을 받았다고 볼 수 있으며, 이러한 일본 도산법은 또한 미국 도산법의 영향을 받았다.10)11) 따라서 우리나라의 도산

---

8) 재정적 파탄이란 채무자가 파탄에 이르게 된 원인이 채무자의 부실한 재무구조에 기인한 것을 말하는 것으로서, 채무자의 사업이 영업력을 상실하여 그 존속 및 유지가 비경제적인 상태인 경제적 파탄과는 구분되는 개념이라고 한다. 서울중앙지방법원 파산부 실무연구회(2023a), 3면.

9) 우리나라의 도산 관련 법률이 제정되기 전에는, 일본의 파산법과 화의법이 의용되어 적용되고 있었다. 일본에서 파산법 및 화의법이 제정된 것은 1922년이었고, 이에 따라 조선총독부제령 제13호로 1922. 12. 15.에 시행된 조선민사령 제1조 제11호 및 제12호에 의하여 일본의 파산법 및 화의법이 의용되어 우리나라에 적용되었다. 이러한 의용 파산법 및 화의법은 1962. 1. 20.에 우리의 「파산법」 및 「화의법」이 제정됨으로써 폐지되었다. 한편 「회사정리법」은 1962. 12. 12.에, 그리고 「개인채무자회생법」은 2005. 1. 27.에 별도로 제정되어 시행되고 있었다.

10) 정건희(2022), 135-138면. 일본의 도산법제와 관련하여, 에도시대에는 재정적 파탄상태의 채무자의 재산을 채권자들에게 공평하게 배분하는 집단적 집행제도인 분산(分散)제도가 존재하였고, 이후 메이지유신 때 유럽의 법제를 받아들이게 되면서 파산법제의 경우 프랑스법 그리고 독일법의 영향으로 법이 재편되었다가, 이후 미국법의 영향을 받아 면책주의를 도입하고 재건형 절차인 회사갱생법(會社更生法)을 도입하게 되면서, 현재 일본의 파산제도 및 재건형 절차인 회사갱생절차와 민사재

관련 법률을 명확히 이해하기 위해서는 먼저 미국법 및 일본법에서의 도산절차 및 관련 법률을 검토하여 이해할 필요가 있으므로, 이하에서는 이를 우선 살펴보도록 하겠다.

나. 미국법상의 도산절차의 의의 및 특징

1) 미국법상의 도산절차의 개념 및 발전

미국법상 도산절차는 'Bankruptcy Proceeding' 또는 'Insolvency Proceeding'으로 표현되곤 하는데, 정확히는 'Insolvency'는 어느 당사자가 재정적 어려움에 직면한 상태에 있는 것을 의미하고, 'Bankruptcy'는 이와 같은 'Insolvency' 상태에 있는 당사자가 법적 절차를 청구할 때 사용하는 표현이므로,12) 우리가 이해하고 있는 법률에 의한 도산절차의 진행은 'Insolvency Proceeding'이 아니라 'Bankruptcy Proceeding'이라고 표현하는 것이 적절하다. 이와 같이 'Insolvency'는 당사자의 어떠한 경제적 상태를 이르는 말이고, 'Bankruptcy'는 그에 따라 법적 절차를 개시한 상태를 의미하는 점에서 다른데, 다만 'Bankruptcy'라는 개념은

샘절차들로 발전하게 되었다. 그런 이유로 일본 파산법제의 경우에는 미국법의 영향뿐만 아니라 일본의 전통적인 제도 및 이후 미국법의 영향을 받기 전까지 영향을 받았던 프랑스법 및 독일법제의 영향이 남아있다고 한다. 최유나(2020), 326-364면. 일본 도산법제의 역사에 대해서는 아래에서 좀 더 자세히 논의하도록 하겠다.

11) 일본의 도산관련 법률 중 회사갱생법은 미국법의 영향을, 파산법은 독일법의 영향을 받았기 때문에, 그러한 일본법을 계수한 우리의 도산법은 대륙법계와 미국법계의 혼합형이라고 설명된다. 김재형(2003), 41-42면.

12) 이러한 이유로 도산에 관한 연방법률인 United States Code Title 11 (이하 "11 U.S.C.")은 해당 법률을 "Bankruptcy"라고 표현하며, 법원에 도산절차 개시신청을 하는 것도 법원에서는 'Bankruptcy filing'으로 표현하고 있고(*In re Brest-Taylor*, 572 B.R. 750), Insolvency filing이라고 표현하고 있는 판례는 없다.

도산상태인 'Insolvency' 상태를 전제로 하는 것이다.13)

이와 같은 도산절차는 로마법에서부터 그 기원을 찾을 수 있으며,14) 그 용어인 'bankrupt'는 과거 중세시대에 은행가들 또는 상인들이 벤치(bench)에서 영업을 행하였는데, 그러한 은행가들 또는 상인들이 채권자들의 금전 등을 가지고 종적을 감춘 경우에 그 벤치(bench)를 부수던 전통, 즉 'banca rupta(breaking the bench)'에서 유래한 것이라고 한다.15)16)

미국에서 처음으로 제정된 도산법은 헌법에 따른 1800년 파산법(The Bankruptcy Act of 1800)으로,17) 이 법은 영국법을 그대로 계수한 것이었다.18) 영국 의회에서 처음으로 제정된 도산 관련 법률은 채권자들을 위한 법률이었지 채무자를 위한 법률이 아니었기 때문에,19) 그 영향을 받은 미국의 최초의 도산법 또한 채무를 이행하지 않는 채무자를 처벌하는 형법적 측면이 강했으며, 채무자의 입장에서는 철저히 강제적인 절차로서, 채무자는 도산절차 개시신청을 할 수 없고 단지 채권자만이 그 절차를 청구할 수 있었다.20)

---

13) Thomas E. Plank (1996), pp. 545-556.
14) Thomas H. Jackson (2001), p. 1.
15) Israel Treiman (1938), p. 189.
16) 이러한 Treiman의 주장에 대하여 정확히 어느 시대에 유럽의 어느 지역에서 그러한 전통이 있었는지를 충분히 설명하고 있지 못하다고 비판을 하는 견해가 있다. 이 글은 위와 같은 Treiman의 주장 외에도 파산(bankrupt)의 기원에 대하여 부서진 벤치(the broken bench)를 의미하는 라틴어인 'banca rota'가 기원이라는 설과, 부서진 벤치를 의미하는 이탈리아어인 'banka rotta'가 기원이라는 설, 프랑스어와 라틴어가 결합된 'banque ruptus'가 기원이라는 설 등이 있으며, 그 파산의 대상도 은행가, 상인, 환전상 등이라는 다양한 주장들이 있다고 소개하고 있다. Sandor E Schick (2006), pp. 219-231.
17) Alan N. Resnick & Henry J. Sommer (2022) ¶20.01[2][a].
18) Charles J. Tabb (1995), pp. 6-7.
19) Charles J. Tabb (1995), pp. 6-12; Charles J. Tabb (1991), pp. 329-331.
20) Charles J. Tabb (1991), p. 329; Alan N. Resnick & Henry J. Sommer (2022) ¶20.01[2][a].

그러나 채무자의 불성실이나 채무면탈의 고의로 인한 것이 아니라, 신용 상황이나 경제 상황에 의하여 어쩔 수 없이 도산상태에 빠지는 채무자들이 있다는 것을 인식하게 되면서, 도산절차는 점차 채무자를 위하는 방향으로 변경되어 왔는데, 즉 채무자의 채무 중 일부를 면책하는 등 채무자의 채무를 조정하여 주고, 채권자뿐만 아니라 채무자 스스로가 도산절차를 신청할 수 있도록 개정되었다.[21] 또한 개인인 채무자의 경우에는 면책(discharge)를 인정하고 그 범위를 점점 넓혀줌으로써 성실한 채무자가 과도한 채무에서 벗어나서 '새로운 시작(fresh start)'을 할 수 있는 방향으로 점점 발전해나갔다.[22]

미국의 도산법은 이와 같이 발전되어 온 영국법을 계수하여 발전시킨 것으로서, 보다 채무자를 보호하는 방향으로 발전되어 왔으며, 현행과 같이 연방법률 제11장(11 U.S.C.)에 통합하여 도산절차를 규율하게 된 것은 1978년부터이다. 이와 같이 현행 미국법상 도산절차(Bankruptcy Proceeding)는 11 U.S.C. ("Bankruptcy Code")에서 규정하고 있는데, 해당 규정에서 정하고 있는 도산절차는 크게 Chapter 7에 따른 청산형 파산절차(Liquidation Proceeding)와 Chapter 11에 따른 재건형 회생절차(Reorganization)로 나뉜다.

즉 Chapter 7 절차는 채무자의 청산을 전제로 하는 절차로, 절차 개시 당시의 채무자의 재산을 확정하고 책임재단(estate)를 구성한 후, 도산수탁인(trustee)을 선정하여 이러한 도산수탁인(trustee)에게 책임재단(estate)를 이전한 후, 이를 채권자들에게 배분하게 된다. 채무자가 법인인 경우에는 청산절차에 들어가게 되지만, 채무자가 개인인 경우에는 그 보유재산 중 책임재단(estate)에 포함할 재산과 면제되는 재산을 구분하여 정하고, 책임재단(estate)에 포함된 재산으로 채권자들에게 배분한 후에 남는 채무 등은 모두 면책(discharge)되며, 이로 인해 채무자는 '새로

---

[21] Thomas E. Plank (1996) pp. 502-517.
[22] Charles J. Tabb (1991), pp. 326-344.

운 출발(fresh start)'을 할 수 있게 된다.23)

　이에 대하여 Chapter 11 절차는 채무자의 영업의 계속을 전제로 하는 절차로, 절차 개시 당시의 채무자의 재산뿐만 아니라 채무자의 영업을 통해 발생하는 이익도 채권자들에게 배분하는 채무자의 책임재단(estate)에 포함하고,24)25) 도산수탁인(trustee)이 임명되거나, 채무자 또는 채무자의 기존 경영인이 'debtor in possession'으로 임명되어 채무자의 경영 및 관리를 계속하며,26) 책임재단(estate)의 점유 및 관리를 계속하게 된다.27)28) 이와 같은 Chapter 11 절차는 채무자의 청산 없이 채무자 및 채권자 모두의 이익을 위하여 채무자와 채권자의 관계를 조정하는 절차라고 할 수 있다.29) 이러한 Chapter 11 절차는 개인인 채무자에 대하여 적용되던 새로운 시작(fresh start) 원칙이 기업에 적용된 것이라고 볼 수 있다. 즉 면책을 통하여 개인인 채무자에 대하여 새로운 시작(fresh start)을 할 수 있도록 한 것은 개인이 도산절차를 활발하게 이

---

23) Alan N. Resnick & Henry J. Sommer (2022) ¶1.01[1]; Thomas E. Plank (1996), p. 497.
24) Bankruptcy Code에서는 도산절차에서 채무자의 재산(property)을 파악하고 확정하여 이를 'estate'로 설정하고(11 U.S.C. § 541), 이러한 'estate'를 기준으로 하여 이를 관리할 도산수탁인(trustee)을 임명하며(11 U.S.C. § 322(a)), 해당 'estate'로부터 채권자에 대한 변제를 하게 된다. 일반적으로 'estate'라고 하면 자산 또는 재단 등으로 번역이 되는데, 여기서의 'estate'는 도산절차에서 채권자에 대한 변제에 이용되는 채무자의 자산의 집합체의 의미이고, 국내법에서도 이와 유사한 개념에 '파산재단'이라는 용어를 사용하고 있음에 비추어, 이 글에서는 미국 도산절차에서의 'estate'는 책임재단으로 번역하기로 한다.
25) 11 U.S.C. § 1115.
26) 11 U.S.C. § 1107.
27) 11 U.S.C. § 1115.
28) 기존의 채무자가 'debtor in possession'으로 임명되어 재산을 계속 관리하고, 경영을 계속하는 경우라고 해도, 그 채무자는 기존과는 법적 성격이 다른 존재로서, 도산수탁인(trustee)과 같이 책임재단(estate)에 대한 대리인이자 신인의무를 가지는 자가 된다고 한다. Stephen McJohn (1994), p. 497.
29) Thomas E. Plank (1996). p. 493.

용할 수 있도록 하는 유인을 제공하여 도산절차의 활용이 늘어나고 도산절차가 발전하는 계기가 되었는데, 이러한 새로운 시작(fresh start)의 원칙이 개인에만 적용되던 것을 넘어, 개인인 사업자, 또 가족 사업자로 점차 범위를 확대해나가다가 기업에도 적용되기 시작하였고, 이것이 현행 미국법상의 Chapter 11에 따른 기업 회생절차(Reorganization)라고 설명된다.30)31)

2) 미국 도산법상 채무자 재산의 확정의 문제

가) 채무자 재산의 확정의 중요성

도산절차에 있어 가장 중요하고 필수적인 두 가지 절차는 채무자의 재산을 파악하고 확보하여 확정하는 것과 채무자의 채무를 파악하여 이를 적절히 조정하는 것이라고 할 수 있다.32) 특히 채무자의 재산을 확정하는 것은 채무자의 회생가능성을 판단함에 있어서도 중요한 요소이므로, 도산절차를 진행함에 있어 우선적으로 이루어져야 할 절차라고 할 수 있다.

이와 같이 채무자의 재산을 파악하고 확보하기 위해서는 먼저 채무자의 소유의 재산과 그렇지 않은 재산을 파악하여야 구분하여야 하고, 채무자가 부당하게 처분하거나 은닉한 재산을 파악하여 확보하여야 할 것이다.33) 이하에서는 이와 같은 채무자의 재산의 확정과 관련한 미국법에서의 절차의 의의와 한계에 대하여 살펴보고 이것이 우리 법에 시사

---

30) Mark J. Roe & Frederick Tung (2016), p. 61.
31) 기업에 회생의 기회를 주는 주된 목적은 기업이 청산되는 것을 막음으로써, 일자리가 사라지는 것을 막고, 경제자원을 활용하기 위한 것이라고 한다. *U.S. v Whiting Pools, Inc.* 462 U.S. 198, 103 S.Ct. 2309 (1983)
32) Thomas H. Jackson (2001), p. 89.
33) Alan N. Resnick & Henry J. Sommer (2022), ¶541.01.

하는 바를 검토해보고자 한다.

나) 책임재단(estate)의 개념

Bankruptcy Code에서 정하는 바에 의하면, 책임재단(estate)은 절차 개시시에 채무자가 어느 재산(property)에 대하여 가지는 법적 또는 형평법상의 모든 이해관계로서, 그것이 어디에 위치하고 있든 누가 보유하고 있든 불문한다.34) Bankruptcy Code 제정 당시의 미국 상하원 보고서에 의하면 책임재단(estate)에 대한 11 U.S.C. § 541 (a)는 매우 넓은 의미를 가져 모든 유무형 재산을 포함하여 모든 형태의 재산이 포함된다고 하며,35) 미연방대법원 또한 위 조항은 넓게 해석된다고 언급하면서, 그 자산이 도산절차 개시 시점에 채무자의 점유하에 있지 않더라도, 예를 들어 단지 관리약정 등에 의하여 관리인이 점유하고 있는 경우 등과 같이, 채무자 외의 제3자의 점유 하에 있는 경우에도 책임재단(estate)에 포함된다고 한다.36)

---

34) 11 U.S.C. § 541 (a)(1). 해당 규정은 다음과 같이 규정하고 있다. "이 법의 301, 302, 또는 303조에 따른 절차의 개시는 책임재단(estate)을 형성하고, 그러한 책임재단(estate)은, (b)항 및 (c)(2)항에 의한 것이 아닌 한, 그것이 어디에 위치하고 있든, 누가 보유하고 있든 불문하고, 절차 개시 시에 재산(property)에 대하여 가지는 채무자의 모든 보통법 또는 형평법 상의 이해관계들로 구성된다(The commencement of a case under section 301, 302, or 303 of this title creates an estate. Such estate is comprised of all the following property, wherever located and by whomever held: (1) Except as provided in subsections (b) and (c)(2) of this section, all legal or equitable interests of the debtor in property as of the commencement of the case)."
35) H. R. Rep. No. 95-595, 367 (1977); S. Rep. No. 95-989, 82 (1978).
36) *U.S. v. Whiting Pools, Inc.* 462 U.S. 198, 103 S.Ct. 2309 (1983). 해당 판결은 담보계약에 따라 담보목적물인 채무자의 재산을 도산절차 개시 전에 압류(seize)한 담보부채권자들에 대한 것으로, 그 담보목적물은 도산절차 개시 당시에 담보부채권자들이 점유하고 있었으나, 그 담보실행 절차가 완료되지 못하여 개시 당시 여전히 채무자의 소유로 남아있었기 때문에 'estate'에 포함된다고 보았다.

또한 미국 도산절차에 있어서 책임재단(estate)의 형성에 있어서의 또 하나의 특징은 채무자가 현재 가지고 있는 상태대로 자동으로 책임재단(estate)을 형성하는 것이 아니라, 채무자가 그 보유재산을 도산수탁인(trustee)에게 인도(deliver)하는 형식을 취한다는 것이다.37)38) 이와 같이 미국 도산절차에서의 책임재단(estate)은 채무자와는 완전히 분리되게 되고 채무자는 책임재단(estate)에 포함된 채무자의 재산(property)에 대한 권리를 상실하게 된다.39) 또한 도산수탁인(trustee)은 책임재단(estate)의 이익을 위하여 그 재산(property)을 처리할 수 있는 권한을 가지는 책임재단(estate)의 대표자가 되는 것이고, 책임재단(estate)은 채무자와 구별되는 새로운 법적 주체(legal entity)가 된다.40)41)

이와 같이 새로이 책임재단(estate)을 형성하는 과정에서 책임재단(estate)으로 이전될 채무자의 재산(property)이 정해지게 되는데, 이 때 가장 중요한 것은 그 재산이 '채무자 소유'의 재산인가 하는 점이다. 즉, 채무자의 채권자들은 채무자가 단지 점유하고 있는 모든 재산에 대하여 권리가 있는 것이 아니라 채무자가 그 재산을 소유하고 있어야 그에 대하여 권리를 행사할 수 있는 것이다.42) 또한 개인인 채무자의 경우에는

---

37) 11 U.S.C. § 542.
38) 참고로 영국 도산법(the Insolvency Act 1986)도 미국법과 유사하다. 파산절차가 개시되면, 개시 당시에 파산자(the bankrupt)에 속한 모든 재산(property)은 파산재단(bankrupt's estate)에 속하게 되고(section 283(1)), 파산재단(bankrupt's estate)은 채권자들로 이루어진 협의회에서 선임된 도산수탁인(trustee)에게로 도산수탁인(trustee)의 선임이 유효해지는 시점에 별도의 양도 등의 절차 없이 당연 이전(vest)된다(section 293 및 section 306).
39) Stephen McJohn (1994), p. 501.
40) *In re Swift Aire Lines*, 30 B.R. 490 (Bankr. 9th Cir. 1983).
41) 이에 대하여 이와 같이 책임재단(estate)을 새로운 법적 주체로 보는 관점을 법인격적 관점이라고 부르면서 비판하고, 단순히 재산적 관점으로 파악하여 채무자와 분리되는 것이 아니라고 보아야 한다는 비판적 견해도 존재한다. Stephen McJohn (1994), pp. 523-524.
42) Thomas H. Jackson (2001), pp. 90-91.

면책 권한을 최대한 활용하여, 해당 채무자의 향후 기대되는 노동 수입과 같이 앞으로 새로운 출발을 하는데 있어 필수적인 자산의 경우에는 책임재단(estate)에서 제외하기도 한다.43)44)

이와 같이 미국법상의 책임재단(estate)은 그 형성과정에서 채권자 등 이해관계인에게 배분할 자원을 확정하는 개념으로서, 단순히 채무자의 모든 재산을 총칭하는 개념은 아니다.

다) 채무자 재산의 확보 방안 - 부인권(Avoiding Power)

채무자의 책임재단(estate)의 확정에 있어서, 위에서 살핀 바와 같이 채무자가 도산절차 개시 당시에 보유하고 있는 재산 등의 파악하여 이를 포함하는 것도 중요하지만, 채무자가 부당하게 제3자에게 이전한 재산 등을 다시 확보하여 책임재단(estate)에 포함시키는 것도 중요하다.

미국 Bankruptcy Code는 책임재단(estate)의 확보를 위하여 도산수탁인(trustee)에 대하여 국내법에서의 부인권과 유사한 권한을 일정한 요건 하에 인정하고 있는데, 이에 대해서는 11 U.S.C. § 544, 547 및 548에서 규정하고 있다.

이와 같은 미국법상의 부인권은 크게 두 가지로 분류될 수 있다고 한다. 첫 번째는 11 U.S.C. § 544에 따라 어느 채권자가 행사할 수 있는 취소 권한을 도산수탁인(trustee)이 행사할 수 있도록 하는 것과, 11 U.S.C. § 547에 따라 채무자가 어느 채무의 변제를 위하여 특정 채권자에게 도산상태에서 자산을 이전하는 경우에 그 이전을 도산수탁인(trustee)이 부인할 수 있는 권한으로,45) 이는 채권자들 사이에서의 권리

---

43) Thomas H. Jackson (2001), p. 90.
44) 영국 도산법(the Insolvency Act 1986)에서도 파산재단(bankrupt's estate)을 형성하는 과정에서 파산자(the bankrupt)의 생존에 필수적인 재산(예를 들어 개인의 경우 침구나 옷 등, 그리고 사업자의 경우에도 개인적으로 필요한 책이나 장비들)은 제외된다(section 283(2)).

조정의 성격을 가진다. 두 번째는 11 U.S.C. § 548에 따라 도산수탁인 (trustee)이 채무자가 행한 사해적 행위를 직접 부인할 수 있는 권한으로, 이는 채무자와 채권자들 간의 권리를 조정하는 성격을 가진다고 한다.[46]

라) 책임재단(estate)의 확보에 있어서의 한계점

위에서 검토한 바와 같이, 미국 도산절차에서 책임재단(estate)을 확정하여 확보하는 것은 성공적인 도산절차의 진행을 위하여 매우 중요하고, 이를 위하여 도산수탁인(trustee)은 채무자로부터 그 소유의 재산을 이전 받고, 필요한 경우 일정한 요건 하에서 부인권을 행사하여 책임재단 (estate)에 추가적으로 재산을 확보한다.

그런데, 이와 같은 도산절차에서의 책임재단(estate) 확보는 채무자 소유의 재산을 대상으로 하는 것이며, 채무자나 채권자가 아닌 다른 제3자의 소유권이나 권리를 해하는 것은 불가능하다.[47] 도산절차가 채무자를 위한 절차로 발전해나가면서, 도산절차가 관련 당사자들의 권리를 제한하고 다른 법률의 원칙을 수정하는 등의 권한의 범위는 점차 확장되었으나, 그러한 확장도 미국 수정헌법 제5조에 따른 재산권의 보호와의 관계를 고려하여야 하며,[48] 도산절차의 권한도 의회의 다른 입법 관련 권한과 마찬가지로 미국 수정헌법 제5조에 구속되는 것이다.[49]

---

[45] 이를 'preference'라고 하는데, 우리법상의 편파변제의 부인과 유사하다고 할 수 있다. 이와 같은 편파변제를 부인할 수 있도록 하는 것에는 두 가지 목적이 있는데, 첫째로 채권자들이 도산절차 개시 전에 사적으로 변제를 받음으로써 채무자의 파산이 가속화되는 것을 막는 것과, 더 중요한 목적으로 채권자들 간에 공평한 배분이 이루어지도록 하는 도산절차의 목적을 달성하기 위한 것이라고 한다. Alan N. Resnick & Henry J. Sommer (2022)Alan N. Resnick & Henry J. Sommer (2022), ¶547.01, 547-10.

[46] Thomas H. Jackson (1984), pp. 726-727.

[47] Thomas E. Plank (1996), pp. 492-493.

[48] James Steven Rogers (1983), pp. 997-1013.

[49] *Louisville Joint Stock Land Bank v. Radford*, 295 U.S. 555, 1935. 해당 판결은

이와 같이 아무리 도산절차의 권한의 확장에 의회의 재량이 인정된다고 하더라도, 재산권을 보장하여야 한다는 헌법적 한계가 존재한다는 너무나도 당연한 원칙이 적용됨에 따라, 채무자가 수탁자로서 다른 제3자를 위하여 신탁으로 소유하고 있는 것은 채무자의 책임재단(estate)을 구성하지 않고, 이러한 신탁의 재산들은 11 U.S.C. § 541조에서 말하는 채무자의 재산(property)에도 해당되지 않는다.50)51) 다만 수탁자인 채무자가 자신의 이익을 위하여 신탁에서 행사할 수 있는 권리 자체는 채무자의 소유에 속하는 자산이므로, 그것에 한하여 책임재단(estate)을 구성할 수 있을 뿐이다.52)

3) 미국 도산법상 이해관계인의 권리의 집단적 처리

가) 이해관계의 집단적 처리

도산절차의 가장 큰 특징이자 의의라고 할 수 있는 것은 채무자에 대한 수인의 이해관계인의 권리를 '집단적'으로 처리한다는 점이다.53)

도산 절차의 권한도 미국 수정헌법 제5조의 적용을 받는 것이라는 것을 선언한 것으로 매우 유명한 판결이다.

50) *Mitsui Mfrs. Bank. v. Unicom Computer Corp. (In re Unicom Computer Corp.)*, 13 F.3d 321, 324 (9th Cir.1994); *Foothill Capital Corp. v. Clare's Food Market, Inc. (In re Coupon Clearing Service, Inc.)*, 113 F.3d 1091, 1099 (9th Cir.1997).

51) 참고로 영국 도산법(the Insolvency Act 1986)은 이에 대한 명문 규정을 두고 있으며(section 283(3)), 해당 규정은 파산자가 다른 제3자를 위하여 신탁상 보유하고 있는 재산(property held by the bankrupt on trust for any other person)은 파산재단(bankrupt's estate)에 포함되지 않는다고 하고 있다, 판례상으로도 인정하고 있다(*Schuppan v. Schuppan* [1997] 1 BCLC 258).

52) *Askanase v. LivingWell, Inc.*, 45 F.3d 103, 106 (5th Cir.1995); *In re Maue*, 611 B.R. 367 (2019); *Cutter v. Seror (In re Cutter)*, 398 B.R. 6, 19 (9th Cir. BAP 2008).

53) Jackson 교수는 도산절차가 본질적으로 집단적인 절차(collective proceeding)라고

Chapter 7에 의한 청산형 절차의 경우에는 채무자의 자산을 그 도산절차 개시 시점을 기준으로 파악하고 확정하여 이를 이해관계인들에게 집단적으로 배분하게 되고, Chapter 11에 의한 재건형 절차에서는 이에서 더 나아가 개시 시점을 기준으로 채무자의 자산을 확정하고 이해관계인의 권리를 파악한 후, 이해관계인들을 유형에 따라 분류하고 이해관계인들의 권리를 해당 유형에 따라 조정함으로써 채무자가 계속 영업을 영위할 수 있도록 하는 것이다.[54]

이해관계인의 권리의 '조정'은 Chapter 11에 의한 재건형 절차에서 문제되는 것인데, Chapter 7에 의한 청산형 절차의 경우에는 어차피 채무자의 가능한 모든 자산을 책임재단(estate)에 포함시켜 그 한도에서 채권자들에게 배분을 하는 절차이기 때문에 그 한도에서 변제를 받는 것일 뿐 권리를 별도로 조정하는 것은 아니기 때문이다.

Chapter 11에 의하면, 계획안은 이해관계인의 권리를 유사한 권리들을 하나의 집단으로 구별하여 분류하고(11 U.S.C. § 1122), 해당 권리집단의 권리를 그 구별된 특성에 따라 어느 권리집단의 권리는 조정하지 않고, 어느 권리집단의 권리는 조정하는 등의 내용으로 계획안을 작성하여(11 U.S.C. § 1123), 이해관계인의 권리를 조정하게 된다.

이 때 권리를 조정할 수 있는 이해관계인은 채무자에 대하여 '청구권(claim)'을 가지는 자 또는 '지분권자(equity security holder)'에 한하는 것이고, 채무자에 대하여 소유권을 주장하는 자의 소유권이나 채무자에 대하여 청구권을 가지는 자가 아닌 제3자의 권리가 이에 의하여 제한되는 것은 아니다.[55]

설명하면서, 수인의 이해관계인이 도산절차를 통하여 마치 한 명의 이해관계인이 있는 것처럼 처리하는 것이 도산절차의 목표이고, 이렇게 하는 것이 이해관계인에게 더 이익이 되기 때문에 도산절차를 선택하게 되는 것이라고 설명한다. Thomas H. Jackson (1982), pp. 859-871.

54) Alan N. Resnick & Henry J. Sommer (2022), ¶1.07[3][d].
55) 11 U.S.C. § 1124는 계획안에 따라 조정의 대상이 되는 것이 "claims or interests"

집단적으로 이해관계인의 권리를 처리하는 것의 장점은 i) 절차 진행 및 집행 비용(strategy cost)을 줄일 수 있고, ii) 책임 자산의 규모를 증가시킬 수 있으며, iii) 집행 및 관리에 있어 효율적이라는 점이다.56) 이러한 점이 도산절차의 강제성, 즉 채무자의 일방적인 도산절차 신청으로 인하여 채권자들은 권리의 개별적 행사가 금지되고, 권리가 조정되는 등 강제적으로 그 권리가 제한되는 것을 정당화할 수 있는 근거가 된다. 그리고 일반적으로는 채무자의 신청으로 도산절차가 개시되는 경우가 많지만, 채권자들의 입장에서도 개별적으로 채권을 집행하는 것보다 도산절차를 개시하는 것이 채권의 회수비율을 높일 수 있는 방안이 되는 경우에는 채권자들 스스로 직접 도산절차의 개시를 신청하기도 한다.

나) 이해관계인의 권리의 조정의 한계

도산절차 중 재건형 절차인 Chapter 11을 선택하여 진행하게 되는 경우에는 이해관계인의 권리를 조정하게 되고 이는 계획안(plan)을 통해 그 내용을 확정하게 된다.57) 이와 같이 이해관계인의 권리를 조정 또는 제한하는 계획안은 법원에 의하여 인가되는데, 이 때 원칙적으로 권리의 조정에 따라 해당 채무자의 경영가능성이 회복될 것, 계획안이 공정성이라는 요구 기준을 준수할 것, 그리고 적어도 하나 이상의 권리가 제한되는 이해관계인 집단에 의하여 계획안이 승인될 것이라는 요건을 갖추어야 법원이 이를 인가(confirmation)할 수 있다.58)

임을 명확히 하고 있고, 11 U.S.C. § 101은 "claim"이라 함은 지급을 받을 권리, 또는 이행의무 위반에 대하여 구제를 받을 권리라고 정의하고 있으며, 11 U.S.C. § 501은 채권자는 그 청구권을, 그리고 지분권자는 그 지분이익(interest)을 신고하여야 한다고 규정하고 있다. 이에 따라 신고된 청구권(claim) 또는 지분이익(interest)만이 계획안에 따른 조정의 대상이 된다.

56) Thomas H. Jackson (1982), pp. 861-868; Mark J. Roe & Frederick Tung (2016), pp. 25-28.
57) 11 U.S.C. § 1123.

또한 권리를 제한받는 이해관계인이 모두 그 계획안에 동의를 하는 경우이거나, 해당 이해관계인이 지급받는 금액이 Chapter 7에 따라 청산절차를 거쳤을 경우에 지급받는 금액 이상을 지급받는 경우에만 법원이 해당 계획안을 인가(confirmation)할 수 있다.59) 이러한 절차들은 도산절차에서의 권리제한에 있어 중요한 한계점으로 작용을 한다.

4) 소결

이상과 같이 미국법상의 도산절차에 대하여 개략적으로 살펴보았다. 미국법상의 도산절차는 과거 채무를 변제하지 못하는 채무자를 처벌하고, 채권자들의 요구를 관철하기 위한 제도로 시작된 영국의 도산법이, 성실하지만 운이 없었던 채무자가 다시 경제적으로 재건하거나, 아니면 면책을 통하여 새롭게 출발할 수 있도록 돕는 방향으로 발전해나가는 중에 도입된 것으로, 이후로도 계속적으로 그러한 방향으로 발전해왔으며 그러한 과정에서 채권자 등의 권리를 조정하고 다른 법률의 원칙을 일부 변경하는 등 도산절차의 권한을 확장해왔다.

그렇지만, 이와 같이 미국법상의 도산절차가 권리를 조정하여 채무자의 새로운 출발을 돕는 절차로서의 의미를 가지고 다른 법률들을 어느 정도 수정할 수 있다고 하더라도,60) 이에 아무런 제한을 받지 않는 것은 아니다. 가장 중요한 점은 도산법은 채무자와 그에 대한 채권자의 권리를 조정하는 절차이지 절대 다른 제3자의 권리를 해하지 못하며, 특히 재산에 대한 본질적인 권리를 해하지 못한다는 점이다.61)

이와 같이 미국법에서의 도산절차의 의의 및 한계를 명확히 이해할

---

58) Stefan A. Riesenfeld (1987), p. 392.
59) 11 U.S.C. § 1129 (a)(7).
60) Thomas H. Jackson (2001), p. 2.
61) Thomas H. Jackson (1984), pp. 771-774.

때, 미국법에서 신탁이 왜 독립적인 지위를 강하게 보장받는지를 잘 이해할 수 있을 것이다.[62]

다. 일본법상의 도산절차의 의의 및 특징

1) 일본법상의 도산절차의 개념 및 발전

일본법상의 도산절차는 파산법(破産法)에 의한 파산절차, 회사갱생법(会社更生法)에 의한 회사갱생절차 및 민사재생법(民事再生法)에 따른 재생절차로 나뉜다.

민사재생법은 1999년에 입법되어 2000년부터 시행된 법으로, 이에 따른 재생절차는 주로 중소기업을 대상으로 간이하고 신속한 재건을 염두에 두고 창설된 절차이지만, 재건형 도산절차의 기본형으로 자리를 잡아 현재는 개인이나 대기업도 이용이 가능하게 되어 현재 일본에서 가장 널리 이용되는 절차이다.[63] 재생절차는 청산형 절차가 아니라 재건형 절차임에도 불구하고 담보권에 대해서는 별제권을 인정하고 있는데, 이에 재생채무자에 대한 담보권자는 재생절차의 개시에도 불구하고 재생절차에 구속되지 않고 개별적으로 담보권을 행사할 수 있다.[64] 담보권에 대하여 별제권을 인정하고 이를 재생계획에 포함하지 않는 것이 재생절차를 간이하고 신속한 절차로 가능하게 하는 것이지만, 만약 담보권에 대해서도 조정이 필요한 경우에는 적합하지 않다는 단점이 있으며 이러한 필요성이 있는 경우에는 회사갱생법(会社更生法)에 의한 회사갱생

---

[62] 미국법상의 신탁의 독립적 지위에 대해서는 아래 신탁의 독립성 부분에서 좀 더 자세히 살펴보고자 한다.
[63] 山本硏 (2018), 64면.
[64] 民事再生法 제53조. 이 규정은 재생절차 개시시에 재생채무자의 재산에 대하여 담보권을 가진 자는 그 목적인 재산에 대하여 별제권을 가진다고 정한다.

절차가 더 적합할 수 있다.65)

　회사갱생법은 제2차 세계대전에서 일본이 패망한 이후 미국의 강한 영향 하에서 1952년에 입법된 절차로, 대규모 회사의 재건에 특화된 절차이며, 2002년에 전면적인 개정을 거쳐 새로운 회사갱생법이 제정되었다.66) 이러한 새로운 회사 갱생법에 의하여 변경된 것 중 주요 사항에는, i) 강제집행 등의 포괄적 금지명령 제도를 도입한 것,67) ii) 갱생계획 인가 전에 영업의 전부 또는 중요한 일부를 양도할 수 있는 근거를 마련한 것,68) 그리고 iii) 갱생회사의 사업의 갱생을 위해서 필요하다고 인정할 때 해당 가액에 상당하는 금전을 납부하고 담보권을 소멸시킬 수 있도록 하는 담보권소멸청구 제도를 도입한 것69) 등이 포함된다. 이와 같이 회사갱생법은 민사재생법과는 달리 담보권까지 포함하여 갱생절차에 구속시켜 그 정상화를 도모하는 절차이다.

　파산법에 따른 파산절차는 민사재생절차와 회사갱생절차에 비하여 그 역사는 오래되어, 일본에서 최초로 파산제도가 도입된 것은 에도시대라고 한다.70) 에도 시대에 있었던 분산(分散)제도의 경우에는 처음에는 채무자에 대한 면책이 허용되지 않았으나,71) 이후에 분산절차에 따라 채

---

65) 山本研 (2018), 67면.
66) 山本研 (2018), 64-65면.
67) 會社更生法 第25条. 이전 회사갱생법도 개별적인 중지명령은 인정하고 있었지만, 민사재생법이 이미 도입하고 있던 포괄적 중지명령을 받아들여 회사 재산의 보전을 보다 확실하게 할 수 있는 발판을 마련하였다고 한다. 그리고 민사재생법과는 달리 담보권실행에 따른 경매 절차나 체납처분 등도 중지할 수 있도록 하였다. 山本克己 (2003), 115-116면.
68) 會社更生法 第46条.
69) 會社更生法 第104条.
70) 최유나(2020), 328면. 해당 논문에 의하면, 에도시대에는 채무 전액을 변제할 수 없는 채무자로 하여금 전 재산을 제공하게 하고 이를 통하여 모든 채권자가 평등하게 변제받는 분산(分散) 제도가 있었다고 한다.
71) 小早川欣吾 (1941), 635頁.

무자의 전 재산을 처분하고 대금의 배당이 종료되면 그 배당절차에 참가한 모든 채권자에 대하여는 채무자가 면책되는 것이 원칙이 되었다.72) 이후 제도로만 존재하던 파산절차는 메이지유신 이후에 명문의 법률로 정비되게 되었는데, 처음으로 법전의 형태로 제정된 것은 1890년에 제정된 '구 상법 제3편 파산'으로 독일인인 헤르만 뢰슬러(Hermann Roesler)가 프랑스법을 기초로 하여 작성한 것으로 당시의 프랑스법에 따라 비면책주의를 채택하였으며, 이후 1922년에 독일법을 계수하여 상법전에 정하는 것이 아니라 독립적으로 파산법을 제정하게 되었는데, 이때에도 여전히 비면책주의를 채택하였다.73) 이후 제2차 세계대전의 패망으로 인한 미국의 영향으로 면책주의를 도입하게 되고, 현재의 파산법으로 이어지게 되었다.74) 이후 파산법에 더하여 민사재생법 및 회사갱생법 등을 추가로 제정하면서, 도산절차를 정비해나간 것이다.

위와 같은 민사재생절차와 회사갱생절차는 채무자의 정상화를 목적으로 하는 '재건형 도산처리절차'임에 반하여 파산법에 따른 파산절차는 채무자의 청산 등을 목적으로 하는 '청산형 도산처리절차'에 속한다. 그렇지만, 재건형인지 청산형인지 여부는 상대적인 것으로, 청산형 도산처리절차라고 하더라도, 채무자가 개인인 경우에는 면책 등을 통하여 해당 채무자의 경제적 갱생을 목적으로 하는 측면이 있고, 채무자가 사업자인 경우에도, 해당 법인인 채무자 자체는 청산하여 소멸하기는 하지만, 많은 경우 해당 사업 자체는 제3자에게 양도되어, 그 양도된 사업은 그 양도처에서 존속하게 된다.75)

그런데 파산절차의 경우에는 파산재단의 관리권이 파산관재인에게 전

---

72) 園尾隆司, "破産者に対する制裁と破産者名簿調整の歴史", 「判例タイムズ」 No. 1388, 2013, 6頁.
73) 최유나(2020), 336-359면.
74) 정건희(2022), 136-138면.
75) 三上威彦 (2017), 10頁.

속되면서 기존 회사의 경영인은 경영을 할 수 없고, 영업이 일단 중단되게 되기 때문에, 채권자가 파산신청을 하는 경우에 채무자는 사업을 계속하기 위하여 민사재생절차를 신청하는 경우가 있을 수 있다.[76] 그리고 민사재생절차가 개시되게 되면 파산절차는 중지되게 되므로(民事再生法 第39条 第1項), 이러한 측면에서 재건형 절차인 민사재생절차가 청산형 절차인 파산절차에 우선한다고 설명할 수 있다. 또한 회사갱생법은 회사갱생절차가 개시되게 되면 민사재생절차나 파산절차는 중지되게 된다고 규정하여(會社更生法 第50条 第1項), 담보권의 행사까지 제한할 수 있는 회사갱생법에 따른 갱생절차를 재생절차보다 우선하고 있다.

가 때 회사갱생절차를 개시할지, 재생절차를 진행할지, 아니면 파산절차를 개시할지 여부의 판단은 어느 절차를 진행하는 것이 채권자의 '일반 이익'에 적합한지에 따라 결정하며,[77] 여기에서 채권자의 일반 이익이란 민사재생의 경우에는 적어도 파산절차 이상의 변제를 받을 수 있어야 한다는 '청산가치보장의 원칙'이 그 기준이 된다고 한다.[78] 이와 같이, 도산절차는 채권자 등 채무자에 대하여 이해관계가 있는 자의 권리를 제한하는 것을 전제로 하는 절차이고, 어떠한 절차를 개시할지와 관련하여 채무자의 보호를 고려하지만, 적어도 채권자의 권리도 최소한의 보장 이상으로는 보호되어야 한다는 것을 규정하고 있으며, 이를 파산법, 민사재생법 및 회사갱생법 사이에서의 선택기준에 대하여 유기적으로 규정함으로써, 법 체계상으로 정하고 있는 것이다.

일본법의 경우에는 민사재생절차와 회사갱생절차가 담보권 등의 처리에 있어 다르고, 각 절차가 간이한 절차인지 대규모회사의 정상화를 위한 절차인지에 따른 특색이 있어 일반적으로 기본적인 절차로 논의되는 것은 파산법에 따른 파산절차이다. 따라서 이하에서의 일본 도산법에 대

---

[76] 野村剛司 (2021), 292頁.
[77] 會社更生法 第41条 第2項, 民事再生法 第25条 第2号.
[78] 野村剛司, (2021), 292頁.

한 일반적 논의는 주로 파산법을 중심으로 하여 설명하도록 하겠다.

2) 일본 도산법상 채무자 재산의 확정의 문제

가) 채무자 재산 또는 파산재단

일본 파산법(破産法)상 파산재단이라 함은 파산자의 재산으로서, 파산관재인에게 그 관리 및 처분을 할 권리가 전속하는 재산을 말한다(일본 파산법 제2조 제14호).79) 이와 같이 파산재단은 '파산자의 재산'으로 구성되는데, 이에 따라 파산절차 개시시에 파산자가 소유한 재산만이 파산재단을 구성하고, 파산개시 이후에 파산자가 취득하는 재산은 포함되지 않는다.80)

이러한 파산재단의 내용은 통상 i) 법정재단(法定財團), ii) 현유재단(現有財團), 그리고 iii) 배당재단(配當財團)으로 나뉜다고 설명된다.81) 법정재단은 파산법에서 정하는 기준에 따른 당연한 재산의 개념으로서, 일본 파산법 제34조 제1항에서 말하는 파산재단의 개념이 법정재단이라고 할 수 있다. 이에 의하면 파산자가 파산절차 개시 시에 가지고 있는 일체의 재산이 파산재단이라고 하며, 이는 다소 추상적인 개념이다.82) 이에 반하여 파산절차 개시 시에 채무자가 현실적으로 점유관리하는 재산의 집합체가 현유재단으로, 여기에는 채무자가 파산절차 개시 전에 부당하게 처분하여 속하여야 할 재산이 누락되어 있기도 하고, 타인의 재산이 혼동되어 있기도 하다. 일본 파산법(破産法) 제62조83)나 제79조84)에서 말

---

79) 상속재산 자체의 파산의 경우에는 해당 상속재산, 신탁재산 자체의 파산의 경우에는 해당 신탁재산도 파산재단이 될 수 있다.
80) 加藤哲夫 (2012), 121-122頁. 이와 같이 파산개시시의 파산자 소유의 재산으로 파산재단이 확정되는 것을 '고정주의(固定主義)'라고 한다고 설명한다.
81) 加藤哲夫 (2012), 131-135頁; 三上威彦 (2017), 133頁.
82) 三上威彦 (2017), 133-134頁.

하는 파산재단이 현유재단의 개념이라고 한다.85) 이러한 현유재단에서 제3자가 부당하게 점유하고 있는 재산의 점유를 회복하고, 파산관재인이 부인권을 행사하여 부당하게 처분된 채무자의 재산을 파산재단으로 확보하며, 타인의 재산이 환취권(取戾權)의 행사에 의하여 타인에게 회복되고 난 이후의 재산이 진정한 의미의 파산자 소유의 재산, 즉 법정재단이 되고,86) 이러한 법정재단에서 담보권자가 별제권 등을 행사하여 처분되는 재산과 재단채권의 변제를 위하여 처분되는 재산 등을 제외하고 최종적으로 남은 재산이 배당재단으로서, 이 재산이 파산채권자에게 배당되는 배당재단이다.87)

이와 같이 일본법상의 파산재단은 일단 파산자의 현유재산을 파산재단으로 일단 파악한 이후에, 부인권 및 환취권(取戾權) 등의 행사를 통하여 파산재단을 확정하고, 별제권 등을 가지는 자가 권리를 행사한 이후에 이를 바탕으로 배당을 한다는 점에서, 미국법상의 책임재단(estate)의 개념 및 그 확정과는 그 절차적 측면에서 다소 다르고, 부인권과 환취권에 따라 파산재단을 확정하는 국내 채무자회생법에 따른 절차와 보다 유사하다. 그렇지만 결국 채무자에게 귀속되는 재산만을 재단으로 파악한다는 점에서는 모두 동일하다.

청산형 절차가 아니라 재건형 절차인 민사재생법에 따른 재생절차에서의 채무자의 책임재산의 확정의 경우도 파산재단의 확정의 경우와 유

---

83) 해당 규정은 파산절차의 개시는 파산자에 속하지 않는 재산을 파산재단으로부터 회복할 권리에 영향을 미치지 않는다고 규정하여 파산절차에서의 환취권((取戾權)에 대해 규정하고 있는데, 이 규정에서 말하는 파산재단은 채무자에 속하는 재산의 개념인 법정재단이 아니라 단지 채무가 점유 등을 하고 있는 현유재산의 개념인 것이다.
84) 해당 규정은 파산관재인은 취임 후 즉시 파산재단에 속하는 재산의 관리에 착수하여야 한다고 정하고 있다.
85) 三上威彦 (2017), 134頁.
86) 加藤哲夫 (2012), 132頁.
87) 加藤哲夫 (2012), 132頁; 三上威彦 (2017), 134頁.

사하다. 재생절차에서도 채무자의 책임재산을 파악하여 확정하는 절차를 거치는데, 이러한 채무자 재산의 확정은 청산가치보장의 원칙88)을 지키기 위한 청산가치를 파악하기 위해서도 필요하다.89) 채무자의 재산의 확정의 대상은 재생절차 개시 시에 채무자에 속하는 일체의 재산으로,90) 이는 위에서 설명한 바 있는 법정재단의 개념과 유사한 추상적인 개념으로 이해된다. 그런데 재생절차의 경우에도 관리인이 선임되자마자 채무자의 재산의 관리에 관한 권한은 관리인에게 전속되게 되고(民事再生法 第66条), 다만 채무자에게 속하지 않는 재산에 대해서는 환취권(取戾權)을 행사할 수 있다(民事再生法 第52条). 결국 재생절차 개시시에 채무자가 현실적으로 점유 및 관리하는 재산을 현유재산으로 일단 관리인의 관리하에 두고, 이 중 채무자에게 속하지 않는 재산을 환취권(取戾權)의 행사를 통해 정리함으로써 법정 재산을 확정해나간다는 점에서 파산절차와 거의 유사하다.

이에 이하에서는 파산절차를 중심으로 하여, 파산재단을 확정하기 위한 일본 파산법 상의 부인권과 환취권에 대하여 간략하게 살펴보고, 국내 채무자회생법 상의 부인권과 환취권과 어떠한 유사점이 있는지 살펴보고자 한다.

나) 부인권의 행사

일본 파산법상의 부인권은 파산절차 개시 전에 채무자가 그 책임재산을 감소시켜 채권자를 해하는 행위를 한 경우인 사해행위, 그리고 어느 특정 채권자를 위한 행위를 하여 채권자 간의 평등을 해치는 경우인 편파행위를 파산관재인이 부인함으로써 파산재단을 확보할 수 있도록 하

---

88) 民事再生法 第174条 第2項 第4号. 해당 규정은 재생계획이 채권자의 '일반 이익'에 반할 때에는 법원이 해당 재생 계획의 불인가 결정을 하여야 한다고 하고 있다.
89) 三上威彦 (2017), 760頁.
90) 民事再生法 第124条 第1項.

는 권한을 말한다.91)

　위와 같은 부인권은 일본 민법상 인정되는 사해행위취소권과 유사하지만, 파산관재인만이 행사할 수 있으며, 반드시 소로써 하여야 한다는 제한이 없고, 그 행사 기간 또한 파산법에서 정하는 바에 의하며, 파산절차 개시 후의 행위 등의 경우에는 사해 의사가 필요하지 않다는 점 등에서 사해행위취소권보다 그 인정범위가 넓다.92) 이와 같이 일본법상의 부인권 제도는 국내 채무자회생법상의 부인권의 제도와 상당히 유사한 면이 많다.

다) 환취권(取戾權)의 행사

　일본 파산법(破産法) 제62조는 파산절차의 개시는 파산자에 속하지 않는 재산을 파산재단으로부터 회복할 권리인 환취권(取戾權)에 영향을 미치지 않는다고 규정하여 우리법상의 환취권과 유사한 권리를 인정하고 있다.93) 파산재단은 원칙적으로 파산자에게 귀속되는 재산만으로 구성되어야 하지만,94) 파산관재인이 파산자가 점유하는 재산을 일일이 확인하여 그 귀속 여부를 확인하는 것에는 시간이 소요되고, 그 동안 파산재단이 소실될 위험도 있기 때문에,95) 파산관재인은 취임 즉시 그 파산자가 점유하는 재산 전체를 파산재단으로서 관리하도록 하고 있다.96)

　이와 같은 환취권의 성격에 대하여, 타인에게 귀속되는 재산을 파산절차의 청산 자산에 사용할 수 없다는 책임재산의 관념에서 나오는 당

---

91) 野村剛司 (2021), 78頁.
92) 三上威彦 (2017), 345-346頁; 三ヶ月章 外 (1999), 4頁.
93) 民事再生法 第52条 第1項과 會社更生法 第64条 第1項에도 환취권에 관한 규정을 두고 있다.
94) 破産法 第34条.
95) 三上威彦 (2017), 524頁.
96) 破産法 第79条.

연한 권리로서, 기존의 실체법 질서로부터 나오는 권리이지 파산법이 인정하는 특별한 권리인 것은 아니라고 한다.97) 그런데 회사갱생법에서의 환취권과 관련해서는, 소유자가 갱생회사로부터 그 소유재산을 되찾을 수 있는 것은 당연한 것이지만, 갱생회사가 점유하고 관리인이 사실상 관리하는 타인 소유의 재산에 대하여 그 타인이 이를 되찾을 권리에 어떠한 제약이 있을 수 있고, 환취권의 규정은 이러한 점을 해소시키기 위한 규정이라고 설명한다.98) 이러한 환취권의 행사는 i) 도산절차가 개시된 채무자가 점유하고 있는, 즉 현유재단에 포함된 재산을 채무자로부터 회복하는 적극적 권리행사와, ii) 채무자의 파산관재인이 제기하는 인도청구 등의 요구에 대한 항변으로서의 소극적 행사의 두 가지 형태로 이루어질 수 있다.99)

환취권의 근거가 되는 권리로 대표적인 것은 소유권인데, 이러한 소유권의 경우에도 언제나 환취권이 인정되는 것은 아니고, 소유자의 소유권에 제한이 있는 경우, 즉 파산재단이나 파산관재인이 점유를 할 수 있는 근거가 되는 법률관계가 있는 경우에는 그 권한이 종료될 때까지 환취권을 행사할 수 없다.100)

또한 점유를 수반하는 기타의 물권에 기해서도 환취권을 행사할 수 있는데, 점유권이나 점유를 수반하는 담보권인 질권에 기해서도 환취권을 행사할 수 있다.101) 다만 유치권의 경우에는 점유를 잃는 순간 유치권도 소멸하기 때문에 유치권에 기하여 환취권을 행사할 수는 없고, 유치권에 기하여 관재인 등의 반환청구권에 대항할 수 있을 뿐이다. 그리고 사해행위취소권에 기하여 원상회복청구를 하는 것과 같은 채권적 청

---

97) 加藤哲夫 (2012), 311頁; 三上威彦 (2017), 525頁.
98) 三ヶ月章 外 (1999), 538頁.
99) 伊藤眞 (2020), 500-501頁.
100) 三上威彦 (2017), 526頁; 伊藤眞 (2020), 486頁.
101) 三上威彦 (2017), 526頁.

구권에도 환취권이 인정된다.102)

이와 같이, 일본 도산법상의 환취권은 아래에서 살펴본 국내법상의 환취권과 거의 유사하다. 그리고 이와 같은 환취권의 인정은 도산절차가 '채무자에게 법적으로 속하는 재산'에 대해서만 적용된다는 당연한 '책임재산'의 원칙에서 파생되는 권리로서, 도산절차가 영향을 미치는 범위는 채무자 소유의 재산에 한한다는, 도산절차의 명확한 한계점을 보여주는 제도이다.

3) 일본 도산법상 이해관계인의 권리의 조정

가) 이해관계인의 권리의 조정

파산절차의 경우에는 위에서 설명한 바에 따른 배당재단이 확정된 이후, 그 배당재단의 범위 내에서 파산채권자들에게 배당을 하게 되므로, 이해관계인의 권리를 '조정'한다는 표현은 적절치 않다.103) 다만 파산채권자들이 파산재단으로부터 지급받지 못하는 부분에 대해서 채무자가 '면책'을 받음으로써,104) 파산채권자의 권리가 그에 따라 감면되는 효과가 발생할 수 있을 뿐이다.

이런 면에서 이해관계인의 권리를 조정하는 것은 민사재생절차와 같은 재건형 절차에서 주로 문제되는 것이다. 민사재생절차에서의 권리의 조정은 재생계획을 통하여 이루어진다.105) 그리고 민사재생절차는 경제

---

102) 三上威彦 (2017), 527頁; 伊藤眞 (2020), 487頁.
103) 물론 파산채권자들의 채권이 전액 만족되기는 어렵겠지만, 전액 변제를 받지 못하는 것은 배당 자원의 부족으로 인한 것이고 권리 자체를 '조정'하기 때문인 것은 아니다.
104) 破産法 第253条는 '면책허가의 결정이 확정된 때에는 파산자는 파산절차에 의한 배당을 제외하고 파산채권에 대하여 그 책임을 면한다'고 규정하고 있다.
105) 民事再生法 第154条 第1項 第1号는 재생채권자의 전부 또는 일부의 권리의 변경이 재생계획안에 포함된다고 하고 있다.

적으로 파탄에 빠진 채무자와 그에 대한 채권자와의 민사상의 권리관계를 적절히 조정하여 그 채무자의 사업 또는 경제생활의 재생을 도모하는 것을 목적으로 하는 절차로서,106) 재생계획안에 재생채권자의 권리의 변경에 대한 내용이 포함되어 있지 않으면 그 자체로 계획안의 미비를 이유로 한 법원의 불인가 사유가 된다.107)

이와 같이 일본의 도산절차 역시 면책 또는 채권자의 권리 조정을 통하여 채무자의 새로운 출발 또는 정상화를 목적으로 하는 절차로, 채권자의 권리의 감면을 필수적으로 수반한다. 그렇지만, 이에 따라 조정되는 권리는 '채권자'의 권리, 즉 채권에 한한다. 파산법 제253조도 면책되는 것은 파산채권자에 대한 책임이라고 분명히 규정하고 있으며, 민사재생법 제154조에서 권리의 변경의 대상이 되는 것도 채권자의 권리의 전부 또는 일부라고 분명히 규정하고 있다. 따라서 채무자에 대하여 주장하는 권리가 소유권과 같은 권리인 경우에는 환취권의 대상이 되어 도산절차에 영향을 받지 않고, 권리 조정의 대상이 되지도 않는다.

나) 이해관계인의 권리의 조정의 한계

재생계획에 따라 채권자의 권리를 조정함에 있어서 청산가치보장의 원칙이 적용된다. 민사재생법에서 재생계획이 채권자의 일반 이익에 반하면 법원이 그 계획을 불인가하여야 한다고 한 규정(民事再生法 第174条 第2項)이 이 원칙을 규정한 것이라고 해석되며, 이는 재생절차를 정당화하는 최소한의 담보로서, 재생계획에 따라 채권자에게 이루어지는 변제액의 총액이 채무자재산의 청산가치를 넘어야 한다는 것을 의미한다.108) 이 때 청산가치의 판단은 공식적 변제율 뿐만 아니라 실제로 변

---

106) 民事再生法 第1条에서 명시적으로 이와 같이 규정하고 있다.
107) 三上威彦 (2017), 875頁.
108) 三上威彦 (2017), 992頁.

제되는 것, 즉 변제의 시기 및 기간, 환가 가능성 및 이행가능성과 그 비용의 다과 등을 종합적으로 판단하여야 한다.[109]

재생계획뿐만 아니라 회사갱생절차에서도 청산가치보장의 원칙이 적용된다고 설명되는데, 민사재생법과는 달리 회사갱생법에서는 계획안 인가 요건에서 채권자의 일반 이익에 대한 언급을 하고 있지는 않다.[110] 그렇지만, 회사갱생법은 갱생절차 또는 갱생계획이 법령 및 대법원규칙의 규정에 적합할 것과 갱생 계획의 내용이 공정하고 형평할 것이라는 요건을 충족하여야 갱생계획안을 인가할 수 있다고 규정하고 있는데,[111] 이 규정이 회사갱생법에서 청산가치보장의 원칙을 선언한 것이라고 해석되고 있다.[112]

이와 같이 일본 도산법은 채무자를 위하여 재건형 절차를 채택함에 있어서도 최소한의 채권자 보호장치인 청산가치보장의 원칙을 선언함으로써 채권자 등의 재산권을 보호하고 있다.

4) 소결

일본 도산법 또한 채무자를 위한 절차로 발전하여 온 영미법계의 도산절차의 영향을 받으면서, 채무자의 면책과 채권자 등의 권리 조정을 통해 채무자의 재건을 통해 사회 전체의 경제 건전성을 도모하는 절차로 발전해왔다. 그렇지만 이러한 목적을 위한다고 하더라도 기본적으로 도산절차는 채무자의 책임재산을 근거로 하여야 하므로, 채무자의 재산이 아닌 다른 제3자가 가지는 재산을 도산절차에 구속시킬 수 없고, 채무자의 정상화 또는 면책을 위하여 채권자 등 이해관계인의 권리를 필

---

[109] 三上威彦 (2017), 910-911頁.
[110] 野村剛司 (2021), 304頁.
[111] 會社更生法 第199条 第2項 第1号, 第2号.
[112] 野村剛司 (2021), 189頁.

요한 범위에서 제한 또는 조정을 한다고 하더라도, 이러한 제한 또는 조정도 아무런 한계없이 이루어지는 것은 아니며, 이는 헌법상 보장되는 재산권을 침해할 수 없다는 원칙에 따른 당연한 결과이다.113)

이러한 이유로 일본 도산법이 비록 채무자의 재산을 일단 파산관재인 또는 관리인의 관리하에 두도록 하여 채무자 재산의 확보를 우선적으로 하고 있기는 하지만, 진정한 소유자의 환취권 행사를 통하여 도산절차에 구속되지 않고 재산을 회복할 권리를 보장하고 있으며, 신탁이 이루어진 경우에 위탁자 또는 수탁자에 대하여 도산절차가 개시되더라도, 신탁은 해당 도산절차로부터 영향을 받지 않는다.114)

또한 도산절차에 의하여 제한될 수 있는 권리인 채권조차도, 청산가치보장의 원칙을 통하여 헌법상 보장되는 재산권은 보장하여야 함을 명시하고 있는 것이다. 특히, 청산가치보장의 원칙은 채무자를 정상화시키는 것이 정책적으로 중요하고, 사회전체적으로는 바람직하더라도, 그것이 채권자에게 희생을 강요하는 결과가 되는 것은 맞지 않기 때문에, 청산형이 아닌 재건형을 채택하는 것의 최소한의 요건으로서 작용하는 원칙이다.115) 결국 일본 도산절차도 채무자를 위해 다른 당사자의 권리를 제한한다고 하더라도 그 제한에 있어 헌법적 한계는 준수하여야 하는 것이다.

이러한 점들을 비추어볼 때, 일본의 도산절차 또한 다른 법체계에 의하여 인정되는 권리를 무제한으로 제한할 수는 없으며, i) 도산절차에 구속되어 제한되는 권리는 채권과 주주의 권한과 같은 채무자에 대한 이해관계에 한정하고 소유권이나 기타 위에 해당하지 않는 제3자의 재산권을 제한하지는 못하고, ii) 위와 같은 채권과 주주권조차도 한계를 준

---

113) 김경욱, "회생절차에 있어서 청산가치보장의 원칙", 경영법률 26권 4호, 한국경영법률학회, 2016, 307면.
114) 伊藤眞 (2022), 112-115頁.
115) 三上威彦 (2017), 8頁.

수하여 제한하고 있다는 것을 알 수 있다.

라. 채무자회생법상의 도산절차

1) 채무자회생법상의 도산절차의 개관

이상과 같이 우리 채무자회생법에 영향을 미친 미국법상의 도산절차와 일본법상의 도산절차에 대하여 살펴보았다.

우리의 도산절차 체계는 크게 재건형 절차인 회생절차와 청산형 절차인 파산절차로 나뉨은 위에서 설명한 바와 같은데, 우리법상의 회생절차는 미국법상의 Chapter 11 절차와 일본법상의 민사재생절차 또는 회사갱생절차와 같은 재건형 절차라는 점에서 유사한 면이 있고, 파산절차는 미국법상의 Chapter 7 절차와 일본법상의 파산절차와 청산형 절차라는 점에서 유사한 측면이 있다.

그렇지만 미국법상 책임재단(estate)의 확정과 우리법상의 채무자 재산의 확정 절차에 있어서 차이가 있고, 우리법상으로는 재건형 절차의 경우 담보권까지 모두 구속이 되는 회생절차밖에 없으나, 일본법은 담보권은 절차에 구속되지 않고 언제든지 별제권을 행사할 수 있는 민사재생절차라는 재건형 절차를 두고 있다는 점에서, 우리법이 도산절차와 다른 면들이 있다.

우리 도산법 체제하에서도, 회생절차개시결정이 있게 되면 파산절차는 중지되므로, 청산형 파산절차보다 재건형인 회생절차가 우선하게 된다(채무자회생법 제58조 제2항 제1호). 또한 채무자회생법도 회생절차에 의함이 채권자 일반의 이익에 적합하지 아니한 경우에는 법원에서 기각할 수 있다고 규정하고 있는데(채무자회생법 제42조 제3호), 이 규정도 일본 도산법에서와 같이 '청산가치보장의 원칙'을 의미하는 것인지 문제된다.

위에서 살핀 바와 같이 일본에서는 이와 유사한 규정이 청산가치보장의 원칙을 나타내는 것이라고 보는 것이 일반적인 반면, 우리 도산법의 경우 구 「회사정리법」이 제38조 제5호에서 "회사를 청산할 때의 가치가 회사의 사업을 계속할 때의 가치보다 큰 것이 명백한 경우"라고 규정하던 것을 삭제하였으므로, 과연 위 규정이 청산가치보장의 원칙을 포함한 것인지에 대해서 의문이 있을 수 있다. 그렇지만 회생절차를 진행하는 것보다 신속하게 파산절차를 진행하는 것이 채권자 일반의 이익에 부합하는 경우에는 위 규정에 따라 회생절차를 기각하여야 할 것이므로,[116] 청산가치보장의 원칙도 포함하는 개념이라고 할 것이다. 또한 현재 파산절차 등이 계속되어 있지 않더라도 그러한 절차 등에 의하는 것이 회생절차에 의하는 것보다 채권자 일반에게 유리한 경우에는 기각사유에 해당하며, 이 때 채권자의 일반 이익이란 특정의 채권자가 아니라 채권자 전체에 이익이 되는 것을 말한다고 한다.[117]

이와 같이 우리법상의 도산절차에서도 채무자의 정상화를 위하여 재건형 도산절차를 택하고 채권자 등의 권리를 제한할 수 있으나, 이 경우에도 최소한의 보장의 원칙이 적용되고 있는 것이다. 이하에서는 우리법상의 도산절차에서의 채무자재산의 확정과 이해관계인의 조정 등에 대하여 살펴보면서 우리법상의 도산절차의 방향성 및 그 한계를 살펴보고자 한다.

2) 채무자 재산의 확정

채무자회생법상 회생절차 또는 파산절차가 개시되면 관리인 또는 파산관재인에게 채무자 재산의 관리처분권이 전속하게 된다(채무자회생법

---

[116] 서울중앙지방법원 파산부 실무연구회(2023a), 142면.
[117] 서울중앙지방법원 파산부 실무연구회(2023a), 141-142면.

제56조 제1항 및 제384조). 파산절차의 경우에는 채무자회생법상 채무자가 파산선고 당시에 가진 모든 재산은 파산재단을 구성하므로,[118] 파산절차 개시 시점에 채무자가 가지는 재산이 파산절차의 대상이 된다.[119]

이와 관련하여 채무자회생법은 회생절차 및 파산절차에서 채무자에게 속하지 않는 재산을 환취할 수 있는 권리인 환취권에 대하여 정하고 있는데(채무자회생법 제70조 및 제407조), 이는 일단 채무자가 보유하고 있는 모든 재산을 관리인 또는 파산관재인의 관리하에 두고 그 중 채무자의 소유에 속하지 않는 재산을 추후 권리행사를 통해 배제하려는 것으로서, 일본 도산법상 환취권을 인정하는 체계와 유사하다. 이러한 환취권과 관련해서는 문제되는 쟁점들이 몇 가지 있어 아래의 별도의 항에서 좀 더 자세히 검토하도록 하겠다.

3) 부인권

부인권은 도산절차 개시 전에 채무자가 채권자 등을 해하는 행위를 하거나 특정 채권자에게만 유리한 행위를 한 경우에, 도산절차 개시 후에 관리인 또는 파산관재인이 그 효력을 부인하여 일탈된 재산을 회복하도록 하는 권리를 말한다.[120] 이러한 부인권은 감소한 재산과 기업의 수익력을 회복하거나 채권자 간의 평등을 회복함으로써 회사의 경영징

---

[118] 채무자회생법 제382조 제1항. 이는 일본 도산법에서의 법정재단의 개념과 유사하다. 이와 관련하여 우리법상의 파산절차에서의 파산재단의 개념도 일본에서의 논의와 유사하게 법정재단, 현유재단 및 배당재단으로 설명될 수 있다는 견해가 있다. 전병서(2019), 120-121면.

[119] 이와 같이 파산선고 시점을 기준으로 파산재단의 범위를 확정하는 것을 고정주의라고 하고, 이에 대하여 파산선고 이후 취득하는 재산도 편입시키는 방식을 팽창주의라고 하는데, 법인의 파산에서는 파산으로 채무자인 법인이 해산하고 그 영업이 종료되므로 팽창주의와 구별할 의의가 크지는 않다. 서울중앙지방법원 파산부 실무연구회(2019), 76면; 伊藤眞 (2022), 259-260頁.

[120] 서울중앙지방법원 파산부 실무연구회(2023a), 333면.

상화를 보다 용이하게 하기 위한 제도인데, 특히 부인권의 실질적인 근거는 채권자 간의 공평에 있다고 한다.121)122)

채무자회생법은 회생절차에서 i) 채무자가 채권자 또는 담보권자를 해하는 것을 알고 한 행위, ii) 채무자가 지급의 정지, 회생절차개시의 신청 또는 파산의 신청이 있은 후에 한 채권자 또는 담보권자를 해하는 행위와 담보의 제공 또는 채무의 소멸에 관한 행위, iii) 채무자가 지급의 정지 등이 있은 후 또는 그 전 60일 이내에 한 담보의 제공 또는 채무의 소멸에 관한 행위로서 채무자의 의무에 속하지 아니하거나 그 방법이나 시기가 채무자의 의무에 속하지 아니한 행위, iv) 채무자가 지급의 정지 등이 있은 후 또는 그 전 6월 이내에 한 무상행위 및 이와 동일시할 수 있는 유상행위를 부인할 수 있다고 규정하고 있으며, 파산절차에서도 위 규정에 준하는 부인권에 관한 규정을 두고 있다(채무자회생법 제100조 및 제391조).

부인권은 일반적으로 i) 고의부인, ii) 본지행위부인, iii) 비본지행위부인, iv) 무상부인으로 분류되며, 특히 고의부인의 경우에는 채무자의 사해의사를 요건으로 하는 부인으로서 민법상의 채권자취소권과 그 실질을 같이 한다고 해석된다.123) 이 중 고의부인의 경우 회생채권자를 해하는 행위가 있어야 하고 채무자가 행위 당시 그 행위에 의하여 회생채권자 등을 해한다는 사실을 알고 있어야 하는데, 부인권에서의 사해성 판단에서 사해행위취소에 있어서의 판단기준과 유사하나 부인권의 경우에는 채무자의 재산을 절대적으로 감소시키는 행위뿐만 아니라 특정 채권

---

121) 三ケ月章 外 (1999), 3頁.

122) 미국 도산법에서도 도산수탁인에게 부인권을 인정하는 가장 중요한 목적은 채권자 간의 공평에 있다고 설명하고 있다. Alan N. Resnick & Henry J. Sommer (2022), ¶547.01, 547-10.

123) 서울중앙지방법원 파산부 실무연구회(2023a), 346-353면. 이에 대하여, 본지행위부인 및 비본지행위부인을 합하여 '위기부인'으로 분류하는 견해도 있다. 전병서 (2019), 268-270면.

자에 대한 편파행위도 포함된다.[124][125]

또한 회생절차 및 파산절차 상의 부인권과 민법 제406조의 채권자취소권은 총 채권자의 이익을 위하여 채무자의 행위에 의하여 손상된 책임재산의 회복을 도모한다는 점에서는 그 취지를 같이 하나, 채권자취소권이 개별적으로 행사되며, 그 취소대상의 행위나 행사 방법 등이 제한적인 반면, 회생절차 상의 부인권은 채권자간의 공평한 처우를 기본으로 하여 그 권한은 관리인에게 전속하고, 그 행사 요건, 방법 등이 완화되어 있다.

이와 같이 부인권에 대하여 채권자취소권보다 완화된 요건을 적용하는 것은 도산절차에 있어서 채무자의 재산을 최대한 확보함으로써 채권자의 변제자원을 확장하고, 채무자가 다시 경제주체로서 활동할 수 있는 발판을 마련하고자 하는 도산절차의 이념이 바탕이 된 것으로 이해된다.

4) 이해관계인의 권리의 조정

채무자회생법상 파산절차의 경우에는 채무자가 면책의 신청을 할 수 있고, 면책결정에 따라 면책을 받은 채무자는 파산절차에 의한 배당을 제외하고는 파산채권자에 대한 채무의 전부에 관하여 그 책임이 면제된다(채무자회생법 제556조 및 채무자회생법 제566조). 따라서 파산절차의 경우에는 파산재단의 확정 및 배당과 면책만이 문제되고 이해관계인

---

[124] 서울중앙지방법원 파산부 실무연구회(2023a), 346면.
[125] 대법원 또한 채무자회생법 제100조 제1항 제1호에서 정한 '채무자가 회생채권자 또는 회생담보권자를 해하는 것을 알고 한 행위'에는 총채권자의 공동담보가 되는 회사의 일반재산을 절대적으로 감소시키는 이른바 사해행위뿐만 아니라 특정한 채권자에 대한 변제와 같이 다른 회생채권자들과의 공평에 반하는 이른바 편파행위도 포함된다고 판단하였고(대법원 2020. 6. 25. 선고 2016다257572 판결), 파산법상의 부인권 제도는 채무자의 일반재산의 유지·확보를 주된 목적으로 하는 채권자취소권의 경우와는 달리, 이른바 편파행위까지 규제 대상으로 한다고 설명한다(대법원 2005. 11. 10. 선고 2003다271 판결).

의 권리 조정의 문제는 발생하지 않는다.

반면 재건형 절차인 회생절차의 경우에는 채무자의 재산 및 계속적 영업에 따른 현금흐름을 재원으로 하여 회생채권자 등의 채무를 변제하기 위한 계획안을 작성하고, 그 과정에서 이해관계인의 권리를 조정하게 되는데, 이러한 내용은 회생계획안에 포함되게 된다(채무자회생법 제193조 제1항). 채무자회생법에서 회생계획안에 따라 그 권리를 조정할 수 있는 대상은 회생채권자, 회생담보권자, 주주 및 지분권자라고 명시하고 있는바, 회생절차에서 그 권리를 제한할 수 있는 것은 위 이해관계인에 한하고 소유자의 소유권 등은 제한될 수 없다.

또한 회생계획안을 법원이 인가하기 위해서는 그 계획안이 i) 법률의 규정에 적합하고, ii) 공정하고 형평에 맞을 것이 요구될 뿐만 아니라, iii) 회생계획에 의한 변제방법이 채무자의 사업을 청산할 때 각 채권자에게 변제하는 것보다 불리하지 아니하게 변제하는 내용일 것, 즉 청산가치 이상일 것이 요구된다. 회생계획안에서의 청산가치보장의 원칙은 위의 회생절차개시요건에서의 청산가치보장의 원칙과는 달리, 각 채권자들에게 적용되는 것이다.[126] 일본 회사갱생법은 청산가치보장에 관한 명시적 규정을 두고 있지 않고 단지 회사갱생법상 규정하고 있는 법령 및 대법원규칙의 규정에 적합할 것과 갱생 계획의 내용이 공정하고 형평할 것이라는 요건에서 청산가치보장의 원칙이 나온다는 해석론에 의존하고 있는 반면, 채무자회생법은 이를 명문으로 규정하여 채권자들의 권리를 보장하고 있다. 구 「회사정리법」은 계획안 인가 요건에 청산가치보장의 원칙을 규정하고 있지 않아 채권자들의 권리보장에 미흡하다는 비판이 많았고, 청산가치 미만으로 변제받도록 하는 것은 채권자들의 재산권의 본질적인 부분을 침해하는 것이라는 고려에서 이를 명문으로 규정하게 된 것이다.[127]

---

126) 서울중앙지방법원 파산부 실무연구회(2023a), 694면.
127) 서울중앙지방법원 파산부 실무연구회(2023a), 693-694면.

이러한 각 채권자들에 대한 청산가치보장은 비록 도산절차가 채권자들의 권리를 조정하여 채무자의 경제적 정상화를 도모하는 절차라고 하더라도, 최소한 재산권의 본질적인 부분을 침해하는 것은 타당하지 않다는, 도산절차의 헌법적 한계를 선언한 것이라는 점에서 의미가 있는 것으로 판단된다.

마. 환취권

1) 환취권의 개념 및 의의

지금까지 도산절차에서 가장 중요한 두 가지인, i) 채무자의 재산을 확보하여 확정하고, ii) 채권자를 파악하여 채무를 확정하고 이를 조정하는 절차에 대하여 살펴보았다. 그런데 이 중요한 두 가지 절차를 보면, 한 가지 중요한 원칙에 도달하게 된다.

즉, 도산절차에 구속되는 재산은 '채무자 소유의 재산'이라는 점과, 채무자의 도산절차에서 그 권리가 제한되는 것은 '채권자의 권리', 즉 채권자가 채무자에 대하여 보유하는 채권과 이를 담보하기 위한 담보권에 한하는 것이고, 채무자가 소유하지 않은 재산에 대한 제3자의 소유권 등을 포함한 다른 제3자의 권리는 제한의 대상이 아니라는 점이다.

물론 채무자가 채무자가 소유하지 않은 재산에 대하여 이를 점유할 정당한 권한을 가지는 경우에는, 그 점유권은 보호될 것이고, 그 점유권의 근거가 되는 계약이 어떠한 계약인지에 따라 해당 재산의 소유자가 그 계약을 해제하고 소유물을 반환받는 것은 일정 부분 제한될 수도 있다.[128] 그렇지만 이런 경우에도 적어도 소유자의 '소유권의 귀속'은 비록 도산절차가 개시되었다고 하더라도 이를 제한할 수는 없다고 보아야

---

[128] 서울중앙지방법원 파산부 실무연구회(2023a), 392면.

한다.129)

　이와 같이 도산절차에서 제한할 수 없는 채무자의 책임재산이 아닌 재산에 대한 제3자의 권리를 보호하는 것에서 출발한 권리가 '환취권'이다. 책임재산의 원칙에 비추어볼 때, 채무자의 재산이 아닌 제3자에게 속하는 재산을 그 권리자가 채무자로부터 환취할 수 있는 것은 당연한 것이고, 별도의 규정이 없더라도 당연히 인정될 수 있어야 할 것이다. 다만, 타인의 소유에 속하는 재산을 환취할 권리에 어떤 제약이 있지 않은가 하는 의문이 있을 수 있으므로 이를 해소시키기 위하여 별도의 규정을 둔 것이다.130)

　미국 도산법은 위에서 살핀 바와 같이 도산절차가 개시되면 채무자의 재산이 책임재단(estate)으로 이전되고 이러한 책임재단(estate)에 속하는 재산이 도산절차에 구속되므로, 우리법상의 환취권과 같은 개념을 두고 있지 않은 반면, 일본 도산법은 우리법과 거의 유사한 환취권의 규정을 두고 있는데, 이러한 일본 도산법의 환취권에 관한 규정은 일본이 독일법을 계수하여 파산법을 제정하면서 영향을 받은 것으로 보인다.131)132) 따라서 환취권의 개념 및 그 의의를 명확히 이해하기 위해서는

---

129) 채무자에게 점유할 권한이 있어, 그 재산을 반환받지 못한다고 하더라도, 그 재산이 채무자의 책임재산으로서 해당 도산 절차에 구속되는 것은 아니다. 아래에서 설명할 독일 도산법에서의 환취권 관련 규정이 재산의 '분리'에 대해 규정함으로써 이를 분명히 하고 있는 반면, 현행 채무자회생법의 환취권 규정은 재산을 '환취'하는 것에 초점이 맞춰져 있으나, 채무자의 책임재산의 원칙상 이는 당연한 것으로 이해된다.

130) 서울중앙지방법원 파산부 실무연구회(2023a), 391면. 이는 일본법에서 환취권 규정을 둔 이유에 대한 설명과 같다. 三ヶ月章 外 (1999), 538頁.

131) 최유나, "일본 파산법제에서 면책의 변화에 대한 법제사적 연구", 상사법연구 제39권 제3호, 한국상사법학회, 2020, 348-350면. 위 논문은 일본은 1922년에 상법에서 분리하여 별도의 파산법을 제정하였으며, 이 때 독일의 파산법을 모범으로 하여 제정하였고, 환취권에 관한 규정을 명확하게 규정한 것이 독일법을 계수한 것이라는 점을 명확하게 보여주는 것 중 하나라고 설명한다.

132) 齋藤常三郎 (1937), 212頁.

독일법상의 환취권에 관한 규정을 살펴보는 것이 필요하다.

독일 도산법(Insolvenzordnung)은 환취권에 관한 규정을 제47조에 두고 있는데, 해당 규정은 대물적 또는 대인적 권리를 근거로 어느 물건이 파산 재산에 속하지 않는다고 주장할 수 있는 사람은 파산채권자가 아니고, 이러한 분리에 관한 권리는 파산절차 외에 적용되는 법률에 의해 결정된다고 정하고 있다.133)

독일 도산법에서의 위 규정은 책임의 법칙에 따라 채무자의 재산이 아닌 재산을 분리함과 동시에 그 재산에 관하여 권리를 가지는 채권자도 분리하여 채무자의 채권자들과 함께 채무자의 도산절차 내에서 함께 경쟁하는 것을 막는 역할도 한다고 설명된다.134)135) 독일 도산법에서의 환취권에 관한 규정의 제목이 분리(Aussonderung)인 것에서도 알 수 있듯이, 독일법상의 환취권의 주된 개념은 채무자 소유의 재산이 아닌 재산을 채무자의 도산절차로부터 분리하여 그 절차에 구속되지 않도록 하는 것이다.136) 또한 독일법상의 환취권을 행사할 수 있는 자는 소유권자에 한하지 않고 해당 물건에 대하여 대물적 또는 대인적 권리를 가지는 자가 모두 행사할 수 있다.137) 다만, 환취권(Aussonderung)이 있더라도

---

133) 해당 규정의 원문은 다음과 같다. "Wer auf Grund eines dinglichen oder persönlichen Rechts geltend machen kann, daß ein Gegenstand nicht zur Insolvenzmasse gehört, ist kein Insolvenzgläubiger. Sein Anspruch auf Aussonderung des Gegenstands bestimmt sich nach den Gesetzen, die außerhalb des Insolvenzverfahrens gelten."

134) Karsten Schmidt (2016), p. 473.

135) 독일법상 환취권을 행사하는 권리자는 해당 도산 절차에서의 채권자가 아니기 때문에 도산절차에 구속되지 않을 뿐만 아니라, 도산 절차에서의 배당에도 참여하지 않는다. Michael C. Frege, Ulrich Keller & Ernst Riedel (2015), p. 661.

136) Peter Gottwald & Ulrich Haas (2020), p. 751. 우리법 상의 용어는 '환취권'으로 어느 재산을 '돌려받는다'는 의미가 강하게 느껴지지만, 이에 반하여 독일법상의 환취권에 해당하는 규정은 채무자의 재산에 속하지 않는 해당 재산을 채무자의 도산 절차로부터 '분리'하는 개념으로 규정하고 있음을 알 수 있다.

137) Karsten Schmidt (2016), pp. 476-489; Michael C. Frege, Ulrich Keller &

채무자가 해당 물건을 점유할 권리를 가지는 경우에는, 소유권을 확인하는 소송만 가능하고 해당 물건 자체를 반환받을 수는 없다.[138]

이와 같은 독일 도산법상의 환취권의 개념에 비추어볼 때, 우리법상의 환취권 또한 채무자의 재산에 속하지 않는 재산을 채무자의 도산절차로부터 분리할 것을, 그 재산에 대하여 권리를 가지는 자가 주장할 수 있는 권리라고 이해하는 것이 보다 명확할 것이다.

채무자회생법은 환취권이란 채무자에 대하여 회생절차 또는 파산절차가 개시되는 경우에, 그 채무자에 속하지 않는 재산을 그 채무자 또는 파산재단으로부터 환취하는 권리를 말한다고 규정하고 있는데(채무자회생법 제70조 및 제407조), 이와 같은 환취권은 채무자가 점유하고 있는 타인의 소유에 속하는 재산에 대하여 행사하는 권한으로, 채무자의 점유를 박탈하는 방식으로 행사되며, 채무자의 회생절차나 파산절차에 영향을 받지 않고, 언제든지 행사할 수 있다.

이와 같은 환취권의 기초가 되는 권리는 소유권에 한하지 않고, 점유권이나 채권적 청구권에 기해서도 환취권을 행사할 수 있다.[139] 대법원 또한 사해행위취소권도 환취권의 기초가 될 수 있다고 판단한 바 있다.[140]

이와 관련하여 이하에서는, 환취권의 인정 여부와 관련하여 논란이 많이 되고 있는 거래 유형과 관련된 쟁점을 살펴보고 환취권의 인정 범위에 대해서 고민해보고자 한다.

Ernst Riedel, Insolvenzrecht (2015), pp. 661-662.

[138] Michael C. Frege, Ulrich Keller & Ernst Riedel (2015) p. 662. 이러한 점 또한 환취권, 즉 분리에 관한 규정은 채무자에 속하지 않는 재산을 채무자의 채권자에 대한 책임재산에서 분리하는 역할에 한한다는 것을 명확히 보여주는 것이라 하겠다.

[139] 서울중앙지방법원 파산부 실무연구회(2023a), 391면.

[140] 대법원 2014. 9. 4. 선고 2014다36771 판결. 사해행위취소권은 사해행위로 이루어진 채무자의 재산처분행위를 취소하고 사해행위에 의해 일탈된 채무자의 책임재산을 수익자 또는 전득자로부터 채무자에게 복귀시키기 위한 것이므로 환취권의 기초가 될 수 있다고 판단하였다.

2) 소유권유보부 매매의 경우의 환취권의 문제

가) 소유권유보부 매매의 의의 및 개념

소유권유보부 매매는 법률에 명문으로 규정되어 인정되는 거래의 형태인 것이 아니라, 실무상 이용되어 온 것으로서, 그 개념 및 성질에 대해서는 학설과 판례에 맡겨져 있는데,141) 대법원 판례에 의하면 소유권유보부 매매란 당사자들이 '동산'에 대하여 매매계약을 체결하면서, 매도인이 그 매매대금을 모두 지급받기 전에는 매도 목적물의 소유권은 매도인에게 유보하기로 하고, 대금이 모두 지급된 때에 비로소 그 소유권이 매수인에게 이전된다는 내용의 특약을 하는 경우의 매매를 말한다.142)

이와 같은 소유권유보부 매매는 매매계약이라는 채권행위와 매매대금의 완납이라는 정지조건부의 소유권이전의 물권적 합의라는 물권행위로 이루어진다.143) 대법원은 '목적물의 소유권을 이전한다'는 당사자 사이의 물권적 합의는 매매계약을 체결하고 목적물을 인도한 때 이미 성립하지만, 대금이 모두 지급되는 것을 정지조건으로 하므로, 목적물이 매수인에게 인도되었다고 하더라도 특별한 사정이 없는 한 매도인은 대금이 모두 지급될 때까지 매수인뿐만 아니라 제3자에 대하여도 유보된 목적물의 소유권을 주장할 수 있다고 판단하여, 소유권유보부 매매의 개념을 정지조건부 소유권이전으로 보고 있다.144) 또한 소유권유보부 매매가 정지조건부 소유권이전이라고 보는 전제 하에서, 대법원은 소유권 이전에 등기를 요하는 부동산이나 등록을 요하는 일부 동산의 경우에는 목적물의 인도만 하고 등기나 등록을 유보함으로써 담보의 기능을 할

---

141) 윤석찬(2020), 100면.
142) 대법원 1999. 9. 7. 선고 99다30534 판결.
143) 주석 민법(채권각칙2)(2021), 686면(이병준 집필부분); 최종길(1967), 64-65면.
144) 대법원 1999. 9. 7. 선고 99다30534 판결.

수 있으므로 별도의 소유권유보부 매매를 통한 정지조건부 소유권이전의 합의를 할 필요가 없다고 하고 있으며,145) 학설 또한 소유권유보부 매매는 동산에 한한다고 한다.146)

이에 반하여 소유권유보부 매매를 정지조건부 소유권이전이 아닌 담보권의 설정으로 보아야 한다는 견해가 있다.147) 이러한 견해에 의하면, 소유권유보부 매매에서 매도인이 목적물을 매수인에게 이전할 때에 대내적으로는 소유권이 매수인에게 이전되고 매도인은 일종의 비전형 담보권을 취득하게 되며, 형식적으로만 소유권이 매도인에게 유보되는 것으로서, 동산의 양도담보의 설정과 유사한 관계가 설정되는 것이라고 설명한다.148) 그런데 당사자 사이에서 소유권은 양도담보설정자가 갖는 것으로 합의를 하는 양도담보의 경우와는 달리, 소유권유보부 매매에 있어서의 매도인은 매수인에 대한 관계에서도 소유권의 이전을 유보하겠다는 의사를 명확히 표시한 경우에 해당하므로, 이러한 경우까지 매도인이 실질적으로는 소유권을 매수인에게 이전하고 담보권만을 가지기로 한 것으로 보기는 어려울 것으로 판단된다.

나) 소유권유보부 매매에서의 환취권의 문제

소유권유보부 매매를 정지조건부 소유권이전으로 보는 것이 타당함은 위에서 살핀 바와 같다. 그렇다면 소유권유보부 매매가 이루어진 상태에서 매수인에 대하여 도산절차가 개시된 경우, 매도인은 매매대금지급의무의 불이행을 이유로 매매목적물의 반환을 소유권에 기하여 청구하는

---

145) 대법원 2010. 2. 25. 선고 2009도5064 판결. 또한 소유권유보부 매매에 관한 여러 다른 판례들도 등기나 등록에 의하여 소유권이 이전되지 않는 '동산'일 것을 전제로 하여 판단하고 있다. 대법원 2010. 2. 11. 선고 2009다93671 판결, 대법원 2014. 4. 10. 선고 2013다61190 판결 등 참조.
146) 김증한/김학동(2006), 311면; 김형배(2001), 371면; 지원림(2023), 664면.
147) 김형배(2001), 374면; 이은영(2007), 357면.
148) 이은영(2007), 357면.

환취권을 행사할 수 있는지 문제된다.

소유권유보부 매매를 정지조건부 소유권이전으로 본다면 환취권을 긍정하는 것이 논리적으로 타당할 것이고, 담보권으로 본다면 환취권을 부정하고 회생담보권자로서의 권리만을 인정하는 것이 타당할 것이다.

그런데 대법원은 소유권유보부 매매를 정지조건부 소유권이전으로 보면서도 도산절차에서의 환취권 행사를 부정하고 있으며, 매도인에게는 회생담보권자의 권한만을 인정하고 있다.149) 해당 판결은 위와 같이 취급하는 이유에 대하여 동산의 소유권유보부 매매는 "동산의 매도인이 매매대금을 다 수령할 때까지 그 대금채권에 대한 담보의 효과를 취득·유지하려는 의도에서 비롯된 것"으로, "담보권의 실질"을 가지고 있으므로, "담보 목적의 양도와 마찬가지로 매수인에 대한 회생절차에서 회생담보권으로 취급함이 타당하다"고 설명하고 있다.

그렇지만 이러한 대법원의 태도에는 의문이 있다. 대법원은 소유권유보부 매매의 경우 매도인과 매수인 사이에서 소유권을 매도인에게 유보하기로 합의하는 것이라고 설명하면서, 담보권설이 아닌 정지조건부소유권이전설을 취하고 있음에도 불구하고, 매수인에 대하여 도산절차가 개시된 경우에는 그 실질이 담보권이라는 이유로 담보권과 같이 취급하고 있는데 이는 논리적으로 타당하지 않다.150)

이러한 대법원의 태도에 대해서는 형식보다는 실질을 중요시하는 도산법의 특징을 고려한 것으로서 타당하다고 보는 견해가 있다.151)152)

---

149) 대법원 2014. 4. 10. 선고 2013다61190 판결.
150) 한편, 해당 판결은 담보신탁의 경우에는 도산절연성을 인정하고 있는 대법원 판결과 모순되는 것은 아닌지 의문이 들 수 있다고 지적하는 견해가 있다. 이계정(2017a), 313면.
151) 윤진수(2018), 729-731면; 정소민(2015), 245-247면.
152) 이와 관련하여 도산법에 형식보다 실질을 중요시하는 원칙이 적용되어야 하는가에 대하여 논의가 필요한데, 이에 대한 논의는 아래 같은 장 5. 가. 부분에서 자세히 살펴보도록 하겠다.

이러한 견해들은 도산법이 형식보다 실질을 중요시하는 예로 양도담보의 성격을 신탁적 소유권이전이라고 보면서도 도산절차에서는 이를 회생담보권으로 취급하는 대법원 판결을 들고 있는데 양도담보권을 가진 자를 회생절차에서 회생담보권으로 취급하는 것은 채무자회생법 제141조에서 명문으로 규정하고 있음에 따른 것이어서,153) 이러한 명문규정이 없는 소유권유보부 매매와는 경우가 다른 것으로 생각된다. 또한 법적 성격의 측면에서도 양도담보는 소유권유보부 매매와는 다르므로, 이를 양도담보와 동일선상에서 판단하기는 어려울 것으로 생각된다. 즉, 양도담보의 경우에는 양도담보권설정자와 양도담보권자 사이에서는 소유권을 이전하는 것이 아니라 담보권을 설정하고자 하는 명확한 의사의 합치가 존재하며, 소유권 또한 대외적으로는 비록 양도담보권자에게 이전되지만 양도담보권자와 양도담보권설정자 사이의 대내적 관계에서는 여전히 양도담보권설정자가 소유권을 보유한다고 보는 것이 대법원의 태도이기 때문에,154)155) 소유권유보부 매매의 경우와는 전혀 다르다.156)157) 따라서 양도담보권을 도산절차에서 회생담보권으로 보는 것

---

153) 채무자회생법 제141조 제1항은 회생채권이나 회생절차개시 전의 원인으로 생긴 채무자 외의 자에 대한 재산상의 청구권으로서 회생절차개시 당시 채무자의 재산상에 존재하는 양도담보권으로 담보된 범위의 것은 회생담보권으로 한다고 규정하고 있다.

154) 대법원 2005. 2. 18. 선고 2004다37430 판결 등.

155) 이와 같이 대내적으로는 양도담보권설정자가 소유권을 보유한다고 보는 대법원의 태도에 대해서는 분할적 소유권을 인정하지 않는 우리 민법에 맞지 않는다는 비판도 있다. 곽윤직/김재형(2015), 571면; 송덕수(2022), 878면; 이소은(2016), 64면 이하.

156) 同旨, 김영주(2015), 25면.

157) 또한 위와 같은 주된 차이점에 더하여, i) 소유권유보는 상품의 외상 판매와 관련이 있는 것으로 담보의 대상이 해당 물건의 매매대금에 한정되지만, 양도담보의 경우에는 양도담보목적물과 피담보채무 사이에 관련성이 없으며, ii) 소유권유보부 매매의 경우에는 목적물 대금과 매매대금이 원칙적으로 동일하나, 양도담보의 경우에는 통상적으로 피담보채무액보다 양도담보목적물의 가액이 크다는 차이점이

은 도산법에서 형식보다 실질을 중요시하기 때문이 아니라, 당사자 사이에 명확하게 담보권을 설정하려는 의사 및 최소한 대내적으로는 소유권을 양도담보설정자에게 두고자 하는 의사가 있었다는 점에 따른 당연한 결과이고, 이러한 이유로 채무자회생법에서도 양도담보권을 다른 담보권들과 함께 열거하여 회생담보권자로 인정하고 있는 것이며, 이러한 양도담보권이 도산절차 외에서의 취급과 도산절차 내에서의 취급이 달라지는 예인 것도 아니다.158)

따라서 소유권유보부 매매가 채권을 담보하기 위한 목적이므로 담보권의 실질을 가지기 때문에 회생담보권으로 취급하여야 한다는 대법원의 결론에는 찬성하기 어렵다. 적어도 회생담보권으로 취급하고자 한다면 소유권유보부 매매의 성격을 정지조건부 소유권이전이 아니라 담보권으로 보아야 할 것이고, 사실상 동산의 양도담보의 설정과 유사하다고 보아야 할 것이며, 그 성격을 정지조건부 소유권이전이라고 보면서도 회생담보권으로 취급하는 것은 논리적으로도 타당하지 않을 것으로 생각된다.

또한 매도인이 담보권 설정의 의사가 아니라 '소유권 유보'의 의사를 명확히 밝힌 이상, 이러한 거래가 실질적으로 채권을 담보하기 위한 목적이라고 하더라도 이를 담보권으로 취급하는 것은 타당하지 않을 것이다. 이에 대해서는 도산절차에서 소유권유보부 매매의 매도인의 실체법적 권리와 공평한 분배, 채무자의 회생이라는 도산법 고유의 정책적 목표를 형량한 후 매도인의 소유권을 그 실질적인 담보 기능에 주목하여

있다고 설명하는 견해가 있다. 김은아(2021), 186면. 이러한 차이점에 비추어보아도 소유권유보부매매는 채권의 담보를 목적으로 고안된 비전형담보인 양도담보와는 성격이 전혀 다르다고 볼 수 있다.

158) 해당 견해들은 대법원이 '신탁적 소유권 이전설'을 취하고 있다는 점에 주목하여 위와 같은 결론을 내린 것으로 이해되나, 양도담보에 있어 신탁적 소유권 이전이라는 개념은 신탁법상의 신탁과는 전혀 다른 것이다. 이에 대해서는 아래의 담보신탁에 관한 부분에서 자세히 논의하도록 하겠다.

제한적으로 해석한 것이라고 평가하는 견해가 있지만,159) 비록 도산절차가 채권자들의 공평한 배분을 목적으로 하는 공적인 특수절차라는 점을 감안한다고 하더라도, 그에 따른 제한이 도산절차의 한계를 넘어 다른 법 제도에 의하여 보호되는 재산권을 해하는 것이 되어서는 안 될 것으로 생각된다. 도산절차는 위에서 검토한 바와 같이 원칙적으로 채무자에 대한 권리, 즉 채권이나 주주권에 한하여 제한할 수 있는 것이고, 도산절차라고 하여 다른 제3자가 가지는 소유권이나 재산권을 한계 없이 제한할 수 있는 것은 아니다.

이와 관련하여, 매도인이 매수인에 대한 매매대금채권의 변제확보를 위하여 매매대금의 완제를 정지조건으로 하는 소유권 이전을 단순소유권유보라고 하고, 매수인에게 매매목적물의 처분 권한을 부여하는 등의 특수한 소유권유보인 연장된 소유권유보나 확장된 소유권유보의 경우에는 양도담보에 준하는 소유권유보로서 비전형담보로 볼 수 있다는 견해도 있는데 이는 독일에서 논의되는 소유권유보부 매매의 유형론에 따른 것이다.160) 독일에서는 이와 같은 소유권유보부 매매의 유형론에 따라, 단순한 소유권유보(Einfache Eigentumsvorbehalt)의 경우에는 독일 도산법이 정하는 바에 따라 도산절차에서 환취권을 행사할 수 있고, 연장된 소유권유보(Verlängerter Eigentumsvorbehalt)나 확장된 소유권유보(Erweiterter Eigentumsvorbehalt)의 경우에는 별제권만 행사할 수 있다고 소개된다.161)162) 그런데 대법원 및 국내 학계에서 논의되는 소유권유보 거래는 매수인에게 매매목적물을 가공하거나 제3자에게 처분하는

---

159) 정소민(2015), 252면.
160) 김은아(2021), 230-250면.
161) 김재형(2006), 15면.
162) 독일 도산법 제107조는 소유권유보(Eigentumsvorbehalt)라는 제목 하에서 소유권유보부 매매가 있을 경우 매도인에게 소유권이 남아 있음을 전제로 하여, 그 이행에 있어 쌍방미이행 쌍무계약에 관한 독일 도산법 제103조가 적용된다는 점을 규정하고 있다.

등의 권한을 부여하는 특수한 형태의 소유권유보부 거래가 아니라 매도인이 소유권을 가지는 단순한 형태의 소유권유보이므로, 위의 견해에 의하더라도 국내에서 일반적으로 논의되는 소유권유보의 경우에는 단순한 소유권유보(Einfache Eigentumsvorbehalt)로서 환취권이 인정된다고 볼 수 있을 것이다.

결론적으로, 소유권유보부 매매는 정지조건부 소유권이전으로 보는 것이 타당하며, 매수인의 도산절차에서도 이를 회생담보권으로 취급하는 것은 타당하지 않다.

그렇다면, 매수인의 도산절차에서 매도인은 환취권을 행사할 수 있을 것인지 문제된다. 일견, 매도인에게 소유권이 유보되어 있으므로, 소유권자로서의 매도인이 환취권을 행사하는 것에는 아무런 문제가 없어 보인다. 하지만 소유권유보부 매매는 매도인이 매수인에 대하여 매매목적물을 인도하면서, 그 목적물의 사용, 수익 및 점유권한을 부여하고 단지 그 소유권만을 유보한 것이라는 점에 주목하여야 한다.163) 채무자에게 해당 자산에 대하여 적법하게 점유할 권리가 있는 경우에는 도산절차가 개시되었다고 하여 당연히 환취권의 대상이 되는 것은 아니다.164)165) 또한 매수인이 도산절차 개시 전에 매매대금 지급 의무 불이행 등과 같은 채무불이행 사실이 있어 이미 계약을 해제하고 매매목적물의 반환을 청구한 경우가 아닌 한, 매수인에 대하여 도산절차가 개시되었다는 이유

---

163) 정소민(2015), 228면. 해당 논문은 매수인은 매매대금을 완납하기 전에도 매매목적물을 점유하면서 사용·수익할 권리가 있으며, 매수인에게 이러한 권리가 존재하는 한 소유권자인 매도인은 매수인에게 목적물의 반환을 청구할 수 없다는 점을 지적하고 있다.
164) 서울중앙지방법원 파산부 실무연구회(2023a), 392면.
165) 일본 도산법 하에서도, 소유자의 소유권에 제한이 있는 경우, 즉 파산재단이나 파산관재인이 점유를 할 수 있는 근거가 되는 법률관계가 있는 경우에는 그 권한이 종료될 때까지 환취권을 행사할 수 없다고 본다는 점은 위에서 살핀 바와 같다. 三上威彦 (2017), 526頁.

로 당연히 계약의 해제를 주장할 수는 없으므로, 매수인은 도산절차 개시에도 불구하고 소유권유보부 매매 계약에 따라 여전히 매매목적물을 사용, 수익하고 점유할 권한을 가지며, 그러한 이유로 환취권의 행사가 부정되어야 하는 것이다.

즉, 소유권유보부 매매는 담보권의 실질을 가지기 때문에 도산절차에서 담보권으로 취급되어야 하므로 환취권의 행사가 부정되는 것으로 볼 것이 아니라, 매수인이 여전히 목적물을 사용 수익할 권한을 가지기 때문에 환취권의 행사가 부정되는 것으로 보아야 한다. 만약 매수인에 대하여 도산절차가 개시되기 전에 매도인이 매수인의 채무불이행을 이유로 계약을 해제한 경우에는 매수인은 점유할 권한을 이미 상실하였으므로, 매도인이 매수인의 도산절차에서 환취권을 행사하는 것이 가능할 것이다.166) 그러나 매수인의 도산절차 개시 전에 채무불이행으로 인한 계약해제 사유가 발생한 것이 아닌 한, 매도인은 매수인이 대금을 완납할 때까지 소유권을 유보하되, 매수인의 점유 및 사용권을 보장하여야 한다.

그렇다면, 이러한 소유권유보부 매매에서의 매수인의 사용 수익에 관한 법률관계를 매수인의 도산절차 개시를 이유로 매도인이 일방적으로 해제 또는 해지할 수 있는지 여부가 문제되는데, 쌍방미이행의 쌍무계약의 경우에는 도산해지조항의 적용 내지는 그에 따른 해지권의 행사가 제한된다고 해석할 여지가 있다는 대법원 판례의 태도에 비추어볼 때,167) 이는 결국 소유권유보부 매매를 채무자회생법에 따른 쌍방미이

---

166) 東京地裁破産再生實務硏究會 (2014), 258頁. 해당 부분에서는 매도인이 계약을 해제하면 매도인은 소유권을 완전히 회복하기 때문에 환취권을 행사할 수 있다고 표현하고 있는데, 이 때 소유권을 완전히 회복한다는 표현은 소유권에 따른 권리인 사용, 수익권 및 점유권까지 모두 매도인이 가지게 되는 상황을 표현한 것으로 이해된다.

167) 대법원 2007. 9. 6. 선고 2005다38263 판결. 대법원은 쌍방 미이행의 쌍무계약의 경우에는 계약의 이행 또는 해제에 관한 관리인의 선택권을 부여한 회사정리법 제

행 쌍무계약으로 볼 수 있는지의 문제이다. 소유권유보부 매매도 '매매계약'이므로 쌍무계약임에는 이론의 여지가 없을 것이므로, 결국 문제되는 것은 쌍방의 의무가 미이행되었는지 여부이다.

이에 대해서는 소유권이 아직 매수인에게 완전하게 이전되지 않았으므로 미이행으로 보아야 한다는 견해168)와 '정지조건'이 있을 뿐 소유권 이전은 완료된 것이고 추가적으로 매도인이 이행하여야 할 의무는 없다는 점을 들어 이행완료된 것으로 보아야 한다는 견해169)가 나뉜다. 이행완료된 것으로 보아야 한다는 견해는 매매대금지급이라는 조건은 매도인의 추가적인 의무 이행이라는 법률행위를 필요로 하지 않으므로, 이미 이행자체는 완료된 것으로 보아야 하고, 매수인의 점유 및 사용을 용인하는 것은 부수적 의무에 불과하므로 이행이 남아있다고 보기 어렵다고 한다.170) 하지만 소유권유보부 매매의 경우에는 위에서 살핀 바와 같이 매수인이 대금을 완납할 때까지 매도인은 소유권을 보유함에도 불구하고 매수인으로 하여금 점유 및 사용을 하도록 할 의무를 부담하며, 이것을 단순히 부수적 의무라고 보기는 어렵다.

따라서 소유권이 완전히 매수인에게 이전될 때까지 매수인으로 하여금 계속 점유 및 사용하게 할 의무 또한 매도인의 의무로써 아직 이행중인 의무이므로, 매도인의 의무가 완전히 이행완료되었다고 보기는 어려울 것이므로, 소유권유보부 매매도 쌍방미이행 쌍무계약으로 보는 것이 타당할 것이다.171) 그렇다면 소유권유보부 매매는 채무자회생법상 쌍방

103조의 취지에 비추어 도산해지조항의 효력을 무효로 보아야 한다거나 아니면 적어도 정리절차개시 이후 종료시까지의 기간 동안에는 도산해지조항의 적용 내지는 그에 따른 해지권의 행사가 제한된다는 등으로 해석할 여지가 없지는 않을 것이라고 판단하였다.

168) 권영준(2019), 40면; 김영주(2015), 24-28면; 김은아(2021), 309-311면.
169) 주석 민법(채권각칙2)(2021), 697-699면(이병준 집필부분); 최종길(1967), 69면.
170) 주석 민법(채권각칙2)(2021), 698-699면(이병준 집필부분).
171) 同旨. 김영주(2015), 29면; 최준규(2021), 445면.

미이행 쌍무계약의 처리의 예에 따라 처리하여야 하는데, 즉 매도인이 도산해지조항을 근거로 일방적으로 계약을 해지할 수는 없을 것이고, 매수인의 관리인이 소유권유보부 매매에 대하여 이행의 선택 또는 해제권을 행사할 수 있으며, 만약 관리인이 이행을 선택하는 경우라면 미지급 대금은 공익채권으로 취급될 것이고, 해제를 선택하는 경우라면 매도인은 목적물에 대하여 환취권을 행사할 수 있을 것이다.

3) 금융리스의 경우의 환취권의 문제

가) 금융리스의 개념 - 운용리스와의 구별

금융리스는 상법상 기본적 상행위 중 하나로 인정되는 것으로,[172] 상법 제168조의 2는 "금융리스이용자가 선정한 금융리스물건을 제3자로부터 취득하거나 대여받아 금융리스이용자에게 이용하게 하는 것을 영업으로 하는 자를 금융리스업자라 한다"고 규정하고 있다. 대법원은 위 상법 규정에 기반하여, "금융리스계약은 금융리스업자가 금융리스이용자가 선정한 기계, 시설 등 금융리스물건을 공급자로부터 취득하거나 대여받아 금융리스이용자에게 일정 기간 이용하게 하고 그 기간 종료 후 물건의 처분에 관하여는 당사자 사이의 약정으로 정하는 계약"이라고 한다.[173]

이에 반하여 운용리스는 리스물건 자체의 이용에 목적이 있는 리스로서 금융리스 외의 리스를 말한다.[174] 금융리스와 운용리스의 구별기준에 대하여는 「리스 회계처리기준(기획재정부 예규 제196호 2014. 12. 23 제정)」이 그 기준으로서 참고할 만하다. 이에 의하면, i) 리스기간 종료시

---

[172] 상법 제46조에서 기본적 상행위를 열거하고 있는데, 제19호에서 그 중 하나로 "기계, 시설, 그 밖의 재산의 금융리스에 관한 행위"를 들고 있다.
[173] 대법원 2019. 2. 14. 선고 2016다245418, 245425, 245432 판결.
[174] 주석 상법(총칙상행위1)(2013), 407면.

또는 그 이전에 리스자산의 소유권이 리스이용자에게 이전되는 경우, ii) 리스약정일 현재 리스이용자가 염가매수선택권을 가지고 있고, 이를 행사할 것이 확실시 되는 경우, iii) 리스자산의 소유권이 이전되지 않을지라도 리스기간이 리스자산 내용 연수의 상당부분을 차지하는 경우, iv) 리스약정일 현재 최소리스료를 내재이자율로 할인한 현재가치가 리스자산 공정가치의 대부분을 차지하는 경우, v) 리스이용자만이 중요한 변경 없이 사용 가능한 특수한 용도의 리스자산인 경우 중 하나 이상의 기준을 충족하는 경우에는 금융리스로 보아야 하고 그 외에는 운용리스로 보아야 한다고 한다.

이와 같은 금융리스의 경우에도 리스목적물에 대한 소유권은 대내적, 그리고 대외적으로 모두 리스회사에게 있다.[175] 이런 면에서 소유권유보부 매매와 유사하다고 볼 수 있지만, 금융리스의 경우 리스기간이 종료되더라도 리스물건의 소유권이 리스이용자에게 이전되는 것이 반드시 예정되어 있는 것은 아니므로, 매매대금의 지급이 완료되면 당연히 소유권이 매수인에게 이전되는 소유권유보부 매매와는 차이가 있다.[176]

나) 금융리스에서의 환취권의 문제

금융리스에서 리스이용자에 대하여 도산절차가 개시된 경우 리스제공자가 리스목적물에 대하여 소유권에 기한 환취권을 행사할 수 있는지가 문제되는데, 우리 실무는 운용리스의 경우에는 환취권의 행사가 가능하나, 금융리스의 경우에는 거래의 실질이 담보를 위한 것이므로 리스제공자를 담보권자로 취급하여야 한다고 한다.[177]

그러나 금융리스에 있어서 리스목적물의 소유권은 대내외적으로 모두

---

175) 대법원 2000. 10. 27. 선고 2000다40025 판결.
176) 이연갑(2006), 971-972면.
177) 서울중앙지방법원 파산부 실무연구회(2023a), 470-472면.

리스제공자에게 있는데, 리스이용자에 대하여 도산절차가 개시되었다는 이유만으로 이를 담보권으로 취급하는 것은 타당하지 않으며, 논리적으로도 모순된다. 금융리스계약이 리스이용자의 리스목적물의 구입을 위한 금융제공의 목적이 있고, 리스제공자는 그에 대한 담보의 목적으로 리스목적물의 소유권을 가지고 있다고 하더라도, 리스목적물의 소유권이 리스제공자에게 있는 이상 이를 도산절차에서 담보권으로 보는 것은 타당하지 않다. 특히, 매매대금의 완납이 이루어지면 자동으로 소유권이 이전되는 소유권유보부 매매의 경우와는 달리, 금융리스의 경우에는 리스 기간이 종료하는 경우에도 그 소유권이 당연히 리스이용자에게 귀속되는 것은 아니기 때문에 더욱 담보권으로 보기는 어려울 것이다.178)

금융리스에서의 리스회사의 리스목적물에 대한 권리를 담보권이 아니라 소유권이라고 보는 것이 타당하다면, 논리적으로 리스회사에게 환취권을 인정해야 한다는 결론에 도달한다. 하지만 위에서도 검토한 바와 같이 도산절차가 개시된 상대방에게 리스목적물을 점유 사용할 권한이 있는 경우라면, 환취권의 행사도 제한되므로, 리스회사가 리스목적물에 대하여 소유권을 가지고 있다고 하여 리스이용자의 도산절차에서 당연히 환취권을 행사하여 리스목적물을 반환받을 수는 없다.

그렇다면 리스회사가 리스이용자의 도산절차 개시를 이유로 리스계약을 해지하고 환취권을 행사할 수 있는지 문제되는데, 이는 결국 금융리스의 경우에도 쌍방미이행 쌍무계약이 적용될 수 있는지 여부의 문제이다. 우리 실무는 금융리스는 금융계약이라고 보아야 하고 금융리스에서의 리스회사의 권리를 담보권으로 보아야 한다는 견해에 따라 쌍방미이행 쌍무계약으로 볼 수 없다는 입장을 가지고 있다.179) 하지만 위의 소

---

178) 이연갑(2006), 971-972면.
179) 서울중앙지방법원 파산부 실무연구회(2023a), 470-471면; 서울고등법원 2000. 6. 27.선고 2000나14622 판결. 해당 판결은 금융리스에서 리스회사의 의무는 단순히 리스 물건의 사용, 수익을 수인할 의무이고 적극적으로 이행할 의무는 없으므로

유권유보부 매매에서 검토한 바와 같이 리스회사가 리스이용자의 점유 및 사용을 수인할 의무가 단순히 부수적 의무로서 리스 이용대금의 지급과 대가관계에 있지 않다고 보기는 어려울 것으로 생각된다. 비록 리스목적물을 구입 및 사용하기 위한 대금을 융통하기 위한 금융계약의 목적을 가지고 있다고는 하나, 리스이용자는 리스회사로부터 장기간에 걸쳐 리스목적물을 소유권을 취득한 것에 준하여 안정적으로 사용하고, 그 대가로 리스료를 리스회사에 지급하는 것이라는 점에 주목한다면, 이를 대가관계로 보는 것이 오히려 타당할 것이므로 쌍방미이행 쌍무계약으로 해석하는 것이 타당하다.180) 독일 도산법에서도 일반적인 금융리스의 경우에는 리스회사가 소유권을 가지며, 이 때 독일 도산법 제103조 및 제112조의 해지 금지의 규정이 적용된다고 보고 있다.181)182)

4) 소결

환취권은 채무자에게 귀속되는 재산이 아님에도 불구하고 채무자의 책임재산에 속하게 된 재산에 대하여 그 진정한 권리자가 행사하는 권리로서, 책임재산의 개념에 따라 당연히 인정되는 권리라 할 수 있다. 위의 미국법 및 일본법에서도 살펴본 바와 같이 도산절차가 채무자의

미이행된 쌍방 의무가 없다고 판단하였다.
180) 同旨. 권영준(2019), 40면; 김영주(2015), 27-28면; 이연갑(2006), 956-964면; 최준규(2021), 453면.
181) 독일 도산법 제103조(파산관리자의 선택권, Wahlrecht des Insolvenz- verwalters)는 우리법상의 쌍방미이행 쌍무계약에 관한 규정과 유사한 규정으로, 쌍무계약에서 이행이 이루어지지 않은 경우 파산관리인이 이에 대한 선택권을 가진다는 내용의 규정이고, 독일 도산법 제112조 (해지 금지, Kündigungssperre)는 채무자가 임차인 임대차계약의 경우 채무자의 거래 상대방인 임대인이 도산절차 개시 신청 전에 발생한 임차인의 임대료 미지급 등의 사유를 이유로 임대차계약을 해지할 수 없다는 점을 규정하고 있다.
182) Karsten Schmidt (2016), p. 488.

재산을 최대한 확보하여 채무자의 정상화를 도모하기 위하여 다른 이해관계인의 권리를 어느 정도 제한할 수 있는 절차이기는 하지만, 이 때 제한할 수 있는 것은 채무자에 대하여 채권 등 청구권을 가지는 자나 채무자에 대하여 지분권을 가지는 자의 권리에 한하는 것이지, 채무자와 직접적인 관련이 없는 권리자, 즉 채무자의 재산에 속하지 않는 자산의 소유권자나 다른 제3자의 권리를 함부로 해할 수 있는 것이 아니다.

이와 관련하여, 도산절차는 형식보다 실질을 중요시한다는 원칙이 있으므로, 비록 형식은 소유권의 이전이더라도, 그 거래의 실질이 담보인 경우에는 그 당사자는 소유권을 취득하는 것이 아니라 담보권을 취득한 것으로 보아야 한다는 주장이 있다.[183] 그런데 이러한 주장에서 근거로 들고 있는 '도산절차가 형식보다 실질을 중시한다는 원칙'의 의미가 무엇이고 그 한계는 무엇인지에 대하여 국내에서 자세히 논의하고 있는 바는 없는 것으로 보이는데, 일반적으로는 미국 도산법에서의 "형식보다 실질(substance over form)"의 원칙이 국내 도산법에서도 적용된다고 설명하는 것으로 보인다.[184][185] 그런데 미국에서도 도산절차에서 "형식보

---

[183] 윤진수(2018), 729-731면; 이은재(2016), 102-103면; 정소민(2015), 245-247면.
[184] 이와 관련하여 도산절차에서 형식보다 실질을 중요시하는 것은 미국에서의 논의되고 있는 것이라고 소개하면서 "Anthony F. Vitiello & Daniel B. Kessler (2008)"에서의 논의를 들고 있는 견해가 있다. 이은재(2016), 102면. 그런데 위의 논평은 미국 파산법제에서도 법원이 회사법 영역에서 인정되던 '법인격 부인(Piercing the corporate veil)' 이론에 따른 '대체적 자아(Alter Ego)'의 개념을 신탁에서도 적용하고 있다고 소개하면서 In re Maghazeh, 310 B.R. 5 (Bkrptcy. E.D.N.Y. 2004) 판결의 사례를 들어 설명하고 있는데, 이는 집행면탈의 목적으로 신탁을 설정하였을 경우에 그 신탁을 부정하고 바로 해당 위탁자의 자산으로 인정하자는 논의로, 가장신탁이나 사해신탁과 관련된 문제이지 이와 같은 담보설정의 목적의 신탁 설정의 문제는 전혀 아니다. 그리고 이러한 논의가 국내에서 논의되는 바와 같이 미국 도산법제에서 형식보다 실질을 중요시한다고 보는 근거가 되는지도 의문이다.
[185] 도산절차에서 형식보다 실질을 중요하게 고려하여야 하는 근거로 미국 도산법에서 "형식보다는 실질(substance over form)"이라는 원칙이 적용되기 때문이라고 설명하는 견해도 있다. 윤진수(2018), 731-732면. 하지만 미국 내에서도 각 주의

다 실질(substance over form)"의 원칙을 중시하는 경향에 대하여 비판적인 입장들이 있고, 최근의 연방대법원은 이 원칙에 대하여 보수적인 입장을 가지고 있으며, "형식보다 실질(substance over form)"의 원칙을 적용하여 적극적으로 판결한 다른 법원의 사례들도 도산절차에 구속되는 권리들로서 일단 도산절차에 편입된 채무자에 대한 권리인 채권과 지분권 등 사이에서의 권리의 우열을 정한 사례들이고, 처음부터 도산절차에 구속되지 않는 제3자의 권리를 도산절차에 편입시키기 위한 근거로 위 원칙을 적용한 것은 아니다.186)

또한 거래에 있어 '실질'이라는 것은 거래 당사자가 해당 거래를 통해 얻으려는 궁극적인 목적만으로 결정되는 것은 아니라고 생각된다. 거래 당사자는 채권의 담보를 목적으로 담보권이 아니라 어느 자산의 '소유권'을 취득하고자 할 수도 있으며, 이 때 당사자의 의도는 분명 '소유권'을 취득하려는 것이지 담보권을 취득하려는 것이 아니므로, 그 소유권 취득의 목적이 담보를 위한 것이라는 이유만으로 이를 담보권으로 취급하는 것은 타당하지 않을 것으로 생각된다. 즉 거래의 실질이라는 것은 거래의 목적이 아닌 거래 당사자의 법률적 의도 및 합의를 통해서 판단하여야 할 것이다.

양도담보거래에서 형식은 양도담보권자로의 '소유권 이전'이지만 그 실질을 '담보'로 파악하는 것은 양도담보설정자와 양도담보권자 사이에서는 소유권의 이전이 아닌 담보 설정의 합의가 있었기 때문이며 그러한 이유로 대법원은 양도담보권자와 양도담보설정자 사이의 대내적 관계에서는 양도담보설정자가 소유권을 가지고 양도담보권자는 담보권만

파산법원과 연방대법원에서 도산법을 바라보는 관점이 상이하며, 도산법원이 광범위한 재량권을 행사하는 것을 비판하는 견해도 많이 있다. Jonathan M. Seymour (2022), p. 2010. 따라서 미국 도산법에서 형식보다 실질(substance over form)의 원칙이 특별히 적용된다고 단정하기는 어려울 것으로 생각된다.
186) 형식보다 실질에 대한 미국에서의 논의 및 우리법에서의 시사점, 그리고 그 의미 및 한계 등에 대한 논의는 아래의 같은 장 5. 가. 에서 자세하게 논의하도록 하겠다.

을 가진다고 보는 것으로 이해된다.

결국, 도산절차가 채무자를 위한 절차로 발전되어 왔으며, 그에 따라 이해관계자의 권리를 조정하기 위하여 거래 당사자의 실질적 의사를 파악하려는 노력을 하지만, 이러한 조정을 위하여 다른 제3자의 권리를 당사자들의 의사에 반하여 변경할 수 없을 것으로 판단된다.

3. 신탁의 의의 및 특징

가. 신탁의 개념 및 신탁의 설정

1) 신탁의 개념

신탁은 신탁을 설정하는 위탁자가 신탁을 인수하는 수탁자에게 특정 재산을 이전하거나 담보를 설정함으로써 설정되고(신탁법 제2조), 이러한 신탁의 설정은 위탁자와 수탁자 사이의 계약, 위탁자의 유언 또는 위탁자의 선언에 의하여 이루어진다(신탁법 제3조 제1항).[187)188)]

---

187) 이와 같이 신탁은 신탁계약, 유언 그리고 신탁 선언의 방식에 의하여 설정될 수 있는데, 기본적으로는 신탁계약을 통해 이루어지는 것이 가장 전형적이라고 할 수 있다. 이 글에서는 별도의 언급이 있지 않은 경우에는 신탁계약에 따라 신탁이 설정되는 경우를 전제로 하고 논의를 하도록 하겠다.
188) 우리 신탁법에 따라 인정되는 신탁은 이와 같이 위탁자의 법률행위에 의하여 설정되는 것으로서, 법원의 판례 또는 법률 규정에 의하여 설정되는 법정신탁인 복귀신탁(resulting trust)과 의제신탁(constructive trust)의 개념을 인정하는 영미법과는 달리, 위탁자에 의한 신탁의 설정행위 없이 법률 등에 의하여 당연히 설정되는 신탁의 개념은 인정되지 않는다. 위탁자의 법률행위에 의하여 설정되는 신탁을 영미법에서는 명시신탁(express trust)이라고 부르는데, 우리 신탁법상의 신탁은 이러한 영미법상의 명시신탁(express trust)에 해당한다고 할 수 있다. 미국의 표준신탁법(Uniform Trust Act, 이하 "UTC") 또한 해당 규정들은 명시신탁

이와 같은 신탁법상의 신탁은 영미법에서 유래된 개념으로서, 오래전부터 판례에 따라 그 개념이 인정되어 온 민법상의 신탁행위와는 구별되는 것이다.189) 민법상의 신탁행위에 범주에 속하는 것으로는 명의신탁이 대표적인 것으로, 외부적으로는 소유권이 이전되지만 대내적으로는 소유권이 이전되지 않는 독일법 상의 신탁행위 이론을 채택하면서 형성된 것인데,190) 당사자 간의 신탁에 관한 채권계약에 의하여 위탁자가 실질적으로는 그의 소유에 속하는 부동산의 등기명의를 실체적인 거래관계가 없는 수탁자에게 매매 등의 형식으로 이전하여 두는 것을 말한다.191) 또한 대내적으로는 위탁자에게 소유권이 유보되나 대외적으로는 소유권이 수탁자에게 이전된다는 점에서 대내적으로는 양도담보권설정자에게 소유권이 유보되나 대외적으로는 양도담보권자에게 소유권이 이전되는 양도담보와도 유사한데, 양도담보에 영향을 준 이론 또한 독일에서의 신탁행위이론이기 때문이다.

이에 반해 신탁법상의 신탁은 영미법에서의 신탁을 계수한 개념이고,192) 독일법에서의 신탁행위이론과 영미법에서의 신탁은 구별되는 개념이므로,193) 신탁법상의 신탁을 이해함에 있어 명의신탁이나 양도담보

    (express trust)에 대하여만 적용된다고 규정하고 있는데(UTC §102), 이와 같이 미국법에서도 '신탁법'에 따라 규율되는 신탁은 명시신탁(express trust)임을 분명히 하고 있다. 이 글에서의 신탁은 영미법상의 명시신탁(express trust)에 해당하는, 신탁법에 따라 적법하게 설정되는 신탁을 의미한다.

189) 주석 민법(물권법2)(2019), 576-577면(이계정 집필부분).
190) 양창수(1997), 67-76면.
191) 대법원 1993. 11. 9. 선고 92다31699 판결.
192) 곽윤직(1974), 10면.
193) 곽윤직(1974), 6-9면. 다만 해당 논문에서는 양도담보를 독일법상의 신탁행위이론의 유형으로 소개하면서, 관리신탁이나 담보신탁도 그런 유형이라고 설명하고 있는데, 신탁법상의 신탁에 따라 이루어지는 관리신탁이나 담보신탁은 영미법에서의 신탁의 개념에 포함되어야 할 것이다. 한편, 판례가 명의신탁과 양도담보에 적용하는 독일법에서의 신탁행위이론은 신탁법상의 신탁과 구별되는 개념으로서의 민법상의 신탁행위로 설명된다. 지원림(2023), 38-39면.

의 개념과 혼동하여서는 안된다.

신탁법상의 신탁이 유효하게 설정되기 위해서는 i) 다른 법률관계와 구별되는 '신탁'을 설정하겠다는 명확한 의사가 있을 것,[194][195] ii) 다른 재산들과 구별되는 특정 재산을 확정하여 해당 재산이 신탁의 대상이 될 것,[196] iii) 신탁의 수익자가 어떻게 정해지는지,[197] 또는 신탁의 목적이 무엇인지가 확정될 것[198]이 요구된다. 명의신탁과 양도담보의 경우에는 위 요건 중 i)의 요건을 충족하지 못하는 것으로 당사자 사이에 신탁 설정의 의사가 없는 경우에 해당하여 신탁법상의 신탁이라고 볼 수 없다.

2) 신탁의 설정 방식 및 신탁의 유형

신탁법상 신탁의 설정은 위탁자와 수탁자 사이의 계약, 위탁자의 유

---

[194] 신탁 설정의 의사는 명시적인 의사뿐 아니라 묵시적인 의사인 경우에도 이를 객관적으로 확인할 수 있다면 충분하다. 정순섭(2021), 147면.

[195] 이것을 영미법에서는 설정 의사의 확실성(certainty of intention)이라고 하는데, 예를 들어 증여나 다른 계약과 구별되는 '신탁' 설정의 의사가 명확하게 드러나야 한다고 설명한다. Alastair Hudson (2022), p. 48. 이러한 것은 Milroy v. Lord (1862) 4 De GF & J 264 판결에 의하여 확립된 원칙이라고 한다. 또한 이러한 의사는 겉으로 명확하게 드러나야 하지만, 반드시 서면에 의하거나 말로써 표현하여야 하는 것은 아니고, (법에 의하여 특정 형식이 요구되지 않는 경우에는) 행위에 의하여도 할 수 있으며, 반드시 '신탁' 또는 '수탁자'와 같은 용어를 사용할 필요도 없다고 설명한다. Austine Wakeman Scott & Mark L. Ascher (2022a), pp. 204-207.

[196] 이것을 신탁 대상의 확실성(certainty of subject matter)이라고 한다. Alastair Hudson (2022), p. 58.

[197] 신탁의 설정 당시에 수익자가 어느 특정인으로 확정되어야 하는 것은 아니고 신탁 기간 동안 확정가능하면(ascertainable) 된다. Austine Wakeman Scott & Mark L. Ascher (2022b), pp. 784-787.

[198] 이것을 신탁 목적(또는 객체)의 확실성(certainty of object)이라고 한다. Alastair Hudson (2022), p. 68.

언 또는 위탁자의 선언에 의하여 이루어지는데, 일반적으로는 위탁자와 수탁자 사이의 신탁계약에 의하여 설정되며, 그 신탁의 내용 및 목적은 해당 계약에서 정하는 바에 따르게 된다. 이러한 일반적인 신탁계약의 설정 방식이 아닌 특수한 설정 방식으로 신탁법상 인정되는 것이 위탁자의 유언에 의한 유언신탁과 위탁자의 신탁선언에 의한 자기신탁이다.

유언신탁은 민법상의 유언에 따라 설정되는 것이므로, 유언신탁의 설정에 있어서는 유언에 관한 민법 규정과 신탁의 설정에 관한 신탁법 규정 모두를 고려해야 한다.199) 또한 자기신탁은 위탁자가 스스로 수탁자가 되면서 신탁을 선언함으로써 설정하는 것으로 신탁법이 개정되면서 도입되었다. 유언신탁과 자기신탁 모두 신탁계약과는 달리 상대방이 없는 단독행위에 의하여 설정된다는 특징을 가진다.200)

나. 신탁재산의 귀속 - 신탁재산의 위탁자로부터의 분리

1) 신탁재산의 개념

신탁재산이라 함은 신탁을 설정함에 따라 위탁자로부터 수탁자로 이전되는, 신탁의 대상이 되는 자산을 말하는데, 신탁이 설정되기 위해서는 신탁재산이 반드시 필요하며,201) 그 신탁재산은 특정 가능하여야 한다.202) 신탁재산이 될 수 있는 자산은 "특정의 재산(영업이나 저작재산권의 일부를 포함한다)"이다(신탁법 제2조). 구 신탁법은 신탁재산의 대

---

199) 정순섭(2021), 108-111면; 최수정(2019), 185면.
200) 주석 민법(상속법)(2020), 543면(김윤정 집필부분); 최수정(2019), 191면; 道垣內弘人 (2022a), 78頁.
201) 신탁재산이 없이는 신탁을 설정하는 것이 불가능하며, 신탁재산이 존재하지 않게 되면 신탁도 종료하게 된다고 설명된다. Austine Wakeman Scott & Mark L. Ascher (2022b), pp. 624-626.
202) Alastair Hudson (2022), pp. 58-59.

상으로 "특정의 재산권"이라고 규정하고 있었으나 신탁법이 2012년에 개정되면서 "특정의 재산"으로 변경하였는데, 이는 적극재산뿐 아니라 소극재산도 신탁이 가능하다는 취지를 명시하기 위하여 수정한 것이라고 한다.203)

일반적으로 재산권이라 함은 경제적 가치가 있는 사법상의 권리로 적극재산만을 의미하는 것이므로 구 신탁법 하에서는 적극재산만 신탁 가능하다고 보는 것이 다수 의견이었다.204) 그렇지만 적극재산과 소극재산이 결합되어 있는 영업의 신탁이나 유언신탁 등을 활성화하기 위하여 소극재산의 신탁도 가능하게 할 필요성이 논의됨에 따라,205) 개정 신탁법은 '재산권'을 '재산'으로 변경하여 소극재산도 포함하게 되었다.206)

소극재산을 포함한다고 본다면, 채무의 이전을 면책적 채무인수와 중첩적 채무인수 중 어떤 것으로 보아야 하는지 문제되는데, 결국 당사자의 의사해석에 관한 문제이고, 민법상의 채무인수에 대한 규정이 적용됨에 따라 채권자로부터 명시적인 승낙이 없다면 중첩적 채무인수로 판단해야 할 것이라는 주장이 있다.207) 그런데 이에 대하여 신탁재산은 "이전하거나 담보권의 설정 또는 그 밖의 처분"을 할 것이 신탁법상 요구되므로(신탁법 제2조), 처분행위가 필요하며, 따라서 채권자의 승인을 받아 면책적 채무인수를 한 경우에만 신탁 설정으로서의 채무의 인수로 보아야 한다는 견해가 있는데,208) 타당한 지적인 것으로 생각된다.

---

203) 법무부(2012), 4면.
204) 이재욱/이상호(2000), 74면; 이중기/이영경(2022), 124면; 홍유석(1999), 79면.
205) 법무부(2012), 4면.
206) 일본 신탁법은 제3조에서 "재산"을 신탁재산이라고 명시하고 있고 구 신탁법에서 "재산권"이라고 규정하던 것을 "재산"으로 변경하여 규정하였음에도 불구하고 여전히 적극재산에 한하여야 한다는 견해가 유지되고 있다고 한다. 新井誠(2014), 343頁. 그러나 재산권을 재산으로 변경한 것에는 소극재산을 포함하려는 취지가 포함되었다고 보는 것이 타당할 것으로 생각된다.
207) 주석 신탁법(2015), 15면.

2) 신탁재산의 귀속의 문제

신탁재산이 적극재산이든 소극재산이든, 부동산이든 동산이든, 소유권이든 담보권이든 불문하고, 신탁법상 신탁이 설정되면 그 신탁의 대상인 신탁재산이 누구에게 완전히 귀속되는 것인지가 문제된다. 이는 신탁재산이 어떠한 물건인지 아닌지를 불문하고 신탁재산 자체의 '귀속'의 문제인데, 이는 결국 어떠한 물건이 신탁에 이전되었을 때 그 소유권이 누구에게 귀속되는지의 문제와 동일한 기준으로 판단하여야 할 것이다.[209]

신탁법상 수탁자는 신탁재산에 대한 권리와 의무의 귀속 주체로서 신탁재산의 관리, 처분 등을 하고 신탁 목적의 달성을 위하여 필요한 모든 행위를 할 권한을 가지나(신탁법 제31조), 수탁자는 신탁재산을 수탁자의 고유재산과 분별하여 관리하고 신탁재산임을 표시하여야 하며(신탁법 제37조 제1항), 누구의 명의로도 신탁의 이익을 누리지 못한다(신탁법 제36조). 이와 같이, 수탁자는 신탁재산에 대하여 관리, 처분 등의 권리를 가지나 수익의 권리를 가지지는 못하며, 자신의 고유재산과 명확하게 분리하여 관리하여야 할 의무를 가진다.

반면, 우리 민법은 소유자는 법률의 범위 내에서 그 소유물을 사용,

---

[208] 정순섭(2021), 251면; 최수정(2019), 238면.
[209] 신탁재산이 채무인 경우에도 그 채무가 누구에게 완전히 귀속되는가는 문제될 수 있고 신탁재산이 담보권인 경우에도 그 담보권의 귀속 주체의 개념은 있을 수 있는데, 이러한 귀속의 판단은 물건의 소유권 이전의 문제를 기준으로 판단하는 것이 가장 명확할 것이다. 그런 이유로 다른 많은 학설들도 신탁재산의 소유권의 귀속의 문제로 이 문제를 다루어온 것으로 이해된다. 이에 이 글에서도 신탁재산의 '소유권'이 누구에게 귀속되는지를 중심으로 살펴보고자 한다. 이와 관련하여 흔히 국내에서 소유권으로 번역되곤 하는 영미법에서의 'ownership'의 개념은 국내 법상의 소유권의 개념과는 달리 채권, 채무, 담보권 등 어떠한 형태의 재산이든 'ownership'의 대상이 될 수 있다는 차이가 있으며 위에서의 '귀속'의 개념에 더 가까운 것으로 이해된다. 영미법에서의 ownership의 개념에 대해서는 아래에서 좀 더 자세히 논의하도록 하겠다.

수익, 처분할 권리가 있다고 규정하고 있어(민법 제211조), 이를 사용하고 수익할 권리도 소유권에 포함됨을 명시하고 있다.

따라서 수탁자가 신탁재산에 대하여 가지는 권리는 민법상의 완전한 소유권과는 그 성격이 다르다고 할 수 있다. 그런데 우리 대법원은 신탁법에 따라 신탁재산이 위탁자에서 수탁자로 이전되면 해당 재산의 소유권은 수탁자에게 대내외적으로 완전히 이전된다고 판단하여,210) 수탁자가 대내외적으로 신탁재산에 대하여 소유권을 가지는 자임을 명확히 하고 있다.

그런데, 신탁재산에 대하여 수익을 향유하는 자는 수탁자가 아니라 신탁행위가 정하는 바에 따라 수익자로 지정된 자인데(신탁법 제56조 제1항), 이와 같이 원칙적으로 수익권을 가지지 못하는 수탁자의 신탁재산에 대한 권리를 우리 법상의 소유권에 해당한다고 볼 수 있는지에 대하여 의문이 발생한다. 이는 현행 신탁법상의 신탁은 영미법계의 신탁의 개념을 계수한 것인데 반해 민법상의 소유권의 개념은 대륙법계의 소유권의 개념을 계수한 것에서 오는 문제인 것으로 보인다.

이에 이하에서는 영미법계에서의 신탁재산의 귀속에 대한 논의와, 우리법계와 유사하게 대륙법계와 영미법계가 혼용되고 있는 퀘벡주에서의 신탁재산의 귀속에 대한 논의, 그리고 우리법이 영향을 많이 받은 일본법에서의 신탁재산의 귀속에 대한 논의를 비교법적으로 고찰하여 좀 더 자세히 검토하여 보도록 하겠다.

---

210) 대법원 2002. 4. 12. 선고 2000다70460 판결. 해당 판결은 "신탁법상의 신탁은 위탁자가 수탁자에게 특정의 재산권을 이전하거나 기타의 처분을 하여 수탁자로 하여금 신탁 목적을 위하여 그 재산권을 관리·처분하게 하는 것이므로(신탁법 제1조 제2항), 부동산의 신탁에 있어서 수탁자 앞으로 소유권이전등기를 마치게 되면 대내외적으로 소유권이 수탁자에게 완전히 이전되고, 위탁자와의 내부관계에 있어서 소유권이 위탁자에게 유보되어 있는 것은 아니라 할 것이다"고 판단하고 있다.

3) 비교법적 고찰 - 영미법에서의 신탁재산의 귀속

신탁은 기본적으로 영미법에서 유래한 개념이므로, 신탁재산의 소유권의 귀속에 대한 개념을 명확하게 이해하기 위해서는 우선 영미법을 살펴볼 필요가 있다.

일반적으로 국내에서 영미법에서의 신탁재산의 개념을 설명하는 경우에, 영미법은 보통법과 형평법의 이중체계를 가지고 있고, 어느 재산에 대한 소유권은 보통법상의 권원과 형평법상의 권원으로 나누어지며, 이러한 이중소유권의 체계에서 수탁자는 신탁재산에 대하여 보통법상의 소유권을, 수익자는 형평법상의 소유권을 가진다고 설명하는 경우가 많다.[211]

그렇지만, 영미법에서 말하는 신탁재산에 대한 수익자의 형평법상의 권리를 '소유권'이라고 표현하거나 설명하는 것은 적절치 않은 것으로 생각된다. 영미법상 형평법상의 인정되는 권리라는 개념이 존재하지만, 이러한 형평법상의 권리가 국내법에서 이해되는 소유권의 개념과는 일치한다고 보기 어렵고, 신탁에서 수익자가 신탁재산에 대하여 가지는 권리는 형평법상 인정되는 권리이기는 하나, '소유권'의 개념과는 다른 의미의 권리라고 보아야 할 것이다.

또한 여기서 '소유권'이라고 번역되는 용어는 정확히는 'ownership'으로 이 용어의 개념 또한 국내법상의 '소유권'의 개념과는 다르다. 민법상 소유권은 어느 '물건'을 사용, 수익, 처분할 권리를 말하지만,[212] 영미법에서의 'ownership'은 물건뿐 아니라 채무 등을 포함하여,[213] 어떠한 형태의 권리 또는 자산인지 또는 어떠한 형태의 의무 또는 채무인지를 불

---

[211] 이연갑(2009b), 210-211면; 최수정(2021), 4면.
[212] 민법 제211조; 주석 민법(물권법1)(2019), 557-558면(이계정 집필부분).
[213] *Amorah v. Equifax Info. Servs., LLC*, No. 19 CV 7534, 2020 WL 6565220 (N.D. Ill. Nov. 9, 2020) 참조. 해당 판결에서는 채무가 누구에게 귀속되는지에 대한 판결을 하면서 'ownership of a debt'라는 표현을 사용하고 있다.

문하고 그것이 누구에게 귀속되는지를 나타내는 의미로 사용된다. 따라서 영미법에서 수익자의 권리를 'equitable ownership'이라고 표현한다고 하여 이것이 수익자가 신탁재산에 대하여 국내법상의 소유권을 가지는 것이라고 이해하여서는 안 된다.

영미법의 관련 문헌에서 신탁을 설명하는 것을 살펴보면, 수익자에 대하여 'ownership' 관련 표현을 사용하는 것에도 신중한 사례를 볼 수 있는데, 수탁자는 법적 소유자(the legal owner of property)로 표현하는 반면, 수익자는 형평법상 권리(the equitable interest)를 가지는 자로 설명하고 있는 예를 볼 수 있다.214) 또한 신탁에 대하여 Hayton 교수는 '수탁자로 하여금 그가 소유하고 있는 신탁재산을 수익자의 이익을 위하여 관리, 처분하도록 하는 형평법상의 의무'라고 정의하기도 한다.215)

물론 이와 같은 수익자의 형평법상의 권리를 'equitable ownership'이

---

214) Geraint Thomas & Alastair Hudson (2004), pp. 13-14; Graham Virgo (2020), pp. 347-357. 이 중 Hudson 교수가 위 책에서 신탁을 설명하는 부분을 인용하면 다음과 같다. "신탁의 본질은 재산의 법적 소유자(수탁자)에 대하여 해당 재산에 대하여 형평법에 의하여 신탁재산에 대하여 수익권을 가지는 자를 위하여 그 재산을 선의로 관리할 형평법상의 의무를 부과하는 것이다(The essence of a trust is the imposition of an equitable obligation on a person who is the legal owner of property (a trustee) which requires that person to act in good conscience when dealing with that property in favour of any person (the beneficiary) who has a beneficial interest recognized by equity in the property)."

215) Charles Mitchell, Paul Matthews, Jonathan Harris & Sinéad Agnew (2022), p. 5. 해당 문헌에서의 신탁의 정의를 인용하면 다음과 같다. "신탁은 수탁자가 소유하고 있는 (수탁자의 고유재산과 구별되는) 신탁재산을 수익자의 이익을 위하여 관리하도록 수탁자를 구속하는(수익자가 그 의무를 이행할 것을 강제할 수 있는) 형평법상의 의무를 말한다(A trust is an equitable obligation, binding a person (called a trustee) to deal with property owned by him (called trust property, being distinguished from his private property) for the benefit of persons (called beneficiaries or, in old cases, *cestuis que trust*), of whom he may himself be one, and any one of whom may enforce the obligation)."

라고 표현하는 경우도 많다. 미국 텍사스 주에서는 수익자의 이러한 수익권을 수익적 권한(beneficial title) 또는 형평법상 권한(equitable title)이라고 표현하며, 수탁자는 단지 껍질뿐인 법적 권한(legal title)을 가지는 것일 뿐, 실질적 소유자는 수익자라고 설명하기도 한다.216) 하지만 이는 실질적으로 수익을 가지는 자가 수익자라는 점을 강조하기 위한 것으로 이해되고, 영미법계에서 말하는 형평법에 따라 인정되는 'ownership'의 개념은 위에서도 설명한 바와 같이 우리 민법상의 소유권과 동일한 개념이라고 보기는 어렵다.217) 영미법상의 'ownership'의 개념에 대해서는 Honoré 교수가 처음으로 주장한 바 있는 '권리의 다발(bundle of rights)' 이론이 가장 주류적이고 영향력 있는 설명으로 논의되고 있는데, 이에 의하면 'ownership'은 점유할 권리, 사용할 권리, 방해받지 않을 권리 등을 포함하여 11가지 유형으로 분류될 수 있는 여러 권리의 다발로 이루어져 있으며, 이 중 몇 가지 권리를 가지고 있지 않더라도 어느 권리만 가지면 'owner'가 될 수 있다고 설명한다.218) 이러한 영미법상의 'ownership'의 개념에 반하여, 우리 민법상의 '소유권'은 그 권리가 여러 개로 분리되는 것이 아니라 하나의 권리이다.219) 이러한

---

216) Charles Epps Ipock (2012), pp. 865-866; *Faulkner v. Bost*, Court of Appeals of Texas, 2004, S.W.3d 254.
217) 위에서도 설명한 바와 같이 영미법상 'ownership'이라는 용어는 넓은 개념으로, 단순히 '가지고 있다', 즉 보유의 의미로 사용되기 때문에, 이를 '소유권'으로 번역하게 되면 우리 민법상의 소유권의 개념과 구별되지 않으면서 많은 혼동을 초래하게 된다.
218) Antony M. Honoré (1961), pp. 107-113. 해당 논문에서 Honoré 교수는, 'ownership'은 점유할 권리(the right to possess), 사용할 권리(the right to use), 관리할 권리(the right to manage), 수익에 대한 권리(the right to the income of the thing), 원본에 대한 권리(the right to the capital), 담보의 권리(the right to security), 승계가능성(transmissibility), 기한의 부재(absence of term), 방해받지 않을 권리(the prohibition of harmful use), 집행가능성(liability to execution) 및 잔여물에 대한 권리(the incident of residuary)라는 요소로 구성된다고 설명한다.

점에 비추어보아도 영미법상의 'ownership'은 우리법상의 소유권의 개념과는 상당히 다르다는 점을 알 수 있다.[220]

한편 위에서 살핀 바 있는 Hayton 교수의 신탁에 대한 정의를 보면 신탁 재산을 소유하고 있는 것은 수탁자이고 수익자는 신탁재산에 대하여 '권리'를 가진다고 표현하고 있는데, 수익자에 대하여 'own'의 용어를 사용하지 않은 것은 수익자에게 형평법상 인정되는 신탁재산에 대한 권리의 개념은 영미법상의 'own'의 개념과도 다르다는 것을 분명히 하기 위한 것이라고 생각된다.

따라서 영미법에서의 'ownership'의 개념은 우리법상의 소유권의 개념과 다르고, 우리법에서의 소유권과 그나마 유사한 개념이라고 할 수 있는 'legal ownership'을 가지는 것 또한 수탁자에 한하는 것이며, 수익자는 형평법에 따라 권리를 가질 뿐이고, 이러한 수익자의 형평법에 따른 권리는 수탁자의 'legal ownership'을 구속하는 것이라고 이해하는 것이 영미법에서의 신탁재산의 귀속에 대한 보다 명확한 이해인 것으로 보인다.

4) 비교법적 고찰 - 퀘벡주에서의 신탁재산의 귀속

위에서 검토한 바와 같이, 신탁은 영미법계에서 유래한 개념이므로 우선 영미법에서의 신탁의 개념을 이해할 필요가 있었다. 그런데, 우리나라 민법은 대륙법계를 계수한 것이므로, 대륙법계 국가에서 영미법상 신탁을 어떠한 방식으로 받아들이고 있는지를 살펴보는 것이 다음으로 필요하다.

이와 관련하여, 캐나다 퀘벡주에서의 신탁에 관한 규정을 살펴보는 것이 의미가 있을 것으로 생각된다. 캐나다는 영국과 프랑스가 나누어

---

[219] 권영준(2006), 319면; 주석 민법(물권법1)(2019), 557-558면(이계정 집필부분).
[220] 이연갑(2009b), 211-212면.

식민지배를 하던 지역으로 영국계 이민자와 프랑스계 이민자가 혼재되어 있으며, 특히 퀘벡주는 프랑스계 주민이 다수를 차지하고 있는 주이다. 이러한 특징을 가지는 퀘벡주는 영미법계를 따르고 있는 다른 주와는 달리 대륙법계에 기초한 민법전을 별도로 가지고 있는데, 이러한 퀘벡 민법전은 또한 영미법계인 다른 캐나다 법의 영향을 받아 영미법과 대륙법이 혼재되어 있는 양상을 보이고 있다.[221]

퀘벡주의 민법은 1994년에 개정되어 정립된 퀘벡주 민법(Civil Code of Quebec)과 그 이전의 로어캐나다 민법(Civil Code of Lower Canada)으로 나누어 살펴볼 필요가 있는데, 로어캐나다 민법 하에서 신탁재산의 소유권 귀속에 대한 다수의견은 수탁자가 신탁재산에 대하여 특수한 소유권(sui generis right of ownership)을 가진다고 보았다.[222] 이후, 1994년에 퀘벡주 민법이 개정되면서, 이 문제는 별도의 규정으로 명확하게 정리되었는데, 퀘벡주 민법 제1261조는 신탁으로 이전된 재산으로 구성되는 신탁재산은 '목적재산(patrimony by appropriation)'을 구성하게 되고, 수탁자, 수익자 및 위탁자의 재산과 구별되며, 그 누구도 신탁재산에 대하여 물권(real right)을 가지지 못한다고 규정하고, 다만 신탁재산이 소유자가 없는 재산으로 취급되지 않기 위하여 퀘벡주 민법 제1278조는 수탁자가 신탁재산에 대하여 배타적인 관리 및 통제 권한을 가진다고 규정한다.

퀘벡주 민법에서 정하는 목적재산의 개념은 프랑스에서 신탁의 개념을 이해하기 위하여 창안한 '목적재산(patrimoine d'affectation)'의 개념으로부터 영향을 받은 것으로,[223] 목적재산이라는 개념을 만든 피에르

---

[221] Brian Young (1994), pp. 4-6.
[222] Albert Bohemier (2003), p. 122. 당시의 판례 또한 위탁자가 수탁자에게 신탁을 하게 되면 신탁재산은 더 이상 위탁자의 소유가 아니고, 수익자 또한 수탁자에 대한 채권자일 뿐 소유권을 가지지 않으며, 수탁자만이 소유권을 가지지만, 이러한 소유권은 전통적인 것은 아니고, 독특한 소유권에 해당한다고 설명하고 있다. *Royal Trust Co. v. Tucker*, [1982] 1 S.C.R. 250.

르폴(Pierre Lépaulle)은 신탁의 역사는 채권자들에 대한 투쟁의 역사였다고 하면서 신탁의 두 가지 상반된 사회적 기능은 i) 어느 하나의 채권자에게 특별한 담보를 부여하는 방법으로 사용할 수 있다는 점, 그리고 ii) 모든 채권자를 통합하면서도 부담스럽고 위험한 파산 절차는 피하는 효율적인 방법으로 사용할 수 있다는 점이라고 설명한다.224) 즉, 목적재산의 개념은 신탁재산을 그 누구의 고유재산에도 속하지 않게 함으로써, 도산절차로부터 자유롭게 하는 것이 신탁의 가장 큰 목적 중에 하나라는 점을 이해하고 주목하면서, 이를 바탕으로 그 본질적인 개념을 설명하기 위해 고안한 것이라고 할 수 있다.

이와 같은 독특한 신탁재산의 지위는 퀘벡주 민법의 명문 규정에 의하여 정해진 것이므로, 이와 같은 명문의 규정이 없는 다른 법역에서 이를 원용하여 신탁재산의 개념이나 권리의 귀속을 정하는 것은 타당하지 않을 것으로 생각된다. 다만 이러한 독특한 규정은, 신탁재산이 어느 당사자의 도산절차에 구속되지 않는 독립적인 지위를 가지는 특별한 재산이라는, 신탁의 독특한 특징을 잘 반영한 것이라는 측면에서 참고할 만하다고 생각된다.

5) 비교법적 고찰 - 일본법에서의 신탁재산의 귀속

일본의 현행 신탁제도는 미국에서 발전된 근대적인 신탁제도를 계수한 것이라고 한다.225) 즉, 영국에서 판례를 통하여 형성된 신탁의 개념을 계수하여 발전시킨 미국 신탁법을 계수하여,226) 현행 신탁법 등의 체

---

223) '목적재산'(patrimoine d'affectation)은 프랑스 법학자인 피에르 르폴(Pierre Lépaulle)이 신탁을 법률에 의하여 인정하고 받아들이지 않았던 프랑스에서 영미법의 신탁의 개념을 이해하고 설명하기 위한 도구로 개발한 개념이다. Pierre Lépaulle (1932), pp. 23-40.
224) Pierre Lépaulle (1927), pp. 1144-1145.
225) 新井誠 (2014), 16-17頁.

제로 발전시킨 것이라는 것이 일본의 통설적 견해이다.227)

이와 같이 미국 신탁법을 계수한 일본 신탁법에서도 신탁재산의 소유권은 수탁자에게 귀속되는 것이라고 보는 것이 통설적 견해이다.228) 이러한 통설적 견해는 '채권설(債權說)'로, 신탁행위가 i) 재산권의 이전 및 처분, 그리고 ii) 일정한 목적에 따른 관리 및 처분이라는 2가지 요소로 성립한다고 보며, i)의 이전이 '완전권의 이전'을 의미하기 때문에 신탁재산이 위탁자로부터 수탁자에게 법률상 완전하게 이전된다고 설명한다.

위와 같은 학설이 '채권설'로 불리는 이유는 수익자의 수탁자에 대한 권리의 성격을 채권으로 보고 있기 때문이다. 이러한 명칭에서 알 수 있듯이, 일본에서의 신탁에 대한 논의는 신탁의 전체적인 구조를 어떻게 파악할 것인가를 중심으로 이루어지고 있어, 이러한 통설에 비판하는 견해로는 대내적으로는 수익자에게 소유권이 있다고 보는 상대적 권리이전설, 신탁재산에 실질적 법주체성을 인정하는 실질적 법주체성설 등이 있다.229)

이러한 논의에 비추어볼 때, 일본에서는 자기신탁의 경우를 제외하고는 신탁계약 또는 유언신탁에 의하여 초기의 신탁대상 자산이 위탁자로부터 수탁자로 처분이 되고, 이로 인하여 신탁재산은 수탁자에게 귀속된다고 보는 것으로 판단된다.230)

---

226) 미국에서는 캘리포니아주, 몬태나주 등을 시작으로 하여 각 주별로 영국의 신탁법을 받아들여 입법을 하였다가, 2000년에 표준신탁법(UTC)을 제정하여 신탁법의 통일적 규율을 하고자 하고 있다. Austine Wakeman Scott & Mark L. Ascher (2022a), pp. 29-31.
227) 新井誠 (2014), 4頁.
228) 新井誠 (2014), 48-59頁; 青木徹二 (1926), 35頁; 入江眞太郎 (1928), 104-110頁.
229) 新井誠 (2014), 40-43頁. 그런데 일본에서의 이러한 견해 대립은 주로 수익자의 지위와 관련하여 문제가 되므로, 이하의 수익자의 권리의 성격에 대한 부분에서 좀 더 자세하게 다루고자 한다.
230) 道垣内弘人 (2022a), 30-31頁. 다만 자기신탁의 경우를 제외하는 위 설명에는 의

6) 국내법에서의 논의

신탁법은 수탁자가 신탁재산의 관리, 처분 등을 하고 신탁 목적의 달성을 위하여 필요한 모든 행위를 할 권한을 가진다고 규정하고 있을 뿐(신탁법 제31조), 수탁자가 신탁재산에 대하여 가지는 권리가 소유권에 해당한다고 직접적으로 표현하고 있지는 않다. 다만 대법원은 소유권이 수탁자에게 대내외적으로 이전된다고 명확하게 표현하고 있어 우리나라 법원은 수탁자가 신탁재산에 대하여 소유권을 가진다고 보고 있다.231) 국내 학설상으로도 수탁자가 신탁재산을 소유한다고 보는데 특별한 이견은 없는 것으로 보인다.232)

그렇지만, 신탁법상 수탁자는 신탁재산을 소유하고 있으나 이를 사용, 수익할 권한은 없으며, 단지 수익자를 위해 또는 신탁계약이 정하는 바에 따라 관리 또는 처분할 권한만을 가지는데 이는 우리 민법상의 소유권의 개념과는 정확하게 일치하지 않는다. 이는 신탁이 영미법을 기초로 한 제도인데 반해 우리 민사법은 대륙법계에 기초하기 때문이다. 이러한 이유로 영미법상의 신탁제도를 대륙법 체계에 맞추어 이해하는 것이 필요하다.233)

이러한 소유권 개념의 불일치를 설명하기 위해서 신탁에서는 소유권에 대하여 일정한 제한이 가해지는 것이라고 보는 견해,234) 신탁재산은

문이 있다. 자기신탁의 경우 신탁선언을 통하여 스스로 수탁자가 되는 것이고, 그 순간 신탁재산은 위탁자로부터 수탁자의 지위로서의 위탁자로 처분되는 것과 동일하다고 볼 수 있다. 그런 이유로 위탁자 겸 수탁자의 고유재산과 신탁재산이 분별되어 독립성을 가지게 되는 것이므로, 굳이 자기신탁의 경우를 제외한다고 표현할 필요는 없을 것으로 생각된다.

231) 대법원 2002. 4. 12. 선고 2000다70460 판결.
232) 이연갑(2009b), 208면; 최수정(2019), 236면.
233) 오영걸(2019), 100면. 해당 논문은 영미 신탁제도를 우리 사법 체계의 토양 위에 정착시키기 위해서는 변용적 수용(modified transplant)이 불가피하다고 설명한다.

특별재산의 성격을 가지는 것이라고 설명하는 견해235) 등이 있는데, 구체적으로 이해하는 방식에 있어서는 다소 차이가 있으나, 수탁자에게 소유권이 있다고 보는 데에는 이견이 없는 것으로 보인다.

7) 소결

위탁자가 수탁자에게 신탁의 목적으로 신탁대상 재산을 이전한 이상, 그 재산은 위탁자로부터 수탁자에게 온전하게 이전된다고 보아야 한다. 우리나라 민법이 소유자는 법률의 범위 내에서 그 소유물을 사용, 수익, 처분할 권리가 있다고 규정하여(민법 제211조) 전면적 지배권을 인정하는 반면,236) 수탁자는 신탁재산으로부터 이익을 향유하는 것이 제한되어(신탁법 제36조), 우리 민법에서 소유권에 인정하고 있는 수익권이 없는 형태의 권리만을 가져 불완전한 형태의 소유권만을 가진다.

하지만, 우리 민법상의 '소유권'은 위에서 살핀 바와 같이 '권리들의 다발(bundle of rights)'로 설명되는 영미법상의 'ownership'과는 다른 개념으로서, 그 권리가 여러 개로 분리되는 것이 아니라 하나의 권리로 보아야 하고,237) 우리 민법 제211조 또한 소유권이 '법률의 범위에서' 권리를 가진다고 하고 있어 제한이 될 수 있는 여지를 두고 있으므로, 신탁법상 수탁자는 신탁법의 규정에 의하여 일부 권리가 제한되는 형태의 소유권을 가지고 다른 당사자는 신탁재산에 대하여 소유권을 가지는 것은 아니라고 이해하는 것이 가장 타당할 것으로 생각된다.

---

234) 주석민법(물권법1)(2019), 576-577면(이계정 집필부분). 해당 부분은 수탁자의 신탁재산에 대한 소유권은 광범위한 제한을 전제로 하고 있을 뿐 우리 민법상의 소유권의 개념과 상치되는 것은 아니고, 다만 긴장 관계에 있는 것이라고 설명한다.
235) 이연갑(2009b), 208면.
236) 주석민법(물권법1)(2019), 557-558면(이계정 집필부분).
237) 권영준(2006), 319면; 주석민법(물권법1)(2019), 557-558면(이계정 집필부분).

이에 대하여, 수익자가 신탁재산에 대한 수익을 향유하는 자이므로, 수익자가 실질적으로 소유권을 가지는 것이 아닌가 하는 의문이 있을 수 있다. 그러나, 수익자는 신탁재산에 대하여 관리 및 처분 권한을 가지지 않으므로 우리 민법상 소유권에 대해 인정하는 전면적 지배권을 가지지 못하고, 수익자가 가지는 수익 권한 또한 신탁재산에 대하여 직접적으로 가지는 권리가 아니라, 수탁자에 대하여 가지는 권리이기 때문에,[238] 수익자가 가지는 신탁재산에 대한 수익 권한이 우리나라 민법에서 소유권에 인정되는 수익권의 개념이라고 보기는 어려울 것으로 판단된다.[239]

또한, 수탁자가 신탁재산에 대하여 관리, 처분 권한만을 가지고 수익 권한을 가지지 않기 때문에 완전한 형태의 소유권을 가지는 것이 아니므로, 실질적으로 그 누구도 신탁재산에 대하여 물권으로서의 소유권을 가지지 않는 것이 아닌가라는 의문이 있을 수 있다. 그렇지만 퀘벡주 민법과 같이 이를 명문으로 규정하지 않은 이상, 신탁재산에 대하여 그 누구도 소유권을 가지지 않는다고 해석하는 것은 어려울 것으로 판단된다. 오히려, 퀘벡주에서도 이와 같은 명문 규정이 없었을 때에는 수탁자가 소유권을 가진다고 보고 있었던 것에 비추어 보면, 결국 수탁자가 신탁재산에 대하여 소유권을 가진다고 보는 것이 타당할 것으로 생각된다.

결론적으로, 우리나라 법상 신탁재산에 대하여 소유권을 가지는 자는 위탁자나 수익자가 아닌 수탁자이고, 다만 수탁자가 신탁법에 의하여 그 권리가 일부 제한될 뿐이라고 이해하는 것이 가장 타당할 것으로 생각

---

[238] 신탁법상 수익권의 정의에 대하여 별도로 규정하고 있지는 않으나, 수익자는 수탁자에 대하여 신탁재산에 속한 재산의 인도와 그 밖에 신탁재산에 기한 급부를 요구하는 청구권을 가지며(신탁법 제62조), 이러한 권리가 수익권의 내용이므로, 신탁재산에 대하여 가지는 실질적 수익 권한은 수탁자를 통하여 행사한다고 보는 것이 타당할 것으로 생각된다.
[239] 수익권자가 가지는 수익권의 개념 및 그 성격에 대해서는 아래에서 좀 더 자세히 설명하도록 하겠다.

된다. 그리고 이와 같이 신탁재산이 수탁자의 소유가 됨에 따라 신탁재산은 위탁자로부터 분리되어 수탁자에게 완전히 이전되게 된다.

다. 신탁재산의 독립성 - 신탁재산의 수탁자로부터의 분리

1) 신탁재산의 독립성의 개념

위에서 살핀 바와 같이 신탁재산은 수탁자의 소유에 속한다. 그렇지만, 신탁재산은 수탁자의 고유재산과 구별되어 관리되어야 하고(신탁법 제37조), 신탁재산에 대해서는 강제집행이 금지되며(신탁법 제21조), 수탁자의 사망에도 불구하고 수탁자의 상속재산에 속하지 않고(신탁법 제23조), 수탁자에 대하여 파산이나 회생절차가 개시되는 경우에도 파산재단이나 회생절차 상의 채무자의 재산에 속하지 않는다(신탁법 제24조). 이와 같이 신탁재산은 수탁자의 소유에 속하지만 수탁자 개인의 고유재산과는 독립한 지위를 가지는데 이를 일반적으로 신탁재산의 독립성이라고 부른다.[240]

이와 관련하여, 신탁재산의 독립성을 위탁자로부터의 독립, 수탁자로부터의 독립 및 수익자로부터의 독립의 개념까지 포함하는 것으로 설명하는 예도 있으나,[241] 위탁자나 수익자는 신탁재산에 대하여 소유권을 가지는 자가 아니므로, 신탁재산의 독립성을 논할 여지가 없는 것으로 생각된다. 대법원 또한 신탁재산 독립의 원칙은 신탁재산의 감소 방지와

---

[240] 오영준(2008), 851면.
[241] 최수정(2019), 260-261면; 안성포(2013b), 71면. 또한, 원칙적으로 신탁재산의 독립성은 위탁자, 수탁자 및 수익자로부터의 분리를 포함하지만, 이 중 수탁자로부터의 독립이 가장 중요하며, 이러한 수탁자로부터의 독립이 협의의 신탁재산의 독립성의 개념에 해당한다고 설명하는 견해도 있다. 정순섭(2021), 264-267면.

수익자의 보호 등을 위하여 수탁자의 고유재산과 신탁재산은 분별하여 관리하여야 하고 양자는 별개 독립의 것으로 취급하여야 한다는 것을 의미한다고 하여 수탁자와의 관계에서 문제되는 것임을 명확히 하고 있다.242)

따라서 신탁재산의 독립성은 수탁자가 신탁재산에 대하여 법적으로 소유권을 가짐에도 불구하고, 수탁자의 개인과 관련한 절차에서 독립적으로 취급된다는 점을 지적하는 개념으로 이해하여야 할 것이다.243) 이하에서는 각 나라에서의 신탁재산의 독립성에 관한 입법례 및 논의를 살펴보고 그 의미를 검토해보고자 한다.

2) 영미법에서의 신탁재산의 독립성

미국 표준신탁법(Uniform Trust Code)에서도 제507조에서, 신탁재산은 수탁자가 도산상태에 있거나 수탁자에 대하여 도산절차가 개시되는 경우라고 하더라도 수탁자의 개인 채무에 영향을 받지 않는다고 규정하여 신탁재산의 독립성에 대하여 명확하게 규정하고 있다. 이에 대하여 수탁자는 신탁재산에 대하여 오직 법적 권한(legal title)을 가질 뿐 신탁재산에 대한 수익 권한은 수익자가 가지기 때문에 수탁자의 채권자는 신탁재산에 대하여 권리를 행사할 수 없기 때문이라고 설명한다.244)

이러한 원칙에 따라, 만약 수탁자의 채권자가 수탁자에 대한 개인적인 채권에 기하여 신탁재산을 압류하여 취득한 경우에, 그 채권자가 그 재산이 신탁재산임을 몰랐던 경우에도 해당 재산에 대한 선의의 취득자

---

242) 대법원 2007. 9. 20. 선고 2005다48956 판결.
243) 이와 관련하여 신탁재산의 독립성이라는 용어는 신탁법이 수탁자의 고유재산과 신탁재산을 구분하는 제규정을 두고 있는 것을 통일적으로 설명하기 위한 표현이라고 보는 견해가 있다. 오영준(2008), 851면.
244) UTC §507 Comment.

가 되지 못한다.245)

신탁재산의 독립성을 보장하기 위하여, 수탁자는 신탁재산을 관리함에 있어, i) 신탁재산에 대하여 신탁에 속하는 재산임을 표시(earmark)하여야 하고, ii) 신탁재산을 수탁자의 고유재산과 분별하여 관리하여야 하며, iii) 수탁자가 가지고 있는 다른 신탁자산과도 분별하여 관리하여야 한다.246) 만약 수탁자가 이러한 의무를 위반하게 되면 수익자는 수탁자에 대하여 의무 위반에 대한 책임을 물을 수 있다.247)

이와 같이 미국 신탁법에서도 명문의 규정들을 통하여 신탁재산의 독립성이 보장되고 있다.

영국법상으로도 수탁자는 신탁 재산을 자기 자신의 재산과 분리하여 관리할 의무를 가지며,248) 만약 수탁자가 신탁재산을 고유재산과 혼합하여 관리할 수 있는 것을 허락하는 내용으로 신탁이 설정되는 경우라면, 신탁의 본질을 해하는 것이므로 그 재산에 대하여는 신탁이 설정된 것으로 볼 수 없다고 한다.249)

또한 영국 도산법(Insolvency Act 1986)은 어느 채무자에 대하여 도산절차가 개시되면 그 재산이 도산재단에 포함되게 되지만, 그 채무자가 다른 제3자를 위하여 신탁재산으로 보유하고 있는 재산은 제외된다고 하여,250) 수탁자에 대하여 도산절차가 개시되더라도, 그 신탁재산은 수

---

245) Alan Newman, (2002), p. 822; Restatement (Second) of Trusts § 308 (1959).
246) Restatement (Third) of Trusts § 84 (2007) "Duty to Segregate and Identify Trust Property comment a"; Austine Wakeman Scott & Mark L. Ascher (2022c), pp. 1374-1378.
247) Restatement (Second) of Trusts § 202 (1959).
248) *Re Lehman Brothers International (Europe) (In Administration)*, [2012] UKSC 6 (29 February 2012).
249) *Pearson v Lehman Brothers Finance SA* [2010] EWHC 2914 (Ch). (Briggs J, 19 November 2010).
250) Insolvency Act 1986 s283(3)(a).

탁자의 고유재산과는 독립된 지위를 가져, 수탁자의 도산절차로부터 절연된다는 점을 분명히 하였다.251)

3) 일본법에서의 신탁재산의 독립성

일본 신탁법에서도 위탁자는 신탁 설정 시에 신탁재산을 수탁자에게 처분하였으므로 위탁자의 채권자가 신탁재산을 압류할 수 없는 것은 당연하므로, 위탁자와의 분리의 문제는 신탁재산의 독립성의 문제가 아니라고 하면서, 수탁자의 신탁사무와는 무관한 수탁자 개인에 대한 채무자는 수탁자의 고유재산에 대하여만 집행할 수 있고, 신탁재산에 대하여 집행할 수 없다는 수탁자로부터의 분리의 문제만이 '신탁재산의 독립성'의 문제라고 설명하면서, 특히 문제되는 부분은 수탁자의 채권자와의 관계에 있어서의 문제라고 설명한다.252)

일본 신탁법 제23조는 신탁에 관하여 발생한 채권이 아닌 이상 신탁재산에 대하여 강제집행 등을 하지 못한다고 명문으로 규정하여, 신탁재산의 독립성에 대하여 규정하고 있으며, 일본 신탁법 제25조는 수탁자에 대하여 파산절차, 재생절차 또는 회사갱생절차가 개시되더라도 신탁재산은 그 절차에 구속되지 않는다는 점을 명확하게 규정하고 있다.

또한 수탁자의 고유재산과 신탁재산이 구별되는 것뿐만 아니라, 수탁자가 수 개의 신탁을 수탁하고 있는 경우에 이를 구별할 수 있도록, 일본 신탁법 제14조에 따라 등기 또는 등록을 하여야 하는 신탁재산의 경우에는 신탁의 위탁자, 수탁자 및 수익자의 성명 등과 신탁의 목적 등을 포함한 신탁의 조항 등도 공시될 수 있도록 하여, 신탁재산이 다른 신탁재산과 구별될 수 있도록 하고 있다.253)

---

251) Geraint Thomas & Alastair Hudson (2004), pp. 265-266; Lynton Tucker, Nicholas Le Poidevin & James Brightwell (2020), pp. 1177-1178.
252) 道垣內弘人 (2022), 118頁.

4) 국내법에서의 신탁재산의 독립성

신탁재산은 수탁자의 소유에 속하지만, 수탁자의 고유재산과 구별되어 관리되어야 하고, 수탁자의 회생절차상 채무자 재산이나 파산절차 상의 파산재단에 속하지 않으므로, 수탁자의 도산절차에 영향을 받지 않는다. 따라서, 수탁자에 대하여 도산절차가 개시되더라도 신탁이 종료되지도 않으며, 신탁에 따른 수익자들의 권리도 영향을 받지 않는다.

신탁법은 이와 관련하여 수탁자에 대하여 파산이나 회생절차가 개시되는 경우에도 파산재단이나 회생절차 상의 채무자의 재산에 속하지 않는다고 명시적으로 규정하여(신탁법 제24조), 수탁자의 도산절차에도 불구하고 신탁재산이 영향을 받지 않음을 명확하게 정하고 있다.[254]

이와 같이 신탁재산은 수탁자의 소유로 완전하게 이전되지만, 수탁자의 고유재산과는 또 분리되어, 수탁자의 도산절차에 영향을 받지 않는 독립적인 지위를 가진다.

라. 수익권의 성격 - 신탁재산의 수익자로부터의 분리

1) 수익권의 개념

신탁법은 수익자가 가지는 수익권의 개념에 대하여 별도의 정의 규정을 두고 있지 않고,[255] 수익자의 개념도 단지 수탁자가 신탁재산을 어느

---

[253] 道垣內弘人 外 (2017), 79頁.

[254] 위 규정은 신탁법이 2011년에 전면 개정되면서 새로이 개정된 내용으로, 그 이전에는 오로지 파산재단에 속하지 않는다고만 규정하여 논란이 있었으나 이러한 논란이 바람직하지 않다는 판단에 따라 개정신탁법에서는 회생절차도 포함됨을 명시적으로 규정하였다. 법무부(2012), 202-203면.

[255] 신탁법 제56조는 신탁행위로 정한 바에 따라 수익자로 지정된 자는 당연히 수익권을 취득한다고만 규정하고 있을 뿐이다.

일정한 자의 이익을 위하여 관리 또는 처분할 때 그 일정한 자를 수익자라고 한다고만 정하고 있어(신탁법 제2조), 그 개념이 명확하게 설명되고 있지는 않다.

그런데, 수익자가 가지는 수익권이 수탁자에 대하여 행사하는 권리인지, 신탁재산에 대하여 직접적으로 행사할 수 있는 권리인지, 그리고 채권적 성격을 가지는 권리인지, 물권적 성격을 가지는 권리인지 여부에 따라, 즉 수익권의 법적 성격이 무엇인지에 따라 수익권의 개념이 명확하게 파악될 것이다. 또한 수익권의 성격의 문제는 신탁재산이 수익자의 책임재산을 구성하는지 여부와도 관련이 있는 문제이다. 이에 이하에서는 수익권의 성격에 대해서 살펴보고자 한다.

2) 영미법에서의 수익권의 성격

영미법계에서도 수익권의 성질이 수탁자에 대한 대인적 권리(rights *in personam*)인지 신탁재산에 대한 대물적 권리(rights *in rem*)인지에 대한 논의가 많으며, 이러한 논의는 긴 역사를 가지고 있고, 아직도 계속되고 있다.256)257)

영미 학계에서 수익권의 성질에 대한 논의는, 대물적 권리로 보는 견해, 대인적 권리로 보는 견해, 독자적 권리로 보는 견해 등이 대립되고 있다고 한다.258) 이에 더하여 수익권을 대인적 권리로만 볼 수는 없고

---

256) Austine Wakeman Scott & Mark L. Ascher (2022b), pp. 891-897; Geraint Thomas & Alastair Hudson (2004), p. 173.
257) 여기에서 rights *in personam*은 특정인에 대하여 행사할 수 있는 권리로 채권과 유사하지만, 채권과 완전히 일치하지는 않으므로 대인적 권리로 번역하고, rights *in rem* 또한 불특정다수를 배제할 수 있는 권리로 물권과 유사하지만 이에 완전히 일치하는 것은 아니므로 대물적 권리로 번역한다고 설명하는 견해가 있다. 이계정(2016a), 109면. 타당한 것으로 판단되고, 이 글에서도 이러한 이해를 바탕으로 rights *in personam* 및 rights *in rem*을 대인적 권리와 대물적 권리로 번역하기로 한다.

대인적 권리와 대물적 권리가 혼합된 형태의 권리로 보아야 하며, 특정 사안에 적용하는 경우에는 그 사안에 따라 특정 성격에 좀 더 초점을 맞추어 판단하여야 한다는 견해도 있다.258)

이와 관련하여 Hayton 교수는 일반적으로 보통법상의 권리는 대물적 권리로, 형평법상의 권리는 대인적 권리로 논의되며, 신탁에서의 형평법상의 권리는 수탁자로 하여금 신탁업무를 적법하게 수행하고 그들의 의무를 다하도록 요구할 수 있는, '수탁자에 대한 권리'라는 측면에서 '대인적 권리'라고 할 수 있지만, 또 어떤 측면에서는 신탁재산을 침해하는 제3자에 대하여 형평법상의 추급권(equitable tracing remedy)260)을 행사할 수 있다는 점에서 '신탁재산에 대한 물권적 권리'를 가진다고 볼 수 있고, 이러한 측면에서는 '대물적 권리'를 가진다고 할 수 있다고 설명한다.261)

형평법상의 추급권(equitable tracing)이란 보통법상의 추급권(common law tracing)과는 다른 개념으로, i) 보통법상의 추급권(common law tracing)을 행사하기 위해서는 해당 자산의 특정이 가능하여야 하며, 만약 다른 자산과 혼화되어 특정이 어려운 경우에는 추급권을 행사할 수 없고, 그 재산에 대하여 직접적인 보통법상의 권리를 가지지 못한 자는 추급권을 행사할 수 없다는 한계가 있음에 반하여,262)263) ii) 형평법상

---

258) 이계정(2016a), 111-115면.

259) Geraint Thomas & Alastair Hudson (2004), pp. 174-175.

260) 이와 관련하여 영미법에서 인정되는 추급권에는 원물추급(following)과 대위물추급(tracing)이 있는데, 원물추급(following)은 소유자가 타인의 점유하에 있는 원물 그 자체를 원복할 수 있는 권리를 말하고, 대위물추급(tracing)은 원물이 처분되었을 때 그 처분 대가나 대위물에 대하여 주장할 수 있는 권리를 말한다고 설명하는 견해가 있다. 이계정(2016b), 117-119면. 이러한 설명에 따른다면, Hayton 교수가 말하는 형평법상의 추급권(equitable tracing remedy)은 제3자에게 행사하는 형평법상의 원물추급과 대위물추급을 총칭하는 것이라고 할 수 있다.

261) Charles Mitchell, Paul Matthews, Jonathan Harris, & Sinéad Agnew (2022), pp. 25-26.

의 추급권(equitable tracing)의 경우에는 혼화된 자산에도 그 행사가 가능하고, 보통법상의 권리를 가지지 않은 형평법상의 권리만을 가진 자도 이를 행사할 수 있다.[264][265] 이러한 이유로 신탁의 수익자에게 인정되는 것은 형평법상의 추급권(equitable tracing)이다.

위와 같은 형평법상의 추급권은 미국 표준신탁법(Uniform Trust Code)에도 반영되어 있다. 미국 표준신탁법 제1001조 제(b)항 9호에 의하면 수익자는 법원을 통하여 수탁자가 신탁을 위반하여 행한 행위를 무효로 하고 위법하게 처분된 신탁재산의 추급을 인정하고 신탁재산 또는 그 대상물의 회복을 구할 수 있다.[266] 이 규정에 의하면 수익자는 수탁자가 신탁의무를 위반하여 신탁재산을 처분한 경우에 그 제3자로부터 원물 자체의 회복을 구할 수 있고, 수탁자나 제3자로부터 그 대상물의 회복을 구할 수도 있다.[267] 이와 같이 미국 표준신탁법은 수익자의 형평

---

[262] Alastair Hudson (2022), p. 446; Gary Watt (2021), pp. 434-436; Philip H. Pettit (2012), p. 531.

[263] 이러한 보통법상의 추급권은 우리법상의 물권적청구권과 유사한 개념이라고 할 수 있을 것이다.

[264] Alastair Hudson (2022), pp. 447-449; Gary Watt (2021), pp. 437-438; Philip H. Pettit (2012), pp. 533-542.

[265] 이와 같은 형평법상의 추급권은 수탁자에 대하여 도산절차가 개시되었을 때 수익자가 직접 환취권을 행사할 수 있는지, 그리고 수탁자의 고유재산에 혼입된 신탁재산에 대하여 환취권을 행사할 수 있을지의 문제와도 연결될 것이다. 이에 대해서는 아래 제4장 1. 나.의 수탁자의 도산절차에서의 신탁재산에 대한 환취권 부분에서 자세히 논의하도록 하겠다.

[266] 미국 표준신탁법 제1001조 제(b)항 9호를 살펴보면 "......void an act of the trustee,...... trace trust property wrongfully disposed of and recover the property or its proceeds"라고 하고 있다.

[267] 이와 관련하여 영국 대법원 또한 원물추급(following)은 제3자에게 이전된 동일 자산을 추급하는 과정인 반면 대위물추급(tracing)은 이전된 이전 자산을 대체하는 새로운 자산을 식별하는(identifying) 과정이라고 하면서, 이전된 원물 자산을 새로운 소유자로부터 추급할(following) 것인지, 아니면 기존 소유자로부터 위 새로운 자산을 추급할(tracing) 것인지는 청구인이 선택할 수 있다고 설명한다.

법상의 추급권을 명문으로 인정하고 있으며, 이러한 권리는 수익자가 대물적 성격의 권리도 가지고 있음을 나타낸다.268)

그렇지만 이러한 수익자의 형평법상의 추급권과 관련하여 영국의 대법원은 이것이 수익자의 청구권(claim)도 아니고 구제권(remedy)도 아니라고 설명하면서, 이러한 추급이 모두 완료된 이후에 수익자는 비로소 청구권(claim)을 행사할 수 있다고 설명하는데,269) 즉 수익자에게 추급권이 있다는 것은 수익자는 그의 형평법상의 대물적 권리를 행사하여 해당 자산이 다시 신탁으로 귀속될 것을 요구할 수 있다는 것을 의미한다.270)

이러한 설명에 비추어볼 때, 수익자에게 인정되는 형평법상의 대물적 권리라는 것은 직접 자신에게 물권적 효과를 가져올 수 있는 권리를 의미하는 것은 아니고, '신탁에 대하여' 대물적 효과를 가져오는 권리를 행사할 수 있다는 것이며, 수익자가 직접 그에 따른 수익을 향유하기 위해서는 다시 채권적 권리인 청구권(claim)을 행사하여야 하는 것으로 이해된다. 따라서 이러한 수익자의 권리를 수익자가 직접 물권적 권리를 가지고 그에 따른 이익을 누리는 것으로 이해하여서는 안 될 것이다.271)

위와 같은 형평법상의 추급권 외에 수익권의 대물적 권리와 관련하여

Foskett v. McKeown [2000] UKHL 29, [2001] 1 AC 102. 이 case는 영국의 신탁 관련 판례 중 추급권 및 신탁의무 불이행에 대하여 결정한 중요 판례(leading case)로 언급되고 있다. Philip H. Pettit (2012), pp. 535-536.

268) Austine Wakeman Scott & Mark L. Ascher (2022b), pp. 895-897.
269) *Foskett v. McKeown* [2000] UKHL 29, [2001] 1 AC 102. 해당 판결에서 Millett 대법관(Lord Millet)이 언급한 내용이다.
270) Philip H. Pettit (2012), p. 536.
271) 다만 수익자가 신탁재산에 대하여 형평법상의 추급권이라는 대물적 성격의 권리를 행사하여 그 재산을 다시 신탁으로 되돌리도록 강제하는 권한을 가지므로, 도산절차에서도 이러한 형평법상의 추급권에 기초하여 직접 환취권을 행사할 수 있어야 한다는 논의가 가능할 것인데, 이에 대해서는 수탁자의 도산절차 부분에서 자세히 논의하도록 하겠다.

논의되는 것에 Saunders v. Vautier[272] 원칙이 있다. 이 원칙에 의하면 어느 신탁의 수익자가 성인으로서 완전한 법적 능력을 갖추고 있고, 그 신탁에 대하여 완전하고 확정되었으며 철회되지 않는 권리를 가지는 경우에는 그 신탁을 해지하고 수탁자로 하여금 그 신탁재산을 수익자에게 이전하도록 요구할 수 있다.[273] 이 원칙은 물론 위와 같은 매우 제한적인 경우에만 적용되지만, 수익자가 위 조건을 모두 충족하는 경우에는 신탁재산에 대하여 직접적인 권리를 행사할 수 있고, 이는 수익권에 대물적 권리의 측면이 있다는 것을 단적으로 보여주고 있다고 할 수 있다.

그렇지만 또 다른 측면에서는 위 원칙에 따른 권리를 행사하기 전까지는 신탁재산에 대하여 직접적 권리를 가지는 것은 수탁자이고, 수익자는 위 원칙에 따른 권리를 행사하기 전까지는 결국 수탁자를 통해서만 신탁재산에 대하여 권리를 행사하여야 한다는 것을 보여주는 원칙이기도 하다. 또한 Vautier 원칙은 수익자가 해당 신탁의 유일한 수익자일 때 수익자에게 그 신탁을 종료할 권한이 있다는 것이고, 그에 따라 신탁이 종료된 이후에 수탁자에 대하여 신탁재산의 귀속권리자로서 그 재산의 이전을 요구할 수 있는 것으로서, 신탁이 존속하는 상태에서 수익자가 신탁재산에 대하여 직접적으로 물권적 권리를 행사할 수 있다는 것과는 다른 측면이 있다.

이러한 점들을 종합적으로 검토하여 영미법상 수익권을 대륙법 체계에서 이해해본다면, 원칙적으로 대인적 권리이지만 형평법상 인정되는 대물적 권리의 측면이 있으며, 이러한 형평법상의 대물적 권리는 보통법에서 말하는 대물적 권리와는 그 성격이 다른 것이라고 보는 것이 가장 타당한 이해인 것으로 생각된다.

---

[272] (1841) 4 Beav 115 8.
[273] Geraint Thomas & Alastair Hudson (2004), p. 175.

3) 일본법에서의 수익권의 성격

우리나라 신탁법이 수익권에 대하여 별도의 정의 규정을 두고 있지 않은 반면, 일본 신탁법은 제2조에 정의 규정을 두면서 수익권의 개념에 대해서도 정의하고 있다. 이에 따르면 수익권은 신탁행위에 근거하여 수탁자가 수익자에게 부담하는 채무이고, 신탁재산에 속하는 재산의 인도 기타 신탁재산에 관한 급부를 해야 하는 것에 관한 채권 및 이를 확보하기 위하여 이 법의 규정에 근거하여 수탁자 그 외의 자에게 일정한 행위를 요구할 수 있는 권리를 말한다고 한다.274)

일본에서 수익권의 성질에 대한 논의는 다양한 견해가 대립되고 있는데, 채권설,275) 상대적권리이전설,276) 물적 권리설,277) 수물권설278) 등

---

274) 일본 신탁법 제2조 제6항 참조. 원문을 인용하면 아래와 같다.
수익권이란 신탁행위에 기초하여 수탁자가 수익자에 대하여 지는 채무로서 신탁재산에 속하는 재산의 인도 및 그 밖의 신탁재산과 관련된 급부를 하여야 하는 것과 관련된 채권(이하 "수익채권"이라 한다) 및 이를 확보하기 위하여 이 법률의 규정에 기초하여 수탁자 및 그 밖의 자에 대하여 일정한 행위를 요구할 수 있는 권리를 말한다(「受益権」とは、信託行為に基づいて受託者が受益者に対し負う債務であって信託財産に属する財産の引渡しその他の信託財産に係る給付をすべきものに係る債権（以下「受益債権」という。）及びこれを確保するためにこの法律の規定に基づいて受託者その他の者に対し一定の行為を求めることができる権利をいう）.

275) 新井誠 (2014), 48, 59頁; 青木徹二 (1926), 35頁, 入江眞太郎 (1928), 104-110頁. 일본의 전통적인 다수설 또는 통설적 견해라고 한다.

276) 岩田新 (1933), 97-100頁. 이 견해에 의하면 신탁재산의 소유권이 수탁자에게 완전하게 귀속되는 것이 아니라, 대외적으로는 수탁자에게 대내적으로는 수익자에게 소유권이 귀속된다고 한다.

277) 四宮和夫 (1989), 58頁 이하. 四宮和夫 교수의 이러한 주장에 대하여 이연갑 교수는 물적 권리설이라고 소개하면서, 수익자가 가지는 신탁이익 급부청구권은 채권이지만, 수익자는 신탁재산에 대해서도 물적 권리를 가진다고 본다고 설명한다. 이연갑(2008a), 927-929면. 이와 같은 四宮和夫 교수의 주장에 대하여 신탁재산의 실질적 법주체성을 승인하는 것, 수탁자의 관리자적 성격을 승인하는 것 그리고 수익권의 물적 권리성을 승인하는 것이 핵심이라고 설명하면서, 신탁재산의 실질적 법주체성에 주목하여 실질적 법주체성설이라고 소개하는 견해가 있다. 이

이 있다. 그렇지만 일본 신탁법의 위 규정은 수익권이 수탁자에 대한 채권임을 명확히 하고 있는바, 이는 다수설 및 통설인 채권설의 견해를 따른 것으로 보인다.

따라서 수익권의 성질을 어떻게 보는 것이 더 타당하고, 이에 따라 법의 개정이 필요하다는 등의 논의는 여전히 가능하다고 하더라도, 현행 일본법상 수익자는 수탁자에 대하여 채권적 권리를 가지는 것으로 해석하여야 할 것으로 생각된다.[279]

4) 국내법에서의 수익권의 성격

국내에서의 수익권의 성격에 관한 논의는 일본에서의 논의와 유사한 측면이 있다.[280] 그렇지만, 일본에서의 논의와는 달리, 채권이냐 물권이냐 그 유사한 어떠한 권리이냐로 분류하는 것에 초점을 맞추기보다는, 신탁의 특성에 맞추어 그 권리의 특수성을 인정하고 그 독자적인 특징을 해석하려고 하는 경향을 보인다.

즉, 우리 신탁법이 수익권에 대해 채권설을 기본으로 하되 물권적 요소도 함께 입법한 것이라고 보면서 일본에서의 채권설과 실질적 법주체성설을 경우에 따라 적용하여야 한다는 견해,[281] 수익자는 일종의 특수

계정(2016a), 122-123면; 정순섭(2006), 11-12면; 법무부(2012), 464면, 新井誠 (2014), 44-49頁.

[278] 大阪谷公夫 (1991), 288-289頁. 수물권설은 수익자가 신탁재산을 간접적으로 지배하는 권리가 수익권이라고 설명한다. 즉, 수익자는 수탁자를 매개로 하여 신탁재산을 사용, 수익, 처분하는 권리를 가지고, 그 권리가 수물권이라는 특수한 채권이라고 한다. 이연갑(2008b), 929-930면.

[279] 이에 대해서는, 일본 신탁법이 채권설을 취했다고 해석할 여지가 많으나, 다른 설을 배제하는 적극적인 근거가 된다고 보기도 어렵다는 주장도 있다. 법무부 (2012), 467면.

[280] 법무부(2012), 463면.

[281] 정순섭(2006), 14면.

한 채권을 가지는 것으로 보는 견해,282) 수익권은 원칙적으로 채권이지만, 수익자가 수탁자의 일반채권자 등 제3자의 권리행사를 배제할 수 있는 권리를 가지고, 신탁법 제75조에 의하여 인정되는 수익자취소권과 같은 권리가 물권적인 속성을 가진다는 것을 지적하면서 수익권을 물권화된 채권이라고 보는 견해,283) 수익권은 결국 채권으로 보아야 하지만, 이는 법률상의 소유권을 가지지 않는다는 소극적인 의미에 불과하고, 일반적인 채권보다는 강한 채권이며, 그 특수성을 충분히 감안해야 한다는 견해284) 등이 있다. 또한 영미와 일본에서의 수익권과는 달리 우리법에서의 수익권은 권리뿐 아니라 의무도 포함되는 권리와 의무의 총체이므로 단순히 채권 또는 물권과 같은 권리로 단언할 수 없으며 수익권의 다양한 형태를 고려할 때 물권을 가진다고 보기는 더더욱 어렵다고 보는 견해도 있다.285)

대법원은, 신탁의 해지 등 신탁 종료의 사유가 발생하더라도 수탁자가 신탁재산의 귀속권리자인 수익자나 위탁자 등에게 새로이 목적 부동산의 소유권 등 신탁재산을 이전할 의무를 부담하게 될 뿐, 신탁재산이 수익자나 위탁자 등에게 당연히 복귀되거나 승계된다고 할 수 없다고 판단하였고,286) 수탁자는 신탁의 목적 범위 내에서 신탁재산을 관리·처분하여야 하는 신탁계약상의 의무만을 부담한다고 판단하였는데,287) 결국 수익자의 권리를 채권적 권리로 파악하고 있는 것으로 보인다.

신탁법상 수탁자는 신탁재산에 대하여 대내외적으로 소유권을 가지고, 우리 법상 이중적인 소유권 제도나 소유권의 분할이 인정되기 어려

---

282) 남동희(2011), 132면.
283) 이계정(2016a), 132-140면.
284) 이연갑(2008b), 938-939면.
285) 최수정(2014), 177-180면.
286) 대법원 1994. 10. 14. 선고 93다62119 판결.
287) 대법원 2014. 11. 27. 선고 2012두26852 판결.

우므로, 결국 수익자가 신탁에서 가지는 권리는 우리 법 하에서는 채권에 해당한다고 보는 것이 타당한 것으로 생각된다.

다만 신탁법 제75조는 수탁자가 신탁목적을 위반하여 신탁재산에 관한 법률행위를 한 경우에 그 상대방이나 전득자가 악의 또는 중과실이면 이를 취소할 수 있는 권리인 수익자취소권을 인정하고 있는데, 이러한 수익자취소권은 위에서 설명한 형평법상의 추급권에 준하는 권리라고 할 수 있다.[288]

수익자취소권은 형평법상의 대물적 권리라고 할 수 있는 영미법의 추급권을 우리법에 변용하여 수용한 것으로서,[289] 수익자취소권이 행사되면 수탁자의 법률행위는 소급적으로 무효가 되어 신탁재산이 전득자로부터 완전히 회복되고 신탁재산으로 복귀하는 절대적 효력을 가진다는 점에 비추어볼 때,[290][291] 수익자취소권은 물권적 효력을 가지는 권리라

---

[288] 이계정(2016b), 133-134면. 해당 논문은 우리 법상의 수익자취소권과 형평법상의 추급권이 정확히 일치하지는 않고, 수익자취소권이 보다 소극적인 측면은 있지만, 기본적인 취지는 같다고 설명한다.

[289] 법무부 또한 2012년 개정 신탁법에 대한 해설을 하면서, 해당 규정에 대해 "영미 신탁법상의 신탁재산에 대한 추급 이론을 우리나라의 일반 사법체계에 따라 변용하여 수용한 것으로, 일응 채권자취소와 유사한 면이 있으나 성질과 내용이 전혀 다른 제도임"이라고 설명하고 있다. 법무부(2012), 593면.

[290] 수탁자의 법률행위에 대한 취소의 효과는 채권자취소권의 경우와는 달리 상대적인 것이 아니라 절대적인 효력을 가진다. 법무부(2012), 598면; 이계정(2016b), 128면; 이연갑(2008b), 955면; 정순섭(2021), 511면.

[291] 이에 대하여 신탁재산에 대하여 물권을 가지지 않는 수익자가 갑자기 신탁재산에 대하여 물권적 청구권을 행사하는 것은 타당하지 않다는 점에서, 채권자취소권과 같이 상대적인 효력만을 가진다고 보는 것이 타당하다는 견해가 있다. 최수정(2014), 180-184면. 그런데 신탁법 제75조는 채권자취소권에 관한 민법 제406조와는 달리 수익자에게 원상회복청구권에 대하여 규정하고 있지 않고, 이와 같이 원상회복청구권에 대하여 규정하지 않은 것은 수익자가 취소권을 행사하면 그 효력이 수탁자와 그 법률행위의 상대방 사이에도 미친다는 것을 전제로 하기 때문으로 판단되므로, 이러한 규정에 비추어보아도 수익자취소권은 절대적 효력을 가진다고 보는 것이 타당할 것으로 생각된다. 최수정 교수는 상대적 효력설을 주장하면서 신탁법에서 수익자의 원상회복청구권을 인정하여야 한다고 지적하고 있는

고 할 수 있다. 이와 관련하여, 신탁법 제75조가 채권자취소권에 관한 규정인 민법 제406조와 유사한 구조로 규정되어 있는 것에 비추어볼 때, 수익자에게 인정되는 수익자취소권도 채권자에게 채권자취소권이 인정되는 것과 동일선상에서 파악하여야 하고, 수익자취소권을 특별히 '물권적 효력'을 가지는 권리라고 할 필요는 없는 것이 아닌지 의문이 제기될 수 있다. 그렇지만 채무자가 '채권자를 해할 의도', 즉 사해의사를 가지고 책임재산을 처분하여 채권자의 채권만족을 해한 경우에 모든 채권자들을 위하여 책임재산을 회복하는 제도인 채권자취소권과는 달리, 수익자취소권은 i) 수탁자가 신탁목적을 위반하여 신탁재산을 처분하였다는 요건이 충족되면 행사 가능하고, 그 행사를 위하여 수탁자에게 수익자를 해할 의도가 있을 것이라거나 수익자의 수익권 청구에 어떠한 해가 발생할 것이라는 요건이 요구되지 않으며, ii) 위에서 검토한 바와 같이 수익자취소의 효력은 채권자취소권과는 달리 수탁자와 그 상대방 사이에도 미치는 절대적 효력을 가지므로, 수익자취소권은 채권자취소권과는 그 요건과 효력이 다르다. 따라서 수익자취소권은 채권자취소권과는 달리 물권적 성격을 가지는 권리라고 볼 수 있을 것이다.[292]

그러나 이러한 성격의 수익자취소권이 수익자에게 인정된다고 하여, 수익권 자체가 물권적 성격의 권리라고 보기는 어렵고, 신탁법은 채권인 수익권에 대하여 물권적 효과를 가지는 권한인 수익자취소권을 추가적으로 인정하는 것일 뿐이라고 이해하는 것이 타당할 것으로 생각된다.

따라서 수익자의 권리인 수익권은 채권에 해당하고, 수익자의 채권자들은 신탁재산에 대하여는 직접 어떠한 권리를 행사할 수 없으므로 신

데(위 논문, 189-190면), 이러한 지적에 비추어보아도, 원상회복청구권을 규정하고 있지 않은 현행 신탁법은 절대적 효력을 전제로 하고 있는 것으로 해석될 수 있을 것이다.

[292] 법무부(2012), 593면; 이계정(2016b), 128면; 이연갑(2008b), 951면; 정순섭 (2021), 506면.

탁재산은 수익자의 도산절차로부터도 분리된다.

4. 신탁의 도산절연성

가. 신탁의 도산절연성의 원칙

지금까지 신탁의 개념 및 그 설정의 방식, 그리고 이러한 신탁의 가장 중요한 특징인 '신탁재산의 수탁자에의 귀속', '신탁재산의 독립성', 그리고 '수익권의 성격'에 대하여 살펴보았다.

이와 같이 신탁법상의 신탁의 설정으로 인하여 신탁재산은 수탁자에게로 귀속되어 위탁자로부터 분리되고, 수탁자의 고유재산으로부터 독립성을 가지므로 수탁자로부터도 분리되며, 수익자는 신탁재산으로부터 수익을 할 권리를 가지나 이는 수탁자를 통하여 행사하는 채권적 권리이므로, 신탁재산은 수익자로부터도 분리된다.

이러한 신탁의 특징으로 인하여 신탁재산은 신탁의 당사자들인 위탁자, 수탁자 및 수익자의 그 어느 누구에게 도산절차가 개시되더라도 그 도산절차로부터 절연되게 되는데 이를 일반적으로 '신탁의 도산절연성'이라고 한다.[293]

도산절연이라고 하면, 어느 당사자의 도산절차로 인하여 자신의 권리가 영향을 받지 않는 것을 말하며, 신탁의 이러한 도산절연성이 신탁을 거래에 이용하는 가장 큰 유인 중의 하나라고 할 수 있다.[294]

---

[293] 도산절연이라는 용어는 법률상 용어나 판례상 확립된 용어는 아니다. 그렇지만 학술적으로 도산절연성이라는 용어가 빈번히 사용되고 있으므로 이 글에서도 도산절연성이라고 표현하기로 한다. 도산절연 대신에 도산격리라는 용어를 사용하기도 하고, 최근 대법원판례도 도산격리라는 표현을 사용한 바 있다(대법원 2018. 10. 18. 선고 2016다220143 전원합의체 판결).

신탁 중 일반적인 구조의 신탁, 즉 위탁자, 수탁자 및 수익자가 각각 존재하고 위탁자와 수탁자 사이에 신탁계약에 따라 신탁재산의 소유권을 이전하는 신탁이 설정되는 형태의 신탁에 있어서의 '신탁의 도산절연성'을 도식적으로 표현한다면 아래와 같다.

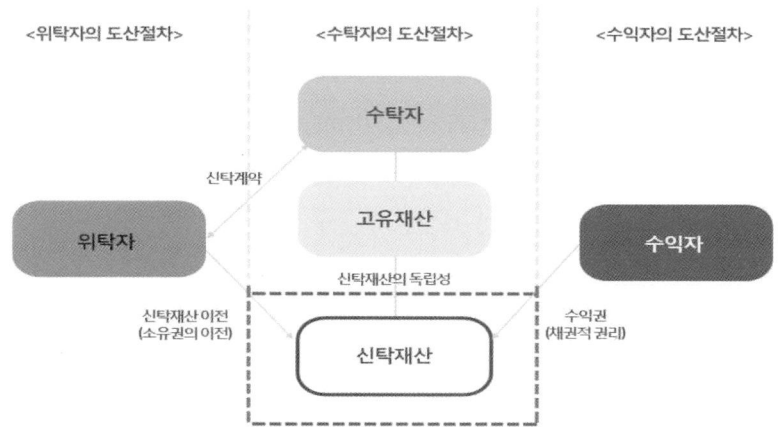

위 도식과 같이 신탁재산은 위탁자, 수탁자 및 수익자의 도산절차 모두에서 영향을 받지 않고 독립적인 지위를 유지하며, 신탁재산 자체에 도산사유가 발생하지 않는 한은 도산절차에 구속을 받을 일이 없다. 또한 신탁거래유형의 특수성으로 인하여 위탁자와 수탁자가 동일인인 경우(자기신탁의 경우)와 위탁자와 수익자가 동일인인 경우(자익신탁의 경우)에도,[295] 위 도식에서 위탁자와 수탁자를 겹치거나, 위탁자와 수익자

---

[294] 임채웅(2008a), 439-448면.

[295] 그러나 수탁자와 수익자가 동일할 수는 없다. 신탁법상으로도 수탁자는 공동수익자의 1인인 경우를 제외하고는 신탁의 이익을 누릴 수 없으며(신탁법 제36조), 영국에서도 수탁자와 수익자가 동일인이 되는 것은 법적 권한(legal title)과 형평법상의 권한(equitable title)이 분리되는 것이 아니어서 신탁이 아니므로, 그러한 신탁을 설정할 수 없다고 하고 있다. Geraint Thomas & Alastair Hudson (2004), p. 31; *In re Cook. Beck v. Grant*, [1948] Ch 212).

를 겹치는 방식으로 표현하면 될 뿐, 기본적으로 신탁재산이 도산절연성을 가진다는 점에는 영향이 없을 것이다.296)

나. 신탁의 본질로서의 신탁의 도산절연성

신탁의 도산절연성은 신탁에서 가장 중요하고 본질적인 요소인 '신탁재산'을 위탁자, 수탁자 및 수익자로부터 분리하여 보호하는 원칙으로서,297) 신탁에 있어서 본질적인 특징이라고 할 수 있다.

신탁의 도산절연성의 원칙이 신탁에 있어서 중요하고 본질적인 특징이라는 점은 왜 신탁이라는 복잡한 법률구조를 굳이 사용하는가라는 의문에 대한 답이기도 하다. 이와 관련하여 영미법에서 신탁의 장점에 대하여 논의되는 내용을 살펴보는 것이 도움이 될 것으로 생각된다. 신탁의 기능은, i) 어느 재산을 위탁자로부터 분리(segregation)하여 위탁자의 도산위험으로부터 보호받도록 하고, ii) 재산을 다양하게 분할(partitioning)하여 수익자에게 배분할 수 있으며,298) iii) 어느 자산의 관리 및 투자에 관하여 전문성과 경험을 갖춘 자를 수탁자로 지정함으로써 그로 하여금 자산을 관리하도록 할 수 있고, iv) 연금펀드나 퇴직펀드의 경우와 같이 다수의 수익자가 있는 경우에는 이들을 위하여 재산을

---

296) 다만 자기신탁의 경우와 자익신탁의 경우에는 도산절연성이 부정된다는 논의가 있어 이에 대하여는 아래에서 추가적으로 검토하도록 하겠다.
297) 신탁을 설정함에 있어 신탁재산이 특정되지 않으면 그 신탁은 적법하게 설정되지 않는다. *Wilkerson v. McClary*, 647 S.W.2d 79 (1983); Austine Wakeman Scott & Mark L. Ascher (2022b), p. 626. 따라서 신탁재산은 신탁에 있어서 가장 중요하고 본질적인 요소라고 할 수 있다.
298) 예를 들면, 재산의 이익을 시간 순서에 따라 분할할 수 있는데, A를 우선 수익자로 지정하고, A가 사망하는 경우에는 B가 수익자가 되며, B가 사망하는 경우에는 C가 수익자로 되는 것으로 정할 수 있다. 또한 시간적으로 분할하는 것에 한하지 않고 신탁계약이 정하는 바에 따라 다양한 방법으로 수익을 배분하는 것이 가능해진다.

보유하는 방법에 있어서 가장 효율적인 방법이 될 수 있으며, v) 세금을 감경하기 위하여 유용한 도구가 될 수 있다는 점 등이다.299)

　이와 같은 신탁의 기능은 매도인과 매수인 또는 증여자와 수증자와 같은 간단한 거래방식을 두고 왜 굳이 위탁자, 수탁자와 수익자가 있는 복잡하고 비용이 더 들 수 있는 거래방식인 신탁을 선택하는가에 대한 답이 될 수 있는 동시에,300) 신탁에 있어 도산절연성이 인정되는 것이 왜 신탁의 본질로서 중요한가에 대한 답도 될 수 있을 것으로 생각된다.

　특히 i)의 기능은 신탁의 도산절연성이 신탁의 본질임을 직접적으로 설명하고 있는데, 이는 신탁이 상업적으로 사용될 경우에 장점으로 부각되는 특징으로서, 이와 관련하여 이러한 신탁의 도산절연성 및 담보의 역할에 대하여 판단한 대표적인 영국의 판례인 *Re kayford*를 살펴볼 필요가 있다. 해당 판결에서 법원은 회사가 고객의 물품대금을 고객이 그 물품을 직접 배달받을 때까지는 회사 자신의 계좌가 아닌 별도의 계좌에서 따로 관리하고 있었을 경우에는,301) 그 계좌는 회사가 신탁으로서 보유하고 있었던 것으로 보아 회사의 도산절차의 영향을 받지 않는다고 판단하였다.302) 이 판결은 신탁이 도산의 위험으로부터 재산을 보호할 수 있는 효과적인 담보의 역할을 할 수 있다는 점을 보여주는 것이라고 한다.303)

---

299) Graham Virgo (2020), pp. 44-45.
300) 물론 미국 등에서는 세금의 측면에서 유리하기 때문에 신탁을 통한 증여를 하는 경우도 많지만, 이러한 경우를 제외하고는 일반적으로 신탁재산을 관리하는 수탁자에 대하여 그 업무 수행에 대한 수수료를 지급하여야 하므로 단순 거래보다 비용이 더 든다고 볼 수 있다.
301) 해당 사업자는 우편물을 통하여 물품을 판매하는 통신판매업자로서, 고객으로부터 대금을 받은 이후에 해당 상품을 배달하는 방식이었는데, 그 시간 차로 인하여 고객이 물품을 받기 전에 그 대금을 보관하는 경우가 발생하였다. 이에 회사는 회계사와 임원들의 조언에 따라 그 대금을 별도로 관리하게 된 것이다.
302) *Re Kayford Ltd* [1975] 1 WLR 279.
303) Alastair Hudson (2022), pp. 40-41.

또한 위 ii)와 iii)의 기능에 비추어보면, 신탁은 어느 재산의 소유자인 위탁자가 그 재산을 '처분'하여 그 수익을 수익자가 향유하도록 하고자 하나, 그 수익자가 재산을 직접 관리하기 어려운 경우이거나,[304] 위탁자가 수익자를 자신이 원하는 방식으로 유연하게 정하고 싶거나, 신탁재산의 관리에 수탁자가 전문성이 있는 등의 여러 가지 이유로, 신탁재산의 관리만을 신인관계에 있는 제3자인 수탁자에게 맡기는 방식으로 처분하고자 하는 제도라고 할 수 있다.

따라서 신탁은 기본적으로 재산의 '처분행위'의 한 유형이고,[305] 단지 위탁자의 여러 고려에 의하여 그 '처분행위'의 방식으로 신탁을 선택하게 된 것이다. 위와 같이 신탁의 본질은 위탁자에 의한 신탁재산의 처분이기 때문에, 필연적으로 신탁재산은 위탁자로부터 분리되고, 위탁자로부터의 신탁의 도산절연성 또한 신탁의 본질적인 특징이 된다.

이와 관련하여, 신탁에 있어서의 위탁자의 역할은 단지 설정자(creator)의 역할로, 일단 위탁자에 의하여 신탁이 설정되고 난 이후에는 신탁에 있어 더 이상 위탁자의 역할은 없으며, 위탁자의 역할은 종료(termination)되는 것이고, 위탁자가 스스로를 수탁자로 정할 수도 있고, 수익자 중 1인으로 지정할 수도 있으나, 그에 따라 수탁자 또는 수익자로서의 권리를 가지는 것은 별론으로 하고, 위탁자로서(qua settlor)는,[306] 더 이상 어떠한 역할도 권리도 없다는 설명 또한 주목할만 하

---

[304] 예를 들어 미성년자이거나, 해당 재산을 관리할 능력이 없거나, 수익자가 수인이어서 통일적 관리가 어려운 경우 등이 있을 수 있다.

[305] 신탁에 대하여 '신탁의 설정할 수 있는 권한은, 일반적으로 재산에 대한 어떠한 법적(legal) 또는 형평법적(equitable) 이해관계 또는 자산을 가지고 있고 처분(dispose)할 수 있는 권한과 같다'고 설명하는 것도 이러한 점을 잘 나타낸 것으로 생각된다. Philip H. Pettit (2012), p. 42.

[306] 'qua'의 의미에 대하여, 신탁 관련 법조인들이 즐겨 사용하는 용어로, '그 지위로(자격으로) 행동하는(acting in the capacity of)'의 의미라고 설명한다. Alastair Hudson (2022), p. 120.

다.307) 이러한 설명은 위의 신탁의 도산절연성의 개념에 대한 부분에서 '신탁거래 유형의 특수성으로 인하여 위탁자와 수탁자가 동일하더라도 기본적으로 신탁재산이 도산절연성을 가진다는 점에는 영향이 없을 것'이라고 지적한 부분을 뒷받침하는 것이기도 하다.

또한 위탁자가 다른 거래방식을 두고 신탁을 선택하는 이유 중에는 그것이 수익자의 이익을 더 극대화하는 것이라고 생각하기 때문도 있을 것인데, 만약 신탁재산이 수탁자의 신용위험에 노출된다면, 아무리 수탁자가 수익자보다 신탁재산을 더 전문적이고 효율적으로 관리할 수 있다고 하더라도 신탁을 선택할 이유가 없을 것이다. 따라서 수탁자로부터의 신탁의 도산절연성도 신탁의 본질적인 특징이 되어야 하며, 이것이 인정되지 않는다면 위탁자가 신탁을 이용할 이유가 없게 될 것이다. 그러한 이유로 위에서 살핀 바와 같이 각국의 신탁법에서 수탁자의 고유재산과 신탁재산을 분별관리할 의무를 진다는 것을 명시하고, 수탁자가 신탁재산의 수익을 향유할 수 없도록 하는 것이다.308) 또한 이러한 수탁자로부터의 도산절연성은 신탁재산의 수탁자로부터의 분리로부터 파생되는 당연한 원칙인데, 영미법에서는 신탁재산이 수탁자와 분리되어 그 이익을 향유하지 않는 것은 신탁의 본질로서, 만약 이러한 분리가 이루어지지 않는다면 신탁이 아니라고 하고 있다.309) 따라서 수탁자로부터의 도산

---

307) Geraint Thomas & Alastair Hudson (2004), pp. 31-32.
308) 신탁재산의 독립성에 대한 각국의 입법례에 대해서는 위의 3.다. 부분을 참조.
309) Geraint Thomas & Alastair Hudson (2004), p. 31. 해당 부분에서 저자는 수익자와 수탁자가 정확하게 일치하는 경우에는 법적 권한(legal title)과 형평법적 권한(equitable title)의 분리가 이루어지지 않기 때문에 신탁이 설정되지 않는다고 한다. *In re Cook. Beck v. Grant*, [1948] Ch 212. 판결에서도 "토지에 대한 법적 자산을 가지고 있는 사람이 동시에 수익권 전부를 가지는 경우에는 수익권이 그 법적 자산에 흡수되게 되는 것이므로, '신탁'이라고 볼 수 없다는 단순한 규칙이 적용된다(The simple rule applies that where the same person holds the legal estate in land and is entitled at the same time to the entire beneficial interest, there is no room for a trust for sale as the beneficial interest

절연성은 신탁의 본질이라고 할 수 있다.

그리고 수익자는 신탁에서의 직접 당사자가 아니어서 신탁재산에 대하여 직접 권리를 가지는 것은 아니지만 신탁재산을 자신의 신용위험에 노출시키지 않으면서도 그 수익만을 가질 수 있는데, 이러한 점이 신탁의 장점이고, 수익자의 입장에서 신탁을 선택하는 이유가 된다. 또한 수익자가 수인인 경우에 수익자와 신탁재산이 분리되지 않는다면, 다른 수익자의 신용위험에 노출되게 될 것인데, 이렇다면 수익자의 입장에서는 굳이 신탁을 통해 수익을 받을 이유가 없을 것이다. 그리고 위에서 언급한 바와 같이 법적 권한(legal title)과 형평법적 권한(equitable title)의 분리가 신탁의 본질이므로, 법적 권한(legal title)을 가지지 못함으로써 신탁재산이 수익자로부터의 분리되는 신탁의 도산절연성도 신탁의 본질이라고 할 수 있다.

신탁의 도산절연성이 인정됨으로 인하여 신탁이 가지게 되는 장점은 위에서도 언급한 바와 같이 상업적 영역, 특히 금융거래에서 신탁이 이용될 때 두드러지게 나타난다. 자산유동화거래나 프로젝트파이낸스 거래 등에서 신탁을 이용하는 것은 특정 거래나 사업과 관련된 자산을 별도로 분리하여, 그 사업에 따른 위험을 제외한 다른 위험에 노출되지 않도록 함으로써 사업을 안정적으로 진행하거나,310) 신용도를 높이기 위한 것이고,311) 또한 그러한 신탁의 수익을 설정할 때 다양한 지위를 가지는 수익자로 나눌 수 있다는 점에서 실무적으로도 용이한 측면이 있

---

    merges in the legal estate)"고 언급하고 있다.
310) 부동산 프로젝트 사업의 경우, 신탁을 통하여 해당 사업의 주된 자산인 부동산이 해당 사업의 위험에만 노출되게 함으로써, 보다 안정적으로 부동산 개발사업을 진행할 수 있도록 한다.
311) 실제 실무에서 자산유동화거래를 하는 이유는, 위탁자가 해당 자산을 담보로 하여 직접 대출을 받는 경우보다, 해당 자산을 신탁하여 그 신탁자산을 담보로 하여 금융을 일으키는 경우에는 신탁의 도산절연효과로 인하여 신용등급 평가에 있어 훨씬 유리하여, 보다 좋은 조건으로 금융을 제공받을 수 있기 때문이다.

다. 이러한 점들을 종합적으로 살펴볼 때, 신탁에 있어서 도산절연성의 원칙은 신탁의 존재 이유에 있어 핵심적인 것으로서 신탁의 본질적인 원칙이라고 할 수 있을 것이다.

다. 자기신탁의 경우의 도산절연성

1) 자기신탁의 개념

자기신탁이란 위탁자가 자기 소유의 재산 중에서 특정한 재산을 분리하여 그 재산을 자신이 수탁자로서 보유하고 수익자를 위하여 관리, 처분한다는 것을 선언함으로써 설정하는 신탁으로서, 신탁을 설정하는 행위에 초점을 맞추어 '신탁선언'이라고도 한다.312)313) 그런데 이러한 특수한 형태의 신탁에는 도산절연성이 인정되지 않는다고 보는 견해들이 있어 자기신탁의 도산절연성에 대하여 별도로 살펴볼 필요가 있다.

한편 신탁선언에 의하여 설정되는 자기신탁의 유형과 관련하여, 단독위탁자가 단독 수탁자가 되는 것에 한정되는 것이 아니라, 공동위탁자 또는 공동수탁자가 되는 경우도 가능하다고 주장하는 견해,314) 자기신

---

312) 법무부(2012), 30면. 신탁법에서 신탁선언에 의한 신탁의 설정을 명문으로 규정하고 있지 않았을 때에는, 신탁선언에 의한 자기신탁의 설정을 부정하는 견해가 통설이었는데, 신탁법이 2012년에 현행 신탁법으로 개정되면서, 신탁선언에 의한 자기신탁이 도입되었다. 다만, 자기신탁을 강제집행 면탈 등의 목적으로 악용할 우려가 있다는 점을 고려하여, i) 공익신탁법에 따른 공익신탁의 경우를 제외하고는 수익자가 없는 특정의 목적을 위하여 설정하는 목적 신탁을 설정할 수 없도록 하고 있고(신탁법 제3조 제1항 제3호), ii) 위탁자가 집행의 면탈이나 그 밖의 부정한 목적으로 자기신탁을 설정한 경우 이해관계인은 법원에 신탁의 종료를 청구할 수 있으며(신탁법 제3조 제3항), iii) 신탁선언에 의하여 신탁을 설정하는 경우 반드시 '공증인법'에 따라 공정증서를 작성하는 방법으로 설정하여야 하고, iv) 신탁을 해지할 수 있는 권한을 유보할 수 없도록 하고 있다.
313) 이러한 신탁선언의 성격에 대해서는 상대방이 없는 단독행위라고 한다. 道垣內弘人(2022a), 78頁; 최수정(2019), 191면.

탁은 위탁자가 수탁자를 겸하는 관계인데 그 수탁자가 반드시 1인이어야 할 필요는 없으므로, 위탁자 겸 수탁자는 1인이어야 하지만, 위탁자는 겸하지 아니하면서 그와 공동수탁자가 되는 사람이 있을 수 있다는 견해315) 등이 있는데, 신탁법 제3조 제1항 제3호는 "신탁의 목적, 신탁재산, 수익자 등을 특정하고 자신을 수탁자로 정한 위탁자의 선언"을 신탁선언에 의한 자기신탁으로 규정하고 있는데, 이러한 법문의 해석상 자기신탁은 위탁자와 수탁자가 동일인인 경우만을 상정하고 있다고 해석하는 것이 타당하다.316)317)

---

314) 이근영(2013), 57-58면. 해당 논문에서는 공동위탁자 또는 공동수탁자가 되는 것도 가능하다고 주장하면서, 자기신탁의 유형은 ① 1인의 단독위탁자가 1인의 단독수탁자가 되는 자기신탁선언(제1유형), ② 1인의 단독위탁자가 공동수탁자 중의 1인이 되는 자기신탁선언(제2유형), ③ 공동위탁자 중 1인이 단독수탁자가 되는 자기신탁선언(제3유형), ④ 공동위탁자 중의 1인이 공동수탁자 중의 1인이 되는 자기신탁선언(제4유형)이 가능하다고 설명하고 있다.

315) 임채웅(2009), 19면.

316) 이와 관련하여 위탁자 또는 수탁자가 다수인 때에도 신탁선언의 법적 성질이 달라지지 않으며 이 때는 신탁선언과 함께 다수의 위탁자 또는 다수의 수탁자 사이에 신탁계약이 병존하는 형태가 된다는 견해도 있다. 최수정(2019), 191면. 그러나 이 경우에는 공동위탁자 또는 공동수탁자로서 다른 위탁자 또는 다른 수탁자와의 관계에 대하여 신탁계약에 의하여 규정하는 것이 필요할 것이므로, 결국 수탁자를 겸하는 위탁자가 있더라도 그 신탁의 설정은 신탁선언이 아닌 신탁계약에 의하여야 할 것이며, 해당 위탁자와 수탁자의 관계만을 분리하여 별도의 신탁선언으로 설정된다고 볼 수 있을지는 매우 의문이다. 따라서 이 경우에는 해당 신탁 전체가 신탁계약에 의하여 설정된다고 보는 것이 타당할 것으로 생각된다.

317) 이와 관련하여 자기 자신에게 신탁한다는 '자기신탁'의 측면에서 위탁자와 수탁자가 겹치는 부분에 대해서는 이를 '자기 신탁'이라고 보아야 한다는 견해도 있다. 道垣内弘人 外 (2017), 45頁. 이 견해는 집행면탈의 위험을 피하기 위하여 이러한 견해를 취하는 것으로 보이는데, 신탁선언에 의한 자기신탁을 규제하는 것은 스스로 단독행위에 기하여 매우 신속하고 간편하게 집행을 면탈할 수 있기 때문에 이를 규제하는 것이므로, 본인이 아닌 제3자가 추가된다면 결국 신탁계약에 의하여야 함은 위에서 살핀 바와 같고, 그렇다면 이를 특별히 다른 신탁의 경우와 달리 보아야 할 필요는 없을 것으로 판단된다. 따라서, 수인의 위탁자 또는 수탁자가 개입되는 경우는 자기신탁으로 보기도 어려울 것으로 생각되고 자기신탁의 개

2) 자기신탁의 도산절연성 - 집행면탈의 문제

위와 같은 독특한 특징을 가지는 자기신탁에 대하여, 위탁자 1인이 단독으로 신탁을 설정할 수 있다는 점에서 집행면탈의 위험이 있으므로 도산절연성을 부정하여야 한다는 견해들이 있다.318)

그러나 자기신탁의 경우에도 단지 위탁자가 위탁자의 지위만 아니라 수탁자의 지위도 겸하기 때문에, 위탁자에 대하여 도산절차가 개시되게 되면 그와 동시에 수탁자에 대하여도 도산절차가 개시되는 효과가 있을 뿐, 신탁에 있어서의 도산절연성과 신탁재산의 독립성이라는 특징이 변하는 것은 아니라고 생각된다.

자기신탁에서의 위탁자는 위탁자이자 수탁자의 지위를 가지는 자로서 자신의 고유재산과 신탁재산을 분리하여 관리하여야 하며, 위탁자의 채권자는 신탁재산에 대하여 강제집행을 할 수 없다. 따라서 자기신탁에 있어 신탁재산은 위탁자의 책임재산이자 고유재산에서 분리되어 수탁자 지위를 겸하는 위탁자가 분별하여 관리하는 것이므로, 위탁자(겸 수탁자)의 도산절차에 영향을 받지 않는 것이다.319)

또한 자기신탁이 위탁자의 집행면탈의 목적으로 활용될 위험 때문에 그 도산절연성을 부정하여야 한다는 위의 주장과 관련해서는, 위에서 살핀 바와 같이 신탁법에 자기신탁의 집행면탈 위험을 방지하기 위한 규

념을 신탁선언의 개념과 분리하여 볼 수도, 그러할 필요도 없을 것으로 판단된다. 따라서 이 글에서는 위탁자와 수탁자가 동일인인 경우만을 자기신탁으로 보기로 한다.

318) 四宮和夫 (1989), 110頁.

319) 자기신탁의 도산절차에서의 취급의 문제는 위탁자의 도산절차 뿐 아니라 수탁자의 도산절차에서도 문제된다. 수탁자의 도산절차에서 자기신탁이 어떠한 취급을 받는지의 문제는 결국 수탁자의 고유재산으로부터의 '신탁재산의 독립성'의 문제인데, 이에 대해서는 이하의 제3장 수탁자의 도산절차에서의 신탁의 취급 부분에서 더 자세히 살피도록 하겠다.

정을 둠으로써 해결할 문제이지 자기신탁의 도산절연성을 부정함으로써 해결할 문제는 아니라고 생각된다.

현행 신탁법은 위에서 살핀 바와 같이 자기신탁을 강제집행 면탈 등의 목적으로 악용하는 것을 방지하기 위하여, 위탁자가 집행의 면탈이나 그 밖의 부정한 목적으로 자기신탁을 설정한 경우 이해관계인은 법원에 신탁의 종료를 청구할 수 있으며(신탁법 제3조 제3항), 이에 따라 종료된 신탁의 신탁재산은 위탁자에게 귀속된다고 하고 있어(신탁법 제101조 제3항), 강제집행면탈을 목적으로 자기신탁을 설정한 경우에는 위탁자의 채권자가 강제로 신탁을 종료시키고, 그 신탁재산을 위탁자에게 귀속시켜 강제집행을 할 수 있도록 정하고 있다.

물론 이러한 규정이 자기신탁의 도산절연성을 약하게 하는 근거라고 볼 수도 있으나, 이는 자기신탁 중에서 일부 집행면탈의 목적 등 부당한 목적으로 설정된 신탁을 종료시키고 신탁 종료에 따른 신탁재산의 귀속에 따라 강제집행을 하는 것으로서, 신탁법이 정하는 바에 따라 신탁이 종료되고, 이와 같은 신탁의 종료에 따른 법률효과인 것이지 신탁이 존속하는 것을 전제로 하는 '신탁의 도산절연성'과 직접적 연관이 있는 것은 아니다. 따라서 위 규정이 자기신탁의 도산절연성 부정의 근거가 되는 것은 아니라고 생각된다.

다. 자익신탁의 경우의 도산절연성

1) 자익신탁의 개념

자익신탁이란 위탁자가 수탁자에게 신탁법상의 신탁을 하면서 그 수익자의 지위를 취득하는 것을 말한다.[320] 자익신탁이라는 용어는 신탁

---

[320] 신탁법이 자익신탁에 관한 별도의 규정을 두고 있지는 않으나, 신탁법상 위탁자가

법상 정의된 용어는 아니지만 대법원은 위탁자가 신탁이익 전부를 향수하는 신탁,321) 신탁계약상 위탁자가 스스로 수익자가 되는 신탁322) 등을 자익신탁이라고 설명한다.

실무상 제3자인 수익자들을 1순위 수익자로, 그리고 위탁자를 2순위 수익자로 지정하는 경우가 많은데,323) 이러한 방식으로 위탁자가 수익자로 지정되는 것도 자익신탁으로 볼 수 있는지와 관련하여, 위탁자가 수익자로 지정되더라도, 다른 제3자가 수익자로 있는 경우에는 자익신탁이 아니라 타익신탁으로 보아야 할 것으로 판단된다. 위에서 언급한 대법원 판례 또한 자익신탁은 "위탁자가 신탁 이익의 전부를 향수하는" 것이라고 보고 있으므로324), 위탁자 외에 다른 제3자가 공동으로 수익권을 가지는 경우에는 자익신탁으로 볼 수 없을 것으로 판단된다.

신탁의 이익을 향유하는 것은 금지되지 않고, 신탁법 제99조 제2항 또한 위탁자가 신탁의 이익을 전부 누리는 신탁이 가능함을 전제로 규정하고 있으므로, 현행 신탁법상 자익신탁을 설정하는 것은 가능하다.

321) 대법원 2012. 7. 12. 선고 2010다1272 판결.
322) 대법원 2016. 3. 10. 선고 2012다25616 판결.
323) 프로젝트파이낸스 거래를 하면서, 사업시행자가 위탁자로서 사업부동산을 신탁하는 방식을 취하는 경우, 1순위 수익자는 프로젝트파이낸스 대주로 지정하고 2순위 수익자는 위탁자로 지정하는 경우가 대부분인데, 이는 부동산 개발사업에 따른 이익으로 우선 대주들에 대한 대출금을 상환한 이후에는 그 후의 개발이익은 위탁자가 가져가기 위해서 흔히 사용되는 방법이다. 자산유동화 거래의 경우에도, 위탁자가 자산유동화의 기초가 되는 자산을 신탁한 후 1순위 수익자는 자산유동화를 위한 특수목적회사로 지정하고, 2순위 수익자는 위탁자 자신으로 지정하는 경우가 대부분인데, 1순위 수익권에 대한 대가는 위탁자가 위탁하는 기초자산의 가치보다 작은 것이 일반적이어서 신탁재산에 대한 나머지 수익을 위탁자가 다시 향유할 수 있도록 구성하는 것이다. 특히 장래의 매출채권을 신탁하여 유동화하는 자산유동화거래의 경우에는 장래의 현금흐름을 특정할 수 없으므로 위탁자가 2순위 수익자로서의 지위를 가지는 것이 필요하고, 위탁자는 2순위 수익자로서 1순위 수익자의 권리를 해하지 않는 범위 내에서 신탁재산으로부터의 수익을 그 때 그 때 지급받는 방식을 취하는 경우도 많다.
324) 대법원 2012. 7. 12. 선고 2010다1272 판결 참조.

2) 자익신탁의 도산절연성

위와 같은 자익신탁은 위탁자가 수익자의 지위를 겸하게 되고, 신탁의 수익을 결국 위탁자가 수익자로서 모두 향유하게 되는데, 이러한 자익신탁도 위탁자의 도산절차로부터 절연된다고 볼 수 있는지 문제된다.

이와 관련하여, 신탁법 제99조 제2항은 위탁자가 신탁이익의 전부를 누리는 신탁, 즉 자익신탁의 경우에는 위탁자나 그 상속인이 언제든지 신탁을 종료할 수 있다고 규정하고 있고, 위탁자에 의하여 신탁이 종료되는 경우에는 신탁법 제101조가 정하는 바에 따라 신탁재산이 귀속되게 되는데, 해당 규정에 의하면 i) 신탁행위로 특별히 정한 귀속권리자가 있는 경우에는 그 귀속권리자, ii) 특별히 정한 바가 없는 경우에는 수익자, 그리고 iii) 귀속권리자나 수익자가 그 권리를 포기한 경우에는 위탁자의 순으로 신탁재산이 귀속되게 된다.

이에 대하여, 위 규정에 따라 자익신탁의 경우에는 위탁자가 언제든지 신탁을 종료할 수 있고, 특별한 경우가 아닌 한 그 신탁재산은 수익자의 지위를 겸하는 위탁자에게 귀속할 것이며, 위탁자의 채권자는 위탁자의 신탁해지권을 대위행사할 수 있으므로,[325] 위탁자의 채권자는 위탁자로 귀속된 신탁재산에 대하여 강제집행을 할 수 있기 때문에 자익신탁의 경우에는 도산절연성이 관철되지 않는다는 주장이 있다.[326]

물론, 위탁자가 자익신탁을 설정하고, 신탁종료시의 귀속권리자를 특별히 제3자 등으로 정하지 않은 경우에는, 위와 같은 절차를 거쳐 위탁자의 채권자가 신탁을 종료시키고 신탁재산을 위탁자의 책임재산으로 회복시킬 수 있는 것은 사실이다. 그렇지만 이는 위탁자와 수익자가 동일하다는 자익신탁의 특수한 형태에 따라 신탁재산을 위탁자의 책임재

---

[325] 대법원 2003. 8. 19. 선고 2001다47467 판결; 2007. 10. 11. 선고 2007다43894 판결.
[326] 윤진수 (2018), 725-726면.

산으로 복귀시킬 수 있는 절차가 열려있다는 것뿐이지 이것으로 인해 자익신탁의 경우에는 도산절연성이 인정되지 않는다는 결론이 도출되는 것은 아니다.

신탁법 제101조 제1항은 신탁행위로 신탁재산의 귀속권리자를 정할 수 있다고 규정하고 있는데, 이에 따라 위탁자가 자익신탁을 설정하면서 귀속권리자는 제3자로 설정한 경우라면, 위탁자의 채권자는 자익신탁임에도 불구하고 신탁재산을 위탁자에게 복귀시킬 방법이 없을 것이다.

무엇보다도 위와 같은 사례들은 위탁자의 채권자가 자익신탁의 경우 위탁자가 단독으로 가지는 자익신탁의 종료 권한을 대위행사하여 신탁을 '종료'시킬 수 있고, 그에 따라 신탁이 종료된 이후에 신탁재산이 더 이상 신탁재산으로서의 독립성을 상실하고 어느 당사자의 개인 책임재산으로 귀속되는 절차에 관한 것으로서, 엄밀히 말하면 '신탁재산의 독립성'이나 '신탁의 도산절연성'과 연관되는 문제는 아니고 신탁법상의 절차에 따른 문제일 뿐이다. 위 주장에서 들고 있는, 위탁자의 채권자가 위탁자의 신탁 종료 권한을 대위행사하여 강제집행 할 수 있다는 대법원 판례 또한, 도산절차와는 무관한 사안이었다.327) 신탁재산의 독립성이나 신탁의 도산절연성이 인정되는 것은 너무나 당연하게도, 신탁이 적법 유효하게 존속되는 것을 전제로 하는 것이다.

그리고 자익신탁으로 설정된다고 하더라도 일단 자익신탁으로서 신탁이 유효하게 존속하고 있는 이상, 신탁재산은 위탁자로부터 수탁자로 대내외적으로 이전되는 것이고, 위탁자가 수익자의 지위에서 신탁의 이익을 향유한다고 하여 신탁재산의 소유권이 위탁자에게 유보되는 것이라

---

327) 대법원 2003. 8. 19. 선고 2001다47467 판결 및 2007. 10. 11. 선고 2007다43894 판결은 재건축조합의 조합원들이 재건축을 목적으로 비법인사단인 재건축조합을 설립하여 대지 등에 관한 공유지분을 재건축조합에게 신탁한 사안에서, 해당 대지에 대하여 점유취득시효를 완성한 점유자가 취득시효완성을 근거로 위탁자인 조합원들의 신탁해지권을 대위행사할 수 있다고 본 판결들로서, 위탁자에 대하여 도산절차가 개시된 사안은 아니었다.

고 볼 수는 없다. 이는 위에서 살핀 바와 같이 수익자의 수익권의 성격이 신탁재산에 대한 직접적인 물권적 권리가 아니라 채권적 권리에 불과하고, 수익자에 대하여 도산절차가 개시되더라도 신탁은 그 수익자의 도산절차로부터도 영향을 받지 않는다는 것에서 도출되는 당연한 결론이다.

결론적으로 자익신탁의 형태로 신탁이 설정되고, 신탁의 종료시 그 잔여 신탁재산의 귀속권리자가 위탁자 또는 수익자로 정해져 있는 신탁인 경우에는, 위탁자의 채권자가 위탁자의 신탁 종료 권한을 대위행사하여 그 신탁대상 자산을 신탁재산으로부터 위탁자의 책임재산으로 복귀시킨 후에, 강제집행을 할 수 있다는 특수성이 있음은 별론으로 하고, 자익신탁으로 설정되어 있다는 이유만으로 그 자익신탁 자체의 도산절연성이 인정되지 않는 것은 아니며, 신탁으로서 유효하게 존속하는 이상 위탁자 겸 수익자 및 수탁자의 도산절차로부터 영향을 받지 않는 것이다.

마. 신탁의 도산절연성이 문제되는 경우

1) 신탁이 무효인 경우

신탁의 도산절연성이 신탁의 본질적인 특성이라는 점은 위에서 살핀 바와 같다. 그러나 도산절연성이 신탁의 본질적인 특성이라는 것이 신탁이 설정되기만 하면 어떠한 경우에도 무조건적으로 각 도산절차로부터 절연된다는 것을 의미하는 것은 아니다. 신탁의 도산절연성이 인정되기 위해서는 먼저 그 신탁이 적법하고 유효하게 설정될 것이 요구된다.

신탁의 설정은 신탁선언, 유언 또는 신탁계약에 의하여 이루어지는데 이러한 신탁의 설정행위 또한 법률행위로서,[328] 그 법률행위에 무효 사

---

[328] 주석민법(민법총칙2)(2019), 436-437면(김종기 집필부분).

유가 있으면 당연히 신탁의 설정 또한 무효가 된다. 신탁법은 신탁의 목적이 선량한 풍속이나 사회질서를 위반하거나(신탁법 제5조 제1항),329) 위법하거나 불능한 목적인 경우(신탁법 제5조 제2항), 또는 수탁자의 소송행위를 목적으로 하거나(신탁법 제6조), 법령에 따라 일정한 재산권을 향유할 수 없는 자를 수익자로 지정하는 탈법목적의 신탁인 경우(신탁법 제7조)에는 무효가 된다고 규정하고 있으며, 이와 같이 신탁이 무효인 경우에는 처음부터 신탁이 유효하게 설정된 것이 아니므로 신탁의 도산절연성이 적용될 여지가 없고, 신탁재산은 다시 위탁자의 재산으로 반환되어야 한다.330)

2) 신탁에 취소 사유가 있는 경우_사해신탁 등

신탁이 채권자를 해할 목적으로 설정되는 사해신탁인 경우이거나, 신탁행위에 취소 사유가 있는 경우에는 위탁자는 해당 신탁을 취소할 수 있다.331)

이와 같이 관련 법률에 따라 해당 신탁에 취소 사유가 존재하고, 그에 따른 취소권자가 취소권을 행사한 경우에는, 그 신탁은 취소되어 처음부터 무효인 것으로 된다.332) 그리고 이에 따라 취소된 신탁은 더 이상 유

---

329) 신탁법 제5조 제1항. 신탁행위도 법률행위이므로, 선량한 풍속을 위반한 법률행위의 경우 민법 제103조에 의해서도 무효가 될 것이다. 다만 위 신탁법 규정은 이를 신탁법에 명시적으로 규정함으로써 이러한 일반 민사법 원칙을 재확인한 것이라고 할 수 있다. 오영걸(2021), 110면; 최수정(2019), 197면.
330) 신탁행위에 무효사유가 있는 경우 민법상 법률행위의 무효에 관한 일반법리가 적용되며, 위탁자는 신탁재산반환청구권을 행사할 수 있다. 정순섭(2021), 121면.
331) 신탁행위도 법률행위이므로, 신탁행위에 민법 일반의 취소 사유가 있는 경우에도 해당 신탁행위를 취소할 수 있을 것이다. 주석민법(민법총칙2)(2019), 436-437면 (김종기 집필부분).
332) 신탁행위의 취소에 대해서도 민법 제141조가 적용되어, 해당 신탁행위는 처음부터 무효인 것으로 보게 된다. 이에 따라 신탁행위가 취소되면 최초 신탁설정 시점

효하게 존속하지 않으므로, 위의 무효 사유가 있는 경우와 같이 신탁의 도산절연성이 적용될 여지가 없다. 특히 위탁자에 대하여 도산절차가 개시되는 경우에는 위탁자의 관리인 또는 파산관재인은 사해신탁에 대한 부인권을 행사하거나, 신탁의 취소권을 행사함으로써 해당 신탁재산을 다시 위탁자의 재산으로 복귀시킬 수 있으므로, 위탁자의 채권자들은 이러한 구제수단을 통하여 보호받을 수 있다.

3) 법에 의하여 신탁이 종료되는 경우

위탁자가 강제집행을 면탈 등의 부정한 목적으로 신탁선언을 통하여 자기신탁을 설정하는 경우에는 이해관계인은 법원에 신탁의 종료를 청구할 수 있는데(신탁법 제3조 제3항), 이와 같은 자기신탁을 설정하고 위탁자에 대하여 도산절차가 개시된 경우에도 관리인 또는 파산관재인은 위 규정에 근거하여 해당 신탁을 종료시킬 수 있다.

또한 위탁자가 신탁의 이익을 모두 향유하는 자익신탁의 경우에 위탁자에 대하여 도산절차가 개시되면, 위탁자의 관리인은 해당 수익권을 도산절차에서의 채무자의 재산으로 하여 도산절차를 진행할 수도 있으나, 귀속권리자가 위탁자인 경우에는 신탁법 제99조 제2항에 따라 신탁을 종료함으로써 신탁재산 자체를 도산절차에 구속시킬 수도 있다.

그렇지만 위에서도 언급한 바와 같이 이는 신탁법이 정하는 바에 따라 신탁을 종료시키고, 그에 따라 신탁된 재산이 다시 위탁자에게 귀속됨으로써 신탁의 도산절연성이 더 이상 문제되지 않는 경우이므로, 이와 같은 사례들이 신탁의 도산절연성의 예외에 해당하는 것은 아니다. 다만, 위탁자의 채권자들은 이러한 신탁의 종료에 관한 규정을 이용하여, 신탁된 재산을 다시 위탁자의 책임재산으로 복귀시킴으로써 도산절연성

부터 신탁의 효력이 발생하지 않게 되고, 따라서 이는 신탁의 종료 문제와는 구별된다고 한다. 정순섭(2021), 120면.

의 적용을 배제하는 효과를 누릴 수 있는 것일 뿐이다.333)

4) 신탁재산의 성격으로 인한 경우

신탁의 위탁자로부터의 도산절연성은 위탁자로부터 수탁자로 이전되는 신탁재산이 어느 자산에 대한 소유권인 경우와 같이 신탁재산 자체의 성격이 위탁자의 도산절차에 영향을 받지 않는 성격의 자산인 경우를 전제로 하는 개념이다. 만약 담보권신탁의 경우와 같이 위탁자가 수탁자에게 담보권을 설정하는 방식으로 신탁을 설정하는 경우에는 수탁자는 위탁자에 대하여 담보권을 보유하게 되므로, 해당 신탁재산인 담보권은 추후 위탁자의 도산절차의 영향을 받게 될 것이다. 또한 신탁재산에 위탁자에 대한 채권이 포함되는 경우라면 그 한도에서 위탁자의 도산절차의 영향을 받을 수도 있다.

결국 위와 같은 경우에는 신탁법상의 적법한 신탁이 설정되었음에도 불구하고 도산절차로부터 절연되지 않을 것이다. 하지만 이는 신탁재산 자체의 성격에 따른 것이므로 '신탁의 도산절연성'의 예외라고까지 보기는 어려울 것으로 판단되고, 신탁재산 자체가 위탁자의 도산절차에 영향을 받는 성격의 재산인 경우의 특수한 문제로 보아야 한다.

바. 소결

위에서 언급한 바와 같이, 신탁재산의 독립성이나 신탁의 도산절연성이 인정되는 것은 너무나 당연하게도, 신탁이 적법 유효하게 존속되는 것을 전제로 하는 것이다.

---

333) 특히 강제집행의 면탈을 목적으로 하는 신탁선언의 경우에는 이와 같은 신탁 종료의 권한이 채권자들을 구제하는 방안으로서 큰 역할을 한다고 할 수 있다.

만약 신탁 자체가 당사자의 합의에 의하여 종료되거나, 어느 일방이 해지권을 가져 그에 따라 신탁을 해지하는 경우에는, 신탁은 더 이상 신탁으로서 존속하지 못하므로, 신탁재산의 독립성이나 신탁의 도산절연성 또한 소멸하게 된다. 또한 신탁의 설정행위가 사해행위 등에 해당하여 취소되거나 신탁 자체에 무효사유가 있는 경우에는 신탁은 처음부터 유효하게 설정된 것이 아니므로 신탁의 도산절연성이 문제될 여지가 없으며, 이는 당연한 것이다.

신탁이 어떠한 조건을 충족하는 경우 해지되거나 취소될 수 있는 것은 신탁법상의 법리 안에서 인정되는 것으로서, 이것은 신탁법상의 신탁이 유효하게 존속할 때 도산절차로부터 절연된다는 원칙과는 전혀 별개의 문제이다. 위와 같은 신탁의 해지 또는 종료 가능성이 있는 신탁은 도산절연성이 부정된다고 보는 견해도 있으나,[334] 신탁이 종료되면 더 이상 신탁이 존속하지 않으므로 도산절연성 또한 문제될 여지가 없고, 종료 사유가 있는 신탁이라고 하더라도 실제 신탁이 종료되기 전까지는 여전히 도산절연성이 인정된다는 점에서, 이러한 신탁의 경우에 도산절연성 자체가 부정된다고 설명하기는 어려울 것으로 생각된다.

따라서 신탁법상 유효한 신탁이 존속하는 경우에는 그 신탁재산은 어느 도산절차에도 영향을 받지 않는다는 도산절연성의 원칙은 신탁재산 자체가 위탁자의 도산절차로부터 절연되지 않는 자산, 즉 담보권이거나 위탁자에 대한 채권 등과 같은 자산인 경우를 제외하고는 어떠한 경우에도 지켜지는 것이라고 말할 수 있을 것이다. 다만 어떤 특수한 형태의 신탁인 경우나 그 신탁이 집행면탈의 목적이나 다른 채권자를 해할 의사로 설정된 것이어서 취소되거나 종료되는 경우에는 그에 따른 절차의 이행의 결과로 신탁이 종료되어 더 이상 신탁재산으로서의 독립성을 가지지 못할 뿐이다.

---

[334] 四宮和夫 (1989), 110頁; 윤진수(2018), 725-726면.

5. 도산절차와 신탁의 관계

가. 도산절차의 목적과 그 한계

1) 도산절차의 의의

도산절차가 채무를 변제하지 않는 채무자의 인신을 구속하고 그 재산을 확보하여 채권자들의 변제를 돕는 절차에서, 채무자의 새로운 출발을 돕는 것이 사회 전체적으로 볼 때 긍정적이라는 인식 하에 채무자의 정상화를 돕는 절차로 발전해왔음은 위에서 살핀 바와 같다. 그렇지만 이러한 채무자의 보호에 채권자가 동의하는 것은 결국 채무자의 재산을 도산절차를 통해 최대한 확보하고, 집단적으로 채권을 처리하는 것이 채권자에게도 유리하기 때문이라는 점도 위에서 살핀 바와 같다.

결국 도산절차는 채무자의 재산을 최대한 확보하여 이러한 재산을 기초로 채권자들의 채권을 집단적으로 조정하거나 변제함으로써, 채무자의 정상화를 돕고 채권자들에게도 공평하고 정당한 최대한의 변제를 하기 위한 절차이다.

2) 미국법에서의 도산절차의 목표 및 그 한계

가) 의의

도산절차는 채무자의 정상화를 돕고, 채권자들에 대하여 공평하고 정당한 변제를 하기 위한, '집단적인 채권의 조정 및 변제 절차'이다. 도산절차를 진행하는 법원은 위와 같은 도산절차의 의의를 달성하기 위하여 그 권한을 행사하게 되는데, 그러한 법원의 권한 행사의 목표 및 그 한계가 무엇인지 문제된다. 이를 이해하기 위하여 전통주의자(traditionalist)와 절차주의자(proceduralist)의 논쟁을 포함하여, 미국법에서의 도산절차의 목표와 그 한계에 대한 논의를 살펴보는 것이 도움이 될 것으로 생각된다.335)

나) 전통주의자(traditionalist)와 절차주의자(proceduralist)의 논쟁

미국법에서는 도산절차의 목표가 무엇인지에 대하여 전통주의자(traditionalist)와 절차주의자(proceduralist) 사이의 대립과 수많은 논쟁이 있다.336)337)

전통주의자(traditionalist)는 i) 회사를 유지하여 일자리를 지키는 것이 도산절차의 중요하고 독립적인 목표 중 하나이고, ii) 법원이 관련 당사자들의 권리 및 요구에 대하여 고려를 하는 것이, 그러한 법원의 태도로 인하여 발생할 수 있는 도산절차가 개시되기 전의 일반 사회 구성원들에 대한 영향보다 중요하며, iii) 도산절차의 실질적 정책을 이행하기 위하여 판사에게 폭넓은 재량권을 부여하여야 한다고 주장한다. 반면, 절차주의자(proceduralist)는 i) 회사를 유지하는 자체가 도산절차의 독립적인 목표라고 보기 어렵고, ii) 사회에 미칠 수 있는 사전적 영향도 중요하며,338) iii) 판사는 당사자들의 편견과 약점들을 통제하여 법적 분

---

335) 이러한 논의가 활발하게 이루어진 것은 주로 미국으로, 재건형 도산절차의 목표 및 한계설정에 관한 논의를 중심으로 이루어졌으며, 상대적으로 일본이나 국내에서는 도산절차의 목표나 한계에 대한 논의는 활발하지 않은 것으로 보인다. 이에 이하에서는 미국에서의 논의를 중심으로 하여 살펴보도록 하겠다.
336) Hamiisi Junior Nsubuga (2018), pp. 824-828.
337) 전통주의자의 대표적인 학자로는 Elizabeth Warren 교수와 Donald R. Korobkin 교수가 있고, 절차주의자의 대표적인 학자로는 Thomas H. Jackson 교수와 Douglas G. Baird 교수가 있으며, 두 학파 사이에서는 많은 논쟁이 있었다. Elizabeth Warren 교수는 도산정책의 근간에 대하여 Douglas G. Baird 교수와 서면으로 매우 공격적이고 공손하지 않은 논쟁을 하였다고 소개한 바 있다. Elizabeth Warren (1987), p. 776.
338) 이와 관련하여 절차주의자들은, 만약 비파산법적 권리(non-bankruptcy rights)를

쟁을 해결한 이후에는 각 당사자들이 스스로 결정을 내리도록 해야 한다고 주장한다.339)

전통주의자들은 기업이 청산되는 것이 그 직원과 지역 사회와 정부 등에 미치는 영향이 크므로 가능한 한 청산을 피하고 회사가 그 영업을 계속할 수 있도록 지원하는 것을 목표로 해야 한다고 보지만,340) 절차주의자들은 도산절차의 실질적인 목표는 채권자의 이익을 위해 채무자의 파산재단의 가치를 극대화하는 것으로서, 기업의 운명은 시장에서 결정되어야 하고,341) 회사가 청산됨에 따라 사회에 미치는 영향이 크다고 하더라도 그것이 담보권자의 권리를 제한하는 근거가 되지는 못하며, 이러한 역할은 도산법의 영역이 아니라 다른 법률로 해결해야 할 문제라고 주장한다.342) 이와 같은 전통주의자와 절차주의자의 논쟁은 주로 청산형 도산절차가 아닌 Chapter 11에 따른 재건형 도산절차를 폭넓게 인정할 것인지 여부와 관련하여 논의되는 것인데, 이와 같이 첨예한 논쟁이 이루어지는 것은 재건형 도산절차인 Chapter 11의 경우에는 청산형의 경우와는 달리 담보권자의 담보권 행사를 일부 제한할 수 있기 때문이다.

이와 같은 논쟁들에 기초하여 각 견해의 입장을 정리해보면, 전통주의자들은 도산절차의 핵심을 채무자의 정상화에 기반한 '채무자의 보호'에 두고 있는 반면, 절차주의자들은 채권자의 이익의 극대화를 통한 '채

파산의 목적과 관련 없이 변경한다면, 그러한 변경으로 이익을 얻을 수 있는 특정 당사자들이 그러한 이익을 얻기 위해 파산절차를 이용하고자 하는 유인을 제공할 수 있다는 점을 지적한다. Douglas G. Baird & Thomas H. Jackson (1984), p. 104.

339) Douglas G. Baird (1998), pp. 579-580.
340) Donald R. Korobkin (1991), pp. 745-747; Elizabeth Warren (1987), pp. 787-788.
341) Thomas H. Jackson (1982), p. 883.
342) Douglas G. Baird & Thomas H. Jackson (1984), pp. 101-103.

권자의 보호'에 두고 있는 것으로 이해된다. 전통주의자는 도산절차는 채무자의 중첩적 채무불이행을 고려하여 그에 따른 결과를 여러 다른 행위자에게 분배하려는 시도로서, 이러한 분배에서 여러 가치들이 충돌하게 되지만 그 어떤 가치도 지배적이지 않으므로, 이를 어떻게 분배할 것인가를 고민하여야 한다고 한다.343) 이에 반하여 절차주의자는 도산절차의 유일한 목표는 채권의 집단 조정을 통하여 재산권을 가진 채권자의 채권 회수를 강화하는 것이라고 하고,344) 도산법률은 실체적인 것이라기보다는 절차적인 것이라고 한다.345)

다) 도산절차에서의 다른 법률의 적용의 문제

위에서 살핀 도산절차의 목표에 관한 논쟁에 이어, 도산절차에서 다른 비도산법률의 적용을 어떻게 할 것인지와 관련하여 미국 연방대법원의 Butner v. USA 판결이 논의된다.346) 이 판결은 노스캐롤라이나(North Carolina) 주법이 적용되는 자산에 대하여 모기지(Mortgage)를 설정받은 담보권자가, 그 자산으로부터의 임대수익에 대해서는 별도로 담보를 설정하지 않은 사안으로, 해당 주법에서는 모기지권자(Mortgagee)가 임대료에 대해서까지 담보권을 주장하기 위해서는 별도의 행위를 하도록 요구하고 있고, 연방재산법에서 정하는 바와 같은 모기지설정자(Mortgagor)가 도산절차를 개시하는 즉시 자동적으로 임대료 등에 대해서도 담보권이 미치도록 하는 조항을 해당 주는 두고 있지 않았다. 이에 대하여 연방대법원은 재산적 이해관계는 주법에 의하여 정의되고 생성되는 것으로서, 연방도산법에서 다르게 규정하고 있지 않는 한,347) 단지 그 이해당사자

---

343) Elizabeth Warren (1987), p. 777.
344) Douglas G. Baird & Thomas H. Jackson (1984), p. 103.
345) Thomas H. Jackson (1987), p. 288. 이런 관점으로 인해 '절차주의자(proceduralist)'로 불리는 것으로 이해된다.
346) *Butner v. United States*, 440 U.S. 48 (1979).

에 대하여 도산절차가 개시되었다는 이유만으로 이를 다르게 취급되어야 할 이유는 없다고 하면서, 노스캐롤라이나 주법에 따라 모기지권자(Mortgagee)는 임대료 부분에 대해서는 담보권자로서의 권리를 행사할 수 없다고 판단하였다. 이러한 연방대법원의 판결은 적용되는 법률에 명시적으로 규정하고 있는 바가 없으면, 재산관계에 대한 법률의 적용은 도산절차가 개시되었다는 이유로 달라질 수 없으며, 원칙적으로 도산절차 내에서나 밖에서나 법률의 적용은 통일적으로 이루어져야 한다는 점을 선언한 것으로 이해된다.348)

이러한 연방대법원의 태도는 도산절차의 내에서나 외에서나 법은 동일하게 적용되어야 한다고 믿는 절차주의자들이 지지하는 관점으로, 그들은 도산법은 실질적인 이해관계자의 이익과 비도산절차에서의 권리를 그대로 반영하고 복제해야 한다고 주장한다.349) 그에 반하여 전통주의자들은 채무자의 정상화를 위하여 도산절차에 구속되는 이해관계인의 비도산적 권리를 수정하는 것이 이해관계인 전체의 이익에 기여할 수 있고, 채무자인 회사가 청산되는 것으로부터 보호할 수 있으므로, 사회적으로 더 바람직할 수 있다고 주장한다.350) 그렇지만 이러한 전통주의자조차도 도산절차가 기본적으로 '채권의 추심'과 관련된 절차라는 점을 인정하면서, 도산절차와 관련되어 있는 이해관계자들의 권리의 본질을 결정하는 것은 다른 법률 규정에 의하여야 한다고 보고 있다.351)

---

347) 이에 대하여 해당 판결은 연방 도산법이 재산관계에 대해서도 연방법으로 통일적으로 정하도록 규정할 수 있었음에도 불구하고 그렇게 정하지 않은 것은 이에 대한 것을 주법에 맡길 의도였다고 해석할 수 있다고 보았다.

348) Hamiisi Junior Nsubuga (2018), p. 827.

349) Hamiisi Junior Nsubuga (2018), p. 827.

350) Elizabeth Warren (1987), p. 777.

351) Elizabeth Warren (1987), p. 781. 해당 부분에서 Warren 교수는 계약이 집행 가능한지, 불법 행위가 저질러졌는지 또는 소유자가 토지에 대한 명확한 소유권을 가지고 있는지 여부는 실질적인 주법 또는 연방법의 문제라고 하고 있다.

다) 전통주의자와 절차주의자의 논쟁의 우리법에의 시사점

전통주의자와 절차주의자의 위와 같은 논쟁에서 중요한 점은, 도산절차가 실체적인 것이 아니라 절차적인 것에 불과하고, 도산절차 내에서도 실체법은 동일하게 적용되어야 한다고 주장하는 절차주의자뿐만 아니라,352) 채무자의 정상화에 초점을 맞추고 도산절차의 좀 더 적극적인 정책적 역할을 강조하는 전통주의자조차도 권리의 본질을 결정하는 것은 실체법에 의하여야 한다는 것을 인정하였다는 점이다.

채무자에 대한 관계에서 이해관계인이 어떠한 권리를 가지고 있는지 여부는 도산절차에 의하여 임의로 결정하거나 변경할 수 있는 것이 아니고, 다만 그 권리가 채무자에 대하여 추심권한을 가지는 성격일 경우에 그 추심권한을 어느 정도까지 변경하거나 제한할 수 있는지에 대한 것만이 도산절차에서 논의되는 영역이다. 그리고 그러한 '추심권한'의 범위와 한계에 대한 논쟁이 전통주의자와 절차주의자의 논쟁인 것이다.

도산절차가 채무자의 정상화를 통하여 사회 전체적인 이익을 증가시키는 방향으로 발전해왔고, 이러한 도산절차의 공리적이고 정책적인 측면을 강조하는 전통주의자들의 주장이 힘을 얻을 수는 있지만, 그러한 전통주의자들조차도 도산절차의 본질은 채권의 추심절차라는 점을 인정하였다는 점은 중요하다.

이와 관련하여 미국에서 도산절차의 정책적인 측면을 강조한 나머지, 모든 경제적 문제를 도산절차를 통해 해결하는 경향이 발생하고 있다는 점을 지적하면서, 도산절차는 최소한 i) 채무자가 도산상태(insolvent)에 있을 경우에만 적용되어야 하고, ii) 채무자(debtor)와 채권자(creditor) 사이의 문제에만 적용되어야 하고 채무자나 채권자의 이익을 위하여 제3자의 권리를 해하여서는 안된다는 헌법적 한계를 가진다고 주장한 견

---

352) Thomas H. Jackson (1987), p. 288. 해당 논문에서 Jackson 교수는 도산절차는 선착순으로 채권 만족을 얻는 전통적 방식의 결점을 보완하기 위해 고안된 '집단적인 채권 추심 도구(collective debt collection device)'라고 정의하였다.

해가 있는데,353) 이러한 견해를 우리 도산법에서도 신중하게 고려해볼 필요가 있다. 도산절차와 관련된 권한에 재량권을 부여한다고 하더라도 이는 재산권 보장에 관한 미국 수정헌법 5조의 적용을 받는 한에서 인정되는 것이라고 보는 미국법의 예에서와 같이,354) 우리의 도산절차에서 재산권을 제한하는 것 또한 헌법의 한계가 준수되어야 하는 것이다.

즉 우리 헌법에 따라 원칙적으로 재산권은 보장되어야 하고, 재산권의 내용과 한계는 '법률'로 정하여야 하며, 공공필요에 의한 재산권의 제한은 법률로써 하되, 정당한 보상이 주어져야 한다(헌법 제23조). 따라서 i) 채무자회생법이 그 제한의 대상을 채무자에 대한 채권과 채무자 소유의 재산으로 담보하는 범위의 담보권과 채무자에 대한 지분권한으로 한정하고 있음에도 불구하고, 제3자가 가지는 소유권과 같은 다른 성격의 권리를 채무자회생법에 구속시켜서는 안 되고, ii) 어느 권리가 채권 또는 채무자 재산에 대한 담보권인지, 아니면 다른 제3자의 소유권인지 여부를 결정하는 것은 '법률'로써 하여야 하며, 특히 이러한 재산권의 내용이나 성격의 결정이 채무자회생법상의 명문의 근거 없이 도산절차 개시 여부에 따라 달라져서는 안 되며, iii) 공공의 이익, 또는 정책적인 이유로 어느 특정의 법률관계나 그에 따른 재산권에 대하여 일정 부분 제한할 필요가 있다고 하더라도, 이는 반드시 '법률'로써 하여야 하고, 기존의 법률의 해석의 확대를 통해 하는 것은 지양하여야 하며, 해석을 통해 하는 경우에도 법률의 문언의 한계를 벗어나서는 안 될 것이다. 또한 채

---

353) Thomas E. Plank (1996), pp. 488-493. 해당 논문은 많은 사회 경제적 문제를 도산절차에 기대어 해결하는 미국에서의 경향을 비판하고 있다.
354) *Louisville Joint Stock Land Bank v. Radford*, 295 U.S. 555. 이 판결에서 Brandeis 대법관은 "파산 권한은 다른 의회의 중요한 실체적 권리와 마찬가지로 수정헌법 제5조의 적용을 받는다(The bankruptcy power, like the other great substantive powers of Congress, is subject to the Fifth Amendment)"라고 언급하였다. 위 판결은 도산법은 다른 주법과는 달리 채무자의 채무를 면책하기 위하여 계약상의 의무를 변경하는 것은 허용하지만, 특정 자산에 대한 실질적 권리의 취득에 관한 것은 도산법에 의하여 변경할 수 있는 것이 아니라고 보았다.

무자회생법이나 관련 법률에 특정 재산권을 제한하는 근거를 두는 입법을 하는 경우에도, 해당 권리자의 재산권도 충분히 고려하여야 할 것이며, 개인의 권리를 제한하여 얻을 공공의 이익이 그 제한을 정당화할 정도로 큰 것인지 여부를 신중히 검토하여 결정하여야 할 것이다.

3) 도산절차에서의 '형식보다 실질'에 대한 논의

도산절차의 본질에 대한 전통주의자와 절차주의자의 논쟁에서 더 나아가 도산절차와 관련하여 자주 논의되는 주제는 '형식보다 실질의 원칙(the substance over form doctrine)'에 대한 것이다. 앞에서도 잠시 논의한 바와 같이, 우리의 도산법에서도 흔히 '형식보다 실질'의 원칙이 적용된다고 언급되며, 이러한 원칙은 미국 도산법에서도 적용되는 원칙이라고 소개되곤 한다.355)

이와 관련하여 주로 논의되는 미국 연방대법원 판례인 *Pepper v. Litton*을 살펴볼 필요가 있다.356) 해당 판결은 도산절차가 개시된 회사의 지배주주가 자신의 임금을 고액으로 설정해놓은 후, 고의적으로 자신의 임금을 장기간 동안 지급하지 않도록 하다가, 도산절차가 개시되자 비로소 절차 내에서 그 지급을 청구한 사례였는데, 이러한 행위는 해당 지배주주가 고의적으로 다른 채권자를 해하려고 한 행위로 보이기 때문에 '형평법상의 원칙'에 따라 해당 청구권을 인정하지 않을 수 있다고 보았다. 이와 같은 판단을 하면서 미국 연방대법원은 파산법원은 여러 목적을 위해 본질적으로 '형평 법원(courts of equity)'이고, 그 절차는 본질적으로 '형평에 따른 절차'라고 하면서, 청구권을 인정할 것인지 여부와 채무자의 재산을 어떻게 분배할 것인지에 대해서는 파산법원이 배타적으로 관할하고, 이 때 청구권을 인정할 것인지 여부를 파산법원의

---

355) 윤진수(2018), 729-731면.
356) *Pepper v. Litton*, 308 U.S. 295 (1939).

형평법상의 권한에 따라 결정할 수 있다고 판단하였다.

그런데 이와 같이 연방대법원에서 인정한 도산법원의 형평법상의 권한에 근거하여, 도산법원은 형평법에 따른 법원으로서 판사들로 하여금 창의적으로 판결을 내릴 수 있도록 허용하며, 도산법원은 형식보다 실질(substance over form)을 선호하는 경향이 있다고 주장하는 견해가 있는데,357) 이와 같이 도산법원에 예외적 권한을 인정해야 한다는 견해와 경향들을 '도산 예외주의(bankruptcy exceptionalism)'라고 부른다.358)

이와 같은 도산예외주의에 대하여는 이를 비판하는 견해와 옹호하는 견해가 나뉘고 있다.

도산예외주의를 비판하는 견해는, 도산예외주의자들이 근거로 들고 있는 연방대법원의 *Pepper v. Litton* 판결은 오래전 판결일 뿐만 아니라, 지배주주가 사기적으로 청구권을 만들어낸 예외적인 사례에 대한 것이며, 오늘날의 연방대법원은 도산 사건의 경우에도 다른 분야의 사건과 동일한 도구와 방식을 사용하여 결정하여야 한다고 보고 있으며,359) 도산절차의 특별한 목표가 도산사건을 다르게 취급하는 것을 정당화하지는 않는다고 보고 있는데,360) 이러한 오늘날의 연방대법원의 태도가 타

---

357) Randolph J. Haines (2014), p. 455.
358) Jonathan M. Seymour (2022), pp. 1939-1940; Randolph J. Haines (2014), pp. 512-513; Jonathan C. Lipson (2008), p. 606.
359) *Taggart v. Lorenzen*, 139 S. Ct. 1795, 1801-02 (2019). 해당 판결은 파산절차에서 면책결정을 받아 채무자가 면책되었음에도 불구하고, 파산 전의 소 제기에 의하여 채무자에게 책임이 인정된 변호사비 채무를 채권자들이 채무자로부터 지급받은 경우에, 해당 채권자들에게 면책결정을 무시한 책임이 있는지 여부가 문제된 사안에 관한 것이었다. 대법원은 이에 대하여, 전통적인 '비도산법적 원칙(nonbankruptcy principles)'은 도산절차에서의 면책 개념에도 그대로 적용된다고 하면서, 채권자들에게 법원의 결정을 무시한 책임이 있는지 여부를 판단함에 있어서는 파산법원에서 관행적으로 별도로 사용하고 있던 '엄격한 기준'을 적용할 것이 아니라 일반적인 원칙을 적용하여야 한다고 하면서, 엄격한 기준에 따라 해당 채권자들에게 책임이 있다고 판단한 파산법원의 결정을 파기 환송하였다.
360) *Mission Prod. Holdings, Inc. v. Tempnology, LLC*, 139 S. Ct. 1652, 1665

당하다고 주장한다.361) 즉, 오늘날의 연방대법원의 판결들은 도산절차 또는 파산법원의 결정이라고 하여 다른 법률과 다른 별도의 원칙이 적용되는 것이 아니고, 파산법원이라고 하더라도 예외가 인정되지 않는다는 점을 강조함으로써, *Pepper v. Litton* 판결이 파산법원의 예외적인 형평법상의 권한을 강조한 것은 예외적인 것이라는 점을 확인해주고 있는 것이다.

또한 도산예외주의를 비판하는 견해는, 도산절차에 대하여 예외를 인정하여야 한다고 주장하는 측에서는 도산절차가 사회적 이익과 연관이 있는 절차로서 형평성을 고려하는 것이 요구되는 특별한 특징을 가진다고 주장하나, 그렇다고 하여 그것이 도산절차를 다른 절차와 다르게 취급할 근거가 되지는 않으며, 공익을 이유로 도산절차의 예외를 인정하게 되면 도산절차에 지나치게 의존하게 되는 문제가 발생하게 된다고 지적한다.362)

이에 대하여 도산예외주의를 옹호하는 견해는 도산예외주의는 미국 헌법에서 왜 도산법에 대한 조항을 두고 있는지,363) 그리고 도산법에 대한 조항이 재정적 위기상황을 해결하기 위하여 헌법 규칙, 기준, 규범 및 가치에 대한 예외를 어떤 방식으로 허용하는지를 설명하는 원칙이라

(2019). 해당 판결에서 대법원은 회생을 가능하게 하는 것이 도산법의 목적이라고 하더라도 그것이 그 목적을 위해 어느 것이든 허용해야 한다는 것을 의미하지는 않는다고 언급하고 있다. *City of Chicago, Illinois v. Fulton*, 141 S. Ct. 585 (2021) 판결에서는 판례법에 의하여 해결되지 않는 영역은 입법자나 정책입안자에 의하여 해결되어야 할 부분이지 파산법원 판사에 의하여 해결되는 것은 바람직하지 않다고 지적한다.

361) Jonathan M. Seymour (2022), pp. 1952-1956.
362) Jonathan M. Seymour (2022), pp. 1989-1991.
363) 각 주 별로 주법을 따로 두고 있는 미국의 특성을 반영하여, 미국은 헌법에서 통일된 도산관련 법률 제정의 근거를 두고 있다. 즉, Article I, Section 8에서 명시적으로 전 미국에 적용되는 통일 도산법을 제정할 수 있도록 하고 있고, 그에 따라 제정된 것이 11 U.S.C.인 것이다.

고 설명한다.364) 또한 도산예외주의를 공격하는 최근의 연방대법원의 보수적인 형식주의적 판결은 법적 규제를 피해서 금융거래를 활성화하길 원하는 정치적으로 보수적인 집단의 이익을 대변하고 있기 때문이라고 비판하기도 한다.365)

한편, 형식보다 실질(substance over form)의 원칙과 관련하여 언급되는 것 중의 하나가 재정의(recharacterization)의 문제이다.366) 미국 법원은 재정의(recharacterization)는 '형식보다 실질의 원칙(the substance over form doctrine)'을 적용하는 법원의 오랜 전통의 일부라고 하면서, 청구권(claim)의 기초가 되는 권리의 본질에 대한 조사라고 설명한다.367) 그런데, 이와 같은 재정의(recharacterization)가 문제된 사례들은 모두 '청구권(claim)'의 성격을 파악하는 것으로서, 이와 관련한 대표적인 판례인 *In re Hedged-Investments Associates, Inc.* 또한 추정대출(putative loan)을 사실상 대출이 아니라 지분투자로 본 사례로서 청구권(claim)의 재정의(recharacterization)에 관한 것이었다. 해당 판결은 또한 이와 같이 청구권(claim)을 재정의(recharacterization)하는 경우에도, '엄격한 기준'을 바탕으로 판단하여야 하고, 그 기준을 충족하는 경우에만 재정의(recharacterization)가 가능하다고 보았다.368)

---

364) Jonathan C. Lipson (2008), p. 606.
365) Randolph J. Haines (2014), pp. 512-513.
366) 국내 도산법에도 형식보다 실질의 원칙이 적용된다고 설명하는 견해에서도 그 근거로 미국 도산법에서 형식보다 실질의 원칙이 적용되기 때문이라고 하면서 재정의(recharacterization)의 사례를 들고 있다. 윤진수(2018), 729-733면.
367) *In re Alternate Fuels, Inc.*, 789 F.3d 1139 (2015).
368) *In re Hedged-Investments Associates*, Inc., 380 F.3d 1292 (2004). 해당 판례는 대출의 만기가 정하여져 있지 않을 것, 당사자 사이의 의도가 대출이 아닐 것 등을 포함하여 13가지의 판단 기준을 제시하고 있다. 또한 위에서 언급한 *In re Alternate Fuels, Inc.* 사례에서도 위의 기준에 따라 해당 청구권(claim)이 진정한 대출인지 아니면 지분투자인지를 검토하였으며, 결과적으로는 대출에 해당한다고 보았다. 덧붙여, 이러한 법원의 판단에 대하여 도산수탁인(trustee)은 예비적으로,

그리고 또한 중요한 점은, 도산절차의 특수성을 인정하고 도산법원에 대하여는 예외를 인정해야 한다고 주장하는 견해에서도, 수정헌법 제5조에 의하여 보장되는 재산(property)에 대한 권리에 관해서는 도산예외주의가 약해지며, 위에서 언급된 *Butner v. USA* 판결에 따른 기준이 적용되어야 한다고 본다는 것이다.369)

결론적으로, i) '형식보다 실질의 원칙(the substance over form doctrine)'이 도산절차에서 적용된다는 것은 결국 도산절차가 청구권(claim)을 제한, 변경하고 조정할 수 있다는 것에서 파생되는 원칙일 뿐, 다른 재산(property)에 대한 권리를 제한하거나 변경할 수 있다는 원칙인 것은 전혀 아니고, ii) 이러한 청구권(claim)의 변경이라는 제한적 범위 내에서 인정되는 '형식보다 실질의 원칙(the substance over form doctrine)'을 중시하는 도산예외주의에 대해서도 최근 연방대법원은 비판적이고 보수적인 입장을 가지고 있으며, 이러한 연방대법원의 입장에 찬성하는 견해도 있다는 점들을 고려할 때, 미국에서의 '형식보다 실질의 원칙(the substance over form doctrine)'은 청구권(claim)의 성격을 확정하기 위한 원칙이고, 이 원칙을 청구권(claim)이 아닌 다른 권리의 내용이나 성격을 결정하는 데 적용할 수는 없다는 것으로 정리될 수 있을 것이다.

따라서 미국에서 논의되는 '형식보다 실질(substance over form)'의 원칙의 의미를 넓게 해석하거나, 이러한 원칙이 아무런 논쟁없이 미국

만약 위 대출을 지분투자로 인정할 수 없다면 적어도 형평법상의 후순위 인정의 원칙(principles of equitable subordination)을 적용하여야 한다고 주장하였는데, 이러한 원칙은 예외적으로 적용되는 구제수단으로서, 이러한 원칙을 잘못 사용하거나 예측불가능하게 사용하면 법적 안정성을 해하게 되고, 법원이 정형화되지 않은 형평성에 근거하여 구속력 있는 계약을 존중하지 않을 수 있는 위험이 있다고 지적하면서 부정하였다. 이러한 미국 법원의 태도에 비추어볼 때, 도산법원의 형평권한을 인정하더라도, 그 형평권한의 범위에 대하여 매우 신중하고 제한적인 태도를 취하고 있음을 알 수 있다.

369) Jonathan C. Lipson (2008), pp. 660-662.

도산법의 전반적인 영역에서 당연히 적용되는 원칙으로 이해하는 것은 타당하지 않다.370) 따라서 이와 같은 '형식보다 실질'이라는 원칙이 도산법의 기본적 원칙에 해당한다거나, 국내 도산법에도 당연히 적용되는 원칙이라고 보기는 어려울 것으로 생각되고, 특히 이를 도산절차에서 도산절차에 구속되지 않는 권리를 변경하여 도산절차에 강제로 구속시키거나, 소유권에 기한 환취권의 행사를 인정하지 않는 근거로 사용하는 것은 타당하지 않은 것으로 판단된다.

4) 도산절차의 본질과 그 정책적 고려의 한계

지금까지 살펴본 미국법에서의 도산절차의 본질 및 목표, 그리고 그 한계에 대한 논의에 비추어볼 때, 결국 도산절차의 본질은 복합적인 채무불이행 상태에 빠진 채무자에 대한 채권자들의 '채권의 집단적인 추심절차'라고 할 수 있으며, 이러한 절차를 진행함에 있어 고려해야 할 두 개의 큰 축은 i) 채무자의 정상화와 ii) 채권자의 채권 회수의 극대화라고 할 수 있다.

채무자를 경제적으로 정상화시키는 것이 궁극적으로는 채권자의 채권 회수를 극대화시키는 방안이 될 수도 있지만, 항상 그런 것은 아니므로, 이 두 가지 축은 서로 이해가 상충된다고 볼 수 있으며 이 둘 사이의 균형을 잡아가는 것이 도산절차의 목표라고 할 수 있다. 그리고 도산절차의 역사적 발전과정이 채권자들의 강제적 추심과 이익 극대화를 위한 절차에서 채무자의 경제적 정상화를 위한 절차 쪽으로 진행되어 온 만

---

370) 또한 "형식보다 실질"의 원칙이 도산절차에서만 논의되는 원칙인 것도 아니다. 이 원칙은 당사자가 거래를 통하여 실질적으로 의욕하였던 법률관계를 인정하려는 원칙에 가까운 것으로 다른 법 절차에서도 논의되는 것이다. 일례로, 통일상법전 (Uniform Commercial Code) 제9장에서 동산이나 권리에 관하여 계약에 따라 담보권을 설정하는 것을 모두 담보로 보고 있는 규정들에 대하여 "실질이 형식을 지배한다(substance governs form)"고 표현하고 있다고 한다. 김재형(2005), 9면.

큼, 전통주의자들이 주장하는 바와 같이 채무자의 정상화를 위해 도산절차가 정책적인 고려를 해야 한다고 보는 것이 현대적인 도산절차의 지향점일지도 모른다.

그렇지만 이와 같이 채무자를 정상화시키는 것이 사회 전반에 긍정적인 영향을 미칠 수 있고, 이러한 점을 정책적으로 고려하는 것 또한 도산절차의 목표라고 보더라도, 이를 위해 채권자의 권리를 지나치게 제한하여서는 안 될 것이다. 비록 영미법에서의 절차주의자와 같이 도산절차에서의 판사의 재량권을 매우 좁게 해석하고, 재건형 도산절차의 개시 및 담보권자의 권리 제한 또한 좁게 인정해야 한다고 주장하는 것은 다소 지나친 주장이라고 하더라도, 채권자들의 재산권도 최소한의 범위 이상은 보장받아야 함은 헌법상 중요한 원칙이며, 이러한 점을 반영한 것이 위에서도 살핀 바 있는 청산가치 보장의 원칙이다.

그리고 무엇보다 중요한 점은 도산절차의 본질은 '채권의 집단적인 추심절차'라는 점이다. 위에서도 검토한 바와 같이 영미법에서의 전통주의자와 절차주의자의 논쟁도 도산절차가 채권의 추심절차라는 점을 전제로 하고 이루어지고 있으며, 두 견해 모두 도산절차와 관련된 '실체적 권리'의 결정은 도산법이 아닌 그 권리와 관련된 실체법에 의하여 정해지는 것이라는 점을 인정하고 있다. 그러한 실체적 권리의 실체법에 의한 결정 이후에, 그 권리에 기한 추심권한을 도산절차에서 어느 범위까지 제한할 것인지, 특히 채무자의 정상화를 위해서 '담보권자'의 권리를 어느 정도까지 희생시킬 수 있는지에 대한 것이 전통주의자와 절차주의자의 논쟁인 것이다. 또한 도산절차에서 논의되고 있는 '형식보다 실질의 원칙(the substance over form doctrine)'도 채권에 해당하는 청구권(claim)과 관련된 원칙이지 다른 실체적 권리의 변경과 관련된 것이 아니다.

따라서 도산절차에서 폭넓은 사회 정책적 고려를 할 수 있다고 보더라도, 이는 원칙적으로 청구권자의 '추심권한'을 제한하는 방식에 한정되어야 할 것이고, 적어도 어느 실체적 권리의 성격 자체를 변경하는 것이여서는 안 될 것이다.

만약 사회 정책적으로 어떠한 권리의 성격을 변경하거나 수정하는 것이 요구되는 경우라고 하더라도, 그리고 그러한 변경이나 수정이 도산절차와 관련성이 있다고 하더라도,371) 이는 원칙적으로 입법을 통하여 법률로써 하여야 할 문제이지 도산절차 내에서의 판사의 재량이나 도산법원의 해석에 의하여 이루어져서는 안된다.372) 위에서 살핀 도산절차의 재산권 제한 및 변경에 대한 헌법적 한계의 논의에 비추어보아도, 그리고 위에서 살핀 형식과 실질의 원칙의 논의의 범위와 한계에 비추어보아도, 이러한 결론에 도달할 것이라고 생각한다.

나. 신탁의 도산절연성에 대한 수정 가능성

1) 도산절차에서의 수정 가능성

위에서 살핀 바와 같이 도산절차의 본질은 파탄상태에 있는 채무자에 대한 채권의 집단적인 추심절차로서, 도산절차에서 제한할 수 있는 권리는 채권이나 지분권과 같은 권리에 한하는 것이다. 채무자회생법 또한 도산절차는 채무자에 대한 "채권자·주주·지분권자 등 이해관계인의 법

---

371) 예를 들어, 어느 당사자의 권리를 담보권으로 볼 것인가 소유권으로 볼 것인가의 문제, 또는 위에서 검토한 소유권유보부매매나 금융리스의 문제 등이 이에 해당할 것이다. 그런데 위에서 살핀 바와 같이 이러한 권리의 성격은 그 실체법의 영역에서 그 법률과 그 법률에 대한 해석에 의하여 결정할 문제이고, 그 성격을 도산절차에서만 특별히 변경하여 판단할 수는 없다.
372) 절차주의자인 Baird 교수는 비도산적인 문제를 도산절차의 정책 변경을 통해 해결하려고 해서는 안되며, 비도산적인 재산권을 도산절차에서 변경하려는 시도는 도산절차에 의존하려는 비생산적이고 왜곡된 유인을 만들 수 있다고 지적한다. Douglas G. Baird & Thomas H., Jackson (1984), pp. 129-130.

률관계를 조정하여" 채무자의 회생 등을 도모하는 절차라고 규정함으로써, 도산절차에 구속되는 권리가 채권이나 지분권 같은 채무자에 대한 권리임을 분명히 하고 있다.

또한 신탁에 있어서의 도산절연성은 신탁의 본질적인 부분과 연결되는 것으로서, 그 자체가 신탁의 본질적인 특징이며, 그러한 이유로 신탁은 그 신탁재산을 당사자들의 도산위험으로부터 분리하는 '담보적 성격'을 가진다는 점도 위에서 검토한 바와 같다. 따라서 신탁의 도산절연성은 원칙적으로 도산절차에서 도산법원의 재량이나 해석으로 제한할 수 있는 것이 아니며 이는 신탁과 도산절차의 본질에서 도출될 수 있는 결론이다.

도산절차와 신탁은 서로 대립하거나 모순되는 절차가 아니며, 신탁의 도산절연성을 인정한다고 하여 신탁이 도산절차보다 우선하는 것도 아니다. 또한, 사회가 필요로 하는 자금조달의 다양성이나 유연성을 부정하는 것이 도산절차에서의 관리인 또는 파산관재인의 업무인 것은 더욱 아닐 것이다.373)

그리고 실무에서 자금의 융통을 위하여 신탁을 활용하는 것은 도산절연성이 인정된다는 점이 주된 이유인데, 이러한 도산절연성을 부정하거나 제한한다면 신탁을 이용한 자금의 융통이 위축될 우려가 있고, 당사자들은 오히려 자금융통에 어려움으로 인하여 도산상태에 빠질 위험이 높아지게 될 가능성이 있으며, 이것이 도산절차 제도가 추구하는 바는 아닐 것이다.

물론 채무자가 고의로 신탁의 도산절연성을 악용하여 특정 채권자에게 사실상 편파변제를 하거나, 채권자들을 해하며 재산을 신탁으로 처분하는 등의 상황이 발생할 가능성은 있다. 그렇지만 이러한 채무자의 행위는 다른 채권자를 해하는 법률행위의 경우와 마찬가지로 사해신탁의

---

373) 信託と倒産 實務研究會 (2008), 263頁.

취소와 부인권의 행사로 해결할 수 있고, 이를 통하여 충분히 구제받을 수 있을 것이므로,374) 이것이 신탁의 도산절연성을 부정하는 근거가 되기는 어렵다.

그리고 만약 정책적으로 어느 특정 형태의 신탁의 도산절연성을 부정하여야 할 필요성이 있다고 판단하는 경우에는, 도산절차 내에서의 도산법원의 해석에 의해서 할 것이 아니라, 법률의 규정에 의하여 해결하여야 할 것이고, 특히 신탁법의 규정을 통하여 신탁법 내에서 해결하여야 할 것이며 그 방식은 해당 신탁을 종료시키는 방식으로 하는 것이 바람직하고 신탁이 존속하는 상태에서 그 도산절연성을 부정하는 방식이 되는 것은 바람직하지 않을 것이다.375)

2) 신탁법에서의 수정 가능성 - 철회가능신탁

위에서 검토한 바와 같이, 도산절차 채권의 추심절차로서, 청구권의 조정 및 제한의 범위를 넘어 권리를 제한하지 못한다는 한계를 가지므로, 신탁의 도산절연성은 도산절차에서 제한될 수 있는 것은 아니다. 또한 신탁의 도산절연성은 신탁이 적법 유효하게 존속하고 있는 것을 전제로 하므로, 사해행위로 인하여 설정된 신탁이 취소되거나(신탁법 제8조), 강제집행을 면탈할 목적으로 설정한 자기신탁에 대하여 법원에 신탁의 종료를 청구하는 등(신탁법 제3조 제3항)의 이유로 신탁이 취소 또

---

374) 신탁이 부정한 목적 등을 위하여 설정된 경우, 이를 취소 또는 종료시킴으로써 채권자들이 구제받을 수 있음은 위의 4. 마.에서 설명한 바와 같다. 특히 사해신탁의 경우에 위탁자의 도산절차에서 해당 신탁은 부인될 것인데, 이에 대하여는 아래의 제3장 5.에서 자세히 논의하도록 하겠다.

375) 미국법상 철회가능신탁(revocable trust)의 경우에는 신탁이 존속하는 상태에서 그 도산절연성이 부정되고 강제집행이 가능하다. 이는 표준신탁법에 그 근거를 명시하였기 때문에 가능한 것인데, 바람직한 입법인지는 의문이 있다. 이에 대해서는 아래 2)항에서 자세히 논의하도록 하겠다.

는 종료되는 경우에는 당연히 신탁의 도산절연성도 상실되게 될 것이며, 이것은 신탁의 도산절연성 자체가 수정되거나 제한되는 문제는 아니다.

다만, 위의 규정과 같이 신탁을 취소시키거나 종료시킬 수 있는 근거 규정을 신탁법에 두어, 이를 근거로 신탁재산을 다시 원복시켜 도산절차에 구속시킴으로써 사실상 신탁의 도산절연성을 수정하는 효과를 가져올 수는 있을 것인데, 이와 같이 신탁의 도산절연성은 신탁법의 규정을 통하여 신탁 자체를 취소하거나 종료시키는 방식으로는 수정될 수 있을 것이다. 자익신탁의 경우에 위탁자의 채권자가 위탁자의 신탁 해지권한을 대위행사하여 사실상 신탁의 도산절연성에 대한 수정의 효과를 누릴 수 있는 것은, 신탁법에 근거가 있는 신탁의 종료에 관한 규정을 활용한 것에 따른 것이다.

또한 현행 신탁법에서 사실상 신탁의 도산절연성을 수정할 수 있는 근거 규정들을 두고 있는 것 외에, 추가적으로 신탁법에 이와 유사한 규정을 두어 신탁의 도산절연성을 수정할 수 있을 것인가와 관련하여, 정책상 필요한 경우에는 신탁법에 신탁을 종료하거나 취소할 수 있는 근거 규정을 둠으로써는 가능할 것으로 생각된다.

이러한 정책상의 신탁의 도산절연성 수정과 관련하여 자주 논의되는 것이 미국법상 인정되고 있는 철회가능신탁(revocable trust)이다. 철회가능신탁(revocable trust)은 미국 표준신탁법(Uniform Trust Code)에 의하여 인정되는 것으로, 위탁자가 자유로이 철회가능하고, 신탁의 조항의 변경도 가능한 신탁을 말하며, 위탁자가 신탁을 설정하면서 철회불가능신탁으로 지정하지 않는 이상, 그 신탁은 철회가능신탁(revocable trust)으로 본다.[376]

철회가능신탁은 이와 같이 위탁자가 자유로이 철회가 가능하다는 특징을 가지므로, 위탁자가 철회권을 행사하면 다시 위탁자의 재산으로 원

---

[376] UTC § 602.

복되게 되는데,377) 이러한 점을 반영하여 미국법에서는 위탁자가 생존하고 있는 동안에는 위탁자의 채권자가 신탁재산에 대하여 바로 집행을 할 수 있도록 하고 있다.378)379) 이와 같이 미국법은 철회가능신탁의 경우에는 신탁의 도산절연성을 인정하지 않고 위탁자의 생전에는 당연히 책임재산에 포함하도록 하고 있는데, 이와 같이 도산절연성을 인정하지 않는 이유에 대해서는 미국에서 철회가능신탁을 유언과 동일하게 취급하기 때문이라고 한다.380) 그렇지만 위탁자의 채권자가 철회가능신탁에서의 위탁자의 철회권을 대위행사하여 강제집행을 할 수 있음은 별론으로 하고, 신탁이 유효하게 설정되어 있는 상태에서 바로 신탁재산을 책임재산으로 보는 것은 신탁의 본질적인 특징인 도산절연성을 부정하는 것으로 비판의 소지가 있다.381)

또한 위와 같은 미국법상의 철회가능신탁(revocable trust)의 법리가 우리법에도 적용될 수 있는지 문제되는데, 특히 신탁법상 위탁자가 해지권의 유보를 하고 신탁을 설정할 수 있으므로,382) 이러한 해지권 유보부

---

377) UTC § 602(d).
378) UTC § 505(a)(1). 해당 규정은 "위탁자가 생존하는 동안에는 위탁자의 철회가능신탁은 위탁자의 채권자에 대하여 책임재산이 된다(During the lifetime of the settlor, the property of a revocable trust is subject to claims of the settlor's creditors)"고 명시하고 있다. Restatement (Third) of Trusts § 25 (2003), Comment e. 또한 만약 신탁재산이 위탁자에게 있었다면 채권자의 집행의 대상이 되었을 경우라면, 철회가능신탁에 있는 신탁재산은 위탁자의 채권자의 집행의 대상이 된다고 하고 있다.
379) Bradley E.S. Fogel (2014), p. 819. 해당 논문의 설명에 의하면 철회가능신탁은 위탁자의 채권자로부터 거의 보호를 받지 못하며, 이것이 위탁자의 채권자를 보호한다는 측면에서는 철회가능신탁의 장점이 될 수도 있다고 한다.
380) 이계정(2017a), 214면.
381) 이계정(2017a), 214면. 해당 문헌은 이와 같은 입법은 실질을 중시하는 해석론에 기반한 것으로, 철회가능신탁의 신탁재산이 실질적으로는 위탁자의 재산이므로 위탁자의 채권자의 집행을 허용하는 것이 타당하다는 정책적 판단에 기반한 것으로 보인다고 설명한다.

신탁을 철회가능신탁과 동일하게 볼 수 있는지 문제된다. 그런데 미국법상의 철회가능신탁(revocable trust)은 단순히 신탁을 철회할 수 있는 것뿐만 아니라 신탁재산을 자유롭게 추가할 수 있고, 신탁조항을 자유롭게 변경할 수 있으며, 수익자도 변경할 수 있는 등 위탁자에게 매우 광범위한 재량권이 주어지는 신탁으로서, 단순히 해지권을 유보한 신탁과는 다르다.383) 물론 위탁자와 수탁자 사이의 신탁계약을 통하여 위탁자에게 광범위한 재량권을 부여하는 것이 불가능한 것은 아니지만,384) 이는 신탁계약의 구체적인 내용에 따라 판단하여야 할 문제이므로, 우리 신탁법상 철회가능신탁(revocable trust)이 인정된다고 단순하게 말하기는 어려울 것으로 생각되고, 다만 위탁자와 수탁자의 합의에 따라 철회가능신탁(revocable trust)과 유사한 신탁을 계약에 의하여 설정하는 것은 가능할 것이다.

그런데 미국법에서는 명문으로 철회가능신탁(revocable trust)의 신탁재산에 대해서는 위탁자의 채권자가 집행할 수 있다고 정하고 있는데 반하여, 우리 신탁법에서는 이와 같은 규정을 두고 있지 않으므로, 신탁계약에 의하여 철회가능신탁(revocable trust)과 유사한 신탁을 설정하는 경우라고 하더라도 그러한 신탁의 도산절연성이 부정된다고 볼 수는 없을 것으로 판단된다.385) 다만, 위탁자의 채권자가 위탁자의 해지권을 대

---

382) 신탁법 제3조 제2항의 해석상 신탁선언을 통한 자기신탁의 경우가 아닌 한 위탁자는 해지권을 유보하고 신탁을 설정할 수 있을 것이다.
383) 이와 관련하여, 우리법상의 신탁의 '해지'는 '철회'와 개념이 다르므로, 해지권을 유보한 신탁을 철회가능신탁이라고 볼 수는 없으며, 신탁법의 해석 상 위탁자가 명시적으로 해지권을 유보하여야 해지권 유보부 신탁이 되므로, 미국법상의 철회가능신탁과 유사하게 위탁자가 임의로 해지가능한 형태를 기본으로 상정할 근거는 없다고 설명하는 견해가 있는데 타당한 것으로 생각된다. 최수정(2019), 183-185면.
384) 예를 들어 신탁법 제58조에 따라 수익자지정권을 신탁행위로 정할 수 있으므로, 이 규정에 의하여 위탁자가 수익자를 변경할 권한을 스스로 가지도록 정하는 것은 가능할 것이다.

위행사하는 등의 방식으로386) 사실상 신탁의 도산절연성을 부정하는 효과를 누릴 수 있을 뿐이다.

한편 현행 신탁법에서의 유언대용신탁(신탁법 제59조)이 미국법상의 철회가능신탁(revocable trust)과 유사하다고 언급되는데,387) 우리 신탁법은 이러한 유언대용신탁에 대하여 위탁자에게 해지권을 법에 의하여 당연히 부여하고 있지는 않고, 단지 신탁의 설정 시에 위탁자의 의사에 따라 이에 관하여 정할 수 있을 뿐이다. 다만, 위탁자가 생전에는 수익자를 자기 자신으로 정한 경우에는 그 기간 동안 자익신탁에 관한 신탁법 제99조 제2항이 적용되므로, 이 경우에는 위탁자의 별도의 의사표시가 없는 경우에도 해당 규정에 따라 해지가 가능하다고 해석될 수 있을 뿐이다.388) 따라서 이러한 차이점에 비추어볼 때, 우리법상의 유언대용신탁이 미국법상의 철회가능신탁(revocable trust)과 같은 제도에 해당한다고 보기는 어려울 것으로 생각된다.

이와 관련하여, 일본 신탁법 또한 유언대용신탁에 관한 규정을 두고 있는데, 이러한 유언대용신탁에 대하여 미국의 철회가능신탁을 도입한 것이라고 설명하는 견해가 있다.389) 해당 견해는 위탁자 생존 중에는 위탁자가 수익자이고, 위탁자가 철회권 및 수익자변경권을 가지며, 위탁자가 감독권을 행사한다는 점을 들어 철회가능신탁과 같다고 설명하고 있다. 그렇지만 우리 신탁법의 경우에 유언대용신탁이라고 하더라도 위탁

---

385) 이계정(2017a), 300면.
386) 자익신탁에 대한 판결이지만 대법원은 위탁자의 채권자가 위탁자의 신탁 해지권을 대위행사할 수 있다고 판단하였으므로(대법원 2003. 8. 19. 선고 2001다47467 판결; 2007. 10. 11. 선고 2007다43894 판결), 해지권을 유보한 경우에도 위탁자의 채권자는 이를 대위행사하는 것이 가능할 것이다.
387) 미국법상 철회가능신탁(revocable trust)이 유언대용의 목적으로 사용된다는 점을 고려하면, 신탁의 목적에 있어서 제일 유사한 것은 신탁법 제59조에 따른 유언대용신탁이라고 할 수는 있을 것이다.
388) 김형석(2022), 270면.
389) 新井誠 (2014), 511-512頁.

자의 생전에 수익자가 당연히 위탁자인 것은 아니고,[390] 따라서 당연히 위탁자에게 신탁 해지권이 있는 것은 아니다.[391] 또한 일본 신탁법과는 달리 위탁자의 수탁자에 대한 감독권에 대한 규정을 별도로 두고 있지 않다.[392] 따라서 우리 신탁법상의 유언대용신탁의 경우에는 일본의 위 견해와 같이 미국법상의 철회가능신탁(revocable trust)을 도입하였다고 설명하기는 어려울 것으로 판단된다.

한편, 미국법상의 철회가능신탁(revocable trust)의 예에 준하여, 유언대용신탁의 경우에는 자익신탁의 경우가 아니더라도 위탁자에게 해지권을 부여하는 것을 정책적으로 고려하여, 이를 입법을 통해 정하는 것은 이론적으로는 가능할 것이다. 그러나 이러한 입법을 할 것인가 여부는 그러한 규정의 정책적 필요성을 신중하게 고려하여 정할 문제이다.

덧붙여, 유언대용신탁과 같은 특수한 경우에 위와 같은 정책적 고려를 하는 경우라고 해도, 위탁자에게 해지권을 부여하고 이를 위탁자의 채권자가 대위권을 행사하여 신탁을 해지하는 방식으로 이루어지도록 하는 것이 바람직할 것으로 생각되고, 미국법의 예처럼 해지 전에 직접적으로 위탁자의 채권자에게 집행이 가능하도록 하는 방식은 신탁의 본질인 도산절연성을 직접적으로 부정하는 것이라는 점에서 바람직하지

---

[390] 유언대용신탁의 경우 위탁자는 수익자를 따로 정할 수 있고, 이러한 수익자는 위탁자일수도 아닐수도 있다. 주석신탁법(2017), 268면; 법무부(2012), 487면.
[391] 이와 관련하여 위탁자의 사후에 수익권을 취득하게 되는 신탁법 제59조 제1항의 신탁이 아닌 생전에 수익권을 취득하지만 수익권 행사를 못하는 신탁법 제59조 제2항의 신탁의 경우에는 위탁자가 수익자의 동의 없이 신탁을 종료할 수 있다고 설명한다. 법무부(2012), 490면. 이 경우는 수익권을 행사하지 못하는 수익자 외에 다른 수익자가 없는 경우이므로, 자익신탁과 유사하기 때문에 이와 같이 보는 것으로 이해된다.
[392] 이에 대하여 법무부는 위탁자는 수탁자에 대한 감독권에 대하여 신탁행위로 자유롭게 정할 수 있고, 신탁법상 위탁자는 수익자의 감독권 대부분을 함께 보유하고 있는데, 그러한 감독 권한으로도 충분하기 때문에 별도의 규정을 두지 않았다고 설명하고 있다. 법무부(2012), 490면.

않은 것으로 판단된다.

3) 소결

지금까지, 도산절차의 의의 및 본질은 채무자에 대한 채권의 집단적 추심절차라는 점, 그리고 신탁의 도산절연성은 신탁의 본질적인 특징이라는 점에 대하여 검토하였고, 그러한 이유로 신탁의 도산절연성은 도산절차에서가 아니라, 신탁법 내에서, 그리고 일정한 경우에 신탁을 취소하거나 해지할 수 있도록 하는 방식으로만 수정되는 것이 바람직하다는 점을 살펴보았다.

이하에서는 이러한 이해를 바탕으로 하여 신탁의 각 당사자인 위탁자, 수탁자 및 수익자에 대하여 각각 도산절차가 개시되는 경우 어떠한 구체적인 법적 쟁점이 문제되는지, 그리고 이러한 법적 쟁점이 신탁의 도산절연성이라는 대원칙하에서 어떻게 해결될 수 있을지에 대하여 자세하게 검토해보고자 한다.

제3장

위탁자의 도산절차에서의 신탁의 법리

1. 위탁자의 도산절차에서의 신탁의 일반적 지위

가. 위탁자에 의한 신탁의 설정

위탁자가 수탁자에게 특정 재산을 이전하거나 담보를 설정함에 따라 적법, 유효하게 신탁이 설정되어 해당 재산이 이전되는 경우 그 재산은 신탁재산으로서 위탁자의 책임재산으로부터 완전하게 분리되어 수탁자에게 이전되고, 위탁자의 도산절차로부터 격리된다.

대법원은 신탁법상의 신탁이 이루어지면 신탁재산의 소유권은 수탁자에게 귀속되고, 수익자가 가지는 수익권은 수탁자에 대한 것이므로, 위탁자의 도산절차의 영향을 받지 않는다고 판단하였으므로,[393] 신탁법에 따른 적법, 유효한 신탁이 설정되어 재산이 이전되면, 수탁자와 수익자 또한 모두 위탁자의 도산절차에 영향을 받지 않게 됨은 위에서 검토한 바와 같다.

---

[393] 대법원 2003. 5. 30. 선고 2003다18685 판결, 2001. 7. 13. 선고 2001다9267 판결, 대법원 2004. 7. 22. 선고 2002다46058 판결 등. 해당 판결들은 채무자회생법이 제정되기 전의 판결들로서 회사정리법이 적용되었는데, 신탁에서의 수익자가 신탁의 위탁자에 대하여 채권을 보유하고 있고, 그 채권을 담보할 목적으로 신탁의 수익권을 취득한 사안에 대한 판례들이다. 이에 대하여 대법원은, 비록 수익자가 회사정리법에서의 정리회사에 대하여 정리채권을 가지는 자이기는 하나, 그 수익자가 가지는 수익권은 위탁자인 정리회사에 대한 것이 아니라 수탁자에 대한 것이므로 회사정리법 제240조 제2항에서 말하는 '정리회사 이외의 자가 정리채권자 또는 정리담보권자를 위하여 제공한 담보'에 해당하여 정리계획이 여기에 영향을 미칠 수 없다고 판단하였다. 현행 채무자회생법 또한 회사정리법 제240조 제2항과 유사한 규정을 두고 있는데, 채무자회생법 제250조 제2항 제2호는 회생계획은 채무자 외의 자가 회생채권자 또는 회생담보권자를 위하여 제공한 담보에 영향을 미치지 않는다고 규정하고 있다. 따라서 현행 채무자회생법에서도 신탁에 있어서의 수익권은 위탁자의 도산절차의 영향을 받지 않을 것이다.

다만, 현행 신탁법 제2조는 담보의 설정 방식에 의한 신탁도 인정하고 있는데, 이러한 담보 설정 방식의 신탁 또한 신탁법상 적법, 유효한 신탁이기는 하나 위탁자의 도산절차로부터 완전히 격리되지 않는다. 수탁자가 취득하는 신탁재산은 어느 목적물의 소유권이 아니라 담보권이 되고, 해당 목적물의 소유권이 위탁자에게 있는 이상 위탁자의 도산절차에 구속되기 때문이다. 이와 같이 수탁자가 담보권을 취득하는 신탁을 담보권신탁이라고 하며, 이는 흔히 실무상 담보신탁이라고 표현되는 신탁과 구별되어야 한다.

이하에서는 우선, 신탁법상의 신탁이 이루어져 소유권이 수탁자에게 대내외적으로 완전하게 이전되었다고 보기 위한 요건은 무엇인지에 대하여 살펴보고, 이러한 요건에 대한 이해를 바탕으로 담보신탁과 담보권신탁의 개념과 그 구별기준을 검토해보고자 한다.

나. 신탁재산의 수탁자로의 완전한 이전의 판단 기준

1) 문제의 소재

위탁자의 도산 절차로부터 격리되기 위해서는 신탁법상 적법, 유효한 신탁이 설정되어 신탁재산의 소유권이 위탁자로부터 수탁자로 이전되어야 한다. 결국 신탁으로 인하여 위탁자로부터의 도산절연성이 인정되는지의 문제는 위탁자에서 수탁자로 신탁재산의 진정한 양도가 이루어졌는지의 문제이다. 진정한 양도가 이루어지지 않았다면 신탁재산이 대내외적으로 수탁자에게 완전하게 이전되었다고 보기 어렵기 때문이다.

그런데, 신탁재산의 수탁자로의 진정한 양도가 이루어졌는지를 판단하는 기준에 대하여는 신탁법상 정하고 있는 바가 없다. 다만 일반적으로 어떠한 자산의 진정한 양도가 이루어졌는지를 판단하는 기준에 관해서는 실무상 자산유동화 거래394)와 관련하여 제정된 「자산유동화에 관한 법률」(이하 "자산유동화법")395) 제13조의 진정양도에 관하여 규정이 준용되곤 하는데, 이 규정에 따른 요건이 신탁에 있어서의 도산절연 인정의 기준에도 활용될 수 있을지 문제된다.

2) 자산유동화법 제13조의 유추 적용의 가능성

자산유동화법 제13조는 진정양도의 기준에 대하여 i) 매매 또는 교환에 의할 것, ii) 유동화자산에 대한 수익권 및 처분권은 양수인이 가질 것, iii) 양도인은 유동화자산에 대한 반환청구권을 가지지 아니하고, 양수인은 유동화자산에 대한 대가의 반환청구권을 가지지 아니할 것, iv) 양수인이 양도된 자산에 관한 위험을 인수할 것을 그 요건으로 규정하고 있고, 위 요건을 충족하는 경우에는 담보권의 설정으로 보지 않고 진정한 양도에 해당한다고 하고 있다.

---

394) 자산유동화거래는 채권 또는 부동산과 같은 자산을 보유하고 있는 자가 보유 자산을 제3자에게 양도 또는 신탁하는 방식으로 이전하고, 그 제3자는 양도 또는 신탁받은 자산을 기초로 하여 사채, 수익권증서 등의 유동화증권을 발행하거나 대출을 받는 거래를 말한다. 이와 같은 거래를 통해 자산의 보유자는 보유자산을 현금화하여 현금유동성을 확보할 수 있고, 유동화증권을 인수하는 자나 자산을 이전받은 제3자에게 대출을 하는 자는 책임재산을 자산보유자로부터 분리할 수 있어 좀더 안정적으로 상환재원을 확보할 수 있다. 자산유동화거래 중 유동화증권을 발행하는 방식을 자산담보부증권(Asset Backed Securities, "ABS") 거래라고 하고, 대출을 하는 방식의 거래를 자산담보부대출(Asset Backed Loan, "ABL") 거래라고 한다.

395) 자산유동화법은 자산유동화거래 중 유동화계획을 등록하여 유동화증권을 발행하는 방식의 자산유동화에 대해서만 규율하고 있으나, 실무상 자산유동화거래는 자산유동화법에서 정하는 위와 같은 형태의 거래에 한정되는 것은 아니다. 이와 관련해서, 자산유동화의 개념은 매우 모호하고 그 정의도 다양하다고 언급하면서, 자산유동화법은 자산유동화거래를 엄격히 구분하여 일일이 나열하고 있는데 이러한 방식으로 규정하는 것은 자산유동화거래의 발전에 장애가 될 수 있다고 보는 견해가 있다. 김재형(2004a), 415면.

이와 같은 자산유동화법 제13조의 진정양도의 기준이 신탁의 경우에도 유추 적용될 수 있는지 여부와 관련하여, 이를 긍정하는 견해,396) 유추 적용되는 것이 아니라 직접 적용될 수 있다는 견해,397) 신탁의 경우에 별도의 기준이 마련되어야 한다는 견해,398) 그리고 신탁법상의 신탁이 이루어진 이상 담보 목적인지 여부를 불문하고 도산절연을 인정할 수 있으므로 자산유동화법 제13조의 유추적용이 필요없다고 하는 견해399) 등이 있다.

그러나 신탁법상의 신탁을 하여 신탁재산을 수탁자에게 이전한다고 하더라도, 수탁자에 대하여 담보목적으로 재산을 이전하여 양도담보를 설정하는 경우도 가능하기 때문에 신탁법상의 신탁이 이루어졌다고 하여 당연히 신탁재산의 소유권 이전이 이루어졌다고 단정하기는 어렵고,400) 양도담보의 설정을 통한 담보권신탁은 도산절연성이 인정되지 않을 것이므로,401) 신탁법상의 신탁이라는 이유로 당연히 도산절연성이

---

396) 김용호/이선지(2004), 28-29면.
397) 함대영(2010), 73면. 해당 논문에 의하면, 자산유동화법 제13조는 신탁형 자산유동화의 경우에도 직접 적용됨을 전제로 마련된 규정이라고 볼 수 있다고 하면서, 제1호가 "매매 또는 교환에 의할 것"이라고 규정한 취지는 직접적인 매매와 교환만을 염두에 둔 것이 아니고 신탁형 자산유동화에서의 자산의 양도가 기본적으로 재산권의 유상 이전임을 파악하고, 그 실질에 따라서 매매 혹은 교환의 법리가 적용됨을 인식한 것이라고 볼 수 있다고 하고 있다. 이러한 주장에 비추어볼 때 해당 논문의 주장은 전반적인 신탁에 그대로 적용된다는 주장이라기보다는 신탁을 이용한 자산유동화에 한정한 주장인 것으로 이해되기는 한다. 하지만 단지 신탁형 자산유동화에 있어서의 신탁행위가 유상성이 있다고 하여, 매매와 교환의 법리가 적용될 수 있다고 보는 것은 신탁의 특수성을 고려하지 않은 것으로 동의하기 어렵다. 직접 적용이 어렵다는 점에 대해서는 아래에서 좀 더 자세히 설명하도록 하겠다.
398) 강율리(2006), 83-84면.
399) 조영희(2008), 86-89면; 한민(2011), 57면.
400) 信託と倒産 實務硏究會 (2008), 258頁.
401) 담보신탁과 담보권신탁의 개념 및 그 구별기준, 양도담보 설정에 의한 담보권신탁이 가능한지 여부 및 담보권신탁의 도산절연성 문제 등은 좀 더 자세한 논의

인정된다고 보기 어렵다.

또한 자산유동화법 제13조가 신탁의 경우에도 직접적으로 적용될 수 있을지 살펴보면, 자산유동화법은 제6조에서 '자산양도 등'이라는 제목 하에 유동화자산의 양도와 신탁을 구분하여 규정하고 있는 반면, 제13조에서는 '양도'에 한정하여 규정하고 있으므로, 제13조가 신탁의 경우도 염두에 둔 규정이라고 보기는 어려울 것으로 판단된다.[402]

한편 자산유동화법 제13조의 기준이 신탁에 있어서 유추 적용될 수 있을지와 관련하여, i) 해당 규정의 요건 중 제1호의 "매매 또는 교환에 의할 것"이라는 요건은 신탁에 의하는 거래에는 적용되지 않음이 분명하고, ii) 제2호의 "유동화자산에 대한 수익권 및 처분권은 양수인이 가질 것"이라는 요건은 신탁재산의 양수인인 수탁자가 해당 재산의 처분권은 가지나 수익권을 가지는 것은 아님을 고려한다면 적용되기 어렵지만, 위탁자가 신탁재산에 대한 수익권 및 처분권을 가지지 않는다는 반대 해석의 측면으로만 고려한다면, 신탁에 있어서도 의미있는 기준 중 하나로 활용될 수는 있을 것으로 생각되며, iii) 제3호의 "양도인은 유동화자산에 대한 반환청구권을 가지지 아니하고, 양수인은 유동화자산에 대한 대가의 반환청구권을 가지지 아니할 것"이라는 요건의 경우에는, 양도인을 위탁자로, 양수인을 수탁자로 하고 유동화자산을 신탁자산으로 대입하면, 일견 적용될 수 있는 원칙인 것으로 보이지만 신탁에 있어서는 위탁자가 해지권을 유보할 수 있음을 고려할 때,[403] 이를 그대로 적용할 수는 없을 것으로 판단되고,[404] 단발성으로 끝나는 매매와 같은

    가 필요한 영역이므로, 이에 대해서는 아래 2. 및 3.에서 좀 더 자세히 논의하도록 하겠다.

[402] 대부분의 학설 또한 직접 적용되지 않는다고 보고 있다. 김용호/이선지(2004), 28-29면; 조영희(2008), 86-89면; 한민(2011), 57면.

[403] 신탁법 제3조 제2항은 신탁선언에 따른 자기신탁의 설정의 경우에는 신탁을 해지할 수 있는 권한을 유보할 수 없다고 규정하고 있는데 이는 신탁계약에서 위탁자가 해지권을 유보할 수 있음을 전제로 하는 규정이라고 할 수 있다.

거래가 아니라, 위탁자와 수탁자 간의 신임관계에 기초하여 대부분 장기간의 거래로 이루어지는 신탁과 같은 거래의 경우에는 유추하여 적용하기에도 적절하지 않은 측면이 있고, iv) 제4호의 "양수인이 양도된 자산에 관한 위험을 인수할 것"이라는 요건의 경우에는, 신탁재산의 양수인인 수탁자 뿐만 아니라 수익자 또한 양도된 신탁재산의 위험을 인수하게 된다는 문제가 있지만, 신탁재산의 위험을 양도인인 위탁자가 더 이상 가지지 않는다는 반대 해석의 측면에서 고려한다면 신탁에 있어서도 의미있는 기준 중 하나로 활용될 수는 있을 것으로 생각된다.405)

위와 같이 자산유동화법 제13조의 각 요건을 살펴본 바에 의하면, 이를 유추 적용하여 신탁의 진정양도성을 판단한다는 것은 그다지 큰 의미가 있을 것으로 보이지 않는다. 단지 위에서 살핀 바와 같이 위 요건에서 고려할 만한 몇 가지 사항, 즉 i) 위탁자가 신탁재산에 대한 수익권 및 처분권을 가지지 않을 것,406) ii) 신탁재산의 위험을 양도인인 위탁자가 더 이상 가지지 않을 것407) 등이 재산이 완전히 이전되어 도산절연

---

404) 이에 대하여 특별한 설명 없이 당연히 직접 적용될 수 있다고 설명하는 견해가 있는데 타당하다고 보기 어렵다. 함대영(2010), 73면.

405) 이에 대해서는 4호의 경우도 신탁자산의 소유권은 수탁자가 대내외적으로 가지고, 수익자는 수탁자에 대하여 채권적 권리만 가지는 것이므로, 직접 적용이 가능하다는 반대 견해가 있다. 함대영(2010), 73-74면. 해당 논문에서 지적하는 바와 같이 수탁자가 신탁재산의 소유권을 가지고, 수익자는 신탁재산이 아닌 수탁자에 대하여 권리를 가지는 것은 맞지만, 수탁자는 신탁으로부터 수익하지 못하고, 수익자의 수익권은 신탁재산의 위험에 영향을 받게 되므로, 수탁자가 그 위험을 전부 가진다고 보는 것에는 무리가 있다. 따라서 위 조항이 그대로 적용된다고 보는 것은 무리가 있는 해석이라고 생각되고, 위탁자가 더 이상 위험을 지지 않는다는 측면에서만 고려하는 것이 타당할 것이다.

406) 물론 위탁자가 수익자로 지정되는 경우에는 위탁자가 신탁재산으로부터 수익을 받는 경우가 발생할 수 있지만, 이는 수익자의 지위에서 신탁재산의 수익을 취득하는 것이지 위탁자의 지위에서 취득하는 것은 아니다. 진정양도성은 신탁재산의 양도인으로서 위탁자가 그 '위탁자'의 지위에서 신탁재산으로부터 직접 수익권을 가지는지 여부를 기준으로 판단하여야 할 문제이다.

407) 이 경우에도 위탁자가 수익자로 지정되는 경우에는 수익자의 지위에서 신탁재산

성이 인정되는 신탁인지, 아니면 담보권설정을 하는 담보권신탁인지 여부를 결정하는 데 있어 고려 기준이 될 수 있을 것으로 생각된다.
따라서 자산유동화법 제13조를 신탁에 유추적용할 수 있다고 보기는 어렵고 별도의 요건을 적용하는 것이 타당하다고 생각되나, 자산유동화법 제13조에서의 기준들 중 일부가 신탁에서의 진정양도의 판단에 있어 고려할 만한 기준이 될 수 있을 것으로 판단된다.

3) 신탁에 있어서의 진정양도의 기준

위에서 살핀 바와 같이 자산유동화법 제13조를 유추적용하기에는 무리가 있으므로, 결국 신탁에 있어서의 진정양도의 판단은 신탁의 특성을 고려하여 별도로 마련되어야 할 것인데, 이에 대해서 특별히 논의되고 있는 바는 없다.
다만 이와 관련하여, i) 형식적으로는 양도의 요건을 갖추어야 할 것, ii) 수탁자가 가진 권리가 양도담보에 지나지 않아야 할 것이 기준이 될 수 있다는 논의가 있을 뿐이다.408)409)
그렇지만 위탁자의 수탁자에 대한 신탁재산의 이전이 진정한 소유권

의 위험을 가지게 될 것이지만 이는 위탁자의 지위가 아닌 수익자의 지위에서 위험을 가지는 것임은 위에서 설명한 바와 같다.
408) 信託と倒産 實務硏究會 (2008), 259頁.
409) 이와 관련하여 신탁재산의 위탁자로부터의 지배이탈성 유무를 판단하기 위한 기준으로서, 신탁의 과세 기준과 관련하여 佐藤秀明 교수가 설명한 4가지 기준인, i) 위탁자가 신탁을 철회할 수 있는 경우, ii) 위탁자가 신탁 종료 시 원본의 반환을 수령하거나 수령 가능한 경우, iii) 위탁자가 신탁수익을 직접 또는 간접적으로 향수 가능한 경우, iv) 위탁자가 신탁으로부터의 수익내용 등을 통제할 수 있는 경우의 요건이 방향성을 제시할 수 있다고 보는 견해도 있다. 新井誠 (2014), 130頁. 그렇지만 과세의 기준은 법적 소유권이 누구인지를 불문하고 실질적 수익이 누구에게 가는가를 기준으로 하는 것으로서 이러한 기준을 법적으로 소유권이 완전하게 이전되었는지 여부를 판단함에 있어 활용하는 것은 부적절한 것으로 생각된다.

의 이전인지 아니면 양도담보의 설정에 불과한지 이를 구별하는 기준에 대해서는 여전히 물음표로 남는다. 이는 결국 위에서 도출된 기준, 즉 위탁자가 신탁재산에 대한 위험을 여전히 보유하는지, 그리고 신탁재산에 대하여 위탁자의 지위에서 수익권 또는 처분권을 가지는지를 기준으로 하여 판단하여야 할 것이다. 또한 수탁자가 신탁으로 인하여 가지게 된 권리가 양도담보에 지나지 않는 것인지 여부에 대한 판단은 소유권 이전에 의한 담보신탁과 양도담보권 설정에 따른 담보권신탁을 구별하는 기준에 대한 논의로도 이어지는데, 결국 위 기준들이 고려될 수 있을 것이다.

이를 위해서는 담보권신탁과 담보신탁의 개념을 명확하게 이해하는 것이 선행되어야 할 것이고, 그 구별 기준에 대해서도 좀 더 자세한 검토가 필요할 것인데, 이에 대해서는 아래의 별도의 항으로 자세히 검토하고자 한다.

2. 위탁자의 도산절차에서의 담보신탁

가. 문제의 소재

위탁자의 도산절차에서의 신탁의 도산절연성과 관련하여 우리법상 가장 많은 논의가 이루어지고 있는 것은 담보신탁의 경우에도 도산절연성을 인정할 것인지에 관한 것이다.

대법원은 대법원 2001. 7. 13. 선고 2001다9267 판결을 통하여 담보신탁의 경우에도 도산절연성이 인정된다고 최초로 판단한 이후, 일관되게 담보신탁의 도산절연성을 인정하고 있는데,[410] 이에 대하여는 담보

---

[410] 대법원 2018. 4. 12. 선고 2016다223357 판결, 대법원 2022. 5. 12. 선고 2017다

신탁도 그 실질은 담보라고 볼 수 있음에도 불구하고 다른 회생담보권들과는 달리 예외적으로 도산절연성을 인정한다면, 다른 담보권자들과의 관계를 고려할 때 형평성에 어긋난다는 이유 등을 들어 비판하는 견해가 늘어나고 있다. 특히 대법원이 대법원 2018. 10. 18. 선고 2016다220143 전원합의체 판결을 통하여 담보신탁의 담보적 특성에 주목하는 판결을 내린 이후에 이에 대한 논의가 더욱 활발해지고 있는 것으로 보인다.

그러나 담보신탁은 그 목적이 채권의 담보이기는 하나 신탁법상의 신탁의 요건을 갖춘 신탁이므로, 다른 신탁과 동일하게 신탁의 도산절연성을 예외없이 적용하여야 하고, 이러한 점에서 다른 담보권과는 다른 차별적 특징을 가진다고 보아야 한다. 또한 위에서 설명한 바와 같이, 어느 자산을 위탁자로부터 분리하여 위탁자의 도산위험으로부터 자유롭게 하는 것이 신탁의 담보적 기능이고 이는 신탁의 주요 기능 중 하나이다.[411] 또한 신탁이 도산의 위험으로부터 재산을 보호할 수 있다는 점에서 그 자체로 효과적인 담보의 역할을 하는 것이므로,[412] 신탁 자체가 담보적인 성격을 포함하고 있다고 보아야 할 것이다. 따라서 채권을 담보할 목적으로 신탁법상의 신탁을 활용하는 것은 신탁의 본질적 특징을 고려할 때 매우 당연하고 자연스러운 것이며, 그 담보적 기능의 핵심은 위탁자의 도산위험으로부터의 분리인데, 이러한 신탁을 다시 위탁자가 제공한 담보로 보아 위탁자의 도산위험에 구속시키는 것은 신탁의 법리에 맞지 않다.

이하에서는 이와 같이 위에서 논의한 신탁의 본질 및 도산절연성의 원칙에 대한 이해를 바탕으로 담보신탁의 도산절연성에 대하여 자세히 살펴보고자 한다. 이를 위해서는 먼저, 담보신탁의 개념 및 특징이 무엇

278187 판결 등.

[411] Graham Virgo (2020), pp. 44-45.
[412] Alastair Hudson (2022), pp. 40-41.

인지, 그리고 다른 법률관계들과 어떠한 점에서 다른지가 구체적으로 검토되어야 할 것이므로, 비교법적 검토를 포함하여 이에 대하여 자세히 검토한 후에 도산절연성에 대한 부정설 및 긍정설의 근거들에 대하여 논의해보도록 하겠다.

나. 담보신탁의 개념

담보신탁이라는 용어는 법률에 정의된 용어가 아니라 실무상 사용되다가 법원에서도 받아들여 사용하게 된 용어로서, 그 의미나 정의가 법률에 의하여 명확하게 규정되어 있지 않다.

일반적으로는 '채무의 담보를 목적으로 하여 위탁자가 그 소유의 자산을 수탁자에게 이전하고 채권자를 수익자로 지정하는 형태의 신탁'을 담보신탁이라고 하고,413) 대법원은 담보신탁의 의미를 "위탁자가 금전채권을 담보하기 위하여 그 금전채권자를 우선수익자로, 위탁자를 수익자로 하여 위탁자 소유의 부동산을 신탁법에 따라 수탁자에게 이전하면서 채무불이행 시에는 신탁부동산을 처분하여 우선수익자의 채권 변제 등에 충당하고 나머지를 위탁자에게 반환하기로 하는 신탁"이라고 설명한다.414)

또한 대법원은 담보신탁에서의 위탁자는 자신의 채무를 담보하기 위한 경우뿐만 아니라, 다른 사람의 채무를 담보하기 위하여 신탁을 설정하는 것도 가능하다고 하고,415) 국내 학계에서도, 담보신탁은 채무를 담

---

413) 고일광(2009), 81~82면; 윤진수(2018), 699~700면; 이계정(2017b), 86면; 이중기(2013), 661~665면.

414) 대법원 2016. 11. 25. 선고 2016다20732 판결. 해당 판결은 담보신탁을 부동산을 신탁하는 경우에 국한하여 설명하고 있지만, 담보신탁에서의 신탁대상 자산은 부동산에 한하지는 않는다. 또한 해당 사례는 위탁자를 수익자로 지정한 경우이지만, 위탁자가 수익자로 지정되는 것이 담보신탁의 요건인 것도 아니다.

415) 대법원 2014. 2. 27. 선고 2011다59797,59803 판결. 한편 해당 판결에서는 자신

보하기 위하여 위탁자가 그 자산의 소유권을 수탁자에게 이전하고 채권자를 수익자로 지정한 후에, 채무불이행 시 수탁자가 신탁재산을 처분하여 이를 수익자에게 지급하는 방식의 신탁이라고 보면서,416) 이 때 위탁자는 해당 채무자뿐만 아니라 제3자도 가능하다고 본다.417)

위와 같은 대법원의 태도 및 국내 학설상의 논의에 비추어볼 때, 담보신탁은 i) 채무자의 채무를 담보하기 위하여, ii) 그 채무자 또는 제3자가 위탁자로서 그 소유 재산의 소유권을 수탁자에게 이전하고, iii) 채권자를 수익자로 지정하며, iv) 채무자가 채무를 불이행하는 경우에는 신탁재산을 처분하여 수익자인 채권자의 채권변제에 사용하도록 하는 신탁이라고 정리할 수 있을 것이다. 그리고 그 소유의 신탁재산을 위탁자로부터 수탁자에게 '대내외적으로 이전'된다는 것이 담보신탁에 있어 핵심적인 요건이 될 것이다. 실무적으로 채권자를 우선수익자로, 위탁자인

의 채무의 담보를 위한 경우뿐 아니라 제3자의 채무를 담보하기 위하여 위탁자가 자신의 자산으로 담보신탁을 설정하는 것이 가능하다고 보면서도, 자신의 채무를 담보하기 위하여 부동산을 신탁하는 위탁자는 신탁부동산의 처분대금이 채무의 변제에 충당된다는 것을 당연한 전제로 하는 반면, 다른 사람의 채무를 담보하기 위하여 부동산을 신탁하는 위탁자는 채무자가 신탁한 부동산의 처분대금으로 채무가 전부 변제된다면 자신이 신탁한 부동산이나 그에 갈음하는 물건은 그대로 반환된다는 것을 전제로 하여 신탁계약을 체결하였다고 봄이 당사자의 의사에 부합한다고 설명하고 있다

416) 이계정(2020), 84-85면. 해당 논문은 대법원이 대법원 2017. 5. 18. 선고 2012두22485 전원합의체 판결을 통하여 "신탁법상의 신탁은 위탁자가 수탁자에게 특정한 재산권을 이전하거나 기타의 처분을 하여 수탁자로 하여금 신탁 목적을 위하여 그 재산권을 관리·처분하게 하는 것이다. 이는 위탁자가 금전채권을 담보하기 위하여 금전채권자를 우선수익자로, 위탁자를 수익자로 하여 위탁자 소유의 부동산을 신탁법에 따라 수탁자에게 이전하면서 채무불이행 시에는 신탁부동산을 처분하여 우선수익자의 채권 변제 등에 충당하고 나머지를 위탁자에게 반환하기로 하는 내용의 담보신탁을 체결한 경우에도 마찬가지이다"라고 판단함으로써, 담보신탁은 기본적으로 전형적인 신탁인 수익자신탁의 법리에 의하여야 함을 밝히고 있다고 설명한다.
417) 윤진수(2018), 699면; 윤진수/최효종(2023) 37면; 최수정(2017), 46면.

채무자를 수익자로 지정하는 것이 일반적이기는 하나, 위탁자가 수익자로 지정되는 것이 담보신탁의 요건이라고 보기는 어렵고,418) 또한 경우에 따라 신탁재산의 점유 및 사용을 위탁자가 계속하는 경우가 있으나, 이 또한 수탁자에게 이전된 신탁재산에 대하여 신탁계약 안의 특칙 또는 별도의 계약으로 위탁자와 수탁자 간에 사용에 대한 합의를 한 것으로 보아야 할 것이고, 담보신탁 자체의 요건이라고 볼 수는 없을 것이다.

다. 담보신탁과 다른 법률관계와의 구별

1) 의의

위에서는 담보신탁의 개념에 대하여 대법원과 학설에서의 설명을 기초로 하여 정리해보았다. 그런데, 이러한 담보신탁의 개념 및 그 특징을 좀 더 명확하게 이해하기 위해서는 다른 유사한 법률관계들과 비교하여 그 차이점을 살펴보고 필요한 경우 구별 기준을 세우는 것이 도움이 될 것으로 생각된다. 이하에서는 담보신탁과 종종 혼동되어 사용되거나, 담보신탁과 유사하다고 언급되는 법률관계 등과 담보신탁의 차이점을 살펴봄으로써 담보신탁의 개념 및 특징을 좀 더 명확하게 이해하고 정리해보고자 한다.

---

418) 위탁자인 채무자가 채무불이행을 하여 신탁재산이 처분되고 채권자들인 수익자가 그 처분대금을 수익권을 통하여 변제받은 이후, 그 잔여재산이 있는 경우에는, 위탁자가 해당 잔여재산을 지급받아야 할 것이다. 이를 위해서는 위탁자를 채권자들에 대한 후순위 수익자로 지정하여 그러한 수익자의 지위에서 지급받도록 하는 것이 가장 간명하고 명확한 방법이기는 하다. 그러나 채무자인 위탁자를 잔여재산에 대한 귀속권리자로 지정하여, 신탁을 종료한 후 그 잔여재산을 취득하는 방법도 가능하다. 따라서 담보신탁의 설정을 위하여 반드시 위탁자를 수익자로 지정할 필요가 있는 것은 아니다.

2) 관리신탁, 처분신탁 또는 개발신탁 등과의 구별

위에서도 언급한 바와 같이 담보신탁은 주로 부동산을 대상으로 하여 설정되는 경우가 많고, 부동산을 대상으로 하는 신탁에는 부동산담보신탁 외에도 부동산을 관리 및 운용하는 목적으로 설정되는 부동산관리신탁, 부동산을 처분하고 그 수익을 배분하기 위한 목적으로 설정되는 부동산처분신탁, 부동산을 개발하여 그 개발이익을 배분하는 목적으로 설정되는 부동산개발신탁 및 부동산을 개발한 후에 선분양을 하기 위한 목적으로 설정되는 「주택법」 또는 「건축물의 분양에 관한 법률」에 따른 분양관리신탁 등이 있다.[419]

그런데, 실무상 부동산신탁의 설정에 있어 위 신탁의 유형을 혼합하여 설정하는 경우, 즉 부동산의 관리 및 담보 목적으로 신탁을 설정한다거나, 개발 및 담보 목적으로 신탁을 설정하는 경우 등이 빈번하게 있다.[420] 그런데 부동산을 관리하는 목적이거나 개발하는 목적으로 신탁이 설정되는 경우에는 수탁자가 신탁재산인 부동산의 소유자로서 직접 그 부동산을 관리, 운용 및 처분을 하는 것으로, 단순히 담보물을 관리

---

[419] 부동산신탁의 종류는 대체적으로 부동산처분신탁, 부동산개발신탁, 부동산관리신탁 및 부동산담보신탁으로 구분하고 있는 것으로 보인다. 고일광(2009), 61-65면; 진상훈(2008), 315-318면. 기본적으로는 부동산신탁을 위 네 가지 유형으로 구분하는 것이 가장 일반적이지만 「주택법」 또는 「건축물의 분양에 관한 법률」에 따른 분양관리신탁은 법률에서 별도로 규정하고 있고, 수분양자의 보호를 위한 장치가 마련되어 있다는 점에서 다른 신탁과는 구별되는 특징이 있으므로 별도로 구별하였다. 분양관리신탁의 특징에 대한 자세한 설명은 이계정(2017b), 110-115면 참조.

[420] 실제 부동산 개발 사업의 프로젝트파이낸스 업무를 하는 경우에는 사업자금의 조달을 위하여 사업의 시행자가 부동산을 취득하면서 위탁자의 지위에서 해당 부동산을 신탁업자에게 신탁하고 대주들을 1순위 우선수익자, 시공사를 2순위 우선수익자로 지정하면서, 수탁자인 신탁업자가 수탁부동산의 관리 및 개발을 통하여 그 대금으로 대주들의 차입금을 수익의 형태로 지급하는 경우가 많다. 부동산신탁에서 담보목적의 담보신탁과 관리목적의 관리신탁이 혼합되어 있는 대표적인 경우이다.

하고 채무 변제 목적으로만 처분하는 경우와는 달리 수탁자에게 좀 더 광범위한 권리와 의무가 부여된다.

따라서 신탁 설정에 있어 담보 목적이 있는 경우라고 하더라도, 수탁자에게 부동산의 개발 또는 관리의 권리 및 의무가 부여되어있는 경우는 단순히 담보의 목적만으로 신탁이 설정되는 경우와는 구분될 것이며, 신탁법상의 다른 신탁과 특별히 다른 특징을 가진다고 보기도 어려울 것이다. 그런 이유로 개발신탁이나 관리신탁의 경우, 또는 담보신탁과 개발신탁 또는 관리신탁이 결합된 신탁의 경우에는 도산절연성이 당연히 인정될 것으로 생각되고, 단순히 담보 목적만으로 설정되는 담보신탁과는 달리 도산절연성 인정 여부에 대하여 논란의 여지는 없을 것으로 생각된다.421)

대법원 또한 담보신탁이 아니라 분양형 토지(개발)신탁의 경우에는 채권담보의 목적으로 수익자를 지정하였다고 하더라도, 그 수익권은 신탁계약에 의하여 원시적으로 그 제3자에게 귀속하는 것으로, 위탁자에게 이전되어야 할 재산이 수익자에게 담보목적으로 이전된 것으로 볼 수 없으므로, 해당 수익권을 도산절차 개시 당시의 채무자의 재산으로 볼 수 없다고 판단하였다.422)

---

421) 다만 개발신탁의 경우에는 신탁재산을 책임재산으로 한 새로운 거래관계가 창설될 수 있으므로, 전형적인 담보신탁과는 달리 신탁재산 자체는 위탁자의 도산절차로부터 절연된다고 볼 수 있지만, 위탁자의 채권자가 취득한 수익권은 위탁자가 제공한 담보라고 보아 위탁자의 도산절차에 구속되어야 한다고 주장하는 견해가 있다. 김성용(2021), 131-133면. 그러나 위탁자가 수익권을 취득한 후 이를 담보 목적으로 제공받은 경우와 신탁 설정시부터 수익자로 지정이 된 경우를 동일하게 취급할 근거는 없고, 위탁자와 수익자 사이에 어떠한 법률행위가 있는 것도 아니므로, 처음부터 수익자로 지정된 채권자를 위탁자의 도산절차에서 위탁자로부터 담보권을 취득한 자로 취급하기는 어려울 것으로 생각된다.

422) 대법원 2002. 12. 26. 선고 2002다49484 판결. 이 대법원 판결에 대한 재판연구관의 판례평석 또한 개발신탁에 담보의 목적이 포함된 경우는 담보신탁과는 다르다는 점을 명확히 지적하여 설명하고 있다. 이주현(2003), 597-599면.

물론 대법원은 단순한 담보신탁의 경우에도 도산절연성을 인정하고 있지만, 수익자의 수익권은 수탁자에 대한 권리이므로, 채무자인 위탁자가 아닌 수탁자가 제공한 담보로 보아야 한다는 것을 그 이유로 들었다는 점에서,423) 수익권이 담보 목적으로 이전된 것이 아님을 강조하고 수익자가 완전하게 그 권리를 원시적으로 취득하였음을 강조하는 분양개발신탁에 대한 위 판결과는 차이점이 있다.424) 이러한 판례의 태도에 비추어보아도, 비록 담보 목적이 포함된 경우더라도, 개발신탁과 관리신탁 등 다른 성격의 신탁이 함께 혼합되어있는 경우라면, 담보권과 유사하다고 보기는 어려울 것이므로, 단순히 담보만을 목적으로 하는 담보신탁과는 구별하여야 할 것이다.

---

423) 담보신탁에 대한 도산절연성을 인정한 최초이자 대표적인 대법원 판례인 대법원 2001. 7. 13. 선고 2001다9267 판결은 위탁자가 채무의 담보를 위하여 자기 소유의 부동산에 대하여 수탁자와 '담보신탁용 부동산관리·처분신탁계약'을 체결한 사안이었는데, 대법원은 단순한 담보신탁으로 보고 판단을 한 것으로 보인다. 이 사건의 원심(서울고법 2000. 12. 22. 선고 2000나34855 판결) 등에 나타난 사실관계를 살펴보면 위탁자가 체결한 계약의 명칭은 '관리처분신탁'이었으나, 그 신탁계약의 내용은 단순한 담보신탁와 유사했던 것으로 보이므로, 해당 판결은 담보신탁에 대한 판결로 볼 수 있을 것으로 생각된다. 이 판결에서 대법원은 담보신탁의 경우에는 "위탁자의 신탁에 의하여 신탁부동산의 소유권은 수탁자에게 귀속되었다고 할 것이고, 그 후 신탁자에 대한 회사정리절차가 개시된 경우 채권자가 가지는 신탁부동산에 대한 수익권은 회사정리법 제240조 제2항에서 말하는 '정리회사 이외의 자가 정리채권자 또는 정리담보권자를 위하여 제공한 담보'에 해당한다"고 보았다.
424) 대법원이 이와 같이 담보신탁과 분양형 토지(개발)신탁에서 다른 논리를 전개한 것에 대해서는 비판하는 견해가 있는데, 해당 신탁들 모두 소유권이전의 형식을 갖추고 있고, 담보신탁도 수익자신탁의 법리가 적용된다는 점에 비추어볼 때, 같은 논리를 전개하는 것이 타당하다고 설명한다. 이계정(2017b), 106면. 그러나 대법원이 위와 같이 다른 논리를 전개한 것은 분양형 토지(개발)신탁의 수익권의 경우는 담보신탁과는 달리 채권의 담보만을 목적으로 한 신탁에 대한 수익권이 아니기 때문에, '채무자회생법상 수탁자가 제공한 담보이기 때문에 회생절차에 구속되지 않는다'는 논리를 사용하지 않은 것으로 이해할 수 있을 것으로 생각된다.

3) 다른 유형의 담보 목적 신탁과의 구별

채무를 담보하기 위하여 신탁을 이용하는 경우는 담보신탁의 경우 외에도 다양하게 있을 수 있다. 예를 들어, i) 위탁자가 신탁재산을 수탁자에게 신탁하고 위탁자 본인이 수익자로서 수익권을 취득한 후에, 그 수익권을 채권자에게 담보로 제공하는 경우, ii) 위탁자가 신탁재산을 수탁자에게 이전하여 신탁한 후, 수탁자가 해당 신탁재산을 위탁자의 채권자에게 담보로 제공하는 경우, iii) 위탁자가 자기 소유의 재산에 채권자를 위하여 저당권을 설정한 후, 해당 저당권부 재산을 수탁자에게 이전하는 경우, iv) 위탁자가 신탁재산을 수탁자에게 담보로 제공한 후 그러한 신탁에 따른 수익권을 위탁자의 채권자에게 제공하는 경우 등이 있을 수 있다.425)

위의 유형 모두 위탁자가 채권을 담보하기 위하여 신탁을 활용하는 경우라는 점에서 넓은 의미에서 담보를 위한 신탁이라고 할 수 있으며, 이러한 신탁들을 모두 담보신탁으로 칭하더라도 무방하다는 견해도 있다.426) 그렇지만 위에서 살핀 바와 같이 담보신탁은 실무 및 판례를 통하여 정리된 개념으로서, 위탁자가 채무의 담보를 목적으로 신탁재산을 수탁자에게 대내외적으로 완전히 이전하고, 위탁자의 채권자를 그 수익자로 지정하는 신탁을 말하는 것으로 위와 같은 다른 유형의 신탁과는 구별된다고 보는 것이 타당할 것이다.

---

425) 일본에서는 우리법상의 담보신탁에 해당하는 신탁에 대한 논의가 이루어지기 보다는 '담보로서의 신탁(担保としての信託)'에 대한 논의를 하면서, i) 수탁자가 신탁재산에 대하여 완전한 소유권을 가지지만 수익권의 내용이 신탁재산 전체에 대한 것이 아닌 경우, ii) 수탁자가 신탁재산에 대하여 양도담보권을 가지는 경우, iii) 위탁자가 수익권을 취득한 후 이를 담보목적으로 양도한 경우로 나누어 설명하고 있다. 道垣內弘人(2022b), 98頁. 이 중에서 i)의 유형만이 담보신탁에 해당하고 다른 유형들은 담보신탁 외에 담보를 위하여 신탁을 활용하는 예로 볼 수 있을 것이다.

426) 정소민(2019), 91-93면; 정순섭(2021), 658-659면; 최수정(2013), 9면.

특히 iv)의 유형은 신탁법 제2조에서 규정하는 위탁자가 수탁자에게 담보권을 설정하는 방식의 신탁으로서, 담보권신탁에 해당하는데, 이러한 신탁은 담보신탁과는 구별되는 것이다.427)428)

i)의 유형의 경우에는 위탁자가 신탁법상의 신탁을 하여 스스로를 수익자로 지정하고 수익권을 취득한 이후에, 그 수익권을 담보로 제공한 것이므로, 위탁자가 그 소유의 재산인 수익권을 담보로 제공한 것으로서, 위탁자가 자기 소유의 부동산, 동산 또는 채권 등 다른 재산을 담보로 제공한 경우와 특별히 달리 취급할 이유가 없다.429) 따라서 채권자는 위탁자에 대하여 수익권을 담보목적물로 하는 담보권자의 지위를 가지는 것이고, 위탁자의 도산절차에서도 당연히 회생담보권자 또는 별제권자로서의 지위를 가지게 될 것이므로, 이러한 유형을 굳이 담보신탁이라는 개념으로 파악할 필요성이 없고, 우리 민법상의 담보권인 질권 또는 양도담보를 제공한 것으로 보아야 하므로, 판례와 실무를 통해 정립된 담보신탁과는 구별되는 것이라고 보는 것이 타당하다.

ii)의 유형은 대법원 2003. 5. 30. 선고 2003다18685 판결에서의 사안과 유사한 유형으로,430) 이는 수탁자가 신탁재산에 대한 완전한 소유권

---

427) 담보신탁과 담보권신탁의 구별에 관해서는 자세히 검토하고 분석할 필요성이 있어, 아래 별도의 항에서 자세히 검토하도록 하겠다.

428) 일본법에서도 담보권신탁에 관한 규정을 두고 있으며, 이와 같은 규정에 따라 양도담보설정에 따른 담보권신탁과 소유권이 이전되는 담보신탁은 구별된다고 설명하고 있다. 道垣內弘人, (2022b), 101頁.

429) 대법원 2002.12. 26. 선고 2002다49484 판결도 동일한 취지에서, 만약 위탁자가 자신을 수익자로 지정한 후 그 수익권을 담보 목적으로 제3자에게 양도한 경우라면 위탁자는 그 수익권을 해당 제3자에게 양도담보로 제공한 것으로서 회사 재산에 대한 담보권이 된다고 언급한 바 있다.

430) 해당 판결은 위탁자가 자기 소유의 부동산에 대하여 수탁자와 부동산관리신탁계약을 체결하고 수탁자 앞으로 신탁을 원인으로 한 소유권이전등기를 경료해 주어 대내외적으로 신탁부동산에 관한 소유권을 수탁자에게 완전히 이전한 다음 수탁자로 하여금 신탁부동산에 관하여 다시 위탁자의 채권자의 채권을 위하여 근저당권설정등기를 경료한 사안이다. 해당 판결에서 대법원은 "수탁자는 결국 신탁자

을 취득한 이후에, 수탁자로서의 신탁재산에 대한 관리, 운용, 처분 권한에 기하여 제3자인 위탁자의 채권자와 담보권 설정 계약을 체결한 것으로서, 수탁자가 신탁계약이 정하는 바에 따른 신탁재산에 대한 처분행위로서 위탁자의 채권자에게 담보권을 설정해 준 것이고, 위탁자의 채권자는 신탁재산에 대하여 직접 담보권이라는 권리를 가지는 것일 뿐 수익자의 지위를 가지는 것은 아니므로, 위에서 설명한 담보신탁의 법률관계와는 다르다. 이 경우에도 채권자는 수탁자로부터 저당권을 취득한 것이므로, 제3자가 제공한 담보에 해당하여 위탁자의 도산절차로부터는 절연되지만, 이러한 유형은 담보신탁과는 다른 유형으로 파악하는 것이 타당할 것이다.

　iii)의 유형은 대법원 2017. 11. 23. 선고 2015다47327 판결의 사안과 유사한 유형으로, 위 ii)의 유형과 유사하지만 위탁자가 채권자를 위하여 저당권을 먼저 설정해준 후에 수탁자에게 해당 저당권부 재산을 이전하였다는 점에서 차이가 있다. 대법원은 채권자가 먼저 저당권을 취득한 이후에 수탁자에게 이전되긴 하였지만, 이 경우 수탁자는 저당부동산의 제3취득자와 같은 지위를 가지므로, 위 ii)의 유형과 같이 제3자가 제공한 담보에 해당하게 되어 위탁자의 도산절차로부터 절연된다고 보았다. 하지만 이 경우도 채권자는 수탁자 소유의 재산에 대하여 담보권을 가지는 것일 뿐 수익자의 지위는 없으므로, 채권자가 수익자로서의 지위를 가지는 담보신탁과는 다른 유형으로 보아야 한다.

　　　를 위한 물상보증인과 같은 지위를 갖게 되었다고 할 것이고 그 후 신탁자에 대한 회사정리절차가 개시된 경우 채권자가 신탁부동산에 대하여 갖는 근저당권 등 담보권은 법 제240조 제2항에서 말하는 '정리회사 이외의 자가 정리채권자 또는 정리담보권자를 위하여 제공한 담보'에 해당하여 정리계획이 여기에 영향을 미칠 수 없다고 할 것일 뿐만 아니라 앞서 본 바와 같이 채권자가 정리채권 신고기간 내에 신고를 하지 아니함으로써 정리계획에 변제의 대상으로 규정되지 않았다 하더라도, 이로써 실권되는 권리는 채권자가 위탁자에 대하여 가지는 정리채권 또는 정리담보권에 한하고, 수탁자에 대하여 가지는 신탁부동산에 관한 담보권과 그 피담보채권에는 아무런 영향이 없다고 할 것이다"라고 보았다.

결론적으로 담보신탁은 위에서 설명한 바와 같이 위탁자가 담보목적으로 신탁재산을 수탁자에게 대내외적으로 이전하고, 위탁자의 채권자를 수익자로 지정하는 형태의 신탁에 한하는 것으로서, 다른 방식으로 신탁을 활용하는 경우와 구별되는 개념으로 보는 것이 타당하다.

4) 담보신탁과 양도담보의 구별

담보신탁은 위탁자가 채무를 담보할 목적으로 자신이 보유하고 있는 재산을 수탁자에게 이전하는 것으로서, 담보목적으로 재산을 이전한다는 측면에서 양도담보와 유사하다고 언급되는 경우가 많다.[431]

양도담보는 채권을 담보하기 위하여 채권자에게 특정 자산의 소유권을 이전하고, 채무자가 채무를 이행하지 않는 경우에는 채권자가 그 소유권을 확정적으로 취득하거나 그 목적물로부터 우선변제를 받는 방식의 비전형담보이다.[432] 이는 민법이나 기타 법률에서 명문으로 인정하고 있는 담보는 아니지만, 법원에 의하여 오래전부터 인정된 것이다.

이러한 양도담보의 법적 성질이 무엇인지에 대하여는 오랫동안 논의가 있었는데, 국내 학설은 담보권설[433]과 신탁적 소유권이전설[434]로 나뉘고 있었고, 대법원은 양도담보는 채권담보를 위하여 신탁적으로 양도담보권자에게 양도담보목적물의 소유권이 이전될 뿐 확정적, 종국적으로 이전되는 것은 아니라고 판단하는데,[435] 이러한 판례는 신탁적 소유권이전설을 취하고 있는 것으로 평가되고 있다.[436] 그런데 이후 「가등기

---

[431] 윤진수(2018), 712면 이하.
[432] 지원림(2023), 629-630면.
[433] 곽윤직/김재형(2015), 568면; 김상용(2011), 194면.
[434] 송덕수(2022), 874면; 윤진수(2016), 141면.
[435] 대법원 1995. 7. 25. 선고 94다46428 판결, 대법원 2004. 10. 28 2003다30463 판결 등.
[436] 김천수(2006), 150면 이하; 지원림(2023), 630면.

담보 등에 관한 법률」(이하 "가등기담보법")이 제정되면서, 양도담보에도 가등기담보법이 적용되게 되었는데(가등기담보법 제1조), 이에 따라 양도담보권자는 채무자에게 청산금을 지급한 때에 비로소 소유권을 취득하게 되므로(가등기담보법 제4조 제2항), 가등기담보법이 적용되는 양도담보의 경우에는 신탁적 소유권이전으로 보기 어렵고 담보권으로 보아야 한다는 견해가 다수설이다.[437] 가등기담보법이 적용되는 양도담보에 대한 대법원의 태도는 담보권설[438]을 취한 것도 있고 신탁적 소유권설[439]을 취한 것도 있다. 그렇지만, 가등기담보법이 명문으로 청산의무 이행 후에야 소유권을 취득한다고 규정하고 있는 이상, 가등기담보법이 적용되는 양도담보의 경우에는 대외적으로도 소유권이 이전된다고 보기는 어려울 것으로 생각되고, 담보권설이 타당할 것으로 판단된다. 따라서 가등기담보법이 적용되는 양도담보의 경우에는 소유권이 모두 양도담보설정자에게 있으므로, 소유권이 수탁자에게 이전되는 담보신탁과는 명확하게 구별된다.

그런데 가등기담보법이 적용되지 않는 양도담보의 경우에는 신탁적 소유권설을 취하고 있는 것이 대법원의 일관된 태도인데,[440] 이러한 양도담보의 경우에는 담보신탁과 유사한 측면이 있는 것인지 문제된다. 그런데 대법원은 양도담보를 신탁적으로 '소유권이 이전된다'고 설명하고 있기는 하지만, 이는 단순한 담보권과는 달리 대외적으로는 소유권이 이전되는 양도담보의 특징을 설명하는 것일 뿐, 양도담보권자와 양도담보설정자 사이의 대내적 관계에서는 여전히 소유권이 이전되지 않고 양도담보설정자가 소유권을 가진다고 보고 있다.[441]

---

[437] 민법주해(Ⅶ)(2007), 333면; 곽윤직/김재형(2015), 568면; 송덕수(2022), 873면; 김상용(2011), 196면; 윤진수(2016), 141면.
[438] 대법원 1991. 11. 8. 선고 91다21770 판결.
[439] 대법원 1995. 7. 25. 선고 94다46428 판결.
[440] 대법원 2004. 10. 28 2003다30463 판결 등.

대법원이 양도담보의 소유권 이전을 신탁적 소유권 이전이라고 표현하게 된 것은 오래전부터 판례상 그 개념이 인정되어온 명의신탁제도와 양도담보가 유사하고, 명의신탁은 민법상의 신탁행위에 따른 것으로 이해되고 있는 것에 영향을 받은 것으로 보인다.442)

명의신탁은 당사자 간의 신탁에 관한 채권 계약에 의하여 위탁자가 실질적으로는 그의 소유에 속하는 부동산의 등기명의를 실체적인 거래관계가 없는 수탁자에게 매매 등의 형식으로 이전하여 두는 것을 말하는데443) 이는 신탁법상의 신탁과 명백하게 구별되는 것으로서,444) 대내적으로는 위탁자에게 소유권이 유보되나 대외적으로는 소유권이 수탁자에게 이전된다는 점에서 가등기담보법이 적용되지 않는 양도담보와 유사하다. 이는 위의 신탁의 개념에서도 설명한 바와 같이 명의신탁이나 양도담보에 영향을 준 이론은 독일에서의 신탁행위이론임에 반해 신탁법상의 신탁은 영미법에서의 신탁을 계수한 개념이고,445) 독일법에서의

---

441) 대법원은 채무자가 채권의 담보를 목적으로 동산의 양도담보를 점유개정 방식으로 설정한 사안에서, 동산의 소유권은 신탁적으로 이전되는 것에 불과하여, 채권자와 채무자 사이의 대내적 관계에서는 채무자가 소유권을 보유한다고 명시적으로 판단하였다(대법원 2005. 2. 18. 선고 2004다37430 판결). 그리고 형사판결이기는 하지만 동일하게 동산의 양도담보를 점유개정 방식으로 설정한 후 양도담보설정자가 양도담보목적물을 임의로 처분한 사안에서는, 양도담보의 경우에는 대내적으로 그 목적물의 소유권은 여전히 채무자에게 남아 있고 채권자에게는 담보의 목적 범위 내에서만 그 권리가 이전되는 것이기 때문에 이를 임의로 처분한다고 하더라도 횡령으로 볼 수 없다고 하였고(대법원 1983. 8. 23. 선고 80도1545 판결, 대법원 1980. 11. 11. 선고 80도2097 판결 등), 양도담보설정자가 채권자인 양도담보권자에 대하여 배임죄의 주체인 '타인의 사무를 처리하는 자'에 해당한다고 보기도 어려워 배임죄에도 해당하지 않는다고 보았다(대법원 2020. 2. 20. 선고 2019도9756 전원합의체 판결).
442) 양창수(1997), 67-76면.
443) 대법원 1993. 11. 9. 선고 92다31699 판결.
444) 주석신탁법(2017), 24면; 정순섭(2021), 135면; 최수정(2019), 12-13면; 이계정(2022), 290면.
445) 곽윤직(1974), 10면.

신탁행위이론과 영미법에서의 신탁은 구별되는 개념이기 때문이다. 따라서 양도담보에서의 소유권 이전을 신탁적 소유권 이전으로 표현한 것은 독일법에서의 신탁행위를 의미하는 것일 뿐, 이 때의 신탁은 신탁법상의 신탁을 지칭하는 것은 아니다.

결론적으로, 가등기담보법이 적용되지 않는 양도담보의 경우에도 대내적으로는 소유권이 이전되지 않고 비전형담보를 설정하는 것이므로, 비록 담보 목적이기는 하나 위탁자로부터 수탁자로 소유권이 대내외적으로 완전히 이전되는 신탁법상의 신탁에 따라 설정되는 담보신탁과는 명확히 구별된다고 보아야 한다.446)

5) 담보신탁과 담보권신탁의 구별

가) 구별의 필요성

담보권신탁은 신탁법이 개정됨에 따라 도입된 것으로서 위탁자와 수탁자가 담보권을 설정하는 방식으로 신탁을 설정하는 것을 말한다.447)448)

담보신탁과 담보권신탁은 채권의 담보를 목적으로 설정하는 신탁이라

---

446) 이에 대해서는 이론상 양도담보와 담보신탁을 구별하기 어렵다는 견해도 있다. 함대영(2010), 78면. 그러나, 이는 신탁계약의 내용에 따라 소유권을 완전히 이전할 의사였는지 여부를 판단함으로써 충분히 구별 가능하며, 또한 이는 양도담보와 담보신탁의 구별의 문제가 아니라, 정확하게는 양도담보권 설정을 이용한 담보권신탁과 담보신탁의 구별의 문제인데, 이러한 구별에 대해서는 아래의 5) 나) 부분에서 자세히 검토하도록 하겠다.

447) 담보권신탁이라는 용어는 신탁법에서 정식으로 인정하고 있는 용어는 아니지만, 담보권을 설정하는 방식으로 신탁이 설정되는 경우 담보권신탁으로 부르는 것이 학계의 일반적인 태도인 것으로 보이고, 신탁법의 개정단계에서 법무부 또한 신탁법 제2조의 개정을 통하여 '담보권신탁'이 도입되었다고 하고 있으므로, 이 글에서는 담보권을 설정하는 방식으로 설정된 신탁을 담보권신탁이라고 부르기로 한다.

448) 일본 신탁법 또한 담보권으로 설정하는 방식의 신탁을 인정하고 있는데(일본 신탁법 제3조), 이를 담보권신탁이라고 칭하고 있다. 道垣內弘人(2022a), 39頁.

는 점에서는 공통점이 있으나, 담보신탁은 위탁자가 수탁자에게 신탁재산의 소유권을 대내외적으로 완전히 이전하는 신탁인 반면, 담보권신탁은 위탁자가 수탁자에게 해당 자산에 대한 담보권을 설정하는 방식의 신탁이라는 점에서 차이가 있다.

이와 관련하여, 담보를 위하여 신탁을 이용하는 데는 특별한 제한이 없어 매우 다양한 방식이 존재하는데 판례나 학설과 같이 담보를 위하여 신탁이 활용되는 일부의 영역만을 담보신탁이라고 정의하는 것은 오히려 혼란을 초래한다고 비판하면서, 담보를 위하여 신탁제도가 이용되는 경우를 포괄적으로 모두 담보신탁이라고 지칭하더라도 무방하다는 주장도 있다.449)

그러나 오래전부터 국내 판례는 담보신탁을 담보 목적으로 소유권을 이전하는 등 재산을 완전히 이전하는 경우에 한정하여 설명하여 왔고, 담보신탁의 경우 재산이 수탁자에게 이전되는 것을 전제로 위탁자의 도산절차에 영향을 받지 않는다고 일관되게 판단하여 왔다.450)

따라서 담보를 위하여 신탁제도가 활용되는 경우를 모두 담보신탁으로 칭하는 것은 오히려 혼란을 초래할 것으로 생각된다. 특히 신탁법이 개정됨에 따라 담보권신탁이 도입된 이상, 담보권을 설정하는 형태의 담보권신탁과 소유권 이전 형식의 담보신탁은 분명히 구별되어야 할 것이다. 국내 학설 또한 담보신탁과 담보권신탁의 개념을 구별하여야 한다고 보는 것이 다수의 견해인 것으로 파악된다.451)452)

결론적으로 채권의 담보를 목적으로 하지만 신탁재산을 이전하는 방

---

449) 최수정(2013), 9면.
450) 대법원 2001. 7. 13. 선고 2001다9267 판결 등.
451) 주석신탁법(2017), 18면; 윤진수(2018), 699-700면; 이계정(2020), 86면; 이중기(2013), 661면. 한편, 법원 실무에서도 담보신탁과 담보권신탁은 명확히 구분하고 있다. 법원행정처(2015), 24면.
452) 일본법에서도 담보신탁과 담보권신탁은 구별된다고 본다. 道垣内弘人(2022b), 101頁.

식의 신탁은 담보신탁, 그리고 신탁재산에 대하여 담보권을 설정하는 방식의 신탁은 담보권신탁으로서 이 둘은 명확하게 구별하여야 한다.

나) 담보신탁과 양도담보권 설정을 통한 담보권신탁의 구별

① 양도담보권 설정을 통한 담보권신탁의 가부

위에서 살핀 바와 같이 담보신탁과 담보권신탁은 구별되어야 하지만, 만약 담보권신탁에 있어서의 담보권에 소유권이전을 통한 양도담보권도 포함된다고 본다면, 외관상 위탁자와 수탁자 사이에 소유권이 신탁재산이 이전된다는 점에서 그 구별이 어려울 것이라는 문제가 있다.

이와 관련하여 먼저 문제되는 것은 양도담보권의 설정을 통한 담보권신탁이 가능한지 여부이다. 현행 신탁법 제2조는 담보권신탁에서 수탁자에게 설정할 수 있는 담보권의 범위에 대하여 특별히 규정하고 있지 않고, 단지 '담보권의 설정'을 통하여 담보권신탁이 설정된다고만 규정하고 있다. 민법상 인정되는 담보권인 저당권, 유치권 및 질권이 위 신탁법에서 정하는 담보권에 포함된다는 점에 대해서는 의문의 여지가 없을 것이지만, 위 담보권에 법정담보권이 아닌 양도담보와 같은 비전형담보까지 포함되는 것인지 여부는 분명하지 않다.

그런데 일반적으로 법령에서 저당권, 유치권, 질권 등과 같이 구체적인 권리를 나열하지 않고 담보권이라는 포괄적인 용어를 사용하는 경우에는 법적으로 인정되는 모든 담보권을 포함하는 개념으로 사용하는 것으로 이해된다. 또한, 신탁법에서는 담보권의 개념에 대해서 특별히 규정하고 있는 바는 없지만, 타 법령에서는 담보권이란 표현을 사용하면서, 명문으로 그 개념에 양도담보를 포함하고 있는 경우도 있다.[453]

---

[453] 상속세 및 증여세법 제14조 제2항 제2호. 해당 규정은 "상속재산을 목적으로 하는 유치권(留置權), 질권, 전세권, 임차권(사실상 임대차계약이 체결된 경우를 포함한다), 양도담보권·저당권 또는 「동산·채권 등의 담보에 관한 법률」에 따른 담보권으로 담보된 채무"는 상속재산의 가액에서 뺀다고 규정하고 있고, 채무자회

또한 우리나라와 같이 담보권신탁을 명문 규정으로 인정하고 있는 일본 신탁법에서도 담보권에는 저당권뿐만 아니라 질권 및 양도담보권도 포함된다고 보고 있고,454) 국내에서도 다양한 논의가 있는 것은 아니지만, 민법상의 질권, 저당권 등 전형담보권 뿐만 아니라 가등기담보권, 양도담보권 등 비전형담보권도 포함된다고 보는 견해가 있다.455)

이러한 점들을 종합하여 볼 때, 신탁법 제2조에서의 담보권의 개념에 대해 신탁법이 특별히 규정하고 있는 바는 없지만, 양도담보권을 위 담보권에서 배제할 특별한 근거는 없을 것으로 판단된다. 따라서 양도담보를 설정하는 방식의 신탁 설정도 가능하며, 이와 같이 양도담보의 설정을 위한 소유권이전 방식의 신탁은 담보신탁과는 구별되는 담보권신탁에 해당된다고 보아야 한다. 즉, 만약 수탁자가 담보목적물의 소유권을 신탁법에 따라 완전하게 취득하지 못하고 담보 목적으로만 형식적으로 소유권을 이전받는 경우라면, 수탁자가 양도담보권을 취득하는 방식으로 담보권신탁이 설정된 것이라고 보아야 할 것이다.456)

② 양도담보권 설정을 통한 담보권신탁과 담보신탁의 구별

양도담보에 의한 소유권이전은 신탁법상의 신탁에 있어서의 소유권이전과 구별되고, 신탁법상 담보권 설정을 통한 담보권신탁에는 양도담보

생법 제141조 제1항은 회생담보권의 개념에 대해 "회생채권이나 회생절차개시 전의 원인으로 생긴 채무자 외의 자에 대한 재산상의 청구권으로서 회생절차개시 당시 채무자의 재산상에 존재하는 유치권·질권·저당권·양도담보권·가등기담보권· 「동산·채권 등의 담보에 관한 법률」에 따른 담보권·전세권 또는 우선특권으로 담보된 범위의 것은 회생담보권으로 한다"고 규정하고 있다.

454) 道垣內弘人 (2022a), 39頁.
455) 온라인주석서(신탁법)(2021). 제2조 집필부분(집필자 이연갑).
456) 다만, 소유권 이전이라는 대외적 외관은 동일하므로, 외관만으로는 해당 신탁이 담보신탁인지 양도담보권설정을 통한 담보권신탁인지 여부를 구별하는 것이 어려울 수 있는데, 이를 구별하는 기준에 대해서는 아래 ②항에서 좀 더 검토해보도록 하겠다.

설정을 통한 담보권설정도 가능함은 앞에서 살핀 바와 같다. 그렇다면, 수탁자가 담보 목적으로 신탁재산을 위탁자로부터 이전받은 경우에 이를 담보신탁으로 볼 것인지, 아니면 담보권신탁으로 볼 것인지에 대한 판단 기준이 문제된다.

이에 대하여, 수탁자가 신탁재산에 속하는 재산의 완전한 소유권을 가지는 경우는 담보신탁이고, 수탁자가 담보권만을 취득하는 경우는 담보권신탁에 해당하며, 위탁자의 수탁자에 대한 재산의 처분이 진정한 소유권 이전인지 아니면 양도담보의 설정인지 그 성질의 결정이 문제된다고 보는 견해가 있는데,457) 결국 해당 신탁이 담보신탁인지 담보권신탁인지 여부는 위탁자와 수탁자 간의 신탁행위의 해석의 문제일 것으로 판단된다.458)

위탁자의 수탁자에 대한 재산의 처분이 담보신탁에 해당하는지 양도담보의 설정을 통한 담보권신탁에 해당하는지 여부를 신탁행위의 해석을 통하여 판단하기 위해서는, 위탁자와 수탁자 사이의 계약을 살펴보는 것이 필요할 것이다. 이를 위하여 실무상 사용되고 있는 담보신탁 및 양도담보계약서의 양식들을 살펴보는 것이 도움이 될 것으로 생각된다.

먼저 부동산담보신탁계약서를 살펴보면,459) i) 신탁의 목적은 수탁자가 신탁부동산의 소유권을 관리하고, 채권의 담보를 위하여 신탁부동산을 보전 및 관리하며, 채무자의 채무 불이행시 신탁부동산을 환가 및 정

---

457) 道垣內弘人 (2022a), 39頁.

458) 이에 대하여 위탁자와 수탁자가 담보 목적으로 신탁재산을 이전하면 위탁자와 수탁자는 양도담보계약을 체결한 것으로 보아야 한다고 주장하는 견해가 있다. 함대영(2010), 81면. 그러나 당사자 사이의 의사 해석 없이 무조건 양도담보를 취득하였다고 보기는 어려울 것이며, 이런 견해에 의하면 담보권신탁과 구별되는 담보신탁의 개념 자체를 부정하는 것이 된다는 점에서도 타당하지 않다.

459) 우리자산신탁 주식회사(https://www.wooriat.com/cs/terms), 주식회사 한국토지신탁(https://www.koreit.co.kr/Products/Besides/Agreement?startId=KRT020504) 등이 홈페이지에 게시한 부동산담보신탁 계약서 양식을 참고하였다.

산하는 것이라고 규정하고, ii) 위탁자는 신탁계약의 체결 즉시 신탁부동산의 소유권을 수탁자에게 이전하고 신탁의 등기를 하여야 하며, iii) 신탁부동산에 관하여 임대차계약이 체결되어 있는 경우에는, 위탁자는 그 임대인의 명의를 수탁자로 변경하여 변경계약을 체결하여야 하고, iv) 피담보채무의 채권자를 우선수익자로 지정하도록 하고, 위탁자를 수익자로 지정하여, 우선수익자의 수익권이 수익자의 수익권에 우선하도록 하되, 수익자의 지위를 가지는 위탁자가 신탁부동산을 점유하여 사용할 권한을 가지도록 하고 있다.

이에 반하여 실무상 사용되고 있는 양도담보계약서를 살펴보면,[460] i) 양도담보권설정자는 채무의 담보를 위하여 양도담보목적물의 소유권을 채권자 겸 양도담보권자에게 양도함으로써 양도담보권을 설정한다는 것을 명시하고 있고, ii) 양도담보권설정자는 양도담보권자를 대리하여 목적물을 점유하여 사용, 수익, 관리한다고 하고 있다.

이러한 계약서들의 문구를 비교하여 살펴보면, 담보신탁계약서의 경우에는 위탁자가 수탁자에게 소유권을 이전하고 수탁자는 이전받은 소유권을 직접 관리하는 반면, 양도담보계약서의 경우에는 양도담보설정자가 채권의 담보를 위하여 소유권을 양도할 뿐, 담보목적물의 관리는 양도담보권설정자가 채권자를 위하여 직접 한다는 것을 알 수 있다.

대법원 또한 부동산을 채권담보의 목적으로 양도한 경우에는 특별한 사정이 없는 한 목적부동산에 대한 사용수익권은 채무자인 양도담보설정자에게 있는 것이고 양도담보권자는 사용수익할 수 있는 정당한 권한이 있는 채무자나 채무자로부터 그 사용수익할 수 있는 권한을 승계한

---

[460] 주식회사 하나은행(https://image.kebhana.com/cont/download/documents/provide/a00000 0000250_20210325.pdf) 및 주식회사 한국씨티은행(https://www.citibank.co.kr/cgrp_pjt/down/kor/35_CR-A-515_201508.pdf)의 홈페이지에 게시되어 있는 양식들을 참고하였다. 다만 은행에서 사용하는 양도담보계약서들은 주로 동산을 담보목적물로 하는 경우로, 부동산양도담보의 양식은 아니어서 단순 비교는 어려운 측면이 있다.

자에 대하여는 사용수익을 하지 못한 것을 이유로 임료 상당의 손해배상이나 부당이득반환청구할 수 없다고 하고,461) 양도담보설정자와 양도담보권자 사이에 양도담보권자가 목적물을 사용·수익하기로 하는 약정이 없는 이상 목적부동산을 임대할 권한은 양도담보설정자에게 있다고 하는 반면,462) 부동산담보신탁계약을 체결한 경우의 임대 권한은 특별한 약정이 없는 한 수탁자에게 있는 것이 일반적이라고 하고 있다.463)464) 위 계약서 양식을 살펴보아도 부동산담보신탁계약서 양식의 경우에는 임대차계약의 임대인의 명의를 수탁자로 변경하도록 하고 있다.

이러한 점들을 종합하여 보면, 위탁자와 수탁자 사이에 체결된 계약이 담보신탁계약인지, 양도담보권설정계약인지 여부를 판단하기 위해서는, 위탁자가 수탁자에게 소유권을 완전하게 이전할 의사가 있었는지,

---

461) 대법원 1988. 11. 22. 선고 87다카2555 판결.
462) 대법원 2001. 12. 11. 선고 2001다40213 판결.
463) 대법원 2019. 3. 28. 선고 2018다44879, 44886 판결.
464) 이와 관련하여, 실무에서는 위탁자의 명의로 임대차계약을 체결하는 경우도 종종 있는 것으로 보인다. 그렇지만 위탁자의 명의로 체결한 임대차계약으로 제3자에게 대항하기 위해서는, 위탁자가 위탁자의 명의로 임대차계약을 체결할 수 있음을 수탁자와 위탁자 사이에 사전에 명시적으로 합의하여 이를 신탁계약에 규정하여야 하고, 이러한 신탁계약의 내용이 신탁등기의 일부인 신탁원부에 기재되어야 한다(대법원 2022. 2. 17. 선고 2019다300095, 300101 판결). 위 판결은 부동산담보신탁계약에 '위탁자는 수탁자의 사전 승낙을 받아 위탁자의 명의로 신탁부동산을 임대한다.'는 조항이 있어 그 내용이 신탁원부에 기재되었고, 이후 수탁자는 '임대차계약 체결에 동의하되, 수탁자는 보증금 반환에 책임이 없다'는 취지의 동의서를 우선수익자와의 협의에 따라 작성하여 위탁자에게 전달하고, 이에 따라 위탁자가 임대차계약을 체결한 사안에 대한 것으로서, 이에 대하여 대법원은 그에 따른 임차인은 수탁자가 아닌 위탁자에 대하여 임대차보증금 반환청구를 하여야 한다고 판단하였다. 이러한 대법원 판례의 태도에 비추어보아도, 부동산담보신탁에 있어서 부동산의 임대 권한은 원칙적으로 소유자인 수탁자에게 있으며, 다만 특별한 약정 등과 같은 별도의 합의에 따라 수탁자가 위탁자에게 그 임대권한을 수여할 수 있을 뿐이다.

즉 목적물의 사용, 수익, 처분권한 등을 모두 이전할 의도인지를 판단하여야 할 것인데, 목적물을 사용수익권이 원칙적으로 위탁자에게 있는지, 아니면 수탁자에게 있는지, 즉 원칙적으로 수탁자에게 사용수익권이 있으나 신탁계약상 예외적인 범위 하에서 위탁자에게 사용수익 권한을 부여하는 것인지, 아니면 처음부터 사용수익권은 위탁자에게 유보되어 있는 것인지 여부가 그 기준이 될 수 있을 것이다. 특히 목적물이 부동산인 경우에는 임대 권한이 원칙적으로 누구에게 있는지 여부가 판단 기준이 될 수 있을 것으로 판단된다.

다) 신탁의 등기의 문제

신탁의 목적물이 동산인 경우에는 그 신탁이 담보신탁인지 아니면 양도담보권 설정을 통한 담보권신탁인지 여부는 위에서 검토한 바와 같이 그 계약서를 기준으로 하여 해석하면 될 것으로 판단된다.

그런데, 신탁의 목적물이 등기할 수 있는 자산인 부동산의 경우에는, 양도담보의 경우에도 소유권이전등기를 경료하는 방식으로 이루어지므로, 이러한 부동산양도담보의 등기와 신탁법 제4조에 제1항에 따른 신탁의 등기를 구별하기 어렵다는 문제가 있다.

부동산등기법상 신탁의 등기는 수탁자가 단독으로 신청하여 이루어지는데(부동산등기법 제23조 제7항), 이 때 신탁등기의 신청은 신탁을 원인으로 하는 소유권이전등기의 신청과 함께 하나의 신청정보로 일괄하여 하여야 하고(부동산등기법 제82조 제1항), 등기의 목적은 "소유권이전 및 신탁", 등기원인과 그 연월일은 "O년 O월 O일 신탁"으로 한 신청정보를 제공하여야 하며, 신탁등기만을 신청하거나 소유권이전등기만을 신청하는 경우에는 신청이 각하된다(부동산등기법 제29조 제5호).[465] 따라서 이러한 법원 실무에 따라 신탁의 등기가 이루어지게 되면, 신탁법

---

[465] 법원행정처(2015), 19-20면.

상의 신탁에 따라 소유권이 이전되었다는 것이 등기를 통해 공시되게 되는 것이며, 이는 수탁자가 대내외적으로 소유자임을 나타내는 것이다.

만약 위탁자와 수탁자가 어느 부동산에 대하여 양도담보권을 설정하는 방식으로 담보권신탁을 하고자 한다면, 이론적으로는 위탁자와 수탁자 사이에 부동산양도담보를 설정하는 방식으로 신탁을 설정한다는 신탁계약을 체결함과 동시에 그 신탁계약에 기하여 해당 부동산에 대하여 양도담보의 담보권신탁등기를 경료하여야 할 것이다.

그런데, 법원실무상 담보권신탁의 등기는 신탁을 원인으로 하는 담보권설정등기의 신청과 함께 하나의 신청정보로 일괄하여 하고(부동산등기법 제82조 제1항), 등기의 목적은 예를 들어 "저당권설정 및 신탁", 등기원인과 그 연월일은 "O년 O월 O일 신탁"으로 한 신청정보를 제공하는 방식으로 하고 양도담보의 경우 어떠한 방식으로 신탁의 등기를 하는지에 대해서는 설명하고 있지 않다.466)

만약 양도담보권의 설정을 통한 담보권신탁의 경우에도 일반 소유권이전의 신탁의 경우와 동일하게 소유권이전과 신탁의 방식으로 신탁등기를 하게 된다면, 신탁법상의 소유권이전에 의한 담보신탁과 양도담보권 설정에 의한 담보권신탁이 등기상으로는 구별되지 않을 것인데, 이렇게 된다면 '신탁법상의 소유권이전의 신탁이 설정되면 수탁자에게 대내외적으로 소유권이 이전된다'는 신탁의 본질을 침해할 우려가 있다.

물론, 양도담보도 소유권이전등기를 통해 하기 때문에 소유권이전등기의 외관상으로는 진정한 소유권의 이전인지 양도담보에 따른 소유권이전인지 구별되지 않으므로, 마찬가지라는 반론이 있을 수도 있다. 그렇지만 신탁등기는 소유권이전등기와는 다른 형태의 등기인데, 신탁의 등기를 통한 양도담보의 설정도 가능하다는 명문의 규정이나 판례가 있지 않은 상태에서 신탁등기를 통한 양도담보 설정이 가능하다고 볼 수

---

466) 법원행정처(2015), 25면.

있을지 의문이다. 또한 오랜 기간 판례를 통해 인정되어 온 비전형담보인 부동산 양도담보는 '소유권이전등기'의 경료에 의해서만 인정되어 온 것인데,[467] 특별한 근거 없이 신탁의 등기를 통해서도 양도담보권의 설정이 가능하다고 보는 것은 비전형담보의 인정 범위를 넘어서는 것이고 물권법정주의에도 반하는 것이 아닌지 의문이 든다.

그렇다면, 양도담보권 설정을 통한 담보권신탁의 등기의 경우에도 저당권 설정을 통한 담보권신탁의 등기와 유사하게 채무자 및 채권에 관한 사항을 기재하는 방안 등을 생각해 볼 수 있으나, 실제 양도담보권 설정은 단순히 소유권이전등기를 경료함으로써 이루어진다는 점에서 양도담보권 설정을 통한 담보권신탁의 경우에만 이러한 방식의 등기를 하여야 하는지도 의문이다.

따라서 신탁법에 따른 담보권신탁의 담보권의 범위에 양도담보권도 포함된다고 보는 것에는 이견이 없으나 동산에 대한 양도담보권의 설정이 아닌 부동산에 대한 양도담보권설정을 통한 담보권신탁도 허용하여야 하는지는 의문이 있으며, 이를 허용한다고 하더라도 이를 어떻게 등기할 것인가에 대한 정리가 선행되어야 할 것이다.

그리고 이 부분에 대한 입법이나 판례가 없는 상태에서는, 단순한 소유권이전의 신탁을 통하여 부동산이 수탁자 명의로 이전된 경우에는 원칙적으로 담보신탁이 실징된 것으로 보아야 할 것이고, 이러한 등기를 부동산양도담보의 설정을 통한 담보권신탁이 설정된 것으로 보기는 어려울 것으로 생각된다. 만약 부동산에 대한 양도담보권 설정을 통한 담보권신탁을 실무상 활용할 필요성이 있다면 그 등기의 방식 등에 대하여 추가적인 논의가 선행되어야 할 것으로 생각한다.

---

[467] 대법원 1972. 1. 31. 선고 71다2539 판결, 대법원 2001. 12. 11 선고 2001다40213 판결 등.

라. 비교법적 고찰 - 미국법에서의 Deed of Trust

1) 의의

우리법상의 담보신탁과 유사한 제도로 종종 거론되는 것이 미국법상의 Deed of Trust이다.468)469) 이에 더하여, Deed of Trust를 아예 담보신탁으로 번역하고 거의 같은 제도로 보는 사례도 있다.470) 이와 같이 미국법상의 Deed of Trust가 우리나라의 담보신탁과 유사하다고 보는 입장은 이러한 Deed of Trust가 미국법에서 신탁이 아니라 담보로 취급되고 있다는 점을 들어 우리법에서의 담보신탁도 신탁이 아닌 담보로 인정할 필요성이 있다고 주장한다.471)

미국법상 Deed of Trust는 신탁(trust)이라는 용어를 사용하고 있음에도 불구하고 신탁으로 인정되지 않고 담보로 취급되고 있는 것은 사실이다. 미국의 신탁에 관한 법률 중 Restatement (Third) of Trusts 제5조는 Deed of Trust가 신탁이 아니라는 점을 명확히 하고 있다.472)

---

468) 윤진수(2018), 712면 이하.
469) Deed of Trust를 신탁증서로 번역하기도 하나, 신탁법상의 신탁과는 다른 개념이므로 이러한 번역 또한 개념의 혼란을 초래할 수 있을 것이다. 이에 별도의 번역 용어를 사용하지 않고 Deed of Trust로 칭하기로 한다.
470) 가정준(2016), 553-555면; 김상용(1992), 248면; 함대영(2010), 66면. 김상용 교수의 위 논문에서는 명확하게 Deed of Trust를 지칭하고 있지는 않지만, 담보신탁제도가 영미에서 모기지(Mortgage)와 함께 널리 사용되고 있으며, 특히 캘리포니아주에서 많이 사용되고 있다고 소개하고 있는데, 이는 Deed of Trust 제도를 담보신탁제도로 소개하고 있는 것으로 이해된다.
471) 김상용(1992), 250-251면; 윤진수(2018), 712~716면; 정소민(2019), 103면. 다만 윤진수 교수님의 견해는 담보신탁을 항상 신탁이 아닌 담보로 취급하여야 한다는 견해라기보다는, 신탁법상의 신탁임을 인정하지만 도산절차에서는 담보로 취급하여 도산절연성을 부정하여야 한다고 보는 견해에 가까운 것으로 이해된다.
472) Restatement (Third) of Trusts § 5 (2003)은 "The following are not trusts: ············ (l) mortgages, deeds of trust, pledges, liens, and other security

그러나 미국법상의 Deed of Trust는 미국 신탁법상의 신탁과는 전혀 다르고, 신탁이라는 용어를 사용하고 있을 뿐 그 특성상 담보권이라고 보는 것이 타당하다는 점에서 신탁법상의 신탁의 요건을 갖추고 있는 우리법상의 담보신탁과는 유사하다고 보기 어렵다. 이하에서는 Deed of Trust의 개념 및 특징을 살펴보고 우리법상의 담보신탁과의 차이점을 살펴보고자 한다.

2) Deed of Trust의 개념 및 특징

Deed of Trust는 미국법상 인정되는 제도로, 수탁자가 법원에 의하지 아니하고 그 담보권을 실행할 수 있는 담보권을 말한다.[473] 미국에서 부동산에 대한 담보권으로 이용되는 것은 크게 모기지(Mortgage)[474]와 Deed of Trust가 있는데, 둘 다 채권을 담보하기 위하여 사용되지만 담보물을 법원을 통하여 매각하여야 하는지, 아니면 사적으로 매각할 수 있는지 여부에 따라 우선적으로 구별된다.[475] 채권자는 자신의 채권을

---

arrangements."라고 규정하고 있다.
[473] Gershon Dean Cohen (1975), p. 135.
[474] 모기지(Mortgage)는 우리법상의 저당권과 유사하다고 할 수 있지만, 대륙법상의 저당권과 완전히 동일한 개념은 아니다. Restatement (Third) of Property (Mortgages) 제1.1.에 의하면 모기지(Mortgage)는 채무 이행의 담보를 위하여 부동산의 지분을 이전하거나 보유하는 것을 말한다(원문은 "A mortgage is a conveyance or retention of an interest in real property as security for performance of an obligation"이다). 따라서 이러한 이유로 Mortgage를 저당권으로 번역하지 않고 모기지라고 표현하는 경우가 많으며, 이 글에서도 별도의 번역된 용어를 사용하지 않고 모기지(Mortgage)라고 쓰기로 한다.
[475] Aldo P. Guidotti (1943), pp. 431-432. 해당 논문에서는 담보권을 가지는 채권자를 사적 매각 권한(a power of private sale)을 가지는 자와 아닌 자로 구분하면서, 일반적인 모기지(Mortgage)를 가지는 채권자는 사적 매각 권한(a power of private sale)을 가지지 못하고, Deed of Trust를 가지거나 사적 매각 권한(a power of private sale)이 별도로 부여된 모기지(Mortgage)를 가지는 경우에만 법

좀 더 신속하고 안전하게 보호받기 위하여 사적 매각을 할 수 있는 Deed of Trust를 선호하는 경향이 있는데, 근본적으로 채권을 담보하기 위한 담보권의 일종이라는 점에서는 공통점이 있다.

Restatement (Third) of Trusts 제5조의 주석(comment)에 의하면, i) Deed of Trust는 모기지(Mortgage)의 성격을 가지고, ii) 그 수탁자(Trustee)는 채권담보의 일환으로 해당 재산에 대한 권리(title)를 가지고 채권자 및 채무자에 대하여 신인적 관계(fiduciary relation)를 가지기는 하지만,[476] 신탁법에서의 신인 의무(fiduciary duty) 및 그 규칙이 적용되진 않으며, iii) Deed of Trust에 일부 신탁적 개념이나 신탁관계에서의 규칙이 적용된다고 하더라도, 원칙적으로 담보인 Deed of Trust에는 신탁의 법리가 적용되지 않는다고 설명하고 있다.[477]

Deed of Trust가 신탁이 아니라고 보는 미국 신탁법의 태도를 이해하기 위해서 영국에서 논의되는 신탁의 성립요건 중 설정 의도의 확실성(certainty of intention)에 대한 설명을 살펴보는 것도 도움이 될 것으로 생각된다.[478][479] 영국에서도 상업적 영역에서 신탁이 자주 활용되는 것

원을 통하지 않고 사적으로 담보물을 매각할 수 있다고 설명하고 있다. 따라서, 모기지(Mortgage)의 경우에도 별도의 의사표시로 사적 매각 권한(a power of private sale)을 부여하는 것이 가능은 하지만, 기본적으로는 사적 매각 권한(a power of private sale)이 없다.

[476] Deed of Trust의 수탁자는 이와 같이 채권자 및 채무자 모두에 대하여 신인적 관계를 가지는데 반하여, 신탁에서의 수탁자는 수익자에 대해서만 신인의무를 지는데 이 점이 Deed of Trust와 신탁의 차이점이다. Austine Wakeman Scott & Mark L. Ascher (2022a), p. 80.

[477] Restatement (Third) of Trusts § 5 Comment. K (2003).

[478] 영미법상 명시 신탁(express trust)이 유효하게 설정되기 위해서는 3가지의 확실성, 즉 설정 의도의 확실성(certainty of intention), 신탁 대상의 확실성(certainty of subject matter), 그리고 신탁 목적의 확실성(certainty of object)이 요구된다. Alastair Hudson (2022), pp. 45-48; Charles Mitchell, Paul Matthews, Jonathan Harris, & Sinéad Agnew (2022), p. 101; Gary Watt (2021), pp. 66-68; Geraint Thomas & Alastair Hudson (2004), pp. 55-56; Graham Virgo

은 당사자의 도산으로부터 해당 재산을 보호받기 위함이 큰데, 종종 거래 당사자들이 '신탁설정의 의사'를 명확히 하지 않아 이에 대한 논란이 발생한다고 한다.[480]

이와 관련하여, 어느 금융기관이 금융당국의 명령으로 고객의 예금에 상당하는 금액을 '신탁'으로 표시된 계정에 보관하였다가 파산한 사례에서, 영국 법원은 비록 '신탁'이라는 용어가 사용되었지만, 그 금액은 어느 예금과 어느 고객의 금액을 어느 범위에서 보호하기 위한 것인지 전혀 특정되어 있지 않기 때문에 신탁이 설정되었다고 볼 수 없다고 하였다.[481] 이에 반하여, 당사자가 '환매조건부 매매거래(repo)'[482] 계약을 하고 주식을 매도한 후 그 주식을 매수한 금융회사가 해당 주식의 법적 권한(legal title)을 제3자에게 이전해둔 뒤 파산한 사례에서는, 영국 법원은 비록 당사자 사이에 신탁 설정의 명시적인 표시가 없었지만, 위 제3자를 수탁자로 하여 주식매도인을 보호할 의사로 신탁을 설정한 것으로 볼 수 있다고 판단하였다.[483]

위 사례들에 비추어볼 때 신탁이 유효하게 설정되기 위해서는 'trust'라는 용어를 사용하였는지 여부가 중요한 것은 아니고, 당사자들에게 신탁설정의 의사가 있었는지 여부가 중요한 것을 알 수 있다. 따라서 신탁법상의 신탁이 되기 위해서는 당사자 사이에 신탁 설정의 의사가 있어

(2020), pp. 73-74; Philip H. Pettit (2012), pp. 44-56.
[479] 미국법에서도 표준신탁법(Uniform Trust Code)의 제정으로 신탁의 목적과 위탁자의 설정 의도의 중요성을 다시 확인하였다고 하면서, 신탁에 있어서 위탁자의 의도가 가장 중요한 것임을 설명한 바 있다. Benjamin D. Patterson (2010), pp. 910-913.
[480] Alastair Hudson (2022), p. 52.
[481] *Brazzill v. Willoughby*, [2009] EWHC 1633 (Ch), [2010] 1 BCLC 673.
[482] 환매조건부 매매거래(repurchase agreement)는 종종 repo로 표시되는데, 단기금융조달을 위하여 주식이나 채권등을 매매하는 거래를 말한다.
[483] *Mills v. Sportsdirect.com Retail Ltd* [2010] EWHC 1072 (cH), [2010] 2 BCLC 143.

야 하므로, Deed of Trust는 비록 신탁(trust)이라는 용어를 사용하고는 있지만 당사자 사이에 신탁이 아닌 담보를 설정한 의사가 있는 경우에 해당하여 신탁 설정의 요건을 충족하지 못하는 것이다.

Deed of Trust가 신탁이 아니라 담보에 해당한다는 것은 미국에서 일반적으로 사용되는 Deed of Trust의 계약서 양식을 살펴보아도 알 수 있다. 미국에서 사용되고 있는 일반적인 Deed of Trust의 양식을 살펴보면,484) i) Deed of Trust가 채권자와 채권액을 명시한 특정채권을 담보하기 위한 것임을 명시하고 있고, ii) Deed of Trust는 피담보채무가 변제될 때까지 유효하다고 규정하여 Deed of Trust가 피담보채무에 연동되어 있는 담보라는 것을 명확히 하였으며, iii) 피담보채무가 불이행되거나 위탁자에 대하여 도산절차가 개시되면 수익자는 그 즉시 채무불이행(Event of Default)을 선언하고, 수탁자로 하여금 신탁재산을 매각하도록 하여야 한다고 규정한다. 즉, 전형적인 담보계약서에서 포함하고 있는 내용들을 규정하고 있는 것이다.

또한 미국법상 Deed of Trust에서의 수탁자는 다음과 같이 신탁법상의 신탁과는 상당히 다른 특징을 가진다. 즉, i) Deed of Trust에서의 수탁자는 보통법(common law)상 그리고 신탁법(trust law)상의 신인 의무(fiduciary duty)가 적용되지 않고, 단지 Deed of Trust에서 정하는 바에 따른 매우 제한된 의무만을 가지며, ii) 만약 수탁자가 그 의무를 위반하는 경우에 위탁자는 Deed of Trust 계약에서 정한 의무의 위반, 즉 계약상의 의무 불이행만을 주장할 수 있을 뿐 신탁법상의 수탁자의 일반적인 신인 의무(fiduciary duty) 위반을 주장할 수 없다고 한다.485) 위에서 살핀 바 있는 Deed of Trust의 계약서 양식 또한 이러한 이유에서 수탁자의 의무에 대해서는 특별히 규정하고 있는 바가 없는 것으로 이해된다.486) 또한 Deed of Trust에서의 수탁자는 진정한 의미의 수탁자가 아

---

484) 13 Am. Jur. Legal Forms 2d § 179:58.
485) *Mayo v. Wells Fargo Bank*, N.A., 30 F.Supp.3d, 485 (2014).

니며, 단지 채무자(위탁자)와 채권자(수익자)를 위한 대리인에 불과하다고 한다.487)488)

그리고 Deed of Trust의 위탁자는 대상 자산에 대하여 모기지설정자(Mortgagor)와 동일한 수준의 점유권(possessory rights)을 가지는데 그 구체적인 범위는 계약에 따라 정해지나 일반적으로는 임대계약을 체결하거나 임대료를 징수할 권한 등이 포함되며,489) 위탁자는 여전히 해당 자산에 대하여 점유 및 처분 권한을 가지고 후순위의 Deed of Trust를 설정하는 등의 행위를 할 수 있다.490) 결국 Deed of Trust의 당사자들은 신탁을 설정한 의도가 있다고 보기 어렵고, 이러한 이유로 미국법에서는 Deed of Trust를 신탁이 아닌 담보로 보는 것이다.

이러한 점들을 종합하면, Deed of Trust는 모기지(Mortgage)와 같이 채권을 담보하기 위한 담보권의 일종으로 이용되는 것으로,491)492) 그 담보물의 집행 등에 있어서 모기지(Mortgage)와 구별되는 차이점이 있고 비록 신탁(trust)이라는 용어를 사용하고 있기는 하지만, 미국 신탁법상의 신탁은 아니라고 정리할 수 있을 것으로 보인다.

---

486) 13 Am. Jur. Legal Forms 2d § 179:58.
487) *Citrus El Dorado, LLC v. Chicago Title Co.*, 32 Cal App. 5th, 943 (2019).
488) Deed of Trust에서의 수탁자는 신탁재산의 관리자가 아니라 단순한 보유자에 불과하고, 위탁자 또한 여전히 소유자로서의 권리를 행사한다고 하며 그러한 점에서 담보신탁과 나르나고 한다. 이계정(2017b), 101~102면.
489) *Kinnison v. Guaranty Liquidating Corp.*, 18 Cal. 2d 256, 115 P.2d 450 (1941).
490) *Rossberg v. Bank of America*, N. A., 219 Cal. App. 4th 1481, 162 Cal. Rptr. 3d 525 (4th Dist. 2013); *Aitchison v. Bank of America Nat. Trust & Savings Ass'n*, 8 Cal. 2d 400, 65 P.2d 890 (1937); *Zolezzi v. Michelis*, 86 Cal. App. 2d 827, 195 P.2d 835 (1st Dist. 1948).
491) *Bob DeGeorge Assocs., Inc. v. Hawthorn Bank*, 377 S.W.3d 592, 597 (Mo. 2012).
492) Deed of Trust에 대해서 모기지(Mortgage)와 신탁이 혼합된 형태라고 설명하기도 한다. Austine Wakeman Scott & Mark L. Ascher (2022a), p. 80.

3) Deed of Trust와 담보신탁의 차이점

위에서 살펴본 바와 같이, Deed of Trust는 미국법상 담보권으로 취급되고 신탁법상 신탁으로 인정되지 않으며 신탁법상의 신탁과는 다른 특징들을 가지고 있다.

이에 반하여 담보신탁은 신탁법상의 신탁으로서의 요건을 갖추고 있다. 즉, i) 담보신탁의 수탁자는 신탁법에 따른 수탁자로서 신탁법에서 정하는 권리 및 의무를 모두 부담하고, ii) 위탁자는 신탁계약에서 정하는 범위에서 신탁재산에 대하여 권리를 가지는 경우를 제외하고는 원칙적으로 신탁재산에 대하여 어떠한 권리도 행사하지 못하며, iii) 일단 담보신탁이 설정되어 수탁자에게로 재산이 이전된 이후에는 위탁자는 해당 신탁재산에 대하여 후순위 담보권을 추가로 설정하는 등의 처분행위를 하지 못한다.[493]

따라서 담보신탁의 당사자들은 신탁법상의 신탁을 설정할 의도를 가지고 신탁을 설정하는 것이고, 실제 담보신탁을 설정함에 있어서는 각 당사자들이 신탁법에 따른 신탁 설정의 절차에 따라 신탁을 설정하고 필요한 경우 신탁의 등기를 경료하고 있으므로, 신탁을 설정할 의도로 신탁법상의 신탁을 설정한 것으로 보아야 할 것이고 담보를 설정한 것이라고 볼 수는 없을 것이다.

이러한 점들을 종합하여 보면, 미국법상 Deed of Trust를 우리법상의 담보신탁과 동일하다거나 유사한 제도로 보는 것은 타당하지 않으며, 오히려 Deed of Trust는 위탁자와 수탁자 사이의 대내적 관계에서 위탁자가 소유자로서 권리를 행사하고 수탁자는 단순히 재산을 보유하는 자에

---

[493] 만약 위탁자가 다른 채권자들을 위하여 후순위 담보를 추가로 설정하고 싶다면, 신탁계약상 기존 우선수익자보다 후순위로 우선수익자를 추가하는 방식으로는 가능할 수도 있을 것이나, 신탁재산에 대하여 직접적으로 후순위 담보신탁을 설정하는 것은 불가능하다.

불과하다는 점에서 담보신탁이 아니라 우리나라의 양도담보 또는 양도담보권 설정을 통한 담보권신탁과 비슷하다고 할 것이다.494)495)

특히 미국법과는 달리 채권담보를 위하여 수탁자에게 담보권을 설정하는 방식의 담보권신탁을 신탁법에 따른 신탁으로 인정하는 우리 신탁법에 비추어볼 때, 채권을 담보하는 것이 신탁의 목적이라는 이유로 담보신탁을 신탁이 아닌 담보권으로 볼 수는 없을 것이다. 따라서 신탁법상의 신탁에 해당하는 담보신탁에 대하여 Deed of Trust의 취급례를 적용하여 담보의 일종으로 보고 도산절연성을 부정하는 것은 타당하지 않을 것으로 생각된다.

마. 비교법적 고찰 - 프랑스법에서의 담보신탁

1) 의의

프랑스 민법(Code civil)은 재산취득의 다양한 방식에 관한 부분인 제3편(Livre III)에서 제14장(Titre XIV)의 2011조부터 2030조의 규정으로 신탁(*fiducie*)에 대하여 규정하고 있다. 프랑스에서 민법을 개정하여 처음으로 신탁(*fiducie*)을 도입한 것은 2007년 2월 19일로, 제2007-211호 법률로 공포되었다.496) 프랑스 또한 소유권의 절대성과 상속재산

---

494) 물론 양도담보는 담보대상자산을 담보권자인 채권자에게 이전하는 반면, Deed of Trust는 제3자인 수탁자에게 이전하는 형식을 취한다는 차이가 있다. 하지만, 이러한 구조는 우리법상 오히려 담보신탁이 아닌 위에서 설명한 바 있는 '수탁자가 양도담보권을 취득함으로써 설정되는 담보권신탁'과 유사하다고 볼 수 있을 것으로 생각한다.

495) 미국법에서는 Deed of Trust에 대해서 모기지(Mortgage)와 신탁이 혼합된 형태이며, Deed of Trust의 수탁자는 이와 같이 채권자 및 채무자 모두에 대하여 신인적 관계를 가진다는 설명하고 있다. Austine Wakeman Scott & Mark L. Ascher (2022a), p. 80. 이러한 설명에 비추어보아도, 양도담보권 설정을 통한 담보권신탁과 유사한 성격을 가지는 것이라고 볼 수 있다.

(patrimony)의 단일화를 중시하는 대륙법 체계이기 때문에 형평법상의 권리를 인정하는 영미법상의 신탁의 개념을 인정하고 도입하는 것에 대하여 반대하는 견해가 많았다.497)

그러나 이러한 개념상의 어려움에도 불구하고 프랑스에서 신탁을 도입하게 된 것은, i) 신탁이 재산을 보호하고 관리함에 있어 매우 유용한 도구이고, ii) 이미 캐나다 퀘벡주, 이탈리아와 룩셈부르크에서는 이러한 어려움을 극복하고 신탁을 도입한 선례가 있으며, iii) 프랑스에서 신탁의 도입을 주저함에 따라 경제시장에서 경쟁력과 효율성을 잃어가고 있고, 많은 기업들은 신탁을 이용하기 위하여 다른 지역으로 이동하여 거래를 하기에 이르렀다는 점들을 고려하였기 때문이라고 한다.498)

프랑스에서의 신탁(*fiducie*)은 크게 두 가지로 나뉘는데, i) 어떤 재산을 관리 목적으로 위탁자가 수탁자에게 이전하는 관리신탁(*fiducie gestion*)과 ii) 채무를 담보할 목적으로 위탁자가 자산에 대한 소유권이나 담보권 등의 재산을 수탁자에게 완전하게 이전하는 담보신탁(*fiducie sûreté*)으로 나뉜다.499) 기존에는 단순히 재산을 이전하기 위한 목적의 이전신탁(*fiducie-libéralité*)이 있었으나 프랑스 민법 제2003조는 이러한 신탁을 금지하고 있다.500)

이와 같은 프랑스 신탁의 특징은 담보신탁(*fiducie sûreté*)을 명시적으로 인정하고 있고, 이에 대한 명문 규정까지 두고 있다는 점이다. 담보

---

496) https://www.legifrance.gouv.fr/loda/id/LEGIARTI000006523247/2007-02-21/ 참조
497) Muriel Renaudin (2013), pp. 389-391. 해당 논문에 의하면 프랑스의 상속재산의 단일성의 원칙은 Aubry교수와 Rau교수가 집필한 C. Aubry and C.F. Rau, Droit Civil, Vol.IX, (Paris: E Bartin, 1917)에 의하여 설립된 이론이라고 한다.
498) 프랑스에서의 신탁의 도입과정에 관하여는 Muriel Renaudin (2013), pp. 390-391; 심인숙(2011), 257-259면; 정태윤(2012), 941-944면 참조.
499) Martin Gdanski and Tara Pichardo-Angadi (2007), pp. 434-437; Anker Sorensen (2015), p. 621.
500) Anker Sorensen (2015), p. 621; 정태윤(2012), 958-959면.

신탁에 대한 규정은 신탁에 대한 위 규정과는 별도로 담보(*sûreté*)에 관한 제4편(Livre IV)에서 규정하고 있는데, 해당 편의 제2장(Titre II)에서, 제2372-1조 내지 제2372-6조에서는 동산담보신탁에 관한 규정을, 제2488-1조 내지 제2488-6조에서는 부동산담보신탁에 관한 규정을 두고 있다.501) 프랑스의 위 담보신탁(*fiducie sûreté*)은 담보목적으로 수탁자에게 이전하는 재산을 어느 재산에 대한 소유권에 한하지 않으므로, 그 재산이 담보권이 될 수도 있다.502) 담보권을 수탁자에게 이전하는 경우는 우리 신탁법상의 담보권신탁과 유사한 신탁에 해당할 것이므로, 프랑스 민법상의 담보신탁(*fiducie sûreté*)이 우리법상의 담보신탁과 정확하게 일치한다고 할 수는 없고, 보다 넓은 개념인 것으로 이해된다. 하지만 프랑스의 담보신탁(*fiducie sûreté*)에 우리법상 담보신탁과 동일한 유형의 신탁이 포함된다는 점은 명확하므로,503) 프랑스 민법의 담보신탁에 대한 규정들과 프랑스법에서 이러한 담보신탁이 어떠한 지위를 가지는지를 살펴보는 것은 의미가 있을 것으로 생각된다.

또한 미국법에서는 Deed of Trust에 대한 명문 규정을 두고 있지만 위에서 살핀 바와 같이 Deed of Trust는 신탁법에 따른 신탁이 아닌 담보권의 일종으로 우리법상의 담보신탁과는 다르고, 일본법에서도 담보신탁에 대한 논의가 있기는 하나,504) 이에 대한 명문 규정을 두고 있지 않다는 점들을 고려할 때, 명문의 규정으로 정리하여 규율하고 있는

---

501) 이와 관련하여, 프랑스 민법이 담보신탁을 신탁에 관한 편(Livre)이 아니라 담보에 관한 편(Livre)에 두고 있다는 점을 들어 담보신탁이 신탁이 아니라 담보권에 해당한다고 설명하는 견해가 있다. 정소민(2019), 103-104면. 그러나 담보의 방식 중 하나로 담보신탁을 명문으로 인정하고 있는 것일 뿐, 담보신탁도 신탁의 한 유형으로서 신탁에 관한 일반 규정이 모두 적용되고 있으므로, 담보에 관한 편에 소개되어 있다고 하여 신탁이 아니라 담보권이라고 볼 수는 없을 것으로 생각된다.

502) Muriel Renaudin (2013), p. 391.

503) François Barrière (2013), p. 873. 해당 논문은 프랑스 담보신탁(*fiducie sûreté*)은 위탁자가 수탁자에게 재산의 소유권을 이전하는 것을 포함한다고 설명한다.

504) 道垣內弘人 (2022a), 39-43頁; 新井誠 (2014), 480-483頁.

프랑스 담보신탁(*fiducie sûreté*)에 대하여 살펴보는 것은 상당한 의미가 있을 것으로 생각된다.

2) 프랑스법에서의 담보신탁

가) 담보신탁에 관한 규정

프랑스는 프랑스 민법에 신탁에 대한 규정을 도입한 이후, 2009년 1월 30일의 오르도낭스(*ordonnance*) 제2009-112호에 의하여 담보신탁에 대한 규정을 새로이 제정하여 신탁에 대한 일반적인 규정 외에 담보신탁에 대한 특별 규정을 별도로 두고 있다.

담보신탁도 프랑스 민법에 따른 신탁이므로 신탁에 대한 일반 규정이 적용되므로,505) 담보신탁 또한 위탁자와 수탁자 사이의 계약에 의하여 설정된다.506) 또한 프랑스 신탁에서는 위탁자 또는 수탁자가 수익자 또는 수익자들 중 일인이 될 수 있으므로,507) 담보신탁에 있어 수탁자는 채권자가 될 수도 있고 채권자가 아닌 제3자가 될 수도 있다. 수탁자가 수익자의 지위를 겸하여 신탁의 이익을 향유할 수 있도록 하는 것은 프

---

505) 동산담보신탁에 관한 프랑스민법(Code Civil) 제2372-1조는 "제2011-2030조에 따라 체결된 신탁 계약에 따라" 동산소유권 또는 권리가 담보로 될 수 있다고 규정하고, 부동산담보신탁에 관한 프랑스민법(Code Civil) 제2488-1조는 "제2011-2030조에 따라 체결된 신탁 계약에 따라" 부동산소유권이 담보로 될 수 있다고 규정하여, 담보신탁이 신탁의 일반 규정에 따라 설정된 신탁임을 전제로 하고 있다.
506) 프랑스민법(Code Civil) 제2012조. 해당 규정은 신탁은 법률(la loi) 또는 계약(contra)에 의하여 설정된다고 하고 명시적으로 설정되어야 한다고 하고 있다. 다만 아직 법률에 의하여 담보신탁을 설정할 수 있는 근거 규정을 두고 있지는 않으므로, 결국 당사자 사이의 계약에 의하여 설정된다고 할 것이다.
507) 프랑스민법(Code Civil) 제2016조. 해당 규정은 "위탁자 또는 수탁자는 신탁계약 상의 수익자 또는 수익자들 중 하나가 될 수 있다(Le constituant ou le fiduciaire peut être le bénéficiaire ou l'un des bénéficiaires du contrat de fiducie)"라고 규정하고 있다.

랑스 신탁의 특징이라고 할 수 있다. 영미법에서는 '신탁재산이 수탁자와 분리되어 그 이익을 향유하지 않는 것'이 신탁의 본질로서, 만약 이러한 분리가 이루어지지 않는다면 신탁이 아니라고 하고, 수익자와 수탁자가 정확하게 일치하는 경우에는 법적 권한(legal title)과 형평법적 권한(equitable title)의 분리가 이루어지지 않았기 때문에 신탁이 설정되지 않는다고 보고 있으며,508) 우리 신탁법에서도 수탁자 자신은 신탁으로부터 이익을 향유하지 못하고 단지 공동수익자 중 1인으로 지정되는 것만이 가능하도록 하여(신탁법 제36조), 영미법에서와 같이 수익자와 수탁자가 일치하는 것은 금지하고 있는데, 이러한 점에서 프랑스의 신탁은 영미법상의 신탁이나 우리법상의 신탁과 큰 차이가 있다.

프랑스법에서도 수탁자는 자기 자신의 재산과 신탁재산을 분리하여 보유하도록 하여 신탁재산의 독립성을 인정하고 있는데,509) 수탁자와 수익자가 일치하는 것을 허용하는 프랑스법의 특징상 이러한 분리의 효과가 경감될 위험이 있다고 볼 수도 있지만, 위 규정만으로도 충분히 위탁자는 수탁자의 파산위험으로부터 보호받을 수 있다고 설명된다.510)

위탁자가 담보신탁으로 담보된 채무의 이행을 하지 못하는 경우에는 담보신탁이 실행되게 되는데, i) 수탁자와 채권자(수익자)가 일치하는 경우에는 특별히 정한 사항이 없을 때에는 수탁자가 신탁재산을 자유로이 처분할 수 있고, ii) 수탁자가 채권자(수익자)가 아닌 경우에는 채권자(수익자)는 수탁자에 대하여 신탁재산의 처분을 위하여 신탁재산을 자신에게 인도할 것을 청구할 수 있으며, 신탁계약에 규정한 경우에는 수탁자가 신탁재산을 처분하여 채권자(수익자)에게 그 처분대금을 지급할 수 있다.511)

---

508) Geraint Thomas & Alastair Hudson (2004), p. 31.
509) 프랑스민법(Code Civil) 제2011조.
510) François Barrière (2013), p. 888.
511) 프랑스민법(Code Civil) 제2372-3조 및 제2488-3조.

이와 같이 프랑스법상의 신탁은 수탁자가 신탁의 이익을 전부 향유할 수 있음에 따라, 채권자가 직접 수탁자 겸 수익자가 될 수 있고, 이에 해당하는지 여부에 따라 신탁재산의 처분방식이 나뉘게 되며, 수탁자와 채권자(수익자)가 일치하지 않는 경우에도, 수탁자가 신탁재산을 처분하여 그 처분대금을 채권자(수익자)에게 지급하는 것이 오히려 예외적인 경우이고, 원칙적으로는 신탁재산 자체를 채권자(수익자)에게 인도하여 채권자(수익자)가 직접 그 신탁재산을 처분하여 변제에 충당할 수 있도록 한다는 점에서, 그 효과에 있어서는 신탁보다는 담보에 더 가깝다고 볼 수 있다.

나) 프랑스법상 담보신탁(*fiducie sûreté*)의 효용-도산절연성

프랑스에서 담보신탁(*fiducie sûreté*)이 다른 담보권에 대하여 가질 수 있는 장점은, i) 수탁자에 의하여 채권자(수익자)의 권리가 최대한 보호받을 수 있고, ii) 신탁계약의 내용을 어떻게 정하는지에 따라 다른 담보권에서는 정할 수 없는 다양한 특별한 조건들을 부가할 수 있으며, iii) 위탁자(채무자)의 도산절차로부터 보호받을 수 있다는 점이라고 한다.512)

그 중에서도 가장 큰 장점이라고 할 수 있는 것은 담보목적의 신탁임에도 불구하고 위탁자(채무자)의 도산절차로부터 보호받을 수 있다는 iii)번의 장점이라고 할 수 있다.513)

프랑스는 상법(Code de Commerce)의 제6편(Livre VI)에서 회사의 도산절차(Des difficultés des entreprises)에 대하여 규정하고 있는데, 프랑스 상법상의 도산절차는 크게 재건형절차인 회생절차(le redressement)

---

512) Anker Sorensen (2015), p. 621.
513) 이러한 이유로 프랑스 민법상 신탁의 도입에 있어서, 프랑스법상의 다른 담보권이 형해화될 수 있고, 다른 채권자들의 이익에 침해가 발생할 수 있다는 우려가 제기되었다고 한다. Muriel Renaudin (2013), p. 390.

와 청산절차(la liquidation)로 나뉘고, 회생절차의 사전적 절차로서 채무자회사는 재산의 동결을 위한 보전절차(la sauvegarde)를 신청할 수 있다.

프랑스의 도산절차에 관한 법률은 우리법상의 쌍방미이행 쌍무계약과 유사한 '진행중인 계약(un contrat en cours)'의 처리에 관한 규정을 보전절차(la sauvegarde) 및 회생절차(le redressement)에서 각각 두고 있는데,[514] 진행중인 계약(un contrat en cours)은 보전절차나 회생절차가 개시되었다는 이유만으로 해지 또는 해제될 수 없다고 하여 도산해지(해제)조항이 효력이 없음을 명시하고, 다만 이 규정은 신탁계약과는 관련이 없으나 채무자가 신탁에 양도된 재산이나 권리를 사용하거나 그 이익의 향유를 유지하는 협약을 체결한 경우에만 적용된다고 하고 있다. 즉 신탁법상의 신탁이 이루어져 신탁재산이 수탁자에게 이전된 경우에도, 수탁자와 위탁자 사이의 별도의 계약으로 신탁재산을 이용하는 계약이 체결된 경우에는, 도산해지(해제)조항의 효력을 부정함으로써 위탁자가 그 신탁재산을 계속 사용할 권리를 보호하는 것이다.

또한 이러한 보호를 보다 확실히 하기 위하여, 2008년 12월 18일의 오르도낭스(ordonnance) 제2008-1345호에 의하여 신설된 프랑스 상법(Code de Commerce) 제L622-23-1조는, 위탁자가 수탁자와 별도의 계약을 통하여 신탁재산을 이용 및 향유하는 경우에는 수탁자가 그 신탁재산을 양도하거나 이전할 수 없다고 하고 있다.

위와 같은 규정들에 의하여, 담보신탁의 경우에도 원칙적으로 도산절연성이 인정되어 위탁자의 도산절차의 영향을 받지 않으나,[515] 위탁자가 수탁자와의 별개의 계약을 통하여 신탁재산을 이용하는 법률관계를

---

514) 프랑스 상법(Code de Commerce) 제L622-13조 및 제L631-14조.
515) 프랑스 상법(Code de Commerce) 제L626-30조에서는 '채무자의 재산'에 대하여 담보권을 가지는 채권자만이 영향을 받는다고 하고 있으므로, 채무자가 아닌 수탁자가 보유하는 신탁재산은 그 대상이 되지 않을 것이다.

유지하고 있는 경우에는 도산해지(해제)조항의 금지의 원칙이 적용되어 이러한 위탁자의 권리는 보호를 받게 된다. 이러한 측면에서는 담보신탁의 경우에도 위탁자의 도산절차에 영향을 받는다고 볼 수 있으며, 일정 부분 담보신탁의 도산절연성이 제한된다고 볼 수도 있다.

그렇지만 이러한 제한은 해당 신탁이 '담보신탁'이기 때문에 도산절연성이 제한되는 것이 아니라, 위탁자가 수탁자와 신탁재산을 이용하는 별도의 계약을 체결하였기 때문에 해당 계약을 보호하기 위해서 수탁자의 소유권 행사가 일정 부분 제한되는 것일 뿐이다. 즉, i) 담보신탁의 경우라고 하더라도, 위탁자가 별도로 신탁재산 사용에 관한 계약을 체결하지 않은 경우에는 수탁자가 신탁재산을 처분하는 데 있어 아무런 제한이 없으며, ii) 프랑스 상법(Code de Commerce) 제L622-23-1조가 담보신탁의 실행이 도산절차에서 제한되는 근거로 소개되기는 하나,516) 위 규정은 신탁 일반에 적용되는 규정이지 담보신탁에만 적용되는 특유한 규정인 것은 아니라는 점을 유의하여야 한다.517) 물론 담보신탁의 경우에는 그 실행을 위하여 수탁자 또는 채권자가 신탁재산을 처분하는 것이 필수적으로 요구되기는 하나, 담보신탁이 아닌 다른 신탁의 경우에도 신탁재산을 처분할 경우가 발생할 수 있으며, 이 경우에도 위탁자에게 도산절차가 개시되어 있으면 위 규정에 따라 그 처분은 제한되는 것이다.

따라서 이러한 규정이 있다고 하여 프랑스 담보신탁(*fiducie sûreté*)의 '도산절연성'이 일정 경우 제한된다고 볼 수는 없을 것이고, 다만 위탁자와 수탁자 사이에 그 신탁재산의 사용 수익에 대한 별도의 계약이 있는 경우에는 그 계약을 함부로 해지(해제)할 수 없을 뿐인 것으로 이해하여

---

516) 윤진수(2018), 717-718면; 정태윤(2012), 995면.
517) 프랑스 상법(Code de Commerce) 제L622-23-1조를 제정한 2008년 12월 18일의 오르도낭스(ordonnance) 제2008-1345호가 담보신탁을 별도로 제정한 2009년 1월 30일의 오르도낭스(ordonnance) 제2009-112호보다 먼저 이루어졌다는 것을 보아도, 해당 규정이 반드시 담보신탁만을 염두에 두고 제정된 것은 아님을 알 수 있다.

야 할 것이다.

다) 프랑스 담보신탁(*fiducie sûreté*) 제도가 우리법에 시사하는 점

우리법에서 인정되는 담보신탁의 경우에는 신탁법상의 신탁임에 따라, i) 수탁자는 공동수익자 중 1인이 되는 것이 아닌한 수익자가 될 수 없으므로, 수탁자와 채권자가 일치하는 것은 불가능하고,518) ii) 수탁자는 담보목적으로 이전된 신탁재산에 대하여 신탁계약에서 정하는 바에 따라 관리, 운용 및 처분할 의무를 지며, iii) 위탁자가 피담보채무를 지급하지 못하여 신탁재산을 처분하게 되는 경우에도, 채권자인 수익자는 신탁재산에 대하여 직접 권리를 행사하지 못하고, 수탁자가 신탁재산을 공매 등을 통하여 처분하여 그 처분대금을 수익자인 채권자에게 배분하는 형태가 되어야 한다.

위와 같은 점에 비추어볼 때, 우리법상의 담보신탁은 수탁자와 수익자(채권자)가 일치할 수 있고, 수익자(채권자)가 직접 신탁재산에 대하여 권리를 행사할 수 있는 프랑스법상의 담보신탁(*fiducie sûreté*)보다는 위탁자, 수탁자 및 수익자로부터 신탁재산이 분리되어야 한다는 신탁의 본질에 더 충실한 신탁의 형태라고 할 수 있을 것이다.

그런데, 프랑스법은 우리법상의 담보신탁보다 형태적인 측면에서 담보권에 더 가까운 담보신탁(*fiducie sûreté*)에 대해서도 위탁자의 도산절차와의 절연성을 인정하고, 위탁자의 도산절차에서 이를 담보권으로 취급하고 있지 않다는 점은 주목할만한 부분이다. 더구나, 프랑스법에서의 담보신탁(*fiducie sûreté*)의 수익자(채권자)는 직접 신탁재산을 이전받아 처분할 수 있으면서도, 위탁자의 다른 채권자들로부터 독립적인 권한을 행사할 수 있다는 점에서 우리법상의 담보신탁의 수익자로서의 채권자

---

518) 물론 수인의 채권자 중 1인이 수탁자의 지위를 겸하는 것은 신탁법 제36조에 따라 가능할 것이지만, 수탁자가 채권자와 정확하게 일치하는 것은 프랑스 신탁법과는 달리 불가능하다.

보다 훨씬 강력하고 유리한 지위를 가진다. 이러한 입법례에 비추어볼 때, 프랑스 담보신탁(fiducie sûreté) 보다 신탁의 요건을 갖추고 있는 우리법상의 담보신탁의 도산절연성을 부정하여야 할 이유는 없을 것으로 생각된다.

다만, 담보신탁의 도산절연성을 부정하는 견해들은 그 근거 중 하나로 신탁재산에 대한 위탁자의 권리를 보호하여야 경영정상화 가능성이 있다는 점을 들고 있는데,519) 이러한 점과 관련해서는 프랑스법에서 정하고 있는 위 '진행중인 계약(un contrat en cours)'에 관한 규정을 고려해볼 필요가 있을 것으로 생각된다. 결국 이는 담보신탁계약에 있어 위탁자가 수탁자와 신탁재산에 관한 사용의 특약을 포함한 경우에 위탁자의 그러한 권리를 보호해줄 것인가의 문제로서, 우리법상 쌍방미이행 쌍무계약을 적용할 수 있을 것인가의 문제인 것으로 생각된다.520)

바. 담보신탁에 관한 최근의 대법원 판결들의 검토

1) 담보신탁에 대한 대법원판결의 검토 필요성

담보신탁은 위에서 언급한 바와 같이 실무에서 사용되던 개념이 대법원 판례를 통하여 정립되어 발전되어 온 것이다. 그러한 이유로, 담보신탁을 다루고 있는 대법원 판례는 많은 편이며, 이러한 대법원 판례를 검토하는 것이 담보신탁의 개념 및 그 성격을 파악하는데 도움이 될 것으로 판단된다. 특히 위에서도 언급한 바와 같이 대법원이 담보신탁의 도산절연성을 일관되게 인정하여 오면서도, 대법원 2018. 10. 18. 선고 2016다220143 전원합의체 판결을 통하여 담보신탁에 담보적 성격이 있

---

519) 윤진수(2018), 724면; 정소민(2019), 107-108면.
520) 이에 대해서는 아래의 사. 2) 라)의 여론 부분에서 자세히 논의하도록 하겠다.

음을 인정하는 듯한 판결을 하였는데, 해당 판결과 그 이후에 이루어진 담보신탁의 도산절연성을 인정한 대법원 판결을 구체적으로 살펴볼 필요가 있을 것으로 생각된다.

2) 대법원 2018. 10. 18. 선고 2016다220143 (전합체)

가) 사안의 개요 및 판결의 요지

위 전원합의체판결은 체육필수시설에 해당하는 골프장에 관하여 담보신탁계약이 체결되었던 사안이다. 이 사안에서 수탁자는 담보신탁계약에서 정한 바에 따라 공개경쟁입찰방식의 매각 절차를 진행하였다가 제대로 이루어지지 않자 다시 수의계약을 통하여 신탁대상자산인 골프장시설을 피고에게 이전하였는데, 이 경우 피고는 담보신탁계약 상의 위탁자인 체육시설업자가 회원들과 약정한 사항들을 포함하여 체육시설업의 등록 또는 신고에 따른 권리·의무를 승계하는지 여부가 문제되었다.

이에 대하여 대법원은 체육필수시설에 관한 담보신탁계약이 체결된 다음 그 계약에서 정한 공매나 수의계약으로 체육필수시설이 일괄하여 이전되는 경우에도, 「체육시설의 설치·이용에 관한 법률」(이하 "체육시설법") 제27조[521]의 문언과 체계, 입법 연혁과 그 목적, 담보신탁의 실

---

[521] 제27조(체육시설업 등의 승계)
① 체육시설업자가 사망하거나 그 영업을 양도한 때 또는 법인인 체육시설업자가 합병한 때에는 그 상속인, 영업을 양수한 자 또는 합병 후 존속하는 법인이나 합병(합병)에 따라 설립되는 법인은 그 체육시설업의 등록 또는 신고에 따른 권리·의무(제17조에 따라 회원을 모집한 경우에는 그 체육시설업자와 회원 간에 약정한 사항을 포함한다)를 승계한다.
② 다음 각 호의 어느 하나에 해당하는 절차에 따라 문화체육관광부령으로 정하는 체육시설업의 시설 기준에 따른 필수시설을 인수한 자에게는 제1항을 준용한다. 〈개정 2008.2.29, 2010.3.31, 2016.12.27〉
 1. 「민사집행법」에 따른 경매
 2. 「채무자 회생 및 파산에 관한 법률」에 의한 환가(환가)
 3. 「국세징수법」·「관세법」 또는 「지방세징수법」에 따른 압류 재산의 매각

질적인 기능 등에 비추어볼 때, 체육필수시설의 인수인은 체육시설업자가 회원들과 약정한 사항들을 포함하여 그 체육시설업의 등록 또는 신고에 따른 권리·의무를 승계한다고 판단하였다.

나) 검토

① 주된 쟁점 및 검토의 의의

위 대법원 전원합의체 판결에서의 주된 쟁점은 체육시설법 제27조 제2항 제4호의 '그에 준하는 절차'에 담보신탁에 따른 신탁재산의 매매가 포함될 수 있는지 여부에 대한 것으로서, 담보신탁의 도산절연성에 대하여 직접적으로 판단한 것은 아니었다. 대법원이 위 전원합의체 판결 이후에도 아래의 대법원판결(대법원 2022. 5. 12. 선고 2017다278187 판결)을 포함하여 담보신탁의 도산절연성을 긍정하는 판결을 계속 유지하고 있다는 점에 비추어보아도, 해당 판결은 담보신탁의 도산절연성 문제와는 별개의 판결로 볼 수 있을 것이다.522)

위 판결에서 문제된 체육시설법 제27조는 체육필수시설의 인수인에게 체육시설법에 따른 의무를 승계할 것을 규정하면서, 그 인수인에 i)「민사집행법」에 따른 경매, ii) 채무자회생법에 의한 환가, iii)「국세징수법」·「관세법」·또는「지방세징수법」에 따른 압류 재산의 매각 및 iv) 그 밖에 제1호부터 제3호까지의 규정에 준하는 절차에 의하여 인수한 자도 포함된다고 규정하고 있는데, 대법원은 담보신탁에 따른 신탁재산의 매각도 위의 '준하는 절차'에 포함된다고 보아 그 매수인에게 의무가 승계된다고 판단하였다.

---

4. 그 밖에 제1호부터 제3호까지의 규정에 준하는 절차

522) 이와 같은 취지에서 담보신탁의 도산절연성을 인정하는 것과 대상판결의 다수 견은 양립 가능하며, 도산격리의 문제와 회원에 대한 권리의무의 승계는 별개의 차원에서 검토할 수 있는 문제라는 보는 견해들이 있다. 박재억(2019), 425면; 윤정운(2020), 94면; 최준규(2019), 388면.

다수의견은 위와 같이 판단하는 근거에 대하여, i) 담보신탁을 근거로 한 공매 절차와 체육시설법 제27조 제2항 제1호부터 제3호까지 정하고 있는 민사집행법에 따른 경매 절차 등은 "채권자의 채권을 변제하기 위해서 채무자의 의사와 무관하게 채무자의 재산을 처분하는 강제적이거나 비자발적인 환가절차"라는 점에서 본질적으로 유사하고, ii) 담보신탁에서 수탁자로 소유권이 이전되는 것은 신탁재산의 담보가치를 유지·보전하기 위한 조치일 뿐이고, 위탁자가 여전히 신탁재산을 사용·수익하면서 영업 등을 그대로 영위하는 등 담보신탁은 실질적으로는 저당권 등 담보권과 유사한 기능을 수행하며, iii) 담보신탁은 소유권 등 권리이전형 담보의 일종인 '양도담보'와 채권담보 목적으로 설정되고 설정 당시 소유권이전등기가 이루어진다는 점에서 실질적으로 같고, iv) 채무자회생법에 따른 파산관재인에 의한 환가와 담보신탁을 근거로 한 수탁자에 의한 수의계약은 그 절차와 방식 등 여러 면에서 유사하므로, 위 두 절차에 대한 체육시설법 제27조 제2항의 적용 여부가 달라져서는 안 된다는 점 등을 들고 있다.

위에서 언급한 바와 같이, 위 대법원 전원합의체판결은 담보신탁의 도산절연성을 부정한 판결인 것은 아니고 다만 체육시설법 제27조 제4항의 법조문을 어떻게 해석할 것인가에 대한 법해석이 문제된 사안이다. 그렇지만, 위와 같은 대법원 다수의견이 들고 있는 근거들은 결국 담보신탁은 그 실질이 담보라는 점에 바탕을 두고 있는 것으로 보이므로, 담보신탁의 도산절연성 인정 문제와 아주 무관한 판결이라고 보기는 어려우므로, 담보신탁의 도산절연성의 문제와 관련하여 다수의견의 근거들을 검토하는 것은 필요할 것으로 생각되는바, 이하에서 검토하도록 하겠다.

② 다수의견에 대한 비판적 검토

다수의견은 첫 번째 근거로, 담보신탁에 따른 공매 또는 수의계약이 '채무자'의 재산을 강제적 또는 비자발적으로 환가하는 절차라고 설명하고 있다. 그렇지만 담보신탁에서의 신탁재산은 위탁자의 재산이 아니라 수탁자의 재산이며, 수탁자가 그 소유의 재산을 신탁계약이 정하는 바에 따라 처분하는 것이므로 '채무자의 재산'을 강제적으로 환가하는 절차라고 보기는 어렵다. 채무자는 담보신탁의 설정에 따라 수탁자에게 이미 해당 신탁재산의 처분을 완료한 것이고, 수탁자는 이후 신탁계약이 정하는 바에 따라 수탁자가 수탁자의 지위에서 보유하는 신탁재산을 처분한 것일 뿐이므로, 이를 '채무자'의 재산을 강제적 또는 비자발적으로 환가하는 절차 또는 이에 준하는 절차라고 해석하기는 어려울 것으로 생각된다. 이에 대하여 공매 등의 개시는 채무자인 위탁자의 의사와 무관하게 개시되는 것이고 수탁자 또한 담보신탁계약서에 정해진 바에 따라 매각을 진행하는 것이기 때문에, 강제적 환가와 유사하다고 볼 수 있다고 설명하는 견해가 있다.523) 그렇지만 담보신탁계약에 따른 공매나 매각은 위탁자와 수탁자 사이에 체결되는 신탁계약에서 정하는 바에 따라 이루어지는 것이므로, 그 계약 체결 당시에 위탁자의 의사가 반영된 것이어서, 이를 위탁자의 의사와 무관하게 비자발적으로 이루어지는 매각 절차라고 볼 수는 없을 것으로 생각된다.524)

또한 다수의견은 담보신탁은 위탁자가 여전히 신탁재산을 사용, 수익한다는 점에서 저당권 등 담보권과 유사한 기능을 수행하며, 권리이전형 담보인 양도담보와 실질적으로 같다는 것을 그 근거로 들고 있다. 그러나 위탁자가 신탁재산을 사용, 수익할 권한을 가지는지 여부는 개개의 담보신탁에서 위탁자와 수탁자 사이의 합의에 의한 별도의 특약에 의하여 정해지는 것이고, 담보신탁의 필수적 요건인 것은 아니며, 오히려 원칙적으로는 신탁재산의 사용, 수익권한은 다른 담보권과는 달리 수탁자에게 있다는 점에서 다른 담보권과 유사하다고 볼 수는 없다. 또한 위에서 살핀 바와 같이 당사자 사이에 담보권을 설정하려는 합의가 있었고,

---

523) 박재억(2019), 445면.
524) 이계정(2019), 147면.

그로 인하여 당사자 사이의 대내적 관계에서는 양도담보설정자가 소유권을 가지는 양도담보와 당사자 사이에 신탁재산의 소유권을 완전하게 이전하여 수탁자에게 대내외적으로 소유권이 이전되는 담보신탁은 본질적인 차이가 있는 것으로 판단된다. 그리고 담보신탁을 양도담보와 실질적으로 같다고 본다면 양도담보권 설정을 통한 담보권신탁과 담보신탁을 사실상 동일한 신탁으로 본다는 의미가 될 수 있을 것인데, 이렇게 본다면 도산절연성이 부정되는 담보권신탁과는 달리 도산절연성이 인정되는 담보신탁의 개념을 별도로 인정하여 온 기존의 대법원의 태도와 배치될 수 있다.

그리고 다수의견은 채무자회생법상 파산관재인에 의한 환가와 담보신탁에서의 수의계약이 유사하다고 하고 있지만, 파산관재인은 파산재단에 속하는 재산을 채무자의 의사와 무관하게 환가하는 것임에 반하여, 담보신탁에서는 수탁자가 본인이 소유권을 가지는 신탁재산을 위탁자와 사전에 합의한 방식에 따라 처분하는 것이라는 점에서 차이가 있다.

물론, 위 전원합의체판결은 체육시설법의 해당 규정이 체육시설의 회원에 대한 권리를 보장하고 그 피해를 최소화하기 위하여 제정된 규정인 만큼, 이러한 입법 취지를 고려하여 법률의 해석을 하여야 하고, 그 결과 담보신탁의 도산절연성을 일부 제한하더라도 이익형량의 측면에서는 타당하다고 주장하고 있으며, 이러한 주장은 일견 타당하다고 볼 수도 있다. 또한 이와 관련해서 담보신탁 설정 당시에 이미 가입한 상대의 회원들에 대한 의무를 승계하는 것은 도산절연성에 반한다고 보기도 어렵다는 지적이 있다.[525]

그러나 회원들의 권익 보호라는 체육시설법 제27조의 입법 취지가 중요하고, 법률의 해석에 있어 위와 같은 입법의 목적을 고려하여야 한다고 하더라도, 그 해석은 먼저 법률의 문언에 기초하여야 할 것이고,[526]

---

525) 박재억(2019), 434면.
526) 이계정(2019), 143면.

수탁자로부터 신탁재산이 완전히 처분되어 위탁자로부터 분리되는 담보신탁의 개념 및 본질적인 특징을 고려한다면, 이에 따른 신탁재산의 매각을 경매나 파산에 따른 환가절차에 준하는 절차에 포함된다고 보는 것은 문언의 해석범위를 넘는 것이라고 생각된다.[527]

이에 대하여 담보신탁이 다른 담보권들과 구별되는 특징들은 체육시설법 제27조의 적용을 배제할 만큼의 본질적인 것은 아니라고 비판하면서, 형식보다는 '실질'에 주목하여야 하고 도산절연의 효과도 법률 규정에 의하여 제한할 수 있다는 견해가 있다.[528] 그렇지만 위에서 검토한 바와 같이 수탁자가 완전하게 재산을 취득하여 위탁자, 수탁자 및 수익자로부터 신탁재산이 분리되는 것은 신탁의 본질적인 부분이며, 물론 이러한 원칙을 '법률'에 의하여 제한할 수는 있을 것이나, 체육시설법 제27조가 신탁에 따른 공매 등을 명시적으로 포함하고 있지 않은 이상, 이를 위와 같은 법 해석을 통하여 제한할 수는 없을 것으로 생각된다. 또한 문제가 되는 체육시설법의 개정안에 대한 검토보고서에서도 언급하고 있듯이,[529] 해당 규정은 새로운 규제사항으로서 기존의 권리에 제약을 가하는 것이므로, 담보신탁을 명문으로 포함하지 않았음에도 불구하고 이러한 제한적 규정을 함부로 넓게 해석하는 것도 타당하지 않을 것이다.

위 판결은 체육시설법 제27조의 입법 취지라고 할 수 있는 회원의 권리보호를 달성하기 위하여 해당 조문을 적극적으로 해석한 것으로 이해

---

[527] 법률의 해석의 측면에서 위 대법원 판결이 타당하지 않다는 점에 대한 자세한 분석을 한 견해가 있는데 타당한 것으로 생각된다. 이계정(2019), 142-156면.

[528] 윤정운(2020), 108-110면.

[529] 해당 검토보고서는 회원과의 약정을 승계하도록 하는 것은 새로운 규제사항으로서 기존의 권리에 제약을 가하는 것이므로, 경과조치의 규정을 통해 기득의 권리 및 지위를 존중하고 보호하는 것이 입법상 바람직할 것으로 보인다고 하면서 기존 개정안에 대한 수정의견을 내었다. 국회 의안정보시스템(http://likms.assembly.go.kr/bill) 참조.

된다. 그렇지만 공익적이고 정책적인 목적이 있다고 하더라도, 법률 문언을 뛰어넘는 해석을 하는 것은 바람직하지 않다. 또한 해당 판결은 골프장이라는 특수한 사례에서, 그리고 회원의 권리를 보호하기 위한 목적에서, 보다 적극적으로 해당 규정을 해석하기 위한 근거를 위해 담보신탁을 담보권과 유사한 것으로 판단한 것이므로, 이 판결을 담보신탁의 실질을 담보권으로 보거나, 담보신탁의 도산절연성을 부정하기 위한 근거로 확대해석하는 것은 신중해야 할 것으로 생각한다.530)

3) 대법원 2022. 5. 12. 선고 2017다278187

가) 사안의 개요 및 판결의 요지

이 사안에서의 위탁자는 위탁자의 계열회사인 다른 제3자의 대출채무를 담보하기 위하여 수탁자와 부동산담보신탁계약을 체결하여 위탁자 소유의 부동산을 수탁자에게 이전하고, 채권자를 우선수익자로, 위탁자를 수익자로 지정하였다. 한편, 이 사안의 원고는 위탁자를 위하여 위탁자의 대출채무 중 일부를 대위 변제하였다. 이후 수탁자는 신탁대상 부동산을 처분하여 정산한 후, 수익자인 위탁자에게 지급하여야 할 잔여금액을 공탁하였고, 해당 공탁금의 배당절차가 진행되었는데, 원고는 위 대위변제로 우선수익자인 채권자의 우선수익권을 대위행사할 수 있다고 주장하였다.

대법원은 이 사안에서의 위탁자는 자기의 재산을 타인의 채무의 담보로 제공한 물상보증인에 해당한다고 볼 수는 없으므로 민법 제482조 제2항에서 말하는 "자기의 재산을 타인의 채무의 담보로 제공한 자"에 해당하지는 않지만, 법정대위자 상호 간의 관계에 관한 민법 제482조 제2

---

530) 이러한 측면에서 해당 판결을 담보신탁의 도산절연성을 부정하는 것과 유사한 맥락이라고 판단한 견해[최효종/김소연(2018), 482면]는 타당하지 않은 것으로 생각된다.

항 제5호가 보증인과 물상보증인 사이에 우열을 인정하지 않고 양자를 동등하게 취급하는 것은 변제자대위의 순환을 방지하여 혼란을 피하고 채무자의 무자력 위험을 보증인과 물상보증인 등 법정대위자 어느 일방이 종국적으로 부담하지 않도록 함으로써 당사자 사이의 공평을 도모하고자 하는 데 그 취지가 있으므로, 이러한 취지에 비추어볼 때, 보증인과 위탁자 간의 대위의 비율도 보증인과 물상보증인 상호간의 관계와 마찬가지로 그 인원수에 비례한다고 해석함이 타당하다고 보았다. 즉, 대법원은 원심이 위탁자를 물상보증인으로 보아 바로 민법 제482조 제2항 제5호를 적용한 부분은 적절하지 않으나, 원고의 청구를 기각한 결론은 타당하다는 이유로, 원고의 상고를 기각하였다.

나) 검토

이 대법원 판결에서 주목하여야 할 쟁점은 자신의 채무가 아닌 제3자의 채무를 담보하기 위하여 담보신탁계약을 체결한 위탁자가 민법 제482조 제2항에서 말하는 "자기의 재산을 타인의 채무의 담보로 제공한 자"에 해당하는지, 즉 민법상의 '물상보증인'에 해당하는지 여부이다.

대법원은 위탁자가 금전채권을 담보하기 위하여 금전채권자를 우선수익자, 위탁자를 수익자로 하여 위탁자 소유의 부동산을 신탁법에 따라 수탁자에게 이전하면서 채무불이행 시에는 신탁부동산을 처분하여 우선수익자의 채권 변제 등에 충당하고 나머지를 위탁자에게 반환하기로 하는 내용의 담보신탁을 한 경우, 특별한 사정이 없는 한 우선수익권은 경제적으로 금전채권에 대한 담보로 기능하지만, 그 성질상 금전채권과는 독립한 신탁계약상의 별개의 권리라고 판단하였다.[531] 또한, 우선수익권은 수익급부의 순위가 다른 수익자에 앞선다는 점을 제외하면 일반적인 수익권과 법적 성질이 다르지 않으며, 채권자가 담보신탁을 통하여

---

[531] 대법원 2017. 6. 22. 선고 2014다225809 전원합의체 판결.

담보물권을 얻는 것도 아니므로,532) 채무자가 아닌 위탁자가 타인의 채무를 담보하기 위하여 금전채권자를 우선수익자로 하는 부동산담보신탁을 설정한 경우에, 설령 경제적인 실질에 있어 위탁자가 부동산담보신탁을 통하여 신탁부동산의 처분대금을 타인의 채무의 담보로 제공한 것과 같이 볼 수 있다고 하더라도, 위탁자가 자기의 재산 그 자체를 타인의 채무의 담보로 제공한 물상보증인에 해당한다고 볼 수는 없다고 하였다.

위 대법원판결은 i) 담보신탁을 설정하더라도 그에 따른 수익권은 신탁에 따른 수익권이라는 점에 영향이 없으므로 채권자는 담보권을 취득하는 것은 아니라는 점을 다시 한번 분명히 하였고, ii) 담보신탁에서의 우선수익권이 경제적으로 담보로서 기능하는 것은 사실이지만, 채권과 독립한 신탁계약상의 별개의 권리를 취득하는 것이지 담보신탁을 통하여 담보권을 취득하는 것이 아니라는 점을 다시 분명히 확인하였다는 점에서 그 의미가 있다. 특히, 위에서 검토한 대법원 2018. 10. 18. 선고 2016다220143 전원합의체 판결 이후 담보신탁을 담보권의 일종으로 파악하려는 논의가 더욱 활발해지고 있다는 점을 고려할 때, 위 전원합의체 판결 이후에 담보신탁이 재산의 이전을 통한 신탁법상의 신탁이고, 채권자는 담보권을 취득하는 것이 아니며, 위탁자 또한 담보를 제공하는 자가 아니라는 점을 명확히 한 위 대법원판결은 더욱 의미가 있다고 하겠다.

---

532) 대법원 2018. 4. 12. 선고 2016다223357 판결. 해당 판결은 신탁법에 따른 신탁에 있어 수익권의 구체적인 내용은 특별한 사정이 없는 한 계약자유의 원칙에 따라 신탁계약에서 다양한 내용으로 정할 수 있고, 담보신탁에서의 우선수익권은 수익급부의 순위가 다른 수익자에 앞선다는 점을 제외하면 그 법적 성질은 일반적인 수익권과 다르지 않으므로, 채권자는 담보신탁을 통하여 담보물권을 얻는 것이 아니라 신탁이라는 법적 형식을 통하여 도산절연 및 담보적 기능이라는 경제적 효과를 달성하게 되는 것일 뿐이라고 판단하였다.

4) 소결

　대법원 2018. 10. 18. 선고 2016다220143 전원합의체 판결 이후로 담보신탁을 그 경제적 실질에 주목하여 담보권의 일종으로 파악하려고 하고, 특히 도산절차에서의 도산절연성을 부정하려는 논의가 좀 더 활발해지고 있는 것으로 보인다.[533]

　그렇지만, 위에서 검토한 바와 같이, 담보신탁을 비전형담보인 양도담보와 유사한 것으로 보고 그에 기초하여 법률을 해석한 위 전원합의체 판결은 신탁법상의 신탁의 본질을 넘어서는 해석이라는 점에서 그 한계를 넘은 것으로 생각된다. 또한 위에서도 언급한 바와 같이 위 전원합의체 판결은 체육시설 회원의 권익을 보호하여야 한다는 공익적이고 정책적인 측면에서 이루어진 판결이므로, 이를 확대해석하여 담보신탁의 실질을 담보권으로 보고 그 도산절연성을 부정하는 근거로 사용하여서는 안 될 것이다.

　위 전원합의체 판결 이후에 담보신탁의 수익권이 담보권이 아니고, 제3자의 채무의 담보를 위하여 담보신탁을 설정한 위탁자가 물상보증인의 지위에 있지 않다는 점을 명백히 한 대법원 2022. 5. 12. 선고 2017다278187 판결이 있었다는 점은, 대법원이 담보신탁의 도산절연성을 부정하거나, 담보신탁을 담보권으로 보고 있는 것은 아니라는 점을 보여주는 것이라고 생각된다.

---

533) 윤진수(2018), 723면 이하; 정소민(2019), 104-110면; 최효종/김소연(2018), 481-484면.

사. 담보신탁의 도산절연성에 대한 검토

1) 문제의 소재

지금까지 담보신탁의 개념과 그 특징, 그리고 다른 법제에서의 담보신탁과 유사한 제도들을 검토하고,534) 최근 담보신탁의 도산절연성과 관련하여 의미가 있는 대법원 판례를 검토하였다. 이러한 검토들은 담보신탁에 대하여 도산절연성을 인정할 것인지 여부에 대한 최근의 논의를 살펴보고 검토하는 데 있어 도움이 될 것으로 생각된다.

이하에서는 이러한 검토들을 바탕으로 하여, 담보신탁의 도산절연성을 부정하는 견해와 긍정하는 견해들을 살펴보고, 그 근거들을 검토한 후, 담보신탁에 대하여 도산절연성을 인정하는 것이 타당한지 여부에 대하여 논의해보고자 한다.

2) 담보신탁의 도산절연성에 대한 학설의 검토

가) 도산절연 긍정설

담보신탁에 대하여 도산절연성을 인정하여야 한다는 견해는 담보신탁은 담보가 아니라 신탁법상의 신탁이므로, 파산절차에서 별제권자로 보거나, 회생절차에서 회생담보권자로 볼 수 없다는 견해라고 할 수 있다. 그런데 파산절차에서는 담보권 또한 파산절차에 구속되지 않고 별제권

---

534) 위에서 살핀 바와 같이 미국법에서의 Deed of Trust와 프랑스법에서의 *fiducie sûreté*에 대하여 자세히 살펴보았다. 그런데 일본법에서는 위에서 살핀 바와 같이 담보신탁에 대한 별도의 자세한 논의보다는 '담보로서의 신탁(担保としての信託)'이라는 표현 하에, 담보 목적으로 신탁을 활용하는 경우를 모두 포괄하여 논의가 이루어지고 있는 것으로 보이고, 우리법상의 담보신탁의 도산절연성과 관련된 논의가 활발하게 이루어지고 있지는 않은 것으로 보인다. 이에 일본법에서의 담보신탁에 대한 논의에 관하여는 별도의 항으로 검토하지는 않았다.

의 행사를 통하여 담보를 실행할 수 있으므로,535) 파산절차에서는 담보신탁을 담보로 보는지 신탁으로 보는지 여부가 특별히 문제되지 않는다. 그런 이유로 주로 담보신탁의 도산절연성 인정의 문제는 담보신탁을 회생절차에서 회생담보권으로 볼 것인지 여부를 중심으로 논의되고 있다.

현재 국내에서는 담보신탁의 도산절연성을 긍정하고 회생절차에서 회생담보권으로 볼 수 없다는 견해가 통설에 가까운 다수설인 것으로 보이는데,536) 이러한 견해들이 들고 있는 근거들은 다음과 같이 정리될 수 있다.

즉, i) 담보신탁은 위탁자로부터 수탁자에게 신탁재산의 '소유권'이 대내외적으로 완전히 이전됨으로써 설정되는 것으로, 위탁자의 책임재산으로부터 분리되기 때문에 위탁자의 도산절차에 구속된다고 볼 수 없고,537) ii) 담보신탁도 전형적인 신탁의 모습인 수익자신탁의 유형과 다르지 않으므로 담보로 볼 것이 아니라 신탁법상의 신탁으로 보아야 하며,538) iii) 양도담보는 채권자에게 그 소유권을 직접 이전하는 구조인 반면 담보신탁은 수탁자에게 소유권을 이전하고 채권자는 수익권을 취득하는 구조로서 그 구조가 다르고,539) iv) 담보신탁을 담보권으로 파악하게 되면 물권법정주의에 반할 우려가 있다고 한다.540)

그리고 대법원 또한 대법원 2001. 7. 13. 선고 2001다9267 판결을 통하여 담보신탁의 도산절연성을 인정한 이후, 일관되게 담보신탁의 도산

---

535) 채무자회생법 제412조.
536) 고일광(2009), 92면 이하; 김재형(2006), 17-19면; 이계정(2017b), 103-106면; 이주현(2003), 603-605면; 이중기(2013), 662면; 정순섭(2021), 667-668면; 최수정(2013), 13면 이하; 한민/박종현(2006). 31-32면; 한상곤(2014a), 6-7면.
537) 이계정(2017b), 103면; 이중기(2013), 662면; 최수정(2013), 14-15면; 한민/박종현(2006). 31-32면.
538) 이계정(2017b), 105면.
539) 이계정(2017b), 103면.
540) 이계정(2017b), 103면; 한상곤(2014a), 7면.

절연성을 인정하고 있는데,541) 담보신탁이 체결되면 위탁자의 신탁에 의하여 신탁부동산의 소유권은 수탁자에게 귀속되므로, 그 후 위탁자에 대한 회생절차가 개시된 경우 채권자가 가지는 신탁부동산에 대한 수익권은 채무자회생법 제250조 제2항 제2에서 말하는 '채무자 외의 자가 회생채권자 또는 회생담보권자를 위하여 제공한 담보'에 해당하여 정리계획이 여기에 영향을 미칠 수 없다는 것을 그 이유로 들고 있다.542) 도산절연성에 대하여 긍정하는 견해들은 이러한 대법원 판례의 태도 및 근거에 대체적으로 동의하고 있는 것으로 보인다.543)

나) 도산절연 부정설

대법원은 담보신탁의 도산절연성을 일관되게 인정하고 있고, 이러한 대법원의 태도에 동의하는 견해가 다수설이기는 하지만, 최근에는 이러한 대법원의 판결을 비판하면서 담보신탁의 도산절연성을 부정하여야 한다는 주장이 늘어나고 있는 것으로 보인다.544)

담보신탁의 도산절연성을 부정하고 회생절차에서 회생담보권으로 보아야 한다는 견해들이 들고 있는 근거들은 다음과 같이 정리할 수 있을 것으로 보인다.

즉, i) 담보신탁은 담보의 목적으로 소유권을 이전하는 것이라는 점에서 양도담보와 유사한데, 양도담보는 회생담보권으로 보면서 담보신탁에만 도산절연성을 긍정하는 것은 타당하지 않고,545) ii) 담보신탁은 피

---

541) 대법원 2004. 7. 22. 선고 2002다46058 판결, 대법원 2018. 4. 12. 선고 2016다223357 판결, 대법원 2022. 5. 12. 선고 2017다278187 판결 등.
542) 위 대법원 판결 당시에는 회사정리법이 적용되고 있었으므로, 채무자회생법이 아닌 회사정리법을 기준으로 동일하게 판단하였다.
543) 고일광(2009), 94면; 김재형(2006), 17-19면; 이계정(2017b), 106면; 이중기(2013), 662면; 최수정(2013), 14-15면; 한민/박종현(2006), 31-32면.
544) 김상용(1992), 250-252면; 김성용(2021), 133면; 윤진수(2018), 723면 이하; 정소민(2019), 104-110면; 최효종/김소연(2018), 481-484면; 함대영(2010), 78-81면.

담보채무가 변제되는 것을 해제조건으로 하는 것으로서, 신탁재산의 위탁자로부터의 분리는 잠정적인 것에 불과하므로, 도산절연성을 인정하는 것은 합리적이지 않으며, 자익신탁이나 미국의 철회가능신탁(revocable trust)의 경우 위탁자의 채권자가 신탁재산에 대하여 강제집행을 할 수 있는 것에 비추어보아도 합리적이지 않으며,546) iii) 우리법상의 담보신탁과 유사한 미국법에서 Deed of Trust는 미국법상 신탁이 아니라 담보로 취급되고 있고,547) iv) 위 미국법상의 Deed of Trust의 예를 포함하여 담보신탁의 도산절연성을 무조건적으로 인정하는 예는 찾을 수 없으며,548) v) 도산절차는 형식보다 실질을 중요시하여야 하고, 이러한 원칙은 소유권유보부 매매를 회생담보권으로 보고 있는 대법원의 태도에 비추어보아 우리 도산법에서도 적용되고 있으므로, 담보신탁도 형식보다 실질을 고려하여 회생담보권으로 보아야 하고,549) vi) 도산법의 중요한 정책적 목표는 주주 및 채권자 사이의 공평한 분배에 있고 특히 유사한 지위에 있는 채권자들 또는 담보권자들은 공평한 취급을 받아야 하는데, 담보신탁을 선택했다는 이유로 다른 채권자들, 특히 다른 담보권자들보다 우대하는 것은 도산법의 취지에 맞지 않으며,550) vii) 채무자의 영업에 필수적인 자산이 담보신탁된 경우에는 그 자산의 처분을 막을 방법이 없으므로, 채무자의 회생을 어렵게 한다고 한다.551)

---

545) 정소민(2019), 101-102면; 함대영(2010), 79면.
546) 윤진수(2018), 725-729면.
547) 윤진수(2018), 712-716면; 정소민(2019), 102면; 함대영(2010), 78-79면.
548) 윤진수(2018), 723면.
549) 윤진수(2018), 729-733면; 정소민(2019), 104-109면.
550) 윤진수(2018), 733면; 정소민(2019), 102면.
551) 윤진수(2018), 734면; 최효종/김소연(2018), 482-484면.

다) 검토 - 도산절연성 부정설에 대한 비판적 검토

담보신탁의 도산절연성을 부정하는 견해는, 담보신탁의 실질이 담보권이므로, 채권자들이나 담보권자들에 대하여 공평한 배분을 하여야 하고 채무자의 회생가능성을 높여야 하는 회생절차의 취지상 담보신탁을 회생담보권이라고 보아야 한다고 한다. 그렇지만, 위에서 논의한 바와 같이, 신탁의 도산절연성의 원칙은 신탁의 본질적인 특징이고, 담보신탁 또한 신탁법상의 신탁이므로, 신탁에 따른 수익자를 다른 채권자나 담보권자들과 유사한 지위를 가진 자로 보기는 어렵다. 또한, 도산절차의 취지를 정책적으로 고려한다고 하더라도, 도산절차에 구속되지 않는 권리, 즉 제3자인 수탁자가 가지는 신탁재산의 소유권까지 도산절차에 구속시켜서 제한할 수는 없다. 이러한 이해를 바탕으로, 도산절연성 부정설에서 주장하는 근거들을 구체적으로 검토하면 다음과 같다.

(1) 먼저, 도산절연성 부정설은 담보신탁이 담보의 목적으로 소유권을 이전하는 것이므로 양도담보권과 유사하다고 한다. 채무자회생법은 제141조 제1항에서 회생담보권을 "회생절차개시 당시 채무자의 재산상에 존재하는 유치권·질권·저당권·양도담보권·가등기담보권·「동산·채권 등의 담보에 관한 법률」에 따른 담보권·전세권 또는 우선특권으로 담보된 범위의 것"이라고 규정하고 있어, 양도담보권만을 포함하고 담보신탁은 포함하고 있지 않은데, 담보신탁은 양도담보권과 유사하므로 회생담보권으로 볼 수 있다고 주장하는 것으로 이해된다.552) 그러나 위에서 담보

---

552) 채무자회생법 제141조 제1항은 회생담보권에 양도담보권을 포함하고 있는 반면, 채무자회생법 제411조는 별제권자의 개념을 "유치권·질권·저당권·「동산·채권 등의 담보에 관한 법률」에 따른 담보권 또는 전세권을 가진 자"라고 규정하여, 양도담보권을 제외하고 있는데, 이러한 규정에 비추어보아도 위 회생담보권에 관한 규정은 담보권의 종류를 한정적, 열거적으로 규정한 것이 아니라, 예시적으로 규정한 것임을 알 수 있다. 법원 실무에서도 위 규정은 예시적 규정이라고 설명한다. 서울중앙지방법원 파산부 실무연구회(2023a), 462면. 따라서, 채무자회생법

신탁과 양도담보권의 차이, 그리고 담보신탁과 양도담보권 설정을 통한 담보권신탁과의 차이에 대하여 자세히 논의한 바와 같이 담보신탁과 양도담보권 및 양도담보권 설정을 통한 담보권신탁은 구별 가능하고 전혀 다른 법률관계이다.553) 그리고 도산절연성 긍정설에서 지적하는 바와 같이 담보신탁에서 신탁재산의 소유권을 취득하는 자는 채권자인 수익자가 아니라 수탁자이므로, 이런 점에서도 양도담보와 담보신탁은 다르다고 보아야 한다.

그리고 담보신탁을 양도담보권과 유사하다는 이유로 담보권으로 취급하자고 주장하는 견해는 수탁자와 수익자 중 누구를 양도담보권자와 유사하게 취급하여 회생담보권자로 보아야 하는지에 대해서는 구체적으로 설명하고 있지 않은 경우가 대부분이고, 어느 한 견해에서만 수탁자가 양도담보를 취득한 것으로 보아야 한다고 언급하고 있을 뿐이다.554)555)

그런데 위의 견해와 같이 만약 '수탁자'가 위탁자로부터 양도담보권을 취득하는 것으로 본다면, 이는 결국 모든 담보신탁을 양도담보권 설정을 통한 담보권신탁으로 보고 별도의 담보신탁의 개념을 부정하는 것이 되

제141조 제1항에 명시적으로 규정된 담보권이 아니라고 하더라도, 그 법적 성격을 담보권으로 볼 수 있다면 회생담보권에 포함될 수 있을 것이다.
553) 이에 대한 자세한 검토 내용은 위 제3장의 2. 다.의 4)항 및 5)항 참조.
554) 함대영(2010), 81면.
555) 다만, 담보신탁의 경우에 신탁재산 자체를 채무자인 위탁자의 책임재산에 편입시키고(해당 논문은 채무자의 법인격 안으로 편입한다고 표현하고 있으나, 책임재산에 포함시켜야 한다는 취지인 것으로 이해된다), 수익자인 채권자는 해당 신탁재산 자체에 담보권을 가지는 회생담보권자로 취급하여야 한다는 견해가 있는데(김성용(2021), 133면), 명확하게 설명하고 있지는 않지만 도산절차가 개시되면 담보신탁 자체를 부정하고 수탁자의 지위는 소멸하며, 신탁재산은 위탁자의 재산으로 회복되고, 수익자는 해당 신탁재산에 대하여 담보권을 가지는 것으로 보아야 한다는 의미인 것으로 이해된다. 그러나 아무런 법적 근거 없이, 단지 도산절차가 개시되었다는 이유로 적법하게 설정된 신탁을 종료시키고, 신탁관계에 이해관계가 있는 수탁자의 지위를 소멸시킬 수 있다고 볼 수 있는지는 의문이다. 이에 대해서는 아래에서 다시 자세히 논의하도록 하겠다.

고, 또한 위탁자와 수탁자 사이에 채권담보의 목적으로 소유권을 이전하면 무조건 양도담보권의 담보권신탁을 설정할 의사인 것으로 간주하겠다는 것이 된다. 그렇지만 위에서도 검토한 바와 같이 담보신탁에서의 위탁자와 수탁자 사이의 의사는 양도담보권 설정의 의사가 아닌 진정한 소유권 이전의 의사로서, 위탁자와 수탁자는 양도담보권 설정 시 체결되는 통상의 양도담보계약과는 다른 내용 및 규정들을 포함하는 담보신탁계약을 체결하는데, 이러한 당사자의 의사를 무시하고 무조건 양도담보 설정의 의사로 간주하는 것이 타당한지, 그리고 가능한 것인지 의문이다. 위탁자와 수탁자 사이에 신탁재산의 소유권을 이전하기로 합의하는 경우에 이러한 합의를 진정한 소유권 이전의 의사로 볼 것인지, 양도담보권 설정의 의사로 볼 것인지는 당사자 사이의 법률행위의 해석에 의하여야 하는 것이지, 아무런 법적 근거 없이 무조건 양도담보의 의사로 간주할 수는 없을 것으로 생각된다.556)

한편, 위의 주장이 만약 수탁자가 아닌 '수익자'를 양도담보권자에 준하여 회생담보권자로 취급하겠다는 것이라면, 어떠한 법적 논리구조로 수익자를 회생담보권자로 취급할 것인지 문제되는데, 이에 대해서 구체적으로 설명하고 있는 견해는 아직 없는 것으로 보인다.557) 그런데 채무자회생법은 "회생절차개시 당시 채무자의 재산상에 존재하는" 담보권으로 담보된 범위의 회생채권 등을 회생담보권이라고 보고 있으므로, 수익자를 회생담보권자로 보기 위해서는 그 수익권이 채무자의 재산상에 존재하는 담보여야 할 것이다. 그렇다면 결국 ① 수익권의 소유권을 사실

---

556) 이의 구별은 위에서 설명한 바와 같이, 위탁자와 수탁자 간의 신탁행위의 해석을 통하여 이루어져야 한다. 이에 대한 자세한 설명은 위의 2. 다. 5) 나) 부분 참조.
557) 위에서 언급한 바와 같이 신탁재산을 채무자의 책임재산에 편입시키고, 수익자인 채권자를 그 재산에 대하여 담보권을 가진 자로 취급하여야 한다고 주장하는 견해가 있으나, 이 경우 신탁은 종료되는 것인지, 아니면 처음부터 신탁이 설정되지 않은 것으로 보는 것인지, 그리고 해당 신탁의 수탁자의 지위는 어떻게 되는지에 대하여는 구체적으로 설명하고 있지 않다. 김성용(2021), 133면.

상 위탁자가 가지고 있는 것으로 보고 이를 수익자에게 담보로 제공한 것으로 논리 구성하거나, ② 신탁이 설정되지 않은 것으로, 또는 신탁이 종료된 것으로 보고 위탁자의 소유로 환원된 신탁재산에 대하여 수익자가 직접적으로 담보권을 가지는 것으로 논리 구성하는 것을 생각해볼 수 있을 것이다.

그런데 ①과 같이 본다면, 결국 도산절차 내에서는 위탁자가 자기를 수익자로 지정하는 자익신탁을 설정하고 그 수익권을 수익자에게 담보로 제공한 것으로 보겠다는 것인데, 위탁자가 신탁 설정의 단계에서 명백히 타익신탁의 설정을 의도하고 채권자를 수익자로 지정하였음에도 불구하고, 이를 도산절차가 개시되었다는 이유만으로 자익신탁을 설정한 것에 준하여 처리할 수는 없을 것으로 생각된다.558) 또한 이와 같이 수익권을 담보로 제공한 것으로 보는 것은 신탁 자체는 유효하게 존속하는 것을 전제로 하는 것이므로, 신탁재산은 여전히 수탁자의 소유로 머물게 될 것인데, 그렇다면 신탁재산을 위탁자의 책임재산에 포함시켜 다른 채권자나 다른 담보권자들의 공평한 배분의 대상이 되도록 할 수는 없다는 측면에서 도산절연성을 부정할 실익도 낮아질 것으로 보인다.

한편, ②와 같이 본다면, 도산절차가 개시되었다는 이유로 신탁이 설정되지 않은 것으로 보거나, 신탁이 종료한 것으로 보아 신탁재산을 위탁자에게 환원시키는 것인데, 아무리 도산절차가 개시되었다고 하더라도 아무런 법적 근거 없이 적법하게 설정된 신탁을 부인하여 신탁재산을 위탁자의 재산으로 환원할 수는 없을 것으로 판단된다. 또한 이와 같이 본다면 적법하게 선임된 수탁자의 지위가 도산절차가 개시되었다는 이유만으로 박탈되게 되는데, 수탁자로서의 보수를 받는 등 이해관계가

---

558) 위탁자와 수탁자가 자익신탁을 설정하기로 합의하였는지, 타익신탁을 설정하기로 합의하였는지 여부는 신탁설정 당시의 위탁자와 수탁자 간의 법률행위의 해석에 따라 결정될 사안이며, 이러한 법률행위가 도산절차가 개시되었다는 이유만으로 다르게 취급될 근거는 없을 것이다.

있는 수탁자의 경우에는 이러한 이해관계가 법적 근거나 정당한 이유없이 침해받게 되어 타당하지 않다.

(2) 다음으로, 부정설은 자익신탁이나 미국법상의 철회가능신탁(revocable trust)의 예를 들면서, 담보신탁의 경우에는 위의 경우와 같이 소유권의 이전이 잠정적이므로 도산절연성을 인정하는 것이 합리적이지 않다고 비판한다. 그러나 자익신탁에서 위탁자의 채권자가 위탁자의 해지권을 대위행사하여 신탁을 종료시키고, 신탁 종료에 의하여 신탁재산이 귀속권리자에게 귀속되어 이에 대하여 강제집행을 하는 것은 신탁의 도산절연성과는 관계가 없음은 위의 자익신탁에 대한 검토 부분에서 살핀 바와 같다.559) 미국의 철회가능신탁(revocable trust)과 유사한 측면이 있다고 하는 '해지권이 유보된 신탁'의 경우도 자익신탁과 마찬가지로 그 신탁이 해지권의 행사로 종료되어 신탁재산이 위탁자에게 귀속된 이후의 문제이므로, 자익신탁의 경우와 같이 신탁이 유효하게 존속하는 것을 전제로 하는 신탁의 도산절연성의 문제와는 관계가 없다.

그리고 자익신탁이든 해지권이 유보된 신탁이든, 위탁자에게 신탁을 해지할 권한이 신탁법에 의하여, 또는 신탁계약에 의하여 부여되어 있다는 점에서 담보신탁과는 결정적으로 다르다. 부정설을 주장하는 견해는 담보신탁도 피담보채무가 변제되면 위탁자가 신탁을 해지할 수 있으므로 유사하다고 하나, 위에 따른 해지권은 '피담보채무가 변제된다는 조건'이 성취된 경우에 비로소 발생하는 것이므로 이러한 조건이 성취되기도 전에 해지권이 발생했다고 보아 신탁을 임의로 종료시킬 수는 없으며, 이는 도산절차가 개시되었다고 하더라도 마찬가지이다. 그리고 자익신탁이나 해지권이 유보된 신탁의 경우에도 만약 도산절차가 개시된 경우에는 관리인이 그 해지권을 대위행사하여 그 신탁을 종료시키고, 그

---

559) 이에 대한 자세한 설명은 위의 제2장 4. 라. 부분을 참조.

신탁재산이 위탁자의 책임재산으로 환원되어야만 이를 도산절차에 구속시킬 수 있는 것이지, 신탁이 존속하고 있는 상태에서 신탁재산을 바로 도산절차에서의 책임재산에 포함시킬 수는 없다. 미국법에서의 철회가능신탁(revocable trust)의 경우에는 채권자가 직접 강제집행을 할 수 있도록 정하고 있기는 하나, 신탁의 도산절연성의 원칙의 측면에서 이러한 미국의 입법에 비판적인 견해를 가지고 있음은 별론으로 하더라도, 입법을 통해 명문으로 그 근거 규정을 두고 있기 때문에 이러한 직접적 집행이 가능한 것이지 이러한 근거 규정이 없었다면 이와 같은 직접 집행은 불가능했을 것이다.560) 따라서 이러한 명문의 근거 규정도 없는 우리 현행법 하에서는, 담보신탁이 유효하게 존속한 상태에서 그 신탁재산을 도산절차에서의 책임재산에 포함시킬 수는 없을 것으로 생각된다.

결론적으로 담보신탁은 피담보채무가 전부 변제되지 않는 한은 해지권이 발생하지 않으므로 이를 종료시킬 수 없고, 신탁이 종료되지 않은 상태에서는 어떠한 명문의 법적 근거가 없이는 그 신탁재산을 위탁자의 책임재산에 포함시킬 수 없다. 만약 신탁을 종료하고 신탁재산을 위탁자에게 환원시키고자 한다면 관리인이 피담보채무 전액을 변제하고 신탁을 해지함으로써 할 일이다.561)

(3) 부정설은 또한 미국법상 Deed of Trust를 신탁으로 보고 있지 않은 점, 그리고 미국법을 포함하여 담보신탁의 도산절연성을 무조건적으로 인정하고 있는 입법례는 없다는 점을 근거로 들고 있다. 그런데 위에

---

560) 미국법상의 철회가능신탁(revocable trust)에 대한 자세한 논의는 위 제2장 5.나.의 2)항 참조.
561) 이와 유사한 사례로, 프랑스 담보신탁(*fiducie sûreté*)의 경우에는 위탁자가 수탁자와의 합의에 의하여 신탁재산을 점유, 사용하고 있는 경우가 아닌 한 담보신탁의 실행 및 신탁재산의 처분을 막을 방법이 없는데, 이 때 그 신탁재산이 위탁자의 사업에 필요한 경우에는 피담보채무를 변제하여 이를 다시 회복할 수 있도록 하고 있다. 프랑스 상법 제L622조의 7 제2항.

서 살핀 바와 같이 미국법상의 Deed of Trust는 신탁과는 전혀 다른 것으로 우리나라의 담보신탁과는 구별되고, 오히려 우리나라의 양도담보 또는 양도담보권 설정을 통한 담보권신탁과 비슷하다고 볼 수 있다.562)

그리고 부정설은 프랑스 또한 도산절연성을 일부 제한하고 있다고 보면서, 위탁자가 신탁재산을 점유하는 경우에 그 담보신탁(*fiducie sûreté*)의 실행이 제한된다는 점을 근거로 들고 있다.563) 그렇지만 프랑스 담보신탁(*fiducie sûreté*)에서 위탁자가 신탁재산을 점유하는 경우에 담보권의 실행이 제한되는 것을 담보신탁의 도산절연성이 제한되는 것으로 볼 수는 없다. 이는 오히려 담보신탁의 도산절연성을 인정하는 전제에서, 다만 소유자로서의 수탁자가 그 신탁재산을 점유하고 있는 위탁자가 그 점유에 권한이 있을 경우에는 그 소유권의 행사에 제한이 있다는 점을 규정한 것으로 볼 것이며, 이는 우리법상, 채무자가 점유할 권한이 있는 경우에는 소유자의 환취권의 행사가 제한되고, 그 점유의 근거가 되는 계약이 쌍방미이행 쌍무계약인 경우 도산해지조항이 무효가 될 수 있는 것과 유사한 법리에 따른 것이라고 볼 수 있다. 도산절연성이 인정된다는 전제에서 쌍방미이행 쌍무계약의 법리에 따라 수탁자의 소유권 행사가 제한되는 것은 도산절연성 자체가 제한되는 문제와는 다르다.564)

또한 위에서 검토한 바와 같이,565) 프랑스 담보신탁(*fiducie sûreté*)은 수탁자와 수익자가 일치할 수 있고, 그에 따라 수탁자와 수익자 모두가 채권자가 될 수 있으며, 피담보채무를 변제하지 못할 경우 채권자인 수익자가 직접 신탁재산을 이전받아 처분할 수 있다. 그런데 이와 같이 프

---

562) 위의 라. '비교법적 고찰 - 미국법에서의 Deed of Trust' 부분 참조.
563) 윤진수(2018), 723면.
564) 위의 제2장 2. 마. 의 2)항과 3)항 부분에서 검토한 바 있는, 소유권유보부 매매와 금융리스를 우리 대법원에서 담보권으로 보는 것을 비판하고 쌍방미이행 쌍무계약에 따른 도산해지조항의 문제를 논의해야 한다고 보았던 것과 유사한 논리구조라고 할 수 있다.
565) 위의 마. '비교법적 고찰 - 프랑스법에서의 담보신탁(*fiducie sûreté*)' 부분 참조.

랑스 담보신탁(*fiducie sûreté*)은 우리법상의 담보신탁과는 달리 전형적인 신탁의 형태보다는 담보권의 형태에 가까움에도 불구하고 도산절연성을 인정하고 있는데, 이러한 점에 비추어보면, 오히려 전형적인 신탁의 형태를 가지고 있는 우리법상의 담보신탁의 경우에는 그 도산절연성을 부정할 이유는 더욱 없을 것으로 생각된다.

(4) 부정설이 도산절연성을 부정하는 가장 강력한 근거로 드는 것은, 도산절차는 형식보다는 실질을 중요시하여야 하는 절차이므로, 실질적으로, 그리고 경제적으로 담보의 역할을 하는 담보신탁도 그 실질에 주목하여 회생담보권으로 취급하여야 한다는 것이다. 그러나 위에서 자세히 살핀 바와 같이, 미국 도산절차에서의 '형식보다 실질'의 논의는, i) 그 본질이 '채권의 집단적 추심절차'에 있는 도산절차에서, ii) 일단 도산절차의 구속을 받는 권리인 채권이나 지분권 같은 청구권(claim)을 대상으로 하여, iii) 그러한 청구권들 사이에서의 권리의 우열 및 그 지위를 정하기 위하여 이루어진 것이다. 즉, 도산절차의 대상에 포함되지도 않는 제3자의 권리를 도산절차에 구속시키기 위해 사용하는 원칙인 것은 아니고, 제3자의 소유권 등 다른 재산권을 침해하는 것은 도산절차의 한계를 벗어나는 것이다.566)

따라서 신탁법상의 신탁이 설정되어 수탁자가 소유권을 취득한 신탁재산을 도산절차에 구속시키거나, 위탁자와는 별개로 신탁에 의하여 수탁자로부터 취득한 권리인 담보신탁의 수익권을 도산절차에 구속시키는 것은, 도산절차의 구속을 받지 않는 권리인 제3자의 소유권 등 재산권을 제한하는 것으로서, 도산절차에서의 '형식보다 실질'의 원칙의 한계를 벗어나는 것으로 생각된다.

---

566) 이에 대한 자세한 논의는 위의 제2장 5. 가.의 3)항 참조.

(5) 마지막으로 부정설은 다른 채권자들과의 형평성과 채무자의 정상화가 도산절차의 중요한 목표이므로, 담보신탁에만 예외를 인정하는 것은 이러한 도산절차의 취지에 맞지 않는다는 점을 지적한다. 하지만 담보신탁의 수익자는 다른 채권자들이나 담보권자와 유사한 지위를 가진 자라고 보기 어렵다. 담보신탁은 담보를 목적으로 신탁을 설정한 것일 뿐 신탁법상의 전형적인 신탁이므로, 그에 따른 수익자는 신탁의 수익권을 취득한 자로서, 채무자에 대하여 어떠한 직접적 권리를 가지는 다른 채권자들이나 담보권자와는 달리, 채무자인 위탁자와는 직접적으로는 어떠한 권리의무관계도 가지지 않는다. 즉, 신탁계약과는 별개의 계약으로 채무자와 금전대차거래를 하여 채무가 발생하였고, 그 채무를 담보하기 위하여 담보신탁이 설정되고 채권자가 수익자로 지정이 된 것이라고 하더라도, 금전대차거래에 따라 채권자가 채무자에 대하여 회생채권자의 지위를 가지는 것과, 수탁자와의 관계에서 담보신탁에 따른 수익자의 지위를 가지는 것은 별개의 권리로 보아야 한다. 따라서 전혀 별개의 권리를 가지는 수익자가 채무자에 대하여 직접 권리를 다른 채권자나 담보권자와 다른 취급을 받는 것을 형평성에 어긋난다고 보기 어렵다.

또한 부정설은, 회생절차 개시에도 불구하고 해당 신탁재산을 담보신탁의 수익자가 자유로이 처분할 수 있도록 하면, 결국 채무자의 회생가능성은 낮아지므로, 도산절차의 취지를 고려할 때 바람직하지 않다고 지적한다. 그러나 해당 신탁재산은 이미 위탁자가 신탁을 설정할 당시에 수탁자에게로 '처분'되어, 이미 위탁자의 책임재산에서 분리되어 위탁자의 영업과는 무관하게 된 것이므로, 이를 수탁자가 처분할 수 있다고 하여 채무자의 회생가능성이 낮아진다고 보기는 어려울 것이다. 만약 이러한 위탁자의 신탁재산의 '처분행위'로 인하여 위탁자의 책임재산이 부족해지고, 다른 채권자들이 손해를 입게 되는 상황이 발생하였다면, 그러한 처분행위 자체가 다른 채권자들을 해하는 사해행위 등에 해당하는지를 검토하여 채무자회생법상의 부인권을 행사함으로써 해결할 문제인 것이지, 담보신탁의 도산절연성을 부정하여 해결할 일이 아닌 것으로 생각된다.

　물론, 담보신탁의 대상이 된 신탁재산이 위탁자의 영업에 필요한 자산이고, 그러한 이유로 담보신탁계약의 특칙 등을 통하여 위탁자가 해당 신탁재산을 점유하면서 계속 사용하고 있었던 경우에, 수탁자가 이러한 신탁재산을 신탁계약이 정하는 바에 따라 자유로이 처분하면 채무자의 회생가능성을 해할 가능성이 있다. 그렇지만 이 문제는 도산절연성을 부정하는 것으로 해결할 것이 아니라, 위탁자가 담보신탁계약의 특칙에 따라 해당 신탁재산을 점유할 권한이 있다고 보아 수탁자의 환취권 행사를 제한하고, 그 점유의 근거를 수탁자가 일방적으로 해지하려고 할 때에는 이를 쌍방미이행 쌍무계약 및 도산해지조항의 무효의 법리로 해결하거나 프랑스 상법의 예와 같이 위탁자를 보호하는 법률을 두는 방식으로 해결하는 것이 타당할 것으로 생각된다.567)

　한편 이 근거와 관련하여 부정설은, 채권자들 간의 형평성을 해하게 된 예로 대법원 2016. 5. 25. 선고 2014마1427판결의 사례를 들면서, 특히 골프장 같은 경우에는 담보신탁의 도산절연성 인정으로 인하여 회사의 회생 자체가 어려워지는 문제가 발생한다고 한다.568) 위 대법원 판결은 골프장 시설을 담보신탁으로 제공하여 자금을 조달한 골프장 사업자가 회생절차에 들어간 사안으로서, 골프장 사업자에 대하여 회생채권을 보유하고 있으면서 담보신탁에 따른 수익권을 보유하고 있는 회생채권자들에게, 그 담보신탁 상의 권리의 포기 및 신탁계약 해지의 동의를 받기 위하여 회생계획 상의 변제율에 있어 다른 회생채권자들보다 유리한 변제율을 정한 것에 대하여 판단한 것인데, 대법원은 이러한 차등적 변제율은 공정 형평의 관념에 반하여 평등의 원칙에 위배된다고 보기 어렵다고 하였다.

---

567) 이 논점에 대해서는 아래에서 별도의 항으로 자세히 논의하도록 하겠다.
568) 윤진수(2018), 733-734면; 최효종/김소연(2018), 482-483면.

담보신탁의 수익자로서의 지위는 회생채권과는 별개의 것이므로, 위 회생채권자는 수익권은 별개로 행사하고 회생절차에서는 단순한 회생채권자로서 다른 회생채권자들과 동일한 취급을 받으면 될 것이다. 그런데 해당 골프장 시설이 골프장 사업자의 회생에 필수적인 자산이었기 때문에 관리인은 해당 신탁수익자들에게 신탁계약의 해지에 동의를 할 것을 권유하면서, 그 동의의 조건으로 변제율에 있어 다른 회생채권자들보다 유리한 취급을 받는 것을 제안한 것이다. 따라서 이것을 담보신탁으로 인하여 공정, 형평에 반하는 결과가 초래된 예라고 보기는 어려울 것이고, 오히려 위 담보신탁의 수익자들은 담보신탁이 정하는 바에 따라 신탁재산을 처분하여 채권을 변제받을 수 있었음에도 불구하고, 골프장 사업자의 회생을 위하여 그 신탁계약의 해지에 동의해준 것이므로, 그러한 협의에 대한 대가를 지급받는 것은 당연하다고 볼 일이다.[569]

또한 골프장의 사례를 들면서, 담보신탁의 도산절연성 인정이 회사의 정상화 가능성을 해하고 골프장 회원과 같은 다른 채권자들의 권리를 해한다고 하나, 이러한 문제는 인허가 문제와 회원 보호의 필요성이 있는 골프장의 특수한 사례에 국한되는 문제이므로, 체육시설법과 같은 골프장 관련 법률의 개정을 통해 해결하여야 할 문제이지 담보신탁의 도산절연성이라는 일반 원칙을 수정하여 해결할 문제인 것은 아니라고 생각된다. 담보신탁은 골프장 시설에만 활용되는 것이 아니고, 여러 다양한 분야에서 활발하게 사용되고 있으므로, 골프장의 특수 사례를 들어

---

[569] 이에 대하여 골프장의 경우에는 신탁에 따른 공매처분을 하면 그 인허가가 소멸되고 단순 임야로 처분되어 그 처분가액이 낮아지게 되므로, 신탁수익자들은 이를 고려하여 동의를 하는 것일 뿐이라고 지적한다. 최효종/김소연(2018), 483면. 하지만 이는 골프장이라는 특수한 사안에 국한하여 문제되는 것일 뿐 이를 담보신탁의 일반의 문제로 확대할 이유는 없을 것이고, 그러한 점을 감안하여 신탁 수익권을 가진 채권자들의 변제율도 100%가 되지 못했던 것으로 생각된다. 해당 논문은 변제율이 과도하였다는 점도 지적하고 있으나, 이는 변제율 산정의 구체적인 타당성의 문제이지, 회생채권자와 차별적으로 취급한 것 자체의 문제라고 보기는 어려울 것이다.

담보신탁 전체의 도산절연성을 부정하여야 한다고 보는 것은 타당하지 않을 것으로 생각된다.

결론적으로 현행법의 해석상 신탁법상의 신탁으로 적법하게 설정된 담보신탁의 도산절연성을 부정할 근거는 없을 것으로 생각되고, 이는 도산절차의 취지를 고려해도 마찬가지이다.570) 따라서 입법을 통하여 담보신탁을 금지하거나 담보신탁의 도산절연성을 부정하는 규정을 신설하지 않는 한, 현행법 하에서 판례를 통하여 담보신탁의 도산절연성을 부정하는 것은 타당하지 않다.571)

라) 여론 - 담보신탁의 도산절연성에 대한 입법론

① 입법을 통한 담보신탁의 도산절연성 부정 가능성 및 그 필요성

위에서 검토한 바와 같이, 현행법 하에서 판례의 해석만으로 담보신탁의 도산절연성을 부정하는 것은 도산절차의 한계를 넘어 신탁법상의 신탁의 본질을 해하는 것으로서 타당하지 않은 것으로 생각된다.

그렇다면, 입법을 통하여 담보신탁의 도산절연성을 부정하거나 제한하는 것은 가능할 것인지 문제된다. 담보신탁이 사실상 채권의 담보를 위해 이용되는 것임에도 불구하고, 다른 담보권과는 달리 도산절연성이라는 차별적 혜택을 누리는 것이 정책적으로 타당하지 않다고 본다면, 이를 입법적으로 해결하는 것은 이론적으로는 가능할 것이다. 다만, 신탁의 도산절연성의 원칙을 해하지 않는 방향으로 입법이 되는 것이 바

---

570) 이는 도산해지조항이 도산절차의 목적과 취지에 반하는 측면이 있다고 하여 일률적으로 무효로 본다면 계약자유의 원칙을 심각하게 침해하는 결과를 낳을 수 있다고 지적한 대법원 판결(대법원 2007. 9. 6. 선고 2005다38263 판결)의 태도에 비추어보아도 그러하다고 할 수 있다.
571) 이에 대해서는 이익집단 등의 반발로 입법을 하는 것은 어려울 것이 예상되므로 대법원의 판결로 해결하여야 한다는 견해가 있다. 윤진수(2018), 740면.

람직할 것인바, i) '위탁자와 수탁자 사이에 채권을 담보할 목적만으로 신탁을 설정하는 경우에는 수탁자는 양도담보권을 취득한 것으로 본다'는 취지의 내용을 신탁법에 규정하거나, ii) '위탁자가 수탁자 사이에 채권을 담보할 목적만으로 신탁을 설정한 후 위탁자에 대하여 채무자회생법에 따른 회생절차가 개시되는 경우에는 위탁자의 관리인은 신탁계약을 해지할 수 있다. 이에 따라 신탁계약을 해지하는 경우에 해당 신탁의 수익자는 위탁자의 재산으로 회복된 신탁재산에 대하여 회생담보권을 가지는 자로 본다'는 취지의 내용을 신탁법 및 채무자회생법에 규정하는 것을 생각해볼 수 있을 것이며, 수탁자에게 소유권이 이전된 담보신탁이 유효하게 존속된 상태에서 해당 신탁재산을 위탁자의 책임재산으로 볼 수 있도록 하는 방식으로 입법하는 것은 바람직하지 않은 방향인 것으로 생각된다.572)

한편, 위와 같이 입법을 통하여 담보신탁의 도산절연성을 부정하거나 제한하는 것은 이론적으로는 가능할 것으로 생각되나, 담보신탁의 도산절연성을 위와 같이 법률을 개정하면서까지 부정하여야 할 필요성이 있는지는 의문이다.

담보신탁의 도산절연성을 비판하는 견해들은, 담보신탁에 대하여 도산절연성을 인정함으로 인하여 채무자의 회생가능성이 낮아지고, 다른 채권자들이 피해를 입는 등 그에 따른 문제점은 많은 반면, 담보신탁을 인정하여야 할 사회 경제적 효용은 많지 않다고 주장한다.573)

그러나 실무에서 담보신탁을 활용할 유인은 다음과 같다. i) 먼저, 담보목적으로 신탁을 활용하면 거래의 비용이 절감된다. 담보신탁이 아닌 저당권을 설정하는 경우에는 등록세 및 교육세 등을 포함한 각종 세금

---

572) 미국법에서의 철회가능신탁(revocable trust)의 경우 신탁이 존속하는 상태에서 강제집행이 가능하도록 규정하고 있으나, 이는 도산절연성을 부정하는 것으로서 바람직하지 않음은 위에서 살핀 바와 같다.
573) 윤진수(2018), 735-736면; 윤진수/최효종(2023), 48-51면.

을 납부하여야 하고, 국민주택채권매입의무를 지는 반면, 담보신탁을 설정하는 경우에는 그러한 비용을 지급할 필요가 없다.574) ii) 그리고 담보신탁을 설정한 경우에는 신탁의 처분 사유가 발생하면, 수익자의 지시에 따라 수탁자가 직접 처분을 할 수 있으므로, 채권자가 저당권을 실행하여 경매를 통해 처분하는 것보다 훨씬 신속하게 처분할 수 있으며, 이와 같이 시장에서 매각하는 것이 경매절차를 통해 매각하는 것보다 가격측면에서도 더 유리할 수 있다. iii) 또한 담보신탁의 도산절연성으로 인하여 위탁자로부터 담보대상목적물이 분리됨에 따라, 위탁자의 신용위험으로부터 자유로워지므로, 위탁자 소유의 재산에 대하여 담보를 설정하여 자금을 조달하는 것보다 훨씬 유리한 조건으로 자금을 조달하는 것이 가능해진다. 담보신탁이 아니라 자산유동화의 사례이기는 하지만, 실무에서 실제로 자산유동화를 통해 자금을 조달하는 이유는 그 회사가 직접 증권이나 사채를 발행하는 것보다, 자산유동화를 통해 자산담보부증권을 발행하는 것이 그 신용등급의 산정에 있어서 매우 유리하기 때문이며, 그 때 가장 중요한 점은 해당 자산이 신탁으로 인하여 위탁자의 신용위험으로부터 완전히 분리되는지 여부이다.575) 이러한 자산유동화의 예에 비추어 볼 때, 담보신탁의 경우에도, 위탁자의 신용위험으로부터 분리함으로써 그 이율 등 차입 조건에 있어 매우 유리해질 수 있고, 위탁자가 스스로는 담보부로 자금을 조달하는 것이 불가능할 때도 자산을 분리하여 제공함으로써 자금조달이 가능해질 수도 있다.

덧붙여, 신탁의 도산절연성이라는 특징을 이용하여 자금을 조달한다는 측면에서, 신탁을 이용한 자산유동화와 담보신탁거래는 유사점이 있는데, 담보신탁만을 문제삼아 이를 부정하여야 할 이유도 없을 것이다. 물론 자산유동화의 경우에는 수탁자가 신탁재산을 관리 및 운용하고, 그 운용수익을 수익자에게 배분함으로써 채권의 변제의 효과를 받는다는

---

574) 안성포(2012), 296-297면.
575) 김준태(2014), 70-71면.

점에서, 금전대차계약을 별도로 체결하고 신탁재산은 담보목적으로만 소유하다가, 채무불이행이 발생하면 처분하는 형태의 담보신탁과는 다르다. 그렇지만 결국 신탁의 도산절연성을 이용하여 신탁재산을 위탁자로부터 분리하여 담보목적으로 이전하여 해당 신탁재산을 근거로 하여 자금을 조달한다는 점에서는 유사하므로, 이들 신탁을 전혀 다르게 취급하여야 할 근거는 찾기 어렵다.

또한 만약 담보신탁을 입법을 통하여 금지하거나 그 도산절연성을 부정한다면, 실무에서는 다른 방식을 이용하여 담보신탁과 동일한 효과를 누리려고 할 것인데, 예를 들어 위탁자가 부동산담보신탁계약을 체결하고 그 신탁재산을 점유 사용하면서, 그 사용, 수익의 대가를 신탁재산의 소유자인 수탁자에게 지급하기로 하고, 수탁자는 이를 수익자에게 배분하면 수익자는 이를 채권의 변제에 갈음하기로 하는 약정을 한다면 어떻게 처리할 수 있을지 의문이다. 이는 전형적인 담보신탁의 형태가 아니고 수탁자가 신탁계약이 정하는 바에 따라 신탁재산을 관리하고 그 신탁재산 중 일부를 수익자에게 배분하는 것으로서, 다른 수익자신탁과 크게 다르지 않으므로, 신탁의 도산절연성이 인정된다고 보아야 할 것인데, 이런 식으로 신탁계약의 특칙을 통해 도산절연성의 이익을 누릴 수 있는 것이라면, 굳이 담보신탁만을 구별하여 그 도산절연성을 부인할 이유도 없을 것이다.

물론, 현재 거래계에서 담보신탁으로 인하여 문제가 발생하는 경우가 있고 그 때마다 대법원이 법률관계의 해석으로 해결하고 있다는 점에서 문제가 있기는 하다.576) 따라서 오히려, 입법을 통하여 담보신탁을 금지하거나, 그 도산절연성을 부정할 것이 아니라, 담보신탁에 대한 규정을 신탁법에 두어 그 법률관계를 명확히 하는 것이 필요할 것으로 생각된다.

---

576) 비록 담보신탁의 도산절연성을 부정하는 입장이지만, 담보신탁에 관련한 문제들이 담보신탁에 대한 입법의 부재로 인한 것이라는 점을 지적하는 견해가 있는데, 해당 지적은 타당한 측면이 있다. 정소민(2019), 112-113면.

② 담보신탁에 관한 입법방안에 대한 검토

담보신탁에 관하여 우리 신탁법에 명문을 규정을 두어 이를 명확하게 규율하고자 한다면, 위에서 논의한 프랑스 민법에서의 담보신탁(*fiducie sûreté*)에 관한 규정들이 참고할 만한 규정이다. 특히 위탁자가 신탁재산을 점유하는 경우에는 이를 보호할 수 있는 근거 규정을 둔 프랑스 상법의 규정은 우리도 충분히 도입을 고려해 볼만한 규정인 것으로 생각된다. 위탁자가 수탁자와의 별도의 계약 또는 담보신탁 상의 특약규정을 통하여,577) 신탁재산을 점유하여 사용할 권한을 부여받은 경우에, 위탁자에 대하여 회생절차가 개시되었다는 이유만으로 그 점유를 박탈당하고, 해당 신탁재산이 처분된다면 위탁자가 회생절차를 통하여 정상화될 가능성이 매우 낮아질 것이라는 문제가 있기 때문이다.578)

이와 관련해서는, 현행법의 해석을 통해서도 어느 정도 위탁자를 보호하는 것이 가능할 것으로 생각되기는 한다. 즉, 위탁자가 점유하고 있는 신탁재산을 처분하여 환가하기 위해서는 수탁자가 그 소유권에 기하여 위탁자의 도산절차에서 환취권을 행사하여 소유물반환청구를 하여야 할 것인데, 위탁자는 담보신탁계약이 정하는 바에 따라 이를 점유할 정

---

577) 실무상으로는 별도의 특약을 체결하기보다는 담보신탁 계약서에 이러한 내용을 포함시키는 것이 대부분인 것으로 보인다.

578) 이와 관련하여, 담보신탁의 수익자는 수익권과는 별개로 그 채권에 관해서는 위탁자의 회생절차에서 회생채권자의 지위를 가지게 될 것이고, 그 회생채권이 회생계획에 의하여 변경되면 그 변경된 내용으로 피담보채무도 변경되는 것이기 때문에 이를 채무불이행이 발생하였다고 볼 수 없고, 만약 회생채권신고를 하지 않았다면 그 권리가 실권될 것이기 때문에 담보신탁은 종료될 것이므로, 신탁재산의 처분의 문제가 발생하지 않을 수 있다고 지적하는 견해가 있다. 오영걸(2022), 333-338면. 그렇지만, 회생절차가 개시되면 채무자는 어떠한 변제도 하지 못하게 되므로, 피담보채무 관련 이자 등의 지급도 못하게 될 것이므로, 회생계획안이 가결되기 전에 이미 채무불이행이 발생할 가능성이 높으며, 만약 해당 금전대차계약에서 채무자의 도산절차 개시를 기한이익상실 사유로 정했다면 바로 채무불이행이 발생하게 될 것이다. 따라서 현실적으로는 신탁재산이 처분될 가능성이 높을 것이다.

당한 권한이 있으므로, 수탁자의 환취권 행사는 제한된다고 볼 수 있을 것이다.579) 또한 일반적인 담보신탁계약의 규정상, 수탁자는 신탁재산 처분의 사유가 발생하면 위탁자에게 일방적으로 통지하고 신탁재산의 처분을 하며, 위탁자는 이에 대하여 이의를 제기할 수 없다는 규정을 두는 것이 일반적인데,580) 이러한 규정을 도산해지조항으로 보아 위탁자의 도산절차에서는 그 효력을 주장할 수 없다고 해석할 여지가 있다.581)

이러한 점에 대해서는 아직 대법원 판례가 있거나 구체적인 논의가 있는 것은 아닌데, i) 위탁자와 수탁자 사이의 신탁재산 점유 특약은 수탁자는 위탁자에 대하여 신탁재산을 점유 및 사용, 수익하게 해줄 의무를 지고, 위탁자는 수탁자를 위하여 신탁재산을 관리하고 그 비용을 부담할 의무를 진다는 점에서 당사자 사이의 쌍무계약이라고 볼 수 있으며, ii) 이러한 의무는 담보신탁계약이 존속하는 동안 계속되는 의무라는 점에서 아직 미이행된 의무라고 볼 수 있을 것이므로, 쌍방미이행 쌍무계약이라 볼 수 있을 것이다. 또한 위탁자의 도산절차 개시를 이유로 위탁자의 점유를 종료시키고 신탁재산을 처분하는 것으로 볼 수 있으므로, 위와 같은 처분 규정을 도산해지조항으로 볼 여지도 있다.

다만 이에 대해서는 대법원에 의하여 확립된 바가 없고, 담보신탁계약의 해석상 위와 같이 적용하기 어려운 사례가 있을 가능성을 배제할 수는 없다. 특히 일반적으로 담보신탁에서는 채권자가 우선수익자로, 채무자인 위탁자가 수익자로 지정되는 경우가 많은데, 이와 같이 위탁자가

---

579) 서울중앙지방법원 파산부 실무연구회(2023a), 392면.
580) 우리자산신탁 주식회사(https://www.wooriat.com/cs/terms), 주식회사 한국토지신탁(https://www.koreit.co.kr/Products/Besides/Agreement?startId=KRT020504) 등이 홈페이지에 게시한 부동산담보신탁 계약서 규정 참조.
581) 위탁자가 신탁재산을 점유하는 근거를 위탁자와 수탁자 간의 계약에 기한 것이고 해당 계약이 쌍방미이행 쌍무계약에 해당한다고 볼 수 있다면, 이러한 계약에 대한 도산해지조항은 무효로 볼 여지가 있을 것이다. 대법원 2007. 9. 6. 선고 2005다38263 판결.

수익자로 지정된 경우라면, 담보신탁에서 정하는 위탁자의 신탁재산에 대한 점유사용 권한은 위탁자와 수탁자 사이의 별도의 특약에 의하여 발생하는 것이 아니라, 담보신탁계약에서 정하는 수익권의 내용 중 하나로서 가지는 권한으로 해석할 수도 있기 때문이다.582) 만약 위탁자의 점유사용 권한을 수익권의 내용 중 하나로 본다면, 이는 수탁자에 대한 채권적 권리일 것이므로, 이 법률관계를 쌍방미이행 쌍무계약에 해당한다고 보기는 어려울 것이고, 그 내용은 신탁계약이 정하는 바에 따라야 할 것이다.

따라서 위에서 살핀 프랑스 상법상의 규정과 같이, 신탁재산에 대하여 위탁자가 점유 및 사용을 하고 있는 경우, 도산절차에서 이를 보호할 근거를 명문으로 마련해두는 것을 신중하게 고민할 필요가 있을 것으로 생각된다.

3. 위탁자의 도산절차에서의 담보권신탁

가. 담보권신탁의 개념 및 의의

담보권신탁은 신탁법이 개정됨에 따라 도입된 것으로 위탁자와 수탁자가 담보권을 설정하는 방식으로 신탁을 설정하는 것을 말한다.583)

구 신탁법에서는 담보권의 설정을 신탁 설정의 방식으로 규정하고 있

---

582) 이와 관련하여, 부동산담보신탁에서의 위탁자의 점유사용권한은 신탁에서의 수익권으로 보아야 하고, 위탁자와 수탁자 사이의 임대차계약으로 보아서는 안된다고 보는 견해가 있다. 오영걸(2022), 333면. 그러나 이와 같은 해석은 위탁자가 수익자로 지정된 경우에 한하여야 할 것이고, 위탁자가 수익자의 지위를 가지는 것이 아니라면 점유사용에 관한 별도의 합의를 한 것으로 보아야 할 것으로 생각된다.
583) 신탁법 제2조. 신탁법은 2012년에 전면적으로 개정하면서, 신탁법 제2조에서 신탁의 설정방식으로 "담보권의 설정"을 추가하여 담보권신탁을 명문으로 도입하였다.

지 않고, 신탁재산의 이전, 기타의 처분만을 신탁 설정의 방식으로 규정하고 있어, 담보권신탁이 인정되는지 여부에 대하여 긍정설과 부정설이 대립하였는데,584) 신탁법을 전면 개정하는 과정에서는 담보권신탁을 명문으로 인정하는 방향으로 정리되었다. 담보권신탁을 인정하면 채권자는 수익권을 양도하는 방식으로 담보권을 양도할 수 있어서 법률관계가 간단해지고,585) 신탁을 자산유동화의 수단으로 활용하는 것도 용이해진다는 장점들을 고려한 것으로 이해된다.586)587)

그런데, 민법 제361조는 저당권은 그 담보한 채권과 분리하여 타인에게 양도하거나 다른 채권의 담보로 하지 못한다고 규정하여 담보권의 부종성에 관하여 규정하고 있는데, 담보권신탁의 경우에는 담보권은 수탁자가 가지고, 채권은 수익자가 가지게 되어 위의 담보권신탁에 대한 부정설이 지적하는 바와 같이 담보권의 부종성에 반하는 것이 아닌지 문제된다.

이에 대해서는 담보권신탁은 채권자가 신탁의 수익권을 가지게 되므로 실질적으로는 부종성의 원칙에 부합하도록 특례를 인정한 것이라는 견해,588) 담보권신탁의 경우 형식상으로는 담보권자(수탁자)와 채권자(수익자)가 분리되는 현상이 발생하지만 수탁자는 수익자를 위하여 담보권을 보유하는 것이어서 실질적으로 이를 동일인으로 파악할 수 있으므

---

584) 부정설은 담보권신탁을 인정하게 되면 수탁자는 피담보채권을 보유하지 않으면서 담보권만을 보유하게 되므로 부종성에 반한다는 점을 근거로 들었고, 긍정설은 수탁자는 채권자인 수익자를 위하여 담보권을 보유하는 것으로 볼 수 있고, 실무상 필요하므로 담보권신탁을 인정하여야 한다고 주장하였다. 주석신탁법(2017), 18-19면; 법무부(2012), 8-9면.
585) 오영걸(2021), 53면.
586) 법무부(2012), 8면.
587) 일본에서도 2007년 9월 30일에 新 信託法을 시행하면서 신탁법 제3조에서 담보권의 설정을 통한 신탁의 설정, 즉 담보권신탁을 정면으로 인정하였는데, 우리 신탁법에서 담보권신탁을 명문으로 인정하게 된 것에는 이 영향도 있는 것으로 보인다.
588) 한민(2011), 59면.

로 담보물권의 부종성 원칙을 잠탈하는 것은 아니라는 견해,589) 그리고 담보권신탁은 부종성에 반한다고 보는 견해590)가 있다.

그런데, 신탁에 있어서 수탁자는 수익자의 이익을 위하여 신탁재산의 관리 및 처분 등을 하는 자로서, 수탁자 자신은 신탁으로부터 이익을 향유하지 못하는데(신탁법 제31조, 제33조 및 신탁법 제36조), 이러한 지위를 가지는 수탁자가 담보권을 채권자인 수익자를 위하여 보유하고 이를 관리한다고 하여 담보권의 부종성 원칙에 반한다고 보기는 어려울 것으로 생각된다.

또한 대법원도 채권자와 채무자 및 제3자 사이의 합의에 따라 제3자를 근저당권자로 하는 근저당권을 설정한 사안에서 특별한 사정이 있는 경우에는 그러한 제3자 명의의 근저당권설정등기도 유효하다고 판단하여 부종성을 완화하는 판결을 한 바 있는데,591) 이러한 대법원의 태도에 비추어보아도 담보권신탁이 부종성에 반한다고 보기는 어려울 것으로 판단되고 신탁법의 규정을 통하여 부종성을 완화한 것으로 이해할 수 있을 것이다. 다만, 수익자가 위탁자의 채권자가 아닌 제3자가 되는 경우라면 그러한 담보권신탁은 부종성에 반할 것으로 판단된다.592)

---

589) 법무부(2012), 8-9면.
590) 오창석(2010), 55면.
591) 대법원 2001. 3. 15. 선고 99다48948 전원합의체 판결. 이 판결에서 대법원은 근저당권은 채권담보를 위한 것이므로 원칙적으로 채권자와 근저당권자는 동일인이 되어야 하지만, 채권양도, 제3자를 위한 계약, 불가분적 채권관계의 형성 등 방법으로 채권이 그 제3자에게 실질적으로 귀속되었다고 볼 수 있는 특별한 사정이 있는 경우에는 부종성에 반하지 않는다고 보았다.
592) 최수정(2019), 556면; 新井誠 (2014), 153-154頁.

나. 담보권신탁의 도산절차에서의 지위

1) 담보권신탁의 특징

담보권신탁은 위탁자 소유의 재산에 대하여 수탁자에게 담보권을 설정하는 방식으로 신탁을 설정하는 것으로, 담보신탁의 경우와는 달리 담보권신탁에서의 수탁자는 위탁자 소유의 재산에 대하여 그 소유권을 취득하는 것이 아니라 담보권만을 취득한다.[593] 따라서, 해당 재산의 소유권은 여전히 위탁자의 소유이므로, 위탁자에 대하여 도산절차가 개시되면 위탁자 소유의 해당 재산 자체는 위탁자의 책임재산으로서 해당 도산절차에 구속되므로, 담보권신탁은 위탁자의 도산절차로부터 절연되지 않는다.

그렇다면, 위탁자의 도산절차에서 담보권만을 취득하는 담보권신탁의 수탁자 그리고 그러한 신탁에 대한 수익자가 어떠한 권리를 가지게 되는지 문제되는데, 이하에서는 이에 대하여 살펴보도록 하겠다.

2) 회생담보권이 인정되는지 여부 - 부종성의 문제

가) 회생담보권의 개념 및 의의

파산절차에서는 담보권자에게 별제권이 인정되어, 담보권자도 파산절차에 구속되지 않고 별제권을 행사할 수 있으므로,[594] 위탁자의 도산절

---

[593] 담보권신탁은 2012년에 신탁법이 전면개정되면서 도입되었으나, 수탁자에 대하여 담보권을 설정하는 방식의 신탁에 대한 개념은 담보부사채신탁법에서 이미 담보권신탁의 개념을 전제로 담보부사채에 관하여 규정하고 있었다. 최수정(2013), 18면.

[594] 채무자회생법 제411조 및 412조. 또한 별제권자는 별제권의 행사를 통하여 그 채권의 변제를 받는 것이 원칙이고, 그 별제권의 행사에 의하여 변제를 받을 수 없는 채권액에 관하여만 파산채권자로서 그 권리를 행사할 수 있다. 채무자회생법

차에서 담보권신탁을 어떻게 취급하여야 할 것인가의 문제는 결국 위탁자에 대하여 채무자회생법상의 회생절차가 개시된 경우에 이를 회생담보권으로 볼 것인가의 문제일 것이다. 그런데 위탁자의 회생절차에서 담보권신탁을 회생담보권으로 취급할 수 있는지, 그리고 수탁자와 수익자 중 누구를 회생담보권자로 볼 것인지를 검토하기 위해서는, 채무자회생법상의 회생담보권의 개념을 먼저 파악할 필요가 있다.

채무자회생법상 회생담보권은 '회생채권이나 회생절차개시 전의 원인으로 생긴 채무자 외의 자에 대한 재산상의 청구권으로서 담보권 등으로 담보된 범위의 것'을 의미한다.[595] 또한 회생담보권자는 그 채권액 중 담보권의 목적의 가액에 대해서 인정되는 것이고, 그 가액을 초과하는 부분에 관하여는 회생채권자로서 회생절차에 참가할 수 있다.[596]

이와 같이 채무자회생법상의 회생담보권은 채권을 전제로 하는 개념으로서, 담보권이라기보다는 담보권에 의해 담보되는 청구권의 개념이다.[597] 물론 회생절차가 개시된 채무자가 자신의 채무가 아니라 제3자의 채무를 담보하기 위하여 담보를 제공한 물상보증인인 경우에는, 회생절차가 개시된 채무자에 대하여 직접적 청구권이 없더라도 회생담보권자로서 권리를 행사할 수 있으므로,[598] 채무자에 대하여 직접 청구권을 행사할 수 있었을 것이 회생담보권의 요건이 되는 것은 아니지만, 비록 명칭에 '담보권'이라는 표현이 들어가더라도 회생절차에서의 회생담보권의 성격은 물권적 권리가 아니라 회생절차에서 행사되는 채무자에 대한 채권적 권리라고 보는 것이 타당하다.[599]

제413조.
595) 채무자회생법 제141조 제1항.
596) 채무자회생법 제141조 제4항.
597) 김재형(2006), 19면; 서울중앙지방법원 파산부 실무연구회(2023a), 461면.
598) 채무자회생법 제141조 제1항은 '회생절차개시 전의 원인으로 생긴 채무자 외의 자에 대한 재산상의 청구권'도 포함하고 있다.
599) 실제로 회생절차에서의 회생담보권자는 직접 담보권을 행사하거나 집행하지 못하

나) 담보권신탁에서의 회생담보권자의 지위를 가지는 자

회생담보권은 위에서 살핀 바와 같이 회생채권 중 담보권으로 담보된 범위의 것을 의미하는데, 위탁자에 대하여 채권을 가지는 자가 수익자로 지정되고 그 채권을 담보하는 담보권은 수탁자에게 설정되는 담보권신탁의 경우에는, 수탁자와 수익자 중 누가 회생담보권자로서의 지위를 가져야 하는지, 그리고 담보권신탁으로 담보되는 범위를 초과하는 채권에 대해서는 누가 회생채권자로서의 지위를 가져야 하는지 문제된다.

채무자에 대하여 회생절차가 개시되지 않은 경우에 담보권신탁에 의하여 담보를 실행하는 경우를 상정해보면, 물론 구체적인 사례에서는 해당 담보권신탁의 신탁계약의 규정이 정하는 바에 따라 달라질 수는 있으나, 일반적으로는 담보권신탁에 기하여 수탁자가 자신이 가지고 있는 담보권을 신탁계약이 정하는 바에 따라 실행하고, 그에 따라 취득한 금전을 채권자인 수익자에게 수익으로서 지급하게 될 것이며, 채권자로서의 수익자는 그 지급받은 신탁에 따른 수익으로 채권 변제에 충당하고,[600] 그럼에도 불구하고 남는 금액이 있는 경우에는 그 잔존액에 대하여는 채권자가 채무자인 위탁자에게 일반 채권자로서 권리를 행사하게 될 것이다. 이와 같이, 부종성의 예외가 인정되는 담보권신탁에서는 담보권의 실행과 채권이 분리되게 된다.

이러한 담보권신탁의 특수성을 고려해볼 때, 채무자인 위탁자에 대하여 회생절차가 개시되는 경우에도, 위의 경우에 준하여 수탁자가 회생담보권자로서 권리를 행사하고, 그 가액을 초과하는 부분에 대해서는 수익

고 회생계획에서 정하는 바에 따라 변제만을 받을 수 있기 때문에 물권적 지위가 아니라 채권적 지위라고 할 수 있다. 단지, 일반 회생채권자들에 비하여 유리하게 취급되고, 청산가치보장의 원칙에 의하여 만약 담보물을 집행하였다면 받았을 금액만큼의 변제를 보장받을 수 있을 뿐이다.

[600] 담보권신탁에서 담보권의 관리 및 행사의 주체는 담보권자인 수탁자이고, 수탁자의 담보권 실행을 통하여 채무자로부터 수령한 배당금 등은 신탁재산으로서 수익자의 수익권의 대상이 된다. 정순섭(2021), 677-688면.

자가 회생채권자로서 권리를 행사한다고 보는 것이 담보권신탁의 개념에 맞는 해석일 것으로 생각된다.601)

이와 관련하여, 채무자회생법은 회생담보권의 개념을 '회생채권 중 담보권으로 담보된 범위의 것'으로 규정하고 있으므로, 회생채권을 가지는 수익자가 회생담보권자의 지위를 가지는 것이 위와 같은 법률 문언의 해석상 타당한 것이 아닌가라는 의문이 있을 수 있다. 그러나 비록 회생절차에서 회생담보권이 담보권으로 담보된 범위의 '청구권'의 성격을 가진다고 하더라도, 이는 담보권을 기초로 하여 인정되는 권리이므로, 그 권리의 주체 또한 담보권을 기초로 하여 정하는 것이 타당할 것이다. 또한 회생계획에서 회생담보권도 청구권으로서 변제계획에 포함되어 변제되지만, 해당 담보목적물이 실제 처분되는 경우에는 담보권자가 담보권의 말소에 동의해야 하는 문제가 있고, 이 때 담보권의 말소 동의와 그 처분대금을 통한 변제충당에 대한 협상은 결국 회생담보권자와 이루어지게 되는데,602) 이것은 담보권의 관리에 포함되는 것이므로, 담보권신탁의 구조상 수탁자가 이를 행하는 것이 타당할 것이다. 따라서 회생담보권자는 수탁자가 되는 것이 타당할 것으로 생각된다. 그리고 위와 같이 채무자회생법 규정 상의 회생담보권자는 회생채권을 가지는 자를 전제로 하는 개념이기는 하나,603) 수탁자는 회생채권을 가지는 수익자를 위하여 담보권을 보유하는 자이고, 이는 담보권의 부종성의 원칙에도 반하는 것이 아니므로, 담보권을 기준으로 하여 수탁자가 회생담보권자로서 수익자를 위하여 회생절차에 참여한다고 보는 것이 해석상 불가능한 것은 아닌 것으로 판단된다. 회생담보권은 위에서 살핀 바와 같이 회생

---

601) 정순섭(2021), 684-685면; 최수정(2019), 563-564면.
602) 서울중앙지방법원 파산부 실무연구회(2023a), 736-740면.
603) 회생절차가 개시된 채무자가 물상보증인인 경우를 제외하고는, 원칙적으로 채무자에 대하여 채권을 가지는 자로서 채무자 재산에 대하여 담보권을 가지는 자가 그 담보의 범위 내에서 회생담보권자로서의 지위를 가진다. 채무자회생법 제141조 제1항.

절차에서의 채무자에 대한 '청구권'의 성격을 가지는 것이지만, 이는 회생절차가 개시되었다는 특수한 상황 하에서, 기존에 물권적 권리인 담보권을 가지는 자가 회생절차에서는 담보권으로 담보되는 범위 내에서 회생채권보다 우선권을 가지는 청구권으로서만 그 권리를 행사할 수 있다는 의미인 것으로 이해되고, 반드시 채무자에 대하여 직접 청구권을 가지는 자만이 회생담보권을 행사할 수 있다는 의미인 것은 아니다.604)

이와 관련하여 수탁자는 회생담보권자로 참여하고, 그 초과부분에 대해서는 수익자가 회생채권자로 따로 참여하는 것은 불필요하므로, 수탁자가 수익자를 대리하여 회생담보권자 및 회생채권자로서의 권리를 모두 행사하도록 하는 것이 효율적인 해석이 아닌지 의문이 있을 수 있다. 그렇지만, 담보권신탁의 경우 부종성의 예외가 인정되어 수익자가 여전히 채권을 보유하고, 수탁자는 수익자를 위하여 담보권을 취득하는 것일 뿐이며, 담보권신탁의 경우에는 담보부사채신탁에 관한 채무자회생법 제143조와 같이 수탁회사가 사채권자집회의 결의에 의하여 총사채권자를 위하여 회생채권 또는 회생담보권의 신고, 의결권의 행사 그 밖의 회생절차에 관한 모든 행위를 할 수 있다는 규정을 두고 있지는 않으므로,605) 담보권의 설정을 받았을 뿐 채권을 이전받은 적이 없는 수탁자가 회생채권자로서의 권리까지 모두 행사할 수 있다고 해석하기는 어려울 것으로 판단된다. 회생담보권은 수탁자가, 회생채권은 수익자가 각각 분리하여 행사하는 것이 자연스럽지 않다는 지적이 있을 수는 있으나, 채

---

604) 회생절차 중인 채무자가 물상보증인의 지위에 있는 경우에도 해당 물상보증에 따라 채무자에 대하여 담보권을 가지는 자는 회생담보권자로서 채무자의 회생절차에 참여할 수 있는 것에 비추어보아도, 채무자의 회생절차에서 회생담보권의 지위를 가지기 위해서는 반드시 채무자에 대하여 직접적으로 청구권을 가지는 것이 요구된다고 볼 수는 없을 것이다.

605) 담보부사채신탁법에 관한 규정을 유추적용할 수 있는지도 문제될 수 있으나, 명시적 규정 없이 이를 해석론으로 적용하기는 어려울 것으로 생각된다. 정순섭(2021), 678면; 최수정(2019), 564면.

무자가 물상보증인인 경우에는 회생담보권의 행사는 회생채무자에게, 나머지 채권의 행사는 제3자인 채무자에게 각각 분리하여 행사하는 것을 채무자회생법이 예정하고 있다는 점에 비추어보면, 회생담보권과 회생채권이 각각 다른 주체에 분리되어 행사된다고 해석하는 것도 가능할 것으로 생각된다. 그렇지만 이와 관련하여 수탁자가 수익자로부터 위임을 받아 회생채권 및 회생담보권을 모두 행사하는 방안으로 처리하는 것이 실무상 간명할 것이므로, 이렇게 처리하는 것이 바람직할 수 있다.

또한, 담보권신탁의 수탁자가 당연히 회생담보권자로서의 역할을 수행한다고 보기는 어려우므로, 담보권신탁에 관하여도 담보부사채신탁에 관한 위와 같은 채무자회생법 제143조의 규정과 유사한 규정을 입법하여 이를 명확하게 규정하고 나아가 수탁자가 담보부사채신탁에서와 같이 회생채권자로서의 권리와 회생담보권자로서의 권리를 모두 행사하게 할 필요가 있다고 지적하는 견해가 있는데,[606] 위의 회생채권의 권리 행사 문제와 함께 입법적으로 보완이 필요한 부분이 있다는 측면에서 타당한 견해인 것으로 생각된다.[607] 현재와 같이 신탁법 및 채무자회생법에서 별도의 규정을 두고 있지 않은 이상, 수탁자가 회생담보권자로, 수익자가 회생채권자로 각각 권리를 행사한다고 해석할 수밖에 없으나, 결국 동일한 청구권이라는 측면에서 통일된 의사결정을 하는 것이 바람직하므로, 입법을 통하여 수탁자가 두 권리 모두를 수익자를 위하여 행사할 수 있도록 명확히 정하는 것도 고려할만 하다.

---

[606] 최수정(2019), 564면.
[607] 다만 해당 부분에서 최수정 교수는 담보부사채신탁의 경우와 유사하게 수탁자가 채권자를 위해 회생담보권자뿐 아니라 회생채권자로서의 지위도 가지는 것을 전제로 서술하고 있는데 담보부사채신탁과는 달리 담보권신탁은 수탁자가 단지 담보권만을 수익자를 위하여 관리하는 신탁이므로, 회생채권자의 지위까지 수탁자가 행사할 근거는 없을 것으로 생각한다.

3) 별제권이 인정되는지 여부

위탁자에 대하여 회생절차가 아닌 파산절차가 진행되는 경우에는 담보권자는 파산절차에 영향을 받지 않고 별제권을 행사할 수 있다. 따라서, 담보권신탁의 경우에도 위탁자의 파산절차에서 별제권을 행사할 수 있을 것이다.

이 때 별제권 행사의 주체가 누가 될 것인지와 관련하여, 별제권은 결국 담보권의 실행절차가 될 것이기 때문에 수탁자가 담보권자로서 별제권을 행사한다고 보는 것이 타당할 것으로 생각된다.[608]

4. 쌍방미이행 쌍무계약의 문제

가. 쌍방미이행 쌍무계약의 개념

채무자에 대하여 회생절차 또는 파산절차가 개시되는 경우 그 관리인 또는 파산관재인은 채무자의 계약 중 쌍무계약에 관하여 채무자와 그 상대방이 모두 회생절차 개시 당시 또는 파산선고 당시에 아직 이행을 완료하지 아니한 때에는 그 계약을 해제 또는 해지하거나 채무자의 채무를 이행하고 상대방의 채무이행을 청구할 수 있는 선택권을 가지는데, 이것이 쌍방미이행 쌍무계약에 대한 관리인 등의 선택권의 문제이다.[609]

관리인 또는 파산관재인이 위 규정에 따라 선택적으로 해제권 또는 해지권을 행사하기 위해서는, 해당 계약이 i) 쌍무계약에 해당하여야 하고, ii) 아직 이행을 완료하지 않은, 즉 미이행 상태여야 한다.

---

[608] 정순섭(2021), 685면.
[609] 채무자회생법 제119조 및 제335조.

쌍무계약의 개념에 대해서는 채무자회생법에서 별도로 규정하고 있지는 않은데, 대법원은 쌍방 당사자가 상호 대등한 대가관계에 있는 채무를 부담하는 계약으로서, 본래적으로 쌍방의 채무 사이에 성립·이행·존속상 법률적·경제적으로 견련성을 갖고 있어서 서로 담보로서 기능하는 것을 가리키는 것이고, 이와 같이 본래적으로 법률적·경제적 견련관계가 없는데도 당사자 사이의 특약으로 쌍방의 채무를 상환 이행하기로 한 경우 등은 여기서 말하는 쌍무계약이라고 할 수 없다고 판단한 바 있다.610)

다음으로 쌍무계약에 해당한다고 하더라도 계약 당사자 모두가 미이행상태인 경우에만 위 규정에 의한 해지권 또는 해제권을 행사하는 것이 가능한데, 이와 관련하여 대법원은 채무자회생법 제119조 제1항의 '그 이행을 완료하지 아니한 때'에는 채무의 일부를 이행하지 아니한 것도 포함되고 이행을 완료하지 아니한 이유는 묻지 아니하므로, 주식매수청구권 행사 후 회사의 귀책사유로 주식대금 지급채무의 일부가 미이행되었다고 하더라도, 일부 미이행된 부분이 상대방의 채무와 서로 대등한 대가관계에 있다고 보기 어려운 경우가 아닌 이상 관리인은 일부 미이행된 부분뿐만 아니라 계약의 전부를 해제할 수 있다고 판단하였다.611)

나. 신탁이 쌍방미이행 쌍무계약에 해당하는지 여부

1) 쌍방미이행 쌍무계약이 문제되는 신탁_신탁계약

위탁자에 대하여 도산절차가 개시되는 경우 위탁자의 관리인 또는 파산관재인이 위탁자가 수탁자와 체결한 신탁계약을 쌍방미이행 쌍무계약

---

610) 대법원 2000. 4. 11. 선고 99다60559 판결, 대법원 2007. 3. 29. 선고 2005다35851 판결, 대법원 2007. 9. 7. 선고 2005다28884 판결 등.
611) 대법원 2017. 4. 26. 선고 2015다6517, 6524, 6531 판결.

임을 이유로 해제할 수 있는지 문제되는데 이는 결국 신탁계약이 쌍무계약에 해당하는지의 문제와 쌍무계약에 해당한다면 그 신탁이 미이행 상태에 있다고 볼 수 있는지 여부로 나누어 검토하여야 한다. 이와 관련하여, 앞에서 설명한 바와 같이 신탁은 위탁자와 수탁자 사이의 신탁의 계약 또는 신탁선언이나 유언과 같은 위탁자의 단독행위에 의하여 설정되는데, 위탁자의 단독행위로 신탁이 설정되는 경우에는 쌍방미이행 쌍무계약이 문제될 여지가 없을 것이다.

2) 신탁계약이 쌍무계약에 해당하는지 여부

먼저, 신탁계약이 쌍무계약에 해당하는지 여부가 문제되는데, 이는 위탁자와 수탁자 사이의 신탁계약의 구체적 내용에 따라 판단하여야 할 문제이고 위탁자와 수탁자가 서로 의무를 부담하는지 여부가 그 기준이 된다.

먼저 신탁재산의 이전과 관련하여 수탁자는 신탁재산의 이익을 향유하는 자가 아니며, 신탁재산의 이전에 상응하는 대가적 의무를 부담하는 것은 아니기 때문에, 이와 관련해서는 신탁계약은 편무계약에 해당하는 것이 원칙이다.[612]

그런데 만약, 수탁자가 신탁 관리의 대가로 보수를 지급받는 경우에는, 이는 위탁자와의 신탁계약에 따른 신탁 사무처리의 대가이지 신탁재산과 관련한 것은 아니므로, 이 때에는 쌍무계약에 해당하게 된다.[613][614] 이와 같이 신탁계약이 쌍무계약에 해당하는지 여부는 그 신탁계약을 구체

---

[612] 최수정(2019), 179-180면.
[613] 온라인주석서(신탁법)(2021), 제3조 집필부분(집필자 이연갑); 최수정(2019), 180면.
[614] 이에 대해서 수탁자가 신탁재산으로부터 보수를 지급받는 경우에 이는 수익자가 지급하는 것이고 신탁계약을 통하여 설정된 신탁의 법적 효과로 보는 것이 타당하다고 지적하면서 신탁계약은 편무계약이라고 설명하는 견해도 있다. 정순섭(2021), 107면.

적으로 살펴보아 사안별로 판단하여야 할 문제이다.

3) 쌍무계약인 신탁계약이 미이행상태인 경우

만약, 신탁계약상 수탁자가 보수를 받기로 정한 경우에는 신탁계약이 쌍무계약에 해당하게 되는데, 이 때에 위탁자의 관리인 또는 파산관재인은 언제든지 쌍방미이행 쌍무계약의 해제권을 행사하여 신탁계약을 해제할 수 있는 것인지 문제된다.

그런데 수탁자가 보수약정을 하였다는 이유로 신탁계약 전체를 해제할 수 있다고 본다면, 위탁자와 수탁자 사이의 부수적 권리, 의무 관계를 이유로 신탁재산의 이전까지 해제할 수 있다고 해석하는 것이어서 불합리한 것으로 생각된다. 또한 신탁관리 의무 및 그에 따른 보수지급 의무만 별도로 해제할 수 있다고 보는 것 또한 위와 같은 의무들이 신탁재산의 신탁에 따른 부수적인 계약이라는 점에서 타당하지 않은 것으로 생각된다. 대법원 또한 부수적인 채무의 미이행은 쌍방미이행 쌍무계약에서의 미이행으로 볼 수 없다는 취지의 판결을 한 바 있다.[615]

따라서 이미 신탁재산의 이전을 마치고 신탁등기가 완료된 상태라면, 위탁자의 관리인 또는 파산관재인은 더 이상 신탁계약을 해제 또는 해지할 수 없다고 보아야 할 것이다.

이와 관련하여 일본 신탁법은 제163조 제8항에서, 위탁자에 대하여 파산절차, 재생절차 또는 회사갱생절차가 개시되는 경우 파산법 제53조 제1항, 민사재생법 제49조 제1항 또는 회사갱생법 제611조제1항의 규정에 의한 신탁계약의 해제가 되었을 때 신탁이 종료가 된다고 규정하고 있는데, 위 파산법, 민사재생법 및 회사갱생법 규정은 쌍방미이행 쌍무계약에 관한 규정이다. 따라서, 일본 신탁법은 명문으로 신탁의 경우에

---

[615] 대법원 1994. 1. 11. 선고 92다56865 판결.

도 쌍방미이행 쌍무계약에 해당하여 해제할 수 있다는 점을 정하고 있는데, 어떠한 경우에 해제할 수 있는지에 대하여 구체적으로 설명하고 있지는 않다.

다만, 쌍방미이행 쌍무계약의 해제에 관한 일본 최고재판소의 판례는 쌍방미이행 쌍무계약에 대하여 해제권을 인정하는 것은 쌍방 계약 당사자 쌍방의 공평을 도모하면서, 파산절차의 신속한 종결을 도모하기 위한 것으로 해석되는데, 파산선고 당시 쌍무계약의 당사자 쌍방에 미이행의 채무가 존재하고 있어도 계약을 해제함으로써 상대방에게 현저히 불공평한 상황이 생기는 경우에는 파산관재인은 동항에 근거한 해제 권리를 행사할 수 없어야 하며, 상대방에 현저히 불공평한 상황이 생기는지 여부는, 해제에 의해 계약 당사자 쌍방이 원상회복 등으로 해야 할 급부 내용이 균형하고 있는지 여부, 구 파산법 60조 등의 규정에 의해 상대방의 불이익이 어느 정도 회복되는지 파산자 측의 미이행채무가 쌍무계약에서 본질적·중핵적인 것인지 아니면 부수적인 것일 뿐인지 등의 제반 사정을 종합적으로 고려하여 결정해야 한다고 판단하였다.[616]

이러한 일본 최고재판소의 태도에 비추어보아도, 신탁계약에 있어 신탁재산의 이전이 완료된 이후에는, 다른 부수적인 채권, 채무 관계가 위탁자와 수탁자 사이에 남아 있다고 하더라도, 위탁자의 관리인 또는 파산관재인이 쌍방미이행 쌍무계약임을 이유로 신탁계약을 해지할 수는 없다고 보아야 할 것이다.[617]

---

[616] 日本最高裁判所第三小法廷, 平成12年2月29日, 平成8(オ)2224, 民集 第54卷 2号 553頁.
[617] 신탁에 있어서 위탁자의 도산절차에 쌍방미이행 쌍무계약의 해제권의 적용을 배제할 수는 없지만, 신탁계약의 신뢰를 보호하기 위하여 위 일본 최고재판소의 판례의 기준을 참고할 만하다고 보는 견해가 있는데 타당한 것으로 생각된다. 信託と倒産 實務研究會 (2008), 271-274頁.

5. 위탁자의 신탁이 사해신탁인 경우의 문제

가. 사해신탁의 개념 및 채권자취소권

채무자가 채권자를 해함을 알면서 재산권을 목적으로 한 법률행위를 한 때에는 채권자는 그 취소 및 원상회복을 법원에 청구할 수 있고, 이를 채권자취소권이라고 한다(민법 제406조 제1항). 이와 같은 일반적인 사해행위의 취소의 경우에는, 사해행위에 해당하는 거래의 상대방이 그 사해행위의 수익자 또는 전득자이고, 그 사해행위 취소 및 원상회복 청구는 채무자를 상대로 제기하는 것이 아니라 원상회복의 주체인 수익자 또는 전득자, 즉 그 행위로 인하여 이익을 받는 자에 해당하는 자에 대하여 한다.

그런데, 신탁의 경우에는 그 거래는 위탁자와 수탁자 사이에 이루어지나, 그 신탁에 따른 수익은 수탁자가 아닌 수익자가 가진다는 점에서 일반적인 법률행위와는 다른 특징이 있고, 이에 위탁자가 채권자를 해할 목적으로 신탁을 하는 경우를 위와 같은 일반적인 사해행위취소로 해결하기 어렵다는 문제가 있다.

사해신탁이 문제되는 경우의 이해당사자는 위탁자, 수탁자 및 수익자인데, 사해신탁의 경우에는 그 법률행위의 상대방은 신탁의 상대방인 수탁자이지만, 그 사해행위로 인한 법률행위의 이익의 당사자는 수탁자가 아닌 수익자이므로, 민법상의 채권자취소권의 경우와는 그 법적 구조가 다르다. 또한 채권자취소권에서의 사해행위는 채무자가 그 소유의 재산을 수익자에게 이전하는 행위를 말하는데, 사해신탁의 경우에는 수탁자에게 신탁재산을 이전하는 것이 사해행위인지, 제3자를 수익자로 정하는 것이 사해행위인지 불분명하다. 즉, 신탁행위의 상대방인 수탁자는 채권자취소권에서의 이익을 받는 자, 즉 수익자에 해당한다고 보기는 어려우나 신탁행위의 상대방으로서 채권자취소권의 행사의 상대방이 되어야 할 필요성이 있다. 또한, 채권자취소권 행사의 상대방은 수익자 또는 전득자인데, 신탁행위로 인하여 사실상 이익을 받는 자에 해당하는 신탁에서의 수익자는 신탁행위의 상대방이 아니어서 채권자취소권에서의 수익자와는 다르며, 수익자로부터 이익을 양수받은 자라고 보기도 어려우므로 채권자취소권에서의 전득자에 해당한다고 보기도 어렵다는 문제가 있다.618)

이러한 이유로 신탁법은 신탁의 특수성을 반영하여 민법상의 채권자취소권에 대한 특칙을 두고 있으며, 사해행위로 신탁을 한 경우에는 이러한 신탁법 제8조가 우선적으로 적용된다.

신탁법 제8조는 신탁의 특수성을 고려하여, 채무자가 채권자를 해함을 알면서 신탁을 설정한 경우 채권자는 수탁자가 선의일지라도 수탁자나 수익자에게 사해행위의 취소 및 원상회복을 청구할 수 있다는 점을 규정하고 있다. 사해신탁에 있어서 그 사해행위로 이익을 받는 자는 수익자이므로 그 선의, 악의의 판단도 수익자를 기준으로 하여야 한다는 판단에 따른 것으로 이해된다. 따라서 신탁관계에 있어서의 사해행위가 문제되는 경우에는 사해신탁에 관한 신탁법 제8조가 적용되고, 다만 신탁법에서 특별히 규정하고 있지 않은 사항에 대해서는 민법상의 채권자취소권에 관한 규정이 보충적으로 적용된다.619)620)

---

618) 이와 관련하여, 신탁의 수익자가 채권자취소권에서의 전득자와 유사한 지위에 있는지 여부에 대해 논란이 있을 수 있으나, 채권자취소권에서 전득행위는 사해행위의 상대방과 전득자 사이의 독립된 법률행위이지만, 신탁수익자는 기본적으로 수탁자와 사이에 별도의 법률행위를 필요로 하지 않는다는 점에 비추어 볼 때, 구별된다는 견해가 있는데, 타당한 견해인 것으로 판단된다. 오창석(2010), 66면.
619) 대법원도 사해신탁과 민법상 채권자취소권을 엄격히 구분하여 판단하고 있지는 않으며, 사해신탁에 관한 사안에 대하여 민법 제406조만을 인용하여 판단하고 있는 판례도 있으므로(대법원 2003. 12. 12. 선고 2001다57884 판결 참조), 사해신탁이라고 하여 민법 제406조의 적용이 배제되는 것은 아니다. 이와 관련하여, 사해신탁에 따른 취소가 가능한 경우에도 민법상 채권자취소권의 행사도 가능하다

나. 채무자회생법상 부인권의 개념 및 채권자취소권

채무자회생법상의 부인권이란 도산절차 개시 전에 채무자가 채권자들을 해하는 것을 알고 한 행위 또는 다른 채권자들과의 평등을 해하는 변제, 담보의 제공 등과 같은 행위를 한 경우 도산절차 개시 후에 관리인 또는 파산관재인이 그 행위의 효력을 부인하고 일탈된 재산의 회복을 목적으로 하는 권리를 말한다.[621]

이러한 부인권은 위에서 설명한 바와 같이 민법상의 사해행위취소권과 유사한 권리로서, 채권자들의 이익을 위하여 채무자의 사해행위에 의하여 일탈된 공동담보의 회복을 도모한다는 점에서 제도적 취지는 동일하나, 채권자취소권은 개별적으로 채권자에게 인정되는 권리로서 취소 대상의 행위나 행사의 방법 등에 있어서 제한적인 반면, 부인권은 집단적인 채무처리 과정에서 관리인 또는 파산관재인에게 전속하는 권리로서 부인 대상의 행위나 행사 방법에 있어 채권자취소권보다 완화된 권리이다.[622]

또한, 도산절차가 개시된 이후에는 각 채권자는 개별적으로 권리행사를 할 수 없으므로 도산절차가 개시된 이후에 채권자에 의하여 제기된 사해행위취소소송은 부적법하다. 대법원은 도산절차에서 개별 채권자가

고 설명하면서, 그렇다면 사해신탁의 규정의 존재 의의가 무엇인지 의문이라는 견해도 있다. 임채웅(2006), 14면. 그렇지만, 위 판례에서 근거 법률로 사해신탁에 관한 신탁법 규정을 들지 않은 것은 오류인 것으로 생각되고, 신탁행위의 특성상 사해신탁의 취소에는 신탁법 제8조가 우선 적용되어야 하고, 채권자취소권에 관한 민법 규정은 보충적으로 적용되어야 한다고 생각한다.

[620] 이에 대하여, 수탁자에 대한 채권자취소권의 행사는 신탁법에 따른 사해신탁취소소송으로 하여도 좋고, 민법상 채권자취소소송으로 하여도 좋다고 설명하는 견해도 있다. 이중기/이영경(2022), 114면.
[621] 채무자회생법 제100조 및 제391조. 부인권의 내용에 대한 자세한 설명은 서울중앙지방법원 파산부 실무연구회(2023a), 333면 이하 참조.
[622] 서울중앙지방법원 파산부 실무연구회(2023a), 334면.

제기하는 사해행위취소소송은 부적법하다는 전제에서, 개인회생절차 개시결정이 내려진 이후에 개인회생채권자가 채권자취소소송을 제기한 사안에서는 소가 부적법함을 이유로 각하하여야 한다고 판단하였는데,623) 채무자에 대한 파산선고 후 파산채권자가 채권자취소의 소를 제기하였다가, 이를 파산관재인이 소송수계를 한 후 부인의 소로 변경한 사안에서는 이러한 변경은 적법하다고 판단하였다.624) 즉 개별 채권자가 채권자취소권을 행사한 경우에는 각하하여야 하는 것이 원칙이지만, 채무자의 관리인 또는 파산관재인이 이러한 소송을 수계하여 부인의 소로 변경한 경우에는 적법하게 본다는 것이다.

대법원은 이러한 소송 수계를 적법하게 보는 근거에 대하여 다음과 같이 설명하고 있다. i) 채무자회생법에서 도산절차 개시 당시 법원에 계속되어 있는 채권자취소소송을 파산관재인이 수계할 수 있도록 정한 것은, 채권자들의 개별적인 권리행사를 부인권 행사로 흡수시켜 통일적으로 처리하기 위한 것인데 이러한 필요성은 파산선고 당시 채권자취소소송이 법원에 계속되어 있는 경우뿐만 아니라 파산선고 이후에 채권자취소의 소가 제기된 경우에도 마찬가지이고, ii) 채무자회생법상 관리인 또는 파산관재인이 행사할 수 있는 부인의 소는 새로이 부인의 소를 제기하는 경우만을 의미하는 것이 아니라 기존의 소송을 수계하여 부인의 소로 변경하는 방법으로 부인권을 행사하는 것도 포함하며, iii) 채권자

---

623) 대법원 2010. 9. 9. 선고 2010다37141 판결.
624) 대법원 2018. 6. 15. 선고 2017다265129 판결. 대법원은 채무자에 대한 파산선고 후에는 파산관재인이 파산재단을 위하여 부인권을 행사할 수 있는데, 이는 파산절차가 채무를 채권자들에게 평등하고 공정하게 변제하기 위한 집단적·포괄적 채무처리절차라는 점을 고려하여 파산선고 후에는 파산채권자가 아닌 파산관재인으로 하여금 부인권을 행사하도록 한 것이므로 파산선고 후에는 파산관재인이 총채권자에 대한 평등변제를 목적으로 하는 부인권을 행사하여야 하고, 파산절차에 의하지 않고는 파산채권을 행사할 수 없는 파산채권자가 개별적 강제집행을 전제로 개별 채권에 대한 책임재산을 보전하기 위한 채권자취소의 소를 제기할 수 없다고 판단하였다.

가 제기한 채권자취소소송이 도산절차 개시 당시 법원에 계속되어 있는 때에는 그 소송절차가 중단되고 관리인 또는 파산관재인이 소송을 수계하도록 한 것은, 소송계속 중 당사자의 사망 등 당연승계사유가 발생한 경우를 규율하기 위해 마련된 민사소송법 규정과는 구별되는 것으로서, 채무자회생법상 특별히 규정한 것이기 때문에, 민사소송법상의 법리가 그대로 적용된다고 보기 어려워 소송의 수계는 소송이 중단되는 것을 전제로 하는 것은 아니라고 하였다.

그렇지만, i) 채무자회생법에서 이미 법원에 계속하고 있는 채권자취소소송을 관리인 또는 파산관재인이 수계하도록 한 것은, 도산절차 개시 전에 채무자를 상대로 채권자취소소송을 제기하는 것은 적법한데, 단지 도산절차 개시 후에는 이를 통일적으로 관리인 등이 관리하게 하기 위해서 채무자회생법에서 특칙을 정한 것으로, 채권자취소권이 적법하게 소송 계속 중인 것을 전제로 하는 것이고, 이를 이미 도산절차가 개시된 이후에 부적법한 소가 제기된 경우와 동일하다고 보기 어렵고, ii) 이론적으로 기존의 소를 수계하여 부인의 소로 변경하는 것을 금지하는 것은 아니라고 하더라도, 이 때 수계하는 소는 적법한 소임이 전제가 되어야 하며, iii) 민사소송법상의 당연승계 규정이 아니라 채무자회생법상의 특칙에 따른 수계라고 하더라도 소송의 수계는 소송이 중단되는 것을 전제로 한다는 원칙의 예외가 인정되기는 어려울 것으로 생각된다.625)

따라서 채무자에 대하여 도산절차가 개시된 이후에 채권자취소소송이 제기되는 경우에는 부적법한 소로서 각하하여야 하고, 관리인 또는 파산관재인이 이를 수계하더라도 동일하게 판단하여야 할 것으로 생각된다.

---

625) 이러한 취지로 위 대법원 판례를 비판하는 견해들이 있다. 김규화(2020), 854-861면; 전원열(2019), 716면 이하.

다. 사해신탁과 채무자회생법상의 부인권

신탁법상 사해신탁에 관한 규정은 민법상의 채권자취소권규정에 대한 특칙으로서 채권자취소권 규정보다 우선적으로 적용되고, 채무자에 대하여 도산절차가 개시되는 경우에는 채권자는 개별적으로 사해행위취소권을 행사하지 못하고 관리인 또는 파산관재인이 통일적으로 부인권을 행사하여야 한다는 점은 앞서 살핀 바와 같다.

그렇다면, 위탁자에 대하여 도산절차가 개시되는 경우에 위탁자의 채권자가 사해신탁의 취소권을 개별적으로 행사할 수 있는지 여부가 문제되는데, 채무자회생법은 위탁자에 대하여 도산절차가 개시되는 경우 그 당시 신탁법 제8조의 규정에 의하여 채권자가 제기한 소송이 계속되어 있는 때에는 그 소송절차는 중단된다고 규정하여 채권자취소권과 동일하게 규정하고 있다(채무자회생법 제113조 및 제406조).[626]

따라서 위탁자에 대하여 도산절차가 개시되는 경우에는 이미 위탁자의 채권자가 제기한 사해신탁의 소는 중단되고, 이러한 소송은 위탁자의 관리인 또는 파산관재인에게 수계되어야 하고, 만약 위탁자의 채권자가 위탁자의 도산절차 개시 이후에 사해신탁 취소의 소를 제기하는 경우에는 이러한 소는 부적법한 소이므로 각하하여야 할 것이다.[627]

---

[626] 채무자회생법이 2013년 5월 28일에 개정되기 전에는 사해신탁의 경우 소송이 중단된다는 점을 명문으로 규정하고 있지 않았다. 그러나 명문 규정이 없었을 때에도 도산절차가 개시되는 경우에는 사해신탁에 따른 취소 절차가 중단된다고 보는 것이 타당하다는 견해가 있었다. 한민/박종현(2006), 35면.

[627] 위탁자의 관리인 또는 파산관재인이 이러한 사해신탁의 소를 수계할 수 있는지에 대해서는 위 나.에서 살핀 대법원의 태도에 비추어보면 가능할 것이나, 이러한 대법원의 태도는 타당하지 않음은 앞서 살핀 바와 같다.

라. 위탁자의 도산절차에서의 사해신탁의 취급

1) 문제의 제기

위탁자가 채무자를 해할 목적으로 신탁을 한 후에 위탁자에 대하여 도산절차가 개시되는 경우에 문제되는 것은 결국 위탁자의 관리인 또는 파산관재인이 위탁자의 채권자들을 위하여 부인권을 행사할 수 있는지, 그리고 그 대상 및 범위가 어떠한지의 문제이다. 위에서 살펴본 바와 같이 위탁자에 대하여 일단 도산절차가 개시되면, 위탁자의 책임재산 확보의 권한은 관리인 또는 파산관재인에게 이전되는 것이므로, 반드시 부인권을 통해서만 사해신탁을 취소할 수 있기 때문이다.

이는 위탁자의 도산절차에서 그 관리인 또는 파산관재인이 채권자를 위하여 책임재산을 확보하는 문제로서, 채무자회생법은 신탁법 제8조와 같은 사해신탁에 대한 특칙을 채무자회생법 제113조의 2 및 제406조의 2에 두어 위탁자의 도산절차에서 사해신탁에 대하여 위탁자의 관리인 또는 파산관재인이 부인권을 행사하는 경우에 대하여 규정하고 있다.[628] 이하에서는 채무자회생법 제113조의 2 규정을 중심으로 그 내용을 자세히 검토해보고자 한다.[629]

---

[628] 신탁법이 2012년에 전면 개정되어 사해신탁에 대한 신탁법 제8조가 새로이 규정되었음에도 불구하고 채무자회생법에서는 부인권에 관하여 사해신탁에 대한 특칙을 별도로 두고 있지 않았다. 이에 대하여 부인권의 경우에도 사해신탁의 특칙을 두어야 한다는 비판이 있어 왔으며, 이를 반영하여 2013년 5월 28일자로 사해신탁에 대한 부인권 특칙에 관한 규정이 채무자회생법에 신설되었다.

[629] 파산절차에서의 사해신탁 부인의 규정인 제406조의 2는 제113조의 2를 준용하고 있다.

2) 부인권 행사의 상대방

위탁자의 관리인 또는 파산관재인이 사해신탁에 대하여 부인권을 행사하고자 하는 경우 그 행사의 상대방을 누구로 하여야 하는지 문제되는데, 채무자회생법 제113조의 2 제1항은 그 상대방을 수탁자, 수익자 또는 그 전득자로 한다고 규정하여, 신탁법 제8조 제1항의 내용 및 신탁 거래의 특징들을 반영하고 있다. 여기에서의 수익자는 신탁에서의 수익자를 의미하고, 일반적인 채권자취소권에서 말하는 수익자의 의미는 아니다. 신탁 거래는 위탁자와 수탁자 사이에서 이루어지나 그 신탁의 이익은 거래의 상대방이 아닌 수익자가 가지므로, 수탁자 또는 수익자에게 부인권을 행사할 수 있음을 명확히 하여 신탁의 특징을 반영한 것이다.

3) 수탁자에 대하여 부인권을 행사하는 경우

채무자회생법 제113조의 2 제2항은 사해행위로 인하여 이익을 받은 자가 그 행위 당시 회생채권자 또는 회생담보권자를 해하는 사실을 알지 못한 경우에는 부인권을 행사하지 못한다는 단서 조항[630]을 수탁자에 대하여는 적용하지 않는다고 규정하고 있다. 이는 신탁의 특수성을 고려하여 수탁자의 선의, 악의를 불문하고 사해행위 취소를 할 수 있도록 한 신탁법 제8조 제1항을 그대로 반영한 규정이다.[631]

한편, 수탁자에 대하여 부인권을 행사하기 위해서 수탁자의 선의는 고려대상이 아니지만, 수익자의 선의는 고려되는데, 채무자회생법 제

---

[630] 채무자회생법 제100조 제1항 제1호 단서 또는 제2호 단서.
[631] 이와 관련하여 수탁자의 선의를 고려하지 않는 것이 타당한지 여부에 관하여 견해가 나뉘었었고, 신탁법 개정 당시에도 이와 관련하여 많은 논의가 있었는데 이에 대하여 자세한 논의는 제3장 수탁자의 도산절차에서의 신탁의 취급 부분에서 자세히 살펴보도록 하겠다.

113조의 2 제4항은 관리인은 수익자 전부에 대하여 부인의 원인이 있을 때에만 수탁자에게 신탁재산의 원상회복을 청구할 수 있다고 하고 있다. 따라서 수익자가 다수인 경우에 일부에게만 부인의 원인이 있을 경우에는 수탁자에 대하여는 부인권을 행사하지 못하고 부인의 원인이 있는 수익자에 대해서만 부인권을 행사할 수 있다.

또한 수탁자가 선의인 경우에도 부인권을 행사할 수는 있으나, 그 경우에는 수탁자에게 현존하는 신탁재산의 범위에서만 원상회복을 청구할 수 있다. 선의의 수탁자를 보호하기 위한 규정으로서 신탁법 제8조 제3항을 그대로 반영한 규정이다.

4) 수익자에 대하여 부인권을 행사하는 경우

채무자회생법 제113조의 2 제3항은 수익자가 선의인 경우에는 사해신탁에 대한 부인권을 행사할 수 없다고 규정하고 있고, 제4항은 수익자 전원이 악의인 경우에만 수탁자를 상대로 하여 수탁자로부터 채무자의 재산으로 원상회복 할 수 있도록 하였다.

한편 채무자회생법 제113조의 2 제5항은 신탁법 제8조 제5항에 따른 수익권양도청구를 부인권 행사의 경우에도 행사할 수 있도록 하였다. 다만, 수인의 수익자 중 일부만 악의인 경우 악의의 각 수익자에 대해서 부인권 행사를 통한 수익자 지정 취소 및 이익 반환을 청구할 수도 있고, 수익권양도청구를 할 수도 있을 것인데,[632] 이와 같이 선택적으로 부인권을 행사할 수 있다는 점을 보다 명확히 규정하는 것이 타당할 것으로 생각된다.

---

[632] 이에 대한 논의는 제4장 수익자의 도산절차에서의 신탁의 취급, 4. 나. 부분에서 자세히 검토하도록 하겠다.

5) 선의의 제3자의 보호

채무자회생법 제113조의 2 제6항은 채무자가 위탁자로서 한 신탁행위가 부인되어 신탁재산이 원상회복된 경우 그 신탁과 관련하여 수탁자와 거래한 선의의 제3자는 그로 인하여 생긴 채권을 원상회복된 신탁재산의 한도에서 공익채권자로서 행사할 수 있다고 규정하고 있는데, 이는 신탁법 제8조 제4항의 "신탁이 취소되어 신탁재산이 원상회복된 경우 위탁자는 취소된 신탁과 관련하여 그 신탁의 수탁자와 거래한 선의의 제3자에 대하여 원상회복된 신탁재산의 한도 내에서 책임을 진다"는 규정을 반영한 것으로서, 신탁채권자를 보호하기 위한 규정이다.

신탁채권자는 신탁재산에 대하여 권리를 행사할 수 있는 채권을 가지는 자인데(신탁법 제22조 제1항 단서),[633] 이러한 신탁채권자는 그 책임재산에 해당하는 신탁재산이 위탁자에게 원상회복되면 불측의 손해를 입을 수 있기 때문에 이와 같은 규정을 별도로 둔 것이다.[634]

다만, 신탁채권자는 원래 신탁재산에 대하여 권리가 있었던 것이고, 위탁자와의 관계에서 어떠한 권리도 가지고 있지 않기 때문에, 신탁채권자가 이 규정에 의하여 위탁자에 대하여 행사할 수 있는 권리는 위탁자에게 원상회복된 신탁재산의 범위에 한정되어야만 할 것이다. 그러나 위탁자의 도산절차 내에서 해당 신탁재산은 위탁자의 책임재산이 되어 다른 채권자들도 이에 대하여 권리를 행사할 수 있으므로, 해당 신탁재산에 대하여 배타적인 권리를 주장할 수 있는 것은 아니고, 단지 '신탁재산의 한도'에서 위탁자의 일반재산에 대하여 권리를 행사할 수 있도록 한 것이다.[635]

또한 신탁채권자는 신탁재산에 대하여 권리를 행사한 후, 이로부터

---

[633] 신탁채권의 개념 및 그 범위에 대해서는 아래 제4장의 3. 가. 부분 참조.
[634] 법무부(2012), 90면.
[635] 오창석(2009), 134면.

전부 만족을 받지 못하면 해당 신탁이 유한책임신탁이 아닌 한 수탁자의 고유재산에 대하여 권리를 행사할 수 있고, 이러한 권리의 내용은 사해신탁으로 인하여 원상회복된 경우에도 동일하게 적용되어야 할 것이므로, 신탁채권자는 위탁자에 대하여 그 신탁재산의 한도 내에서만 공익채권자로서의 권리를 행사할 수 있는 것이고, 그 신탁재산의 한도를 초과하는 부분이 있다면 이는 수탁자와의 관계에서 해결하여야 한다.

6) 부인권 행사의 효과

부인권의 행사로 인하여 해당 신탁재산은 위탁자의 소유로 원상회복되는 것이 원칙이다(채무자회생법 제108조 제1항). 다만 부인권의 경우에도 그 대상이 되는 재산이 멸실, 훼손되거나 처분으로 인하여 현존하지 않는 경우에는 가액배상을 청구할 수 있는데,[636] 사해신탁에 관한 부인권의 경우에도 마찬가지로 보아야 한다.[637]

한편, 부인권에 대한 것은 아니지만, 근저당권이 설정된 부동산이 사해행위로 이전되는 경우에 그 이전이 양도담보를 위한 경우에도 사해행위는 부동산의 가액에서 근저당권의 피담보채무액을 공제한 잔액의 범위 내에서만 성립한다고 보아야 하므로, 사해행위 후 변제 등에 의하여 근저당권설정등기가 말소된 경우 그 부동산의 가액에서 근저당권의 피담보채무액을 공제한 잔액의 한도에서 사해행위를 취소하고 그 가액의

---

[636] 대법원 2003. 2. 28. 선고 2000다50275 판결. 해당 판결에서 대법원은 질권자가 그 질권의 목적인 유가증권을 처분하여 채권을 회수한 행위에 대하여 회사정리법상의 부인권이 행사된 경우, 그 유가증권의 원상회복에 갈음하여 그 가액의 상환을 청구할 수 있다고 하였다.

[637] 부인권에 관한 것은 아니나, 사해신탁의 경우에도 채권자취소권과 마찬가지로 가액배상을 청구할 수 있으며, 신탁재산의 가치가 수탁자의 비용과 노력으로 늘어난 경우에는 가액배상을 통하여 수탁자를 보호할 수도 있다고 설명한다. 정순섭 (2021), 247면.

배상을 구할 수 있을 뿐인데,638) 대법원은 이러한 법리는 그 부동산이 담보신탁을 목적으로 이전된 경우에도 마찬가지라고 보아야 할 것이며, 또한 근저당권설정등기가 사해행위로 인한 소유권이전등기보다 나중에 말소된 경우뿐만 아니라 근저당권설정등기의 말소등기와 소유권이전등기가 같은 날 접수되어 함께 처리되고 그 원인일자가 동일한 경우에도 마찬가지라고 판단한 바 있다.639)

이러한 판례에 비추어볼 때, 이미 근저당권이 설정되어 있는 부동산에 대하여 사해신탁이 이루어진 경우에, 위탁자의 관리인 또는 파산관재인이 추후 부인권을 행사하는 경우에는 원상회복은 불가능하고 그 부동산의 가액에서 근저당권의 피담보채무액을 공제한 잔액의 한도에서만 사해신탁을 부인하고 그 가액의 배상을 구할 수 있을 뿐일 것이다.

마. 사해신탁의 부인과 도산절연성

이상과 같이 위탁자가 채권자를 해할 목적으로 신탁을 한 경우에 도산절차가 개시된 위탁자의 관리인 또는 파산관재인이 해당 사해신탁에 대하여 부인권을 행사하여 그 신탁을 부인할 수 있음을 살펴보았다.

그런데, 이와 같이 사해신탁에 대하여 부인권을 행사하게 되면, 위탁자가 수탁자에게 이전한 신탁재산이 위탁자에게 다시 회복되어, 위탁자의 도산절차에서의 책임재산, 즉 회생절차에서의 채무자의 재산이나 파산절차에서의 파산재단에 포함될 것인데, 이러한 측면에서는 신탁의 도산절연성이 부정되는 것이 아닌지 문제된다.

이에 대하여 도산절연성의 의미를 도산절차에서의 부인권의 행사의 영향을 받지 않는 것으로 해석하는 의견도 있는데,640) 이러한 의견에 의

---

638) 대법원 1999. 9. 7. 선고 98다41490 판결, 2001. 6. 12. 선고 99다20612 판결, 대법원 2002. 4. 12. 선고 2000다63912 판결.
639) 대법원 2014. 1. 23. 선고 2013다72169 판결.

한다면, 사해신탁의 경우에는 도산절연성이 부정된다고 설명하는 것도 가능할 것이다.

그러나 위에서도 설명한 바와 같이, 사해신탁은 신탁의 법리 안에서 그 사해신탁으로 인하여 취소가 될 수 있는 신탁이고, 사해신탁에 대한 부인권은 채권자취소권의 경우와 유사하게 신탁의 법리 안에서 취소될 수 있는 사해신탁에 대한 특칙을 마련한 것일 뿐이며, 이와 같이 신탁의 법리 안에서 취소되거나 종료되는 신탁은 더 이상 신탁법상의 신탁이 아니어서 신탁재산이 위탁자로부터 분리되는 특징도 동시에 상실하게 되는 것이므로, 이에 따른 당연한 결과로 도산절연성도 상실하게 되는 것뿐이다.

따라서 사해신탁의 경우에는 도산절연성이 부정된다고 이해할 것이 아니라, 사해신탁이어서 신탁이 취소되거나 부인되는 경우에는 더 이상 신탁법상의 신탁으로서 적법 유효하게 존속하는 것이 아니기 때문에 신탁의 특징인 도산절연성을 상실하게 되는 것으로 이해하는 것이 정확한 이해라고 할 것이다.

---

640) 임채웅(2008a), 426면. 해당 논문은 이러한 이해를 바탕으로, 신탁의 경우에는 부인회피성이 인정된다는 취지로 설명하고 있다. 이는 개정 신탁법에 따른 사해신탁에 관한 규정이 개정되기 전의 견해로서, 신탁의 경우 수탁자가 선의이면 부인이 어려울 것이며, 수익자가 악의라도 전득자의 지위를 인정할 것인지 애매하고, 이미 받은 수익을 부인하기 어렵다는 등과 같은 설명을 하고 있는데, 이는 개정 신탁법에 따른 사해신탁의 규정에는 맞지 않는 설명이다.

제4장
수탁자의 도산절차에서의 신탁의 법리

1. 수탁자의 도산절차에서의 신탁재산의 일반적 지위

가. 수탁자의 도산절차에서의 신탁재산

신탁법상 수탁자가 신탁재산에 대하여 대내외적으로 소유권을 가짐은 위에서 검토한 바와 같다. 그렇지만 수탁자가 신탁재산에 대하여 가지는 권리는 신탁법이 정하는 바에 따라 매우 제한적이며, 수탁자는 수익자를 위하여 신탁재산을 자신의 고유재산과 명확하게 분리하여 관리하여야 할 의무를 가진다(신탁법 제37조).

또한 수탁자에 대하여 파산이나 회생절차가 개시되는 경우에도 신탁재산은 수탁자의 파산재단이나 회생절차 상의 채무자의 재산에 속하지 않으므로(신탁법 제24조), 수탁자에 대하여 도산절차가 개시되더라도 신탁재산은 수탁자의 도산절차에 영향을 받지 않는다. 그리고 수탁자에 대하여 도산절차가 개시되더라도 신탁계약에서 별도로 정하는 바가 없는 한 신탁은 종료되지 않으며, 신탁에 따른 수익자들의 권리도 영향을 받지 않는 것이 원칙이다.[641]

이와 같이 신탁재산은 수탁자의 고유재산으로부터 '독립성'을 가지는 특징이 있어 수탁자의 도산절차로부터 분리됨은 위에서 살핀 바와 같다.

---

[641] 수탁자에 대하여 파산선고가 내려지는 경우에는 신탁법 제12조에 따라 수탁자의 임무가 종료되고, 신탁법 제18조에 따라 신탁재산관리인이 선임되게 되지만, 신탁 자체가 종료하는 것은 아니다. 또한 수탁자에 대하여 파산선고가 아닌 회생절차가 개시되는 경우에는 신탁에서 달리 정하지 않는 한, 수탁자의 임무도 종료되지 아니한다.

나. 신탁재산에 대한 환취권의 행사

1) 신탁재산의 독립성과 환취권

환취권은 채무자에 대하여 채무자회생법상 회생절차 또는 파산절차가 개시되는 경우에, 그 채무자의 재산에 속하지 않는 재산을 그 채무자 또는 파산재단으로부터 환취하는 권리로(채무자회생법 제70조 및 제407조), 채무자의 회생절차나 파산절차에 영향을 받지 않고, 언제든지 행사할 수 있음은 위에서 살핀 바와 같다. 그리고 이러한 환취권의 행사는 도산절차의 대상은 채무자의 재산에 한하는 것이라는 책임재산의 법리에 따라 도출되는 당연한 권리라는 점도 앞에서 살핀 바와 같다.

한편, 신탁재산은 앞에서 논의한 바와 같이 수탁자의 소유에 속하지만, 수탁자의 고유재산과는 분리되어 관리되고, 수탁자의 도산절차에 영향을 받지 않는 독립성을 가지므로, 수탁자의 도산절차에서 수탁자의 고유재산에 속하지 않는 '신탁재산'은 '수탁자의 재산에 속하지 않는 재산'으로서 환취권의 대상이 될 것이다.

이러한 이유로, 채무자회생법은 수탁자에 대하여 파산절차가 개시되어 수탁자의 임무가 종료되었을 경우에 신수탁자 또는 신탁재산관리인에 의하여 환취권을 행사하는 경우와, 신탁이 종료되었을 경우에 신탁재산의 귀속권리인이 수탁자에 대하여 환취권을 행사하는 경우에 대해서는 명문의 규정을 두고 있다. 그런데 이와 관련하여 수탁자의 도산절차에서의 신탁재산에 대한 환취권의 행사는 위의 두 경우에만 가능한 것인지 의문이 있다.

이하에서는 우선 채무자회생법에서 정하는 신탁재산의 환취권 행사와 관련된 쟁점을 살펴보고, 추가적으로 그 이외의 경우에도 환취권의 행사가 가능할지 살펴보고자 한다. 이를 위해서는 수탁자의 파산절차의 경우의 환취권 행사와 회생절차의 경우의 환취권 행사에 대하여 나누어 살펴볼 필요가 있다.

2) 수탁자의 파산절차에서의 환취권의 행사

가) 신수탁자 또는 신탁재산관리인에 의한 환취권 행사

채무자회생법 제407조의 2 제1항은 "신탁법에 따라 신탁이 설정된 후 수탁자가 파산선고를 받은 경우 신탁재산을 환취하는 권리는 신수탁자 또는 신탁재산관리인이 행사한다"고 규정하여 수탁자가 파산선고를 받은 경우에 신수탁자 또는 신탁재산관리인이 환취권을 행사할 수 있음을 명시적으로 정하고 있다. 이에 따라, 수탁자에 대하여 파산절차가 개시되는 경우에는 신수탁자 또는 신탁재산관리인이 그 절차에서 환취권을 행사할 수 있음은 분명하다.

그런데 위 규정은 수탁자에 대하여 파산이 선고되면 해당 수탁자의 수탁자로서의 임무는 자동 종료되어 더 이상 수탁자의 지위에서 신탁재산을 소유할 권원이 없게 됨에 따른 규정이다. 신탁법 제12조 제1항 제3호는 수탁자에 대하여 파산선고가 내려지게 되는 경우에는 수탁자의 임무는 당연 종료된다고 정하고 있다.642) 수탁자가 파산하는 경우에는 수탁자의 임무는 종료되고, 수탁자의 임무가 종료된 경우 위탁자와 수익자는 합의하여 또는 위탁자가 없으면 수익자 단독으로 신수탁자를 선임할 수 있다(신탁법 제21조 제1항). 법원은 수탁자에 대하여 파산선고가 내려지는 경우에 신수탁자가 선임되지 아니하거나 다른 수탁자가 존재하지 아니할 때에는 신탁재산을 보관하고 신탁사무 인계에 필요한 행위를 하여야 할 신탁재산관리인을 선임하여야 한다(신탁법 제18조).

---

642) 신탁법은 수탁자에 대하여 파산선고가 내려진 경우만을 임무 종료 사유로 정하고 있는데 수탁자에 대하여 회생절차가 개시된 경우에는 그 임무를 계속하도록 하는 것이 타당한지 문제된다. 이에 대해서는 아래에서 자세히 논의하도록 하겠다.

따라서 수탁자가 파산하는 경우에는 수탁자는 신탁재산에 대하여 권리를 상실하게 되고, 신수탁자가 선임되는 경우에는 신수탁자에게 신탁재산의 소유권을 이전하여야 하며, 신수탁자가 선임되지 않는 동안에는 신탁재산관리인에게 신탁재산의 점유를 이전하여야 한다. 이러한 절차를 고려할 때 신수탁자 또는 신탁재산관리인이 수탁자가 가지고 있는 신탁재산에 대하여 환취권을 행사할 수 있다고 보는 것이 타당하며, 이를 법에 명확히 규정한 것은 바람직한 입법이라고 할 것이다.

나) 위탁자의 환취권 행사 가능성

채무자회생법은 환취권을 행사하는 주체를 신수탁자 또는 신탁재산관리인으로만 정하고 있는데 위탁자 또한 환취권을 행사할 수 있도록 허용할 필요는 없는지 문제된다. 원칙적으로 신탁재산은 위탁자로부터 수탁자로 이전된 다음에는 수탁자의 소유이고, 위탁자는 신탁재산에 대하여 어떠한 권리를 가지는 자가 아니기 때문에, 위탁자에게 환취권이 인정된다고 보기는 어려울 것이지만, 수탁자가 파산을 하는 경우에는 수탁자의 임무가 자동으로 종료되게 되므로(신탁법 제12조 제1항 3호), 위탁자에게 신탁재산에 대한 권리가 다시 발생하여 환취권을 행사할 수 있다고 볼 수 있을지 의문이 있을 수 있다.[643]

그렇지만 수탁자에게 파산선고가 된다고 하더라도 수탁자의 임무가 종료될 뿐 신탁 자체가 종료되는 것은 아니고, 신탁은 여전히 유효한 채 새로운 수탁자가 선임될 뿐이다. 따라서 신탁이 유효한 이상 위탁자가 신탁재산에 대하여 환취권을 행사할 근거는 없다고 보아야 할 것이다.

이와 관련하여 위탁자가 신탁행위를 하여 신탁을 설정할 당시에, 수탁자가 파산하는 경우 신탁은 종료되고 그 신탁재산은 다시 위탁자에게

---

[643] 전병서(1999), 162-163면. 이에 의하면 수탁자의 파산으로 신탁관계가 종료되므로 위탁자에게 환취권이 인정되어야 한다고 한다.

귀속된다고 정한 경우에는, 위탁자는 신탁재산의 귀속권리인으로서 환취권을 행사할 수 있다고 설명하는 견해가 있다.644)

그러나 이러한 경우는 신탁계약 자체가 종료된 이후에 그 종료된 신탁계약이 정하는 바에 따라 위탁자가 신탁재산의 귀속권리인의 지위를 취득하게 되는 경우로서, 귀속권리인의 지위에서 가지는 환취권의 문제인 것이지 신탁상의 위탁자의 지위에서 환취권을 가지는 것은 아닌 것으로 판단된다. 이러한 귀속권리인의 지위에서 가지는 환취권은 채무자회생법 제407조의 2 제2항에서도 명문으로 규정하고 있는 것으로 이러한 규정에 비추어보아도, 그리고 환취권의 일반 원칙에 비추어 보아도, 귀속권리자가 환취권을 행사할 수 있음은 의문의 여지가 없다.

따라서 이러한 경우에 위탁자가 취득하게 되는 환취권은 엄밀하게 얘기하여 신탁계약이 종료되어 위탁자의 지위는 소멸하고 신탁재산의 귀속권리인의 지위를 취득하면서 환취권을 가지는 경우로, 신탁이 유효하게 존속하는 상태에서 위탁자의 지위에 기하여 환취권을 행사하는 경우라고 볼 수는 없으므로, 신탁이 유효한 상태에서 위탁자의 지위를 가지는 자가 환취권을 행사할 수는 없다고 정리하는 것이 타당할 것이다.

다) 수익자의 환취권 행사 가능성

수익자가 수탁자에 대하여 환취권을 행사할 수 있는지의 문제는 결국 수익자가 가지는 수익권이 어떠한 성격을 가지는지 그리고 수익자가 수탁자에 대하여 어떠한 권리를 가지는지에 대한 문제와 연결된다. 따라서 이에 대해서는 아래에서 별도의 항으로 검토하고자 한다.645)

---

644) 이연갑(2009b), 246면.
645) 아래 2. 나. 의 '수탁자의 도산절차에서 수익자의 환취권 행사' 부분 참조.

3) 수탁자의 회생절차에서의 환취권의 행사

가) 문제의 소재

채무자회생법은 수탁자가 파산선고를 받아 그 임무가 자동 종료되는 경우의 환취권 행사에 대해서만 규정하고 있다. 그런데 수탁자에 대하여 회생절차가 개시되는 경우에는 해당 수탁자가 수탁자로서의 임무를 계속 수행하게 되는데, 이 경우에도 신탁재산의 환취권 행사의 문제가 발생하는지 검토가 필요하다.

나) 학설상의 논의

수탁자에 대하여 회생절차가 개시되게 되면 수탁자의 관리인이 채무자의 업무수행을 맡게 되고,[646] 이에 따라 관리인이 수탁자의 업무를 수행하게 되면,[647] 신탁재산은 여전히 채무자의 고유재산과는 분리, 독립하게 되므로 신탁재산의 환취는 문제되지 않는다고 보는 견해가 있다.[648]

수탁자에 대하여 회생절차가 개시되는 경우에도 수탁자의 관리인이 수탁자로서의 업무를 계속한다면, 신탁재산의 소유권은 수탁자에게 계속 귀속되고, 신탁계약에서 달리 정하지 않는 한 신탁재산의 점유권 또한 수탁자가 계속 가지게 된다. 따라서 채무자의 소유에 속하지 않는 재산을 채무자의 점유로부터 박탈하는 것을 내용으로 하는 환취권이 문제될 여지가 없다고 볼 수 있으며, 그러한 측면에서는 위 의견은 일견 타당하다고 할 수 있다.

그렇지만, 위에서 검토한 바와 같이 신탁재산은 독립성을 가지므로,

---

[646] 회생절차개시결정이 있는 때에는 채무자의 업무의 수행과 재산의 관리 및 처분을 하는 권한은 관리인에게 전속한다. 채무자회생법 제56조 제1항.
[647] 수탁자에 대하여 회생절차가 개시되면 수탁자의 관리인이 수탁자로서의 업무를 계속 수행하게 된다. 정순섭(2021), 279면; 최수정(2019), 273면.
[648] 정순섭(2021), 279-280면; 최수정(2019), 273면.

수탁자의 고유재산과 신탁재산은 분리되고, 수탁자의 소유관계도 수탁자 개인의 소유인 고유재산에 대한 소유권과 수탁자의 지위에서의 소유인 신탁재산에 대한 소유권은 분리된다고 보아야 한다.

이와 같이 고유재산에 대한 소유자의 지위와 신탁재산에 대한 소유자의 지위가 분리되는 것이라고 본다면, 만약 신탁재산에 속하여야 할 재산이 고유재산에 혼입되어 있을 경우에는 회생절차에 구속되는 채무자 재산에 속하지 않는 신탁재산에 대하여 환취권을 행사하여 이를 채무자 재산으로부터 '환취'하여 수탁자의 지위에서 소유하는 신탁재산으로 이전하는 것이 논리적으로 불가능한 것은 아니라고 생각된다.[649]

특히, 수탁자의 회생절차에서 신탁재산과 수탁자의 고유재산, 즉 회생절차에 구속되는 채무자의 재산이 구분되어 관리되지 않는 경우에, 신탁재산이 회생절차에 구속되어 회생채권자 등에게 배분될 위험을 막을 절차가 필요하다는 측면에서 다른 당사자, 즉 신탁재산에 대하여 실질적인 이해관계를 가지는 수익자에게 환취권이 인정되어야 할 필요성이 있다.

이와 관련해서 이 문제는 수탁자의 관리인이 계속적으로 수행하는 수탁자의 업무의 일환으로 회생절차에 구속되는 수탁자의 고유재산과 신탁재산을 분별관리하여 신탁재산을 확보하여야 할 의무를 위반한 것의 문제이기 때문에, 환취권의 행사가 아닌 신탁의 이해관계인으로서의 수익자가 신탁에 따른 권리를 행사함으로써 해결할 문제라는 반론이 가능할 것이다. 물론, 수익자는 신탁법에서 정하는 수익자취소권과 같은 수탁자의 신탁 위반에 따른 구제방안을 활용하여 이에 대응할 수 있을 것이다.[650] 그렇지만, 법원에 의해 이루어지는 회생절차의 강제성을 고려

---

[649] 이러한 점은 위에서 검토한 환취권의 개념에 비추어 보아도 그러하다. 즉, 환취권이란 도산 절차가 개시된 채무자에 속하지 않는 재산을 그 절차에 구속되는 재산으로부터 분리하여 구속되지 않게 하려는 것에서 출발하는데, 이러한 점에 기초하여 살펴본다면, 수탁자의 고유재산에 혼합된 재산을 수탁자의 도산 절차로부터 분리하여 환취하는 것 또한 가능하다고 보아야 할 것이다.

[650] 이와 관련하여, 수탁자에 대하여 회생절차가 개시된 경우 수익자는 수탁자의 관리

할 때, 이러한 구제방안만으로는 충분하지 않으므로, 이러한 권리만 인정한다면 수익자 보호의 측면에서는 매우 미흡하다고 할 수 있다.

이에 대해서, 수익자의 신속한 보호 등을 고려할 때 수탁자의 관리인이 신탁재산의 독립성을 침해하는 경우에는 신탁재산의 보호에 직접적으로 이해관계를 가지는 수익자가 환취권을 행사할 수 있다고 적극적으로 해석하여야 한다는 견해가 있는데,651) 수익자 보호의 측면과 수익권이 물권적 성격의 권한도 가지는 채권임을 고려할 때,652) 상당히 타당한 견해인 것으로 생각된다.

따라서 수탁자의 파산절차뿐 아니라 회생절차의 경우에도 수익자가 환취권을 행사할 수 있다고 적극적으로 해석할 필요성이 있다고 생각된다. 다만, 이러한 논의는 수익자에게도 환취권이 인정될 수 있는가의 논의가 전제되어야 할 것인데 현행 채무자회생법은 수익자에게는 환취권이 인정되지 않는다는 취지로 규정하고 있어 문제가 있다. 이에 대해서는 아래 별도의 항에서 좀 더 자세히 논의하도록 하겠다.653)

인에 대하여 수익자취소권을 행사할 수 있을 것인지 문제된다. 회생절차에서의 관리인은 원칙적으로 수탁자의 고유재산에 대해서만 회생절차를 위한 관리 처분권을 가지고, 신탁재산에 대해서는 수탁자로서의 업무수행의 범위 내에서, 즉 신탁계약이 정하는 바에 따른 관리 및 처분 권한만을 가진다. 정순섭(2021), 279면. 그런데 이러한 업무 수행의 일환으로 신탁재산을 관리 및 처분하는 과정에서 신탁의 목적을 위반한 행위를 하는 경우 또한 있을 수 있다. 그리고 회생절차가 개시되면 제3자와 사이에 법률관계를 맺는 것은 관리인이므로(서울중앙지방법원 파산부 실무연구회(2023a), 272면), 신탁재산에 관한 법률행위도 관리인의 법률행위이다. 따라서 신탁법상의 수익자의 취소권 또한 관리인에 대하여 행사할 수 있다고 보는 것이 타당할 것으로 생각된다.

651) 이계정(2016a), 139면.
652) 우리 신탁법상 수익권은 수탁자에 대한 채권이기는 하나 영미법에서의 형평법상의 추급권(equitable tracing remedy)에 준하는 수익자취소권이 인정되는 것과 같이 물권적 성격을 가지는 권한도 있음은 위에서 살핀 바 있다.
653) 아래 2. 나. 의 '수탁자의 도산절차에서 수익자의 환취권 행사' 부분 참조.

4) 신탁이 종료되는 경우의 환취권의 행사

지금까지 살펴본 환취권의 행사의 문제는 수탁자에 대한 도산절차가 개시되는 경우에도 그 신탁이 계속 존속하는 경우의 환취권의 행사의 문제였다. 그런데 신탁계약에서 수탁자에 대하여 도산절차가 개시되는 경우에는 신탁 자체를 종료하기로 정한 경우에는 그에 따른 환취권의 행사는 어떻게 되는지 문제된다.

채무자회생법 제407조의 2 제2항은 신탁이 종료되는 경우에는 신탁재산의 귀속권리자가 파산절차 진행 중인 수탁자로부터 신탁재산을 환취할 수 있다고 정하고 있다. 신탁이 종료하는 경우에 신탁재산의 귀속권리자가 누구인지에 대하여는 신탁법 제101조에서 정하고 있는데, 원칙적으로 신탁재산은 수익자에게 귀속하지만, 신탁행위로 신탁재산의 잔여재산이 귀속될 자, 즉 귀속권리자를 정한 경우에는 그 귀속권리자에게 귀속하며, 수익자와 귀속권리자로 지정된 자가 신탁의 잔여재산에 대한 권리를 포기한 경우 잔여재산은 위탁자와 그 상속인에게 귀속한다.

이와 같이 신탁이 종료된 후 그 신탁재산의 귀속권리자가 그 소유권이전청구권에 기하여 더 이상 해당 재산의 소유하거나 점유할 권원이 없는 수탁자에 대하여 환취권을 행사할 수 있음은 명문의 규정이 없더라도 당연하다고 할 수 있다. 다만 채무자회생법의 규정은 이러한 당연한 권리에 대하여 불필요한 논생의 여지를 없애고 법률관계를 명확하게 정하기 위하여 이를 명시적으로 정한 것으로 이해된다.

5) 환취권의 대상이 되는 신탁재산

가) 환취권의 대상 자산

환취권의 대상이 되는 자산에 부동산이나 특정 가능한 동산, 채권 등의 자산이 포함된다는 것에는 특별한 의문은 없을 것이다.654) 그런데, 금전에 대하여 환취권을 행사할 수 있는지 문제된다.

일반적으로 금전은 동산에 해당하지만, 그 자체로 개성을 표상하지 않고, 유통성과 대체성을 가지며, 소유와 점유가 분리되지 않아, 법률상 원인 없이 이전된 경우에도 부당이득만이 문제될 뿐, 물권적 청구권은 인정되지 않는다.655)656) 또한 환취권은 채무자의 소유에 속하지 않는 재산 중에 채무자가 점유하고 있는 재산을 환취하는 권리이므로, 점유가 이전됨과 동시에 소유권이 이전되는, 즉 소유와 점유가 분리되지 않는 금전에 대해서는 원칙적으로 환취권을 행사할 수 없다.

이에 대해서 명확하게 다루고 있는 판례나 학설은 없지만,657) 법원 실무에서도 회생절차 개시 전에 환취권의 목적인 재산을 양도한 후 회생절차 개시 후에 관리인이 그 반대급부의 이행을 받은 경우에는 채무자회생법 제73조 제2항에 따라 대체적 환취권이 인정되지만, 그러한 대체적 환취권이 인정되기 위해서는 특정성을 가지고 있어야 하고, 반대급부로 받은 재산이 금전인 경우에는 특정성이 인정되지 않아 부당이득반

---

654) 온라인주석서(채무자회생법), 제70조 집필부분(집필자:박상구), 2023.
655) 곽윤직/김재형(2013), 236면; 김준호(2018), 186면; 송덕수(2018), 663면; 민법주해(II) (2007), 64면; 주석민법(민법총칙2)(2019), 318면(김종기 집필부분); 주석민법(채권총칙1)(2020), 150면(권순형 집필부분).
656) 이에 대해서는 금전이 다른 물건과 구별되는 특징이 있다고 하더라도, 점유와 소유를 일치시킴으로써 물권법상 인정되는 일반 법리를 부정하는 것은 타당하지 않다고 비판하는 견해가 있다. 최수정(2003), 10-15면. 그렇지만 이 견해도 금전이 특정이 가능하여야 물권적 청구권이 인정될 것이라는 입장에서는 결국 동일하므로, 결론에 있어서 큰 차이가 있다고 보기는 어렵다.
657) 다만 금전의 경우 점유가 소유의 권원이 되기 때문에 환취권이 인정되지 않는다고 간단하게 언급한 사례가 있고(이중기(2008a), 216면), 환취권은 채무자가 점유하는 '특정의' 재산을 대상으로 하는 것으로 일정한 가치나 금액을 대상으로 할 수는 없어, 금전은 특정 용도로 입금되더라도 입금과 동시에 특정성을 잃고 금전적 가치로만 표현될 뿐이어서 환취권의 대상이 될 수 없다고 설명하는 견해도 있다(온라인주석서(채무자회생법), 제70조 집필부분(집필자:박상구), 2023).

환청구의 문제만 있다고 보고 있는 것에 비추어,658) 특정성이 없는 금전에 대하여는 환취권이 인정되지 않는다고 보는 것으로 이해된다. 따라서 일반적인 경우에는 특정성이 없는 금전에 대해서는 환취권을 행사할 수 없다고 보아야 한다.

한편 최근에는 금전을 실제 통화의 형태로 보관하는 경우는 거의 없고, 대부분 계좌에 보관하며, 현금거래를 하는 경우에도 계좌간 이체 등을 통하여 실제 통화의 이전 없이 거래가 이루어지는 것이 거의 대부분일 것인데 이러한 경우에도 금전의 경우와 동일하게 판단할 수 있는지 문제된다. 이와 같이 실제 통화가 아니라 계좌 등에 입금되어 있는 금전을 기장금전이라고 하고, 이러한 기장금전은 금전과는 다른 성격으로서 소유권의 대상이 되는 것은 아니라고 한다.659) 예금계좌에 있는 금전의 경우 해당 금융기관에 대한 예금채권의 성격을 가지는 것이므로, 동산인 금전이 아니라 예금채권으로 파악하여야 할 것이지만,660) 예금계좌에 입금되는 자산이 금전이고 그 금전에는 위의 소유와 점유가 분리되지 않는다는 원칙이 다시 적용될 것이므로, 여러 개의 계좌로 분리되어 예금채권이 분리되어 관리된 경우가 아니라, 어느 하나의 계좌에 금전이 혼입된 경우의 그 예금채권의 경우에는 금전의 문제와 크게 다를 것은 없을 것이다.661) 따라서 계좌가 분리되지 않아 특정이 어려운 예금에 대해서도 환취권의 행사는 원칙적으로 불가능할 것이다.

---

658) 서울중앙지방법원 파산부 실무연구회(2023a), 397면.
659) 최수정(2003), 9면; 최준규(2009), 95면.
660) 대법원 또한 예금은 금융기관을 수치인으로 하는 금전의 소비임치 계약으로, 그 예금계좌에 입금된 금전의 소유권은 금융기관에 이전되고, 예금주는 그 예금계좌를 통한 예금반환채권을 취득하는 것이라고 보고 있으므로(대법원 2008. 4. 24. 선고 2008도1408 판결), 만약 위탁자가 수탁자에게 금전을 신탁할 목적으로 수탁자 명의의 계좌에 자금을 이체하였다면, 법률적으로는 해당 수탁자는 금전의 소유권을 취득하는 것이 아니라, 해당 금융기관에 대한 예금반환채권을 취득하게 될 것이다.
661) 이계정(2017a), 266면.

나) 신탁재산으로 분별관리되고 있는 금전의 경우

위에서 살핀 바와 같이 금전 또는 특정되지 않은 예금에 대해서는 원칙적으로 환취권의 행사는 불가능하고 부당이득반환청구의 문제만 발생한다. 그런데, 금전 또는 예금이 분별관리되고 있는 신탁재산인 경우에도 환취권의 행사가 불가능하다고 보아야 하는지 문제된다.

이에 대하여 금전신탁의 경우에는 그 특정성을 입증하는 것이 불가능하기 때문에 환취권을 행사할 수 없다고 보는 견해가 있다.[662] 그렇지만 금전에 대하여 물권적 청구권이 부정되고 환취권이 부정되는 이유는 소유와 점유가 분리되지 않아 특정이 어렵기 때문인데, 만약 금전인 경우에도 다른 금전과 구분되어 특정이 가능한 경우에는 환취권의 행사가 가능할 것이다.[663] 그런데 신탁재산의 경우에는 만약 수탁자가 분별관리의무를 제대로 이행하였다면 그 재산이 금전이든 아니든 수탁자의 고유재산과 분리되어 관리되고 독립성을 가지므로, 그 대상자산이 금전인 경우에도 수탁자의 고유재산과 구별이 가능하고 특정할 수 있을 것으로 생각된다. 실제로 신탁업을 영위하는 금융기관의 경우 신탁계정을 별도로 두고 있으며, 신탁계정과 고유계정을 엄격하게 구별하여 별도로 관리하여야 하므로,[664] 금전 또는 예금의 경우에도 신탁재산과 고유재산은 특정되어 구별 가능하다.

이러한 점을 고려할 때, 분별관리되고 있는 신탁재산에 대하여 환취권을 행사함에 있어서는 그 신탁재산에 금전 또는 예금이 포함되어 있는 경우에도 환취할 수 있다고 보아야 할 것이다. 특히 신탁 실무상 금

---

[662] 三ヶ月章 外 (1998a), 554頁.

[663] 금전이 특정이 가능한 경우로는 봉투 속에 들어있는 경우나 절취한 금전만 도둑이 소유하고 있는 경우 등이 있으며 이와 같이 특정이 가능하면 물권적 청구권을 행사할 수 있다고 한다. 민법주해(V)(2007), 436면; 이계정(2017a), 268면; 최수정(2003), 12-13면.

[664] 신탁업법 시행규칙 제4조 등 참고.

전 자체를 신탁하는 경우도 상당수 있다는 점을 고려하면,665) 신탁에 있어 환취권의 대상에 금전 또는 예금을 포함하지 않는다고 해석한다면 금전을 목적으로 하는 신탁의 수익자는 수탁자의 도산시 전혀 보호를 받지 못하게 되는, 매우 불합리한 결과가 도출될 것이다.

따라서 수탁자에 대하여 도산절차가 개시되는 경우에는 그 신탁재산이 금전인 경우에도 환취권을 행사할 수 있다고 할 것이며, 이와 같이 환취 대상이 되는 신탁재산에는 원래 신탁한 신탁대상자산이 금전인 경우뿐만 아니라, 기존의 신탁재산이 금전으로 변경되어 신탁재산으로 관리되고 있는 경우도 포함된다고 할 것이다.

이와 관련하여, 신탁재산이 부동산 등의 자산에서 금전 등으로 변경되는 경우에는 환취권의 문제가 아니라 대체적 환취권의 문제인 것은 아닌지 의문이 있을 수 있다. 원칙적으로 대체적 환취권은 채무자가 회생절차개시 전에 환취권의 목적인 재산을 양도한 후에 회생절차가 개시되고 나서 관리인이 반대급부를 받고 그 반대급부가 특정되는 경우에 한정적으로 인정되는 것이며, 채무자가 회생절차 개시 전에 이미 반대급부를 받은 때에는 그 반대급부로 받은 재산은 이미 채무자의 책임재산으로 되었으므로 대체적 환취권은 인정되지 않고 부당이득반환청구권이 발생할 뿐이라고 한다. 하지만 채무자회생법 제407조의 2에서 정하는 환취권은 "신탁재산"에 대한 것이고, 그 신탁재산이 부동산이었다가 다른 자산으로 변경되더라도, 이는 신탁재산의 관리 또는 처분 등의 사유로 수탁자가 얻은 재산으로서, 해당 자산이 "신탁재산"임에는 변함이 없기 때문에,666) 이는 대체적 환취권의 문제가 아니라 환취권의 문제라고

---

665) 특정금전신탁의 경우가 대표적이다.
666) 신탁법 제27조. 해당 규정은 신탁재산의 형태가 변하더라도 당초 신탁재산에 속하는 것은 물론 수탁자가 신탁재산의 권리주체라는 지위에서 얻게 되는 모든 재산도 신탁재산이 된다는 것을 밝힌 것이다(대법원 2007. 10. 12. 선고 2006다42566 판결).

보아야 한다.

다) 수탁자의 고유재산에 혼입된 금전인 신탁재산의 경우

① 고유재산에 혼입된 금전에 대한 도산절차에서의 권리 - 회생채권

신탁재산으로 분별관리되고 있는 금전의 경우에는 환취권의 대상이 되어야 함은 앞에서 살핀 바와 같다. 그런데 만약 수탁자가 그 의무를 위반하여 신탁재산인 금전을 자신의 고유재산과 분별하여 관리하지 않았을 경우에 고유재산에 혼입되어 있는 해당 금전에 대하여도 환취권을 행사할 수 있을 것인지가 문제된다.

수탁자가 분별관리하지 않아서 그 고유재산에 혼입된 신탁재산이 부동산 등과 같이 특정되는 자산일 경우에는 환취권을 행사할 수 있을 것이라는 점에는 의문의 여지가 없을 것이다. 그렇지만, 그 자산이 금전이거나 예금계좌에 혼입된 경우에는 특정성을 상실하였으므로 이에 대하여 환취권을 행사할 수 있다고 보기는 어려울 것으로 판단되고, 결국 수탁자에 대하여 부당이득반환청구권을 행사하여야 할 것이다.

수탁자의 분별관리 의무 위반으로 고유재산에 혼입된 금전은 수탁자의 부당이득에 해당하고, 이러한 부당이득은 수탁자의 도산절차 개시 전에 이미 발생한 것이므로, 이는 수탁자의 도산절차에서 회생채권 또는 파산채권에 해당하게 될 것으로 판단된다.[667] 그렇다면, 수탁자의 의무 위반으로 인하여 당연히 신탁재산으로 보호받아야 할 신탁재산의 부분이 수탁자의 도산절차에서 감면 등 권리 조정의 대상이 되어 신탁의 수

---

[667] 채무자회생법은 회생절차개시 이후 채무자에 대하여 생긴 부당이득반환청구권은 공익채권으로 보지만(채무자회생법 제179조 제1항 제6호), 개시 전의 부당이득반환청구권은 회생채권이 된다(서울중앙지방법원 파산부 실무연구회(2023a), 498면). 만약 회생절차 개시 후에 수탁자의 관리인이 신탁업무를 수행하면서, 분별관리의무 위반을 하고 이에 따라 신탁재산이 수탁자의 고유재산에 혼입되는 경우가 발생한다면, 이는 회생절차 개시 후의 부당이득반환청구권으로서 공익채권으로 취급될 수 있을 것이다.

익자에게 손해가 발생하게 된다는 문제가 있다. 물론 수익자는 수탁자에 대하여 그 의무 위반에 따른 손해배상을 또한 청구할 수 있을 것이지만, 회생절차 또는 파산절차 진행 중인 수탁자에 대하여 얼마나 실효성 있는 배상을 받을 수 있을지도 의문이다.

② 영미법에서의 형평법상의 추급권(equitable tracing remedy)

이러한 문제와 관련하여, 우리가 참고해볼만한 것이 영미법상 인정되는 형평법상의 추급권(equitable tracing remedy)에 관한 논의이다. 위에서 설명한 바와 같이 수탁자가 신탁에 따른 의무를 위반하여 신탁재산을 처분하였을 경우에 수익자가 이에 대하여 원물을 다시 신탁재산으로 원복할 것을 요구하거나, 그 원물을 처분함으로써 받은 대가를 신탁재산으로 반환할 것을 요구하는 권리를 받을 수 있는 권리를 형평법상의 추급권이라고 하는데,[668] 이러한 추급권은 수탁자가 신탁재산을 자신의 고유재산과 혼입하여 분별의무를 위반하였을 때에도 적용된다.

그런데, 이러한 형평법상의 추급권의 경우에는 수탁자가 금전인 신탁재산을 자신의 계좌에 입금한 경우와 같이 금전의 혼입의 경우에도 인정되어,[669] 영국 대법원은 만약 수탁자가 신탁재산을 자신의 고유재산과 혼입한 경우에는 수탁자가 어느 재산이 자신의 고유재산임을 입증하지 못하는 이상 모든 자산을 신탁재산으로 취급(treat)된다고도 한 바 있고,[670] Re Hallett's Estate 법칙[671]에 따라 수탁자가 자신의 계좌에 신탁금전을 혼입한 경우, 해당 계좌에서 수탁자가 인출한 금액은 모두 자

---

[668] 이에 대한 자세한 논의는 위의 제2장 3. 라. 부분 참조.
[669] Philip H. Pettit (2012), pp. 542-545.
[670] *Frith v. Cartland* (1865) 2 H. & M. 417. Millet 대법관이 *Foskett v. McKeown* [2000] UKHL 29, [2001] 1 AC 102 판결에서 언급한 바도 있다.
[671] *In re; Knatchbull v Hallett* [1880] UKLawRpCh 38; 13 ChD 696 판례에서 인정된 법칙이다.

신의 고유재산을 인출한 것으로 추정한다는 원칙도 적용된다.672)

이와 같이 수익자의 형평법상의 추급권을 넓게 인정하는 것은 신탁재산을 보호함으로써 수익자를 보호하여야 한다는 인식에 따른 것으로 이해되고, 이러한 영미법상의 추급권에 대한 논리들은 우리 신탁법에서도 수익자를 보호하는 장치를 좀 더 마련하여야 한다는 측면에서 시사하는 바가 있는 것으로 생각되는데, 이와 관련하여 수익자의 권리를 공익채권으로 인정하는 방안을 아래에서 좀 더 검토해보도록 하겠다.

③ 공익채권으로의 인정가능성에 대한 검토

신탁재산은 수탁자로부터 독립성을 가지고, 수탁자의 도산절차로부터 절연된다고 보는 것은 수탁자는 신탁재산으로부터 수익을 얻는 자가 아니므로, 이해관계가 있는 수익자를 보호하기 위한 것인데, 수탁자가 신탁의무를 위반하여 금전인 신탁재산을 자신의 고유재산에 혼입한 경우에 수익자는 수탁자의 도산절차에서 회생채권자로만 권리를 행사할 수 있다고 보는 것은,673) 수익자의 보호의 측면과 신탁의 독립성의 원칙, 그리고 신탁의 도산절연성이라는 본질에 비추어볼 때 문제점이 있다.

그렇다면, 회생계획에 의해서만 변제받을 수 있고, 그 권리 또한 감면을 통하여 변경될 수 있는 회생채권이 아니라, 회생계획에 의하지 아니하고 수시로 전액을 변제받을 수 있는 공익채권으로 취급하여,674) 수익

---

672) Philip H. Pettit (2012), p. 543.
673) 여기서 문제되는 것은 수탁자에 대하여 회생절차가 개시되기 전에 수탁자가 신탁의무를 위반하여 신탁재산을 고유재산에 혼입하였고, 이에 대하여 수익자가 취소권 등의 행사를 통하여 구제를 받기 전에 회생절차가 개시된 경우이다. 위에서 언급한 바와 같이, 만약 수탁자에 대하여 회생절차가 개시된 이후에 수탁자의 관리인이 수탁업무를 이행하는 과정에서 발생하는 부당이득반환청구권은 채무자회생법 제179조 제6호에 의하여 "부당이득으로 인하여 회생절차개시 이후 채무자에 대하여 생긴 청구권"으로서 공익채권으로 취급될 것이다.
674) 회생채권자의 권리는 회생계획에 의하여 변경될 수 있는 반면(채무자회생법 제194조 제1항), 공익채권은 회생절차에 의하지 아니하고 수시로 변제하고, 회생채

자를 좀 더 보호할 수 있을지에 대하여 고민해볼 필요성이 있다.

어떠한 채권을 회생채권이 아닌 공익채권으로 볼 것인지와 관련하여, 공익채권은 원칙적으로는 회생절차의 수행에 필요한 비용을 수시로 변제하게 하여 채무자의 회생에 필요한 거래가 가능하도록 고려한 것으로, 주로 회생절차개시 후의 원인에 기하여 생긴 청구권을 대상으로 하는 것이다. 일본의 회사갱생법(会社更生法)에서도 이와 같은 성격의 채권을 공익채권(共益債権)이라고 칭하는데,675) 그 지급이 채권자 및 주주 공동의 이익에 부합한다는 의미에서 공익채권이라고 칭하기로 하였다고 한다.676) 이와 같이 회생채권과 공익채권의 구별기준은 기본적으로 회생절차 개시 전에 발생한 것인지, 개시후에 발생한 것인지를 기준으로 하고 있고, 그러한 이유로 채무자회생법은 회생채권을 '회생절차개시 전의 원인으로 생긴' 청구권이라고 규정하고 있다(채무자회생법 제118조 제1호). 그렇지만 공익채권이 반드시 회생절차 개시 이후에 발생한 채권이거나, 회생절차의 수행에 필요한 비용 등의 성격의 채권에 제한되는 것은 아니며, 회생절차개시 전의 원인에 기하여 생긴 청구권으로서 관념상 회생채권에 해당하는 것이지만, 형평의 관념이나 사회정책적인 이유로 공익채권으로 규정하고 있는 것도 있는데, 이러한 것으로는 원천징수할 국세나 근로자의 임금 등이 있다(채무자회생법 제179조 제9호, 제10호, 제11호 및 제14호).677)

원래 수탁자가 분별관리하여 신탁재산에 속하였어야 할 금전이 수탁자의 의무위반으로 인하여 고유재산에 혼입되었을 경우에는, 해당 금전은 처음부터 수탁자의 개인재산이 아니라는 점을 고려할 때 이를 수탁자의 책임재산에 포함하는 것은 타당하지 않으며 신탁재산의 독립성의

권과 회생담보권에 우선하여 변제한다(채무자회생법 제180조 제1항 및 제2항).
675) 会社更生法 제127조 등.
676) 三ケ月章 外 (1998b). 301頁.
677) 서울중앙지방법원 파산부 실무연구회(2023a), 494면.

원칙에도 반하는 것으로 생각된다. 또한 위에서 살핀 바와 같이 이러한 금전에 대한 수익자의 권리를 영미법에서는 형평법상의 추급권(equitable tracing)의 법리에 따라 폭넓게 보호하고 있는데, 이에 비추어 보아도 수탁자의 고유재산에 혼입된 금전인 신탁재산에 대해서는, 환취권에 준하는 권리를 인정하는 것이 타당할 것으로 생각된다. 따라서 신탁재산의 혼입에 따른 부당이득반환청구의 경우에는 비록 회생절차개시 전에 발생한 것이라고 하더라도 공익채권으로 인정하는 것이 바람직할 것으로 생각되고, 이를 신중하게 고려해볼 필요가 있을 것이다. 공익채권은 채무자회생법에 열거된 권리가 아닌 이상은 해석으로 인정될 수 없으므로,[678] 이는 결국 입법적으로 해결해야 할 문제일 것이다.

2. 수탁자에 대한 도산절차에서 수익자의 지위

가. 의의

수탁자의 도산절차에서 수익자가 어떠한 권리를 가지는가의 문제는

---

[678] 채무자회생법은 공익채권에 대하여 열거주의를 채택하여 채무자회생법 제179조 또는 개별규정에서 명시적으로 공익채권으로 인정한 청구권에 한정하여 공익채권으로 취급하고 있다. 서울중앙지방법원 파산부 실무연구회(2023a), 494면. 채무자회생법 제181조가 "회생절차개시 이후의 원인에 기하여 발생한 재산상의 청구권으로서 공익채권, 회생채권 또는 회생담보권이 아닌 청구권"을 개시후기타채권으로 분류하는 것을 보아도 채무자회생법이 공익채권에 대하여 열거주의를 취하고 있다는 것을 알 수 있다. 대법원 또한 회사정리법이 적용됐던 사안에서, 판단 대상 청구권이 정리채권에 해당하지 않고, 회사정리법에 "열거된" 공익채권에도 해당하지 않으므로, 후순위정리채권에 해당한다고 판단한 바 있다(대법원 2006. 8. 25. 선고 2005다16959 판결).

위에서 논의한 신탁재산이 수탁자의 도산절차에서 어떠한 지위를 가지는가와 연결되는 문제임과 동시에 수익자가 가지는 수익권이 어떠한 성질을 가지고 있는가와도 연결되는 문제이다.

신탁재산이 수탁자의 도산절차에서 독립적인 지위를 가져 수탁자의 도산절차에 구속되지 않고, 수익자가 가지는 수익권 또한 신탁재산 자체에 대한 직접적인 권리가 아니라, 수탁자를 통하여 신탁재산의 이익을 향유할 수 있는 채권적 권리임은 위에서 살핀 바와 같다. 따라서 수익자는 수탁자의 도산절차에서 신탁재산에 대하여 직접적인 권리를 행사한다거나, 도산절차에 따른 특별한 권리를 가지지 않는 것이 원칙일 것이다.

다만 수탁자가 신탁상의 의무를 위반하여 신탁재산을 수탁자의 고유재산에 혼입하고 있다거나, 수익자가 수탁자의 의무 위반에 대하여 손해배상을 청구할 경우 등이 발생할 수 있는데 이 때 수익자의 도산절차에서의 지위는 문제될 수 있는데, 이하에서는 이에 대하여 살펴보고자 한다.

나. 수탁자의 도산절차에서 수익자의 환취권 행사

1) 문제의 제기

신탁에서의 수익권은 위에서 검토한 바와 같이 우리법상 채권에 해당하지만, 수익자취소권과 같은 물권적인 성격의 권한도 가진다. 이러한 특성을 고려할 때 수익자가 수탁자의 도산절차에서 직접 환취권을 행사할 수 있는지 여부가 문제된다.

이와 관련하여 한 가지 주의할 점은, 수익자에게 환취권을 인정할 것인지의 문제는 신탁이 유효하게 존속하는 것을 전제로 한다는 점이다. 수탁자에게 도산절차가 개시된다고 하더라도 경우에 따라 수탁자의 임무가 종료되기는 하지만, 당연히 신탁 자체가 종료되는 것은 아니다.

만약에 수탁자의 도산절차 개시를 신탁 자체의 종료 사유로 정한 경우에는 신탁계약이 정하는 바에 따라 신탁재산의 귀속권리자가 정해지게 될 것이고,679) 그러한 귀속권리자는 당연히 환취권을 행사할 수 있을 것이며(채무자회생법 제407조의 2 제2항), 그러한 귀속권리자가 수익자로 정해지는 경우에는 귀속권리자의 지위를 취득하게 되는 기존 수익자는 환취권을 행사할 수 있을 것인데, 이는 엄밀하게 말해 신탁에서의 수익자의 환취권 행사의 문제는 아니다.

이하에서는, 신탁은 유효하게 존속하는 것을 전제로, 수탁자의 도산절차에서 수익자가 환취권을 행사할 수 있는지 여부에 대한 검토를 하고자 한다.

2) 학설의 대립

이에 대해서 국내에서는 수익자에 대하여 환취권을 인정하여야 한다는 견해680)와 인정할 수 없다는 견해681)로 나뉜다.

수익자에 대하여 환취권을 인정해야 한다는 견해는 무엇보다도 신탁에서 이해관계가 가장 큰 당사자가 수익자임에 주목한다. 또한 위에서 살핀 바와 같이 수익자의 권리는 물권적 특징을 가지고 있는 물권화된

---

679) 신탁법 제101조 제1항은 신탁행위로 신탁재산의 잔여재산이 귀속될 귀속권리자를 정한 경우에는 그 귀속권리자에게 신탁재산이 귀속되고, 정하지 아니한 경우에는 수익자에게 귀속된다고 규정하고 있다.

680) 이계정(2016a), 138-139면; 이연갑(2009b), 249면; 전병서(1999), 163면; 최동식(2006), 116면. 다만 전병서 교수는 위 논문에서, 수탁자가 파산하는 경우에는 신탁법에 따라 신탁관계가 당연히 종료하는 것으로 해석하여, 그에 따라 위탁자 또는 수익자가 신탁재산에 대하여 환취권을 행사할 수 있다고 설명하는데, 이는 신탁이 종료됨에 따라 수익자가 환취권을 행사할 수 있다는 것이어서, 이 글에서의 수익자의 환취권 인정의 문제와는 맥락이 다르다.

681) 최수정(2019), 272-273면.

채권이라는 견해를 기초로, 환취권을 인정하지 않는 것은 논리적으로나 정책적으로나 타당하지 않다고 강하게 비판하는 견해도 있다.682)

이에 반해 수익자에게 환취권을 인정할 수 없다는 견해는 수탁자에 대하여 도산절차가 개시된다고 하여 신탁이 당연히 종료하는 것은 아니므로, 신탁이 존속하는 한 수익자는 원칙적으로 신탁재산에 대하여 반환청구권을 가지지 않고, 따라서 환취권도 인정되지 않는다고 한다.683)

3) 현행법 및 판례 - 수익자에 대한 환취권의 불인정

채무자회생법 제407조의 2 제1항은 신탁재산에 대한 환취권은 신수탁자 또는 신탁재산관리인이 행사한다고 명시적으로 규정함으로써 수익자를 환취권자로부터 배제하고 있다. 이 법은 2013년에 채무자회생법이 개정되면서 새로이 신설된 규정으로, 이와 같은 명시적 규정이 새로이 신설됨에 따라 수익자에게 환취권을 인정하는 것은 현행법상으로는 불가능하게 되었다.

채무자회생법의 개정과 관련하여 국회의안정보시스템684)에서 검색되는 정부제출 의안 원문이나 법제사법위원회의 검토보고서 및 심사보고서에서는 위 규정에 관한 특별한 설명은 전혀 없어, 신수탁자와 신탁재산관리인에 한정하여 규정한 이유를 파악하기는 어렵다. 다만, 이에 대한 충분한 논의조차 없었다는 점에서, 수익자에 대한 보호를 전혀 고려함이 없이 단순하게 입법한 것이 아닌가 하는 우려가 있다.

환취권의 행사 주체에 대하여 명시적으로 판결한 예는 아직 없는데, 현행법이 위와 같이 명시적으로 신수탁자와 신탁재산관리인으로 한정한 이상, 법원이 해석을 통하여 수익자에게 환취권을 인정하기는 어려울 것

---

682) 이계정(2016a), 139면.
683) 최수정(2019), 272-273면.
684) https://likms.assembly.go.kr/bill/main.do.

으로 생각된다.

4) 수익자에 대한 환취권 인정 필요성에 대한 검토

위에서 살핀 바와 같이 현행법의 해석상 수익자가 수탁자에 대하여 환취권을 행사하기는 어려울 것으로 생각된다. 그렇지만, 신탁재산에 대하여 가장 이해관계가 큰 당사자는 수익자라는 점을 고려할 때, 수익자에게 환취권을 인정하지 않고 단지 신탁법상의 수익자취소권만 행사할 수 있다고 보는 것은 수익자 보호에 충분하지 않으며, 신탁재산은 수탁자의 도산절차의 영향을 받지 않는다는 신탁의 독립성의 원칙과 신탁의 도산절연성의 원칙에 충실하지 못하다는 측면이 있다.

수익자의 보호를 위하여 환취권을 인정하여야 할 필요성과 관련하여 영미법상 수익자에게 형평법상의 추급권(equitable tracing)이 인정된다는 점을 고려해볼 필요가 있다. 위에서 설명한 바와 같이 형평법상의 추급권(equitable tracing)은 보통법상의 추급권(common law tracing)과는 달리 그 재산에 대하여 직접적인 보통법상의 권리를 가지지 못하고 형평법상의 권리만을 가진 자도 행사할 수 있으므로, 수익자는 이러한 추급권에 기하여 수탁자의 고유재산에 혼화되어 있는 신탁재산을 다시 신탁재산으로 돌려놓을 것을 요구할 수 있고, 그 재산이 금전인 경우에도 폭넓게 인정된다.[685]

수익자에 대하여 형평법상 추급권을 인정하는 법적 근거는 신탁재산이 수탁자의 고유재산 또는 제3자에게로 이전되는 경우에는 의제신탁(constructive trust)이 설정된다고 보기 때문인데,[686] 우리법상으로는 법정 신탁에 해당하는 의제신탁(constructive trust)이 인정되지 않으므로,

---

[685] Alastair Hudson (2022), pp. 447-449; Gary Watt (2021), pp. 437-438; Philip H. Pettit (2012), pp. 533-542.
[686] Jill E. Martin (2012), p. 328.

수익자취소권을 포함하여 우리법상의 수익자에게 형평법상의 추급권이 인정된다고 보기는 어렵다.[687] 그렇지만 수익자취소권도 신탁재산의 회복을 위하여 수익자에게 인정된 제도로서 형평법상의 추급권(equitable tracing)을 우리법에 변용하여 수용한 것인데,[688] 이러한 점에 비추어 보면 수탁자의 도산절차에서 수익자에게 수익자취소권에 근거한 환취권을 인정함으로써 수익자를 좀 더 보호하는 방안도 고려할 수 있을 것이다.

또한, 환취권의 기초가 되는 권리를 소유권으로 한정하지 않는 기존 판례의 태도도 수익자에 대해서도 환취권을 인정하는 것이 타당하다는 근거가 될 수 있을 것으로 생각된다. 대법원은 사해행위취소권의 경우도 사해행위로 이루어진 채무자의 재산처분행위를 취소하고 사해행위에 의해 일탈된 채무자의 책임재산을 수익자 또는 전득자로부터 복귀시키기 위한 것이므로 환취권의 기초가 될 수 있다고 판단한 바 있다.[689]

이러한 판례의 태도에 비추어보면 환취권의 기초가 되는 권리는 소유권에 한정되는 것은 아니며, 또한 해당 재산을 직접 취득할 권리를 가지는 자일 필요도 없다. 또한 사해행위취소의 경우에도 채권자취소권을 행사하는 채권자는 사해행위의 대상이 되는 목적 재산에 대하여 직접적인 권리를 가지는 것이 아니고, 그 재산은 채권자에게 반환되는 것이 아니라 사해행위를 한 채무자의 책임재산으로 원상회복되는 것인데, 이는 신탁에 있어서 수익자가 수익자취소권을 행사하여 그 신탁재산을 신탁으로 복귀시키는 것과 유사한 측면이 있다.[690]

---

[687] 이계정(2016b), 133-134면.
[688] 법무부(2012), 593면.
[689] 대법원 2014. 9. 4. 선고 2014다36771 판결.
[690] 위에서 검토한 바와 같이 수익자취소권과 채권자취소권은 성질과 내용이 전혀 다른 제도이고 특히 수탁자의 법률행위에 대한 취소의 효과는 채권자취소권의 경우와는 달리 상대적인 것이 아니라 절대적인 효력을 가진다는 점에서 차이가 있다. 그러나 수익자취소권에 관한 신탁법 제75조는 채권자취소권에 관한 규정인 민법

따라서 사해행위취소권도 환취권의 기초가 되는 권리에 포함하고 있는 판례의 해석상 이와 유사한 구조를 가지는 수익자취소권에 기하여 수익자 또한 환취권을 행사할 수 있다고 보는 것이 논리적으로 타당할 것으로 생각된다.

그리고 최근 대법원은 사해행위취소에 따른 사해행위 수익자에 대한 가액배상청구권이 수익자의 회생절차에서 채무자회생법 제179조 제1항 제6호의 공익채권에 해당한다고 보아,691) 사해행위취소에 따른 권리가 침해부당이득에 따른 권리임을 확인하였다.692) 그런데 이러한 침해부당이득은 권리자에게 배타적으로 할당된 이익이 침해되어 다른 사람에게 귀속되어 있는 경우에 성립하는 것으로서,693) 물권 또는 채권의 귀속이 침해된 경우에 한정되는 것이 아니라 타인의 권리를 권한 없이 이용하는 경우 등을 포함하여 어떠한 형태로든 배타적 이익을 침해하여 이익을 취한 경우를 모두 포함한다.694) 수익자는 독립성을 가지는 신탁재산을 통하여 수익을 취득할 권리를 가지는 자로서, 신탁재산으로부터 이익을 취득할 수 있는 자는 수익자에 한한다는 점에서 배타적 권리를 가지는 자라고 할 수 있고,695) 이와 같이 수익자가 배타적 권리를 가지는 신

제406조와 유사한 구조로 규정되어 있고, 법무부 또한 수익자취소권이 일응 채권자취소와 유사한 면이 있다고 설명한다. 법무부(2012), 598면.
691) 대법원 2019. 4. 11. 선고 2018다203715 판결.
692) 이동진(2019), 61-63면. 해당 논문에 의하면 위 대법원판결은 채권자취소에 따른 원상회복의무가 부당이득, 특히 침해부당이득의 실질을 가진다는 점을 시사하는 것이라고 설명한다.
693) 침해부당이득이 성립하기 위해서는 i) 특정인에게 배타적으로 할당된 이익이 있을 것, ii) 그 이익이 다른 사람에게 귀속되어 있을 것, iii) 타인의 권리를 이용할 수 있는 권원이 없을 것이 요구된다. 주석민법(채권각칙5)(2022), 828면(이계정 집필부분).
694) 제철웅(2020), 286면.
695) 수익권도 수탁자에 대한 채권이고, 원칙적으로 채권은 배타적 권리라고 볼 수 없다. 주석민법(채권각칙5)(2022), 829면(이계정 집필부분). 그러나 신탁에서 수익자만이 신탁재산으로부터 이익을 취득할 권리가 있고, 또한 수익자의 수익은 신탁재

탁재산을 취득하여 이득을 취한 자는 수익자의 배타적 권리를 침해한 것으로 볼 수 있을 것이므로, 수익자의 권리도 침해부당이득의 법리에 의하여 판단할 수 있을 것이다.

수익자에게 환취권을 인정하지 않는 견해는 수탁자에 대하여 도산절차가 개시된다고 하여 신탁이 당연히 종료하는 것은 아니고, 신탁이 존속하는 한 수익자는 원칙적으로 신탁재산에 대하여 반환청구권을 가지지 않는다는 것을 이유로 하고 있지만, 환취권은 해당 재산에 대하여 직접 반환청구권을 가질 것을 요건으로 하고 있지 않으므로, 충분한 근거가 된다고 보기 어렵다.

따라서 현행 채무자회생법과 같이 신탁에서의 환취권 행사의 주체를 신수탁자와 신탁재산관리인으로 한정하는 것은 타당하지 않으며, 채무자회생법 제407조의 2 제1항에서의 환취권의 특칙은 수탁자에 대하여 파산선고가 내려져 수탁자의 임무가 종료하였을 때, 새로 선임된 신탁재산관리인 또는 신수탁자가 환취권을 행사할 수 있음을 정하는 규정임을 분명히 하는 방식으로 개정하고, 채무자회생법 제70조 및 제407조에서 신탁에서의 수익자가 수익자취소권에 기하여 환취권을 행사할 수 있음을 명시하는 방향으로 개정하는 것이 바람직할 것이다.

산으로부터만 나오는 것이므로, 이러한 신탁의 특수성을 고려하면 수익자는 신탁재산에 대하여 배타적 권리를 가진다고 보아야 할 것이다.

3. 수탁자에 대한 도산절차에서 신탁채권자의 지위

가. 신탁채권의 개념

1) 신탁채권의 의의 및 범위

신탁채권은 수탁자가 신탁사무를 처리하는 과정에서 발생하는 권리로서 신탁재산에 대한 채권을 말한다.[696] 신탁법은 신탁채권을 신탁사무의 처리상 발생한 권리라고 정의하면서 이러한 신탁채권의 경우에는 신탁재산에 대하여 강제집행 또는 경매를 할 수 있다고 규정하여 신탁재산 독립성의 예외로 인정하고 있다(신탁법 제22조 제1항 단서).

신탁채권은 수탁자를 채무자로 하는 경우에 한정되고, 신탁재산과 관련된다고 하더라도 위탁자를 채무자로 하는 경우는 신탁채권에 해당하지 않고,[697] 신탁재산에 대한 조세 또는 공과금채권, 신탁재산 자체의 하자로 인하여 발생한 피해자의 손해배상청구권, 신탁 목적을 위하여 금원을 차용한 경우의 그 채권 등은 포함된다.[698]

대법원은 부동산신탁회사가 신탁사업의 수행으로 신탁재산인 토지 위

---

[696] 법무부(2012), 188면.

[697] 대법원 2012. 7. 12. 선고 2010다67593 판결. 해당 판결은 위탁자가 수탁자에 신탁을 원인으로 한 부동산 소유권이전등기를 마친 후, 위탁자가 위 부동산을 과세대상으로 하는 재산세를 체납하자 지방자치단체가 위 부동산에 대한 경매절차에서 재산세와 가산금을 당해세로 교부청구하여 우선배당받은 사안에 대한 것으로서, 위탁자에 대한 조세채권에 기하여는 수탁자 소유의 신탁재산을 압류하거나 그 신탁재산에 대한 집행법원의 경매절차에서 배당을 받을 수 없고, 위탁자에 대한 재산세 및 가산금 채권은 신탁법 제22조 제1항 단서의 '신탁사무의 처리상 발생한 권리'에 해당하지 않는다고 판단하였다.

[698] 오영준(2008), 868면.

에 건물을 신축하기 위하여 공사를 도급하는 등 신탁재산을 관리 또는 처분하는 과정에서 발생된 부당이득반환청구권,699) 분양계약 상의 의무를 위반하여 수분양자의 입점이 지연됨에 따른 지체상금청구권700) 등을 신탁채권에 해당한다고 보았다. 그리고 대법원은 신탁계약에서 따라 적법하게 신탁이 종료되는 경우에 위탁자가 수탁자에 대하여 행사하는 신탁부동산의 소유권이전등기청구권 또한 신탁채권에 해당한다고 한다.701)

이와 관련하여 수탁자가 신탁재산의 관리사무 중 불법행위를 하여 발생한 손해배상채권도 신탁채권에 해당하는지가 문제되는데 이에 대해서는 아래에서 자세히 검토하도록 하겠다.

2) 수탁자의 불법행위로 인한 손해배상청구권의 경우

수탁자가 신탁재산의 관리업무를 수행하면서 불법행위를 한 경우, 이러한 불법행위를 신탁사무의 처리라고 볼 수 있을지 의문이 있다.

이와 관련하여 수탁자의 불법행위는 신탁사무의 권한 밖이므로 이러한 책임을 신탁재산으로 부담하는 것은 부당하고 수탁자의 개인의 책임으로 처리하여야 한다는 주장이 있다.702) 이에 반하여 수탁자의 불법행위로 인한 손해배상도 신탁채권에 해당한다고 긍정하는 견해는 법인도 대표자의 불법행위에 대하여 책임을 부담하는 점을 고려하면 신탁사

---

699) 대법원 2005. 5. 27. 선고 2005다5454 판결.
700) 대법원 2004. 10. 15. 선고 2004다31883, 31890 판결.
701) 대법원 2008. 10. 27 자 2007마380 결정. 해당 결정에서 대법원은 이 사건 신탁관계의 성립을 전제로 신탁계약에서 정한 신탁종료 사유의 발생에 따라 신탁관계가 적법하게 해소될 경우 위탁자가 수탁자로부터 반환받게 되는 신탁부동산의 소유권이전등기청구권이라 할 것이어서, 이 사건 신탁계약에 기한 신탁관계의 성립·유지 및 신탁사무의 처리와 모순관계에 있지 아니하므로 이에 해당한다고 보았다.
702) 四宮和夫 (1989), 67면.

무와 관련한 수탁자의 책임도 신탁재산이 부담하는 것이 타당하다고 한다.703)

일본은 개정 신탁법에서 수탁자가 신탁사무를 처리함에 있어서의 불법행위로 인한 권리도 신탁재산으로 책임을 진다고 명문으로 규정하여 긍정설의 입장에서 입법을 하였고,704) 미국 표준신탁법(Uniform Trust Code) 제1010조 제(c)항에서도 신탁을 관리함에 있어 발생한 불법행위에 대하여 수탁자가 개인적 책임을 지는 것은 별론으로 하고, 그 신탁에 책임을 물을 수 있다고 규정하고 있다.

우리 대법원 또한 분양형 토지신탁계약에서 수탁자가 허위, 과장 분양광고를 하여 수분양자들이 이에 대해 위자료를 청구한 사안에서, 신탁업무를 수행하는 수탁자의 통상적인 사업활동 행위로 인하여 제3자에게 손해가 발생한 경우에 그 피해자인 제3자가 가지는 불법행위에 기한 손해배상채권은 신탁채권에 해당한다고 판단하였다.705)

현행 신탁법은 신탁채권을 '신탁사무의 처리상 발생한 권리'라고 하고 있을 뿐 수탁자의 적법한 권한 내의 행위일 것으로 한정하고 있지 않으므로, 해석상 수탁자의 불법행위로 인하여 발생한 채권이라고 하더라도

---

703) 이중기/이영경(2022), 468-469면; 임채웅(2009b), 129면.
704) 일본 신탁법 제21조 제1항 8호. 해당 규정은 '수탁자가 신탁업무를 처리하는 데 있어 불법행위로 발생한 권리(受託者が信託事務を処理するについてした不法行為によって生じた権利)'는 신탁재산이 책임을 져야 한다고 하고 있다.
705) 대법원 2007. 6. 1. 선고 2005다5843 판결. 해당 판결은 이와 같이 보는 이유에 대하여 "신탁자 또는 수탁자의 고유재산으로부터 신탁재산의 독립성을 보장하려는 것이 신탁법의 고유한 목적임을 감안한다 하더라도, 오늘날 수탁자의 사무가 전통적인 영역인 단순한 재산 관리의 수준을 넘어서서 활발한 대외적인 활동을 수반하기에 이른 만큼 그에 상응하여 피해자에 대한 보호 방안의 필요성을 외면하기 어렵고, 다른 한편으로 대리인이나 고용인이 그 자신의 일반적인 권한 내에서 행동한 경우 본인이나 사용자에게 책임을 귀속시킬 수 있듯이 그 자신의 일반적인 권한 내에서 행동하는 수탁자는 비록 신탁자 개인에게 책임을 귀속시킬 수는 없다고 하더라도 신탁재산에 대하여는 책임을 귀속시킬 수 있다고 보는 것이 공평에 부합한다고 할 것이기 때문"이라고 설명하고 있다.

신탁사무의 처리상 발생한 경우에는 신탁채권에 해당한다고 보아야 할 것이다.706) 또한 신탁채권자의 입장에서는 신탁사무와의 관련성이 있다면 우선 신탁재산으로부터 보호받을 충분한 근거가 있으며, 신탁채권자의 보호를 위해서도 이렇게 보아야 할 필요성이 있다고 생각된다.

따라서 수탁자의 불법행위로 인한 손해배상청구권의 경우에도 신탁채권에 해당된다고 보는 것이 타당하다고 생각한다.

나. 수탁자의 도산절차에서 신탁채권의 취급

1) 신탁재산에 대한 청구

위에서 살핀 바와 같이, 신탁채권의 경우에는 신탁재산의 독립성의 예외가 인정되어, 신탁재산에 대하여 직접 강제집행 또는 경매를 할 수 있으므로, 신탁채권자는 수탁자의 도산절차 개시에도 불구하고 그 도산절차에 영향을 받지 않는 신탁재산에 대하여 직접적으로 신탁채권을 청구할 수 있다.

만약 수탁자에 대하여 파산절차가 개시되는 경우라면, 수탁자의 임무는 종료되고 신수탁자 또는 신탁재산관리인이 선임되게 될 것이므로, 이러한 신수탁자 또는 신탁재산관리인에 대하여 신탁채권을 행사하게 된다.

수탁자에 대하여 회생절차가 개시되는 경우라면, 신탁계약상 특별한 규정이 없는 한 기존 수탁자가 계속 신탁업무를 수행하게 되므로, 수탁자의 관리인이 수탁자의 지위를 수계하여 업무를 계속하게 되고, 신탁채

---

706) 이에 대하여 현행법의 해석상, 수탁자 자신의 귀책사유가 있는 경우에는 신탁재산의 책임을 인정하는 것이 옳지 않다는 견해도 있다. 이연갑(2009c), 291-294면. 그렇지만, 현행법에서 수탁자에게 귀책사유가 없는 경우로 한정하고 있지 않은 한 이와 같이 좁게 해석할 이유는 없을 것으로 보이고, 피해자 보호의 측면에서도 넓게 보는 것이 타당할 것으로 생각된다.

권자는 수탁자의 관리인에 대하여 신탁채권을 행사하게 된다. 이 경우, 수탁자의 회생절차에서의 관리인에 대한 청구이지만 수탁자의 회생절차와는 무관하며, 신탁재산으로부터 언제든지 이행을 받을 수 있게 된다.

2) 수탁자의 고유재산에 대한 청구

가) 문제의 소재

신탁채권자는 신탁재산의 독립성에도 불구하고 신탁재산에 대하여 강제집행을 할 수 있지만, 신탁재산에 대해서만 책임을 물을 수 있는 것은 아니다. 수탁자의 이행책임이 신탁재산의 한도 내로 제한되는 것은 신탁행위로 인하여 수익자에 대하여 부담하는 채무에 한정되는 것이므로(신탁법 제38조), 수탁자가 수익자 이외의 제3자 중 신탁재산에 대하여 강제집행을 할 수 있는 채권자에 대하여 부담하는 채무에 관한 이행책임은 신탁재산의 한도 내로 제한되는 것이 아니라 수탁자의 고유재산에 대하여도 미친다.

이와 같이 수탁자가 신탁채권에 대하여 고유재산으로 책임을 지는 것은 비록 수탁자가 신탁재산으로부터 수익을 취득하는 자는 아니지만, 수탁자가 대외적으로는 신탁재산의 소유자로서, 제3자와 체결하는 계약의 주체이기 때문이다.707)

대법원 또한 "신탁사무의 처리상 발생한 채권을 가지고 있는 채권자는 수탁자의 일반채권자와는 달리 신탁재산에 대하여 강제집행을 할 수 있는데, 한편 수탁자의 이행 책임이 신탁재산의 한도 내로 제한되는 것은 신탁행위로 인하여 수익자에 대하여 부담하는 채무에 한정되는 것이므로, 수탁자가 수익자 이외의 제3자 중 신탁재산에 대하여 강제집행을 할 수 있는 채권자에 대하여 부담하는 채무에 관한 이행책임은 신탁재

---

707) Austine Wakeman Scott & Mark L. Ascher (2022d), pp. 2070-2071.

산의 한도 내로 제한되는 것이 아니라 수탁자의 고유재산에 대하여도 미치는 것으로 보아야 한다"고 판시하여 이 점을 명백히 하고 있다.708)

이와 같이 신탁채권자가 수탁자의 고유재산에 대하여도 책임을 물을 수 있다고 한다면, 그러한 범위 내에서는 수탁자의 도산절차에 영향을 받게 되는데, 이 때 수탁자에 대하여 파산절차가 개시되는 경우와 회생절차가 개시되는 경우에 그 취급이 다르다.

나) 수탁자의 파산절차에서의 청구

먼저 수탁자에 대하여 파산절차가 개시되는 경우에는 신탁채권자는 파산선고 당시의 채권 전액에 관하여 파산재단에 대하여 파산채권자로서 권리를 행사할 수 있다.709)

이 때 신탁채권자는 신탁재산으로부터 먼저 보상을 받고 부족분에 대해서만 수탁자의 고유재산에 대하여 청구할 수 있는 것이 아니라, 신탁채권 전액에 대하여 모두 청구할 수 있다. 수탁자는 신탁채권 전액에 대하여 고유재산으로 책임을 져야 하고, 다만 신탁재산으로 변제할 수 있을 뿐이다.710)

---

708) 대법원 2004. 10. 15. 선고 2004다31906 판결; 2004. 10. 15. 선고 2004다 31883, 31890 판결 참조.
709) 대법원 2004. 10. 15. 선고 2004다31883, 31890 판결 참조.
710) 이연갑(2008a), 278면, 여기서 이연갑 교수는 신탁법에 명문의 규정은 없으나, 영미 신탁법상 수탁자에게 면제권(right of exoneration)을 인정하는 것이 비추어 타당하다고 하면서, 실무상으로는 이러한 내용을 신탁에 규정하는 경우가 많다고 언급하고 있다. 타당한 견해인 것으로 보이고, 신탁계약에 명문으로 규정하지 않더라도 당연히 인정해야 할 것으로 생각된다. 영미법에서는 수탁자는 면책권(right of indemnification)을 가지는데, 이에 따라 수탁자는 고유재산으로 지출한 비용을 지급받는 보상청구권(right of reimbursement) 뿐만 아니라, 신탁업무를 하는 과정에서 발생한 수탁자의 책임을 신탁재산을 사용하여 면제받을 수 있는 면제권(right of exoneration)도 가진다고 설명한다. Austine Wakeman Scott & Mark L. Ascher (2022d), pp. 1796-1799.

그런데 수탁자에 대하여 파산절차가 개시되는 경우에는 그 즉시 수탁자의 임무는 종료되게 되고, 수탁자는 수탁자의 지위를 잃게 되므로,[711] 신탁채권자의 청구에 대하여 수탁자의 파산관재인이 직접 신탁재산으로 변제하는 것은 불가능할 것이다.[712] 따라서 수탁자의 파산관재인은 신탁채권자의 신탁채권 전액을 파산채권으로 인정하여야 할 것이고, 다만 그 변제액에 대하여 신탁법 제46조에 따라 신탁재산 또는 수익자로부터 상환받을 수 있을 뿐이다.[713]

다) 수탁자의 회생절차에서의 청구

수탁자에 대하여 회생절차가 개시되는 경우에도 파산절차가 개시된 경우와 동일하게, 신탁채권자는 회생개시결정 당시의 채권 전액에 관하여 회생채권자로서 권리를 행사할 수 있을 것이다. 다만, 수탁자에 대하여 회생절차가 개시되는 경우에는 파산절차가 개시되는 경우와는 달리 그 즉시 수탁자의 임무가 당연히 종료되는 것은 아니므로,[714] 신탁계약에서 달리 정하지 않는 이상 수탁자는 수탁자의 지위를 계속 유지하게

---

[711] 법원은 수탁자에 대하여 파산선고를 하는 경우에는 그 결정과 동시에 신탁재산관리인을 선임하여야 하고(신탁법 제18조 제2항), 신수탁자가 선임될 때까지 신탁업무를 수행하는 것은 파산선고를 받은 수탁자가 아니라 위 규정에 따라 선임된 신탁재산관리인이므로, 수탁자는 파산선고가 내려짐과 동시에 그 임무가 종료되고 수탁자로서의 지위를 잃게 된다.

[712] 신탁채권자가 새로 선임된 신수탁자나 신탁재산관리인에 대하여 신탁재산의 범위 내에서 직접 청구를 하는 것은 가능할 것이나(신탁법 제53조 제2항), 신탁채권자가 기존 수탁자에게 청구한 것에 대하여 기존 수탁자가 신탁재산으로 직접 변제를 하는 것은 불가능할 것이다.

[713] 신탁법 제46조 제2항은 수탁자가 신탁사무의 처리에 관하여 필요한 비용을 고유재산에서 지출한 경우에는 지출한 비용과 지출한 날 이후의 이자를 신탁재산에서 상환받을 수 있다고 규정하고 있다. 이에 따라 새로이 선임된 신수탁자 또는 신탁재산관리인에 대하여 청구를 하여 신탁재산으로부터 상환을 받을 수 있다.

[714] 신탁법 제12조는 수탁자가 파산선고를 받은 경우만을 임무종료 사유로 규정하고 있다.

되고, 수탁자의 관리인이 그 업무를 계속하게 될 것이다.

따라서, 수탁자의 관리인은 신탁채권자의 청구에 대하여 신탁재산으로 우선 변제하고 잔여부분이 있는 경우에만 이를 회생채권으로 인정할 수 있을 것이다.

한편, 수탁자에 대하여 회생절차가 개시되는 경우에는 관리인이 수탁자의 업무를 계속하게 되므로, 회생절차 개시 이후에도 신탁사무의 처리로 인한 신탁채권이 발생하게 될 것인데, 이러한 신탁채권이 수탁자의 회생절차에서 어떠한 취급을 받아야 하는지가 문제된다.

그런데 채무자회생법은 채무자의 업무 및 재산에 관하여 관리인이 회생절차개시 후에 한 행위로 인하여 생긴 청구권은 회생채권이 아닌 공익채권으로 규정하고(채무자회생법 제179조 제1항 제5호), 이러한 공익채권은 회생절차에 의하지 않고 수시로 변제하도록 정하고 있다(채무자회생법 제180조). 따라서 회생절차개시 이후에 관리인이 수탁자의 지위에서 그 신탁업무를 처리하면서 발생하게 된 신탁채권은 위 규정에 따라 회생채권이 아닌 공익채권으로 보아야 할 것이다.

따라서 회생절차 개시 이후에 발생하는 신탁채권의 경우에는 관리인이 수탁자의 고유재산에서 수시로 변제하거나 신탁재산에서 변제하는 방식으로 처리하여야 할 것이다.

4. 수탁자에 대한 도산절차 개시의 경우 수탁자의 지위

가. 수탁자에 대하여 파산절차가 개시되는 경우

1) 수탁자의 임무 종료

신탁법은 수탁자가 파산선고를 받은 경우를 임무종료 사유로 정하고 있어(신탁법 제12조 제1항 제3호), 수탁자는 수탁자의 지위를 상실하게 된다. 수탁자의 파산은 현행 신탁법이 개정되기 전의 구 신탁법에서부터 수탁자의 임무종료 사유였으며,[715] 파산선고를 받게 되면 법인은 청산되게 되고, 자연인의 경우에도 재산에 대한 관리 및 처분 권한을 상실한다고 할 것이므로, 수탁자가 파산선고를 받는 경우에 수탁자 지위를 상실하는 것은 당연한 것으로 생각되고 이에 대해서 반대하는 견해도 없는 것으로 보인다.

2) 신수탁자의 선정의 문제

수탁자가 사임을 하거나 신탁행위로 정한 사유로 수탁자의 임무가 종료된 경우에는 수탁자가 신수탁자나 신탁재산관리인이 신탁사무를 처리할 수 있을 때까지 수탁자의 권리·의무를 가지나(신탁법 제15조), 수탁자가 파산한 경우에는 수탁자의 임무는 그 즉시 종료하고, 법원은 신수탁자가 선임되지 않은 경우에는 파산선고와 동시에 신탁재산관리인을

---

[715] 구 신탁법 제11조 제1항은 "수탁자가 사망하거나 파산, 금치산 또는 한정치산의 선고를 받은 경우에는 그 임무는 종료한다. 수탁자인 법인이 해산한 때도 또한 같다"고 규정하고 있었다.

선임하여야 한다(신탁법 제18조 제1항 및 제2항).

이에 따라 수탁자가 파산하는 경우에는 그 즉시 신탁재산관리인 또는 신수탁자가 선임되게 되고, 신탁재산은 신탁재산관리인 또는 신수탁자에게 이전되어야 한다.716)

신수탁자가 신탁재산을 이전받고 수탁자의 지위를 승계함에 따라, 신탁재산에 관한 이익을 향유하는 수익자에 대한 책임을 신수탁자가 승계함은 당연하다. 그런데, 기존 수탁자가 신탁채권자에 대하여 지는 책임은 신수탁자가 어느 범위에서 승계하는지 문제되는데, 신탁법 제53조 제2항은 신탁채권자는 신수탁자에게 신탁재산의 한도 내에서만 행사할 수 있다고 하고 있으므로, 신수탁자는 신탁재산의 범위에서만 책임을 승계하고, 신탁재산을 초과하는 책임에 대해서는 기존 수탁자가 기존 수탁자의 고유재산으로 책임을 지는 것으로 보아야 한다. 따라서 신탁채권자는 파산선고를 받은 기존 수탁자에게 파산채권으로서 권리를 행사함과 동시에,717) 신수탁자에 대하여 신탁재산의 한도 내에서 그 권리를 행사할 수 있다.

나. 수탁자에 대하여 회생절차가 개시되는 경우

1) 문제의 제기

현행 신탁법은 수탁자에 대한 파산선고에 대해서만 임무 종료사유로 규정하고 있을 뿐, 수탁자에 대하여 회생절차가 개시된 경우에 대해서는

---

716) 이 때 필요한 경우 신탁재산관리인 또는 신수탁자는 신탁재산에 관하여 환취권을 행사할 수 있다. 채무자회생법 제407조의 2 제1항.
717) 이 경우 신탁채권자는 그 채권 전액을 파산채권으로 신고할 수 있으므로, 수탁자의 파산관재인은 신탁채권자의 신탁채권 전액을 파산채권으로 인정하여야 한다. 위 3. 나. 2) 부분 참조.

규정하고 있지 않다. 이와 관련하여 수탁자에 대하여 회생절차가 개시되는 경우에는 어떻게 보는 것이 타당할지 검토할 필요가 있다.

2) 국내에서의 논의

현행 신탁법으로 개정되기 전의 구 신탁법에서도 수탁자의 임무종료 사유에는 파산만 포함되어 있었고, 회생절차개시는 포함되어 있지 않았다.[718] 이러한 규정에 대하여 회생절차개시의 경우에도 임무 종료로 보아야 하는지에 대한 논의가 있었는데, 특히 회생절차에 대해서 파산의 경우를 준용하여 판단하는 경우가 많았으므로, 수탁자의 임무 종료사유의 판단에 있어서도 회생절차 개시를 파산선고에 준하여 판단하여야 하는지에 대한 의문이 있었다.

이에 대하여 회생절차는 청산을 목적으로 하지 않고 영업의 계속을 전제로 하고, 채무자회생법은 회생절차가 개시되면 채무자의 업무의 수행이 관리인에게 전속한다고 규정하여(채무자회생법 제56조 제1항), 채무자의 업무가 계속됨을 전제로 그 업무를 관리인이 승계한다고 하고 있으므로, 수탁자로서의 업무도 관리인에게 이전한다고 볼 것이고, 회생절차가 개시되었다고 하여 당연히 그 임무가 종료된다고 볼 것이 아니라고 하는 견해가 있다.[719]

현행 신탁법이 개정될 때 처음으로 제시된 개정안에서는 수탁자의 임무 종료 사유에 수탁자가 회생절차 개시결정 또는 개인회생절차 개시결정을 받은 경우도 포함되어 있었다.[720] 이에 대하여 법무부는 수탁자에 대하여 회생절차나 개인회생절차가 개시되었다는 것은 수탁자로서 선관

---

718) 구 신탁법도 제11조에서 수탁자가 사망하거나 파산, 금치산 또는 한정치산의 선고를 받은 경우에는 그 임무는 종료한다고 규정하고 있었다.
719) 이중기/이영경(2022), 206면; 임채웅(2008b), 129-134면.
720) 신탁법 개정안 제12조 제1항 제4호로 제안되었다.

주의의무를 다할 수 있는지에 대해 의문이 발생하였음을 의미하며, 회생절차에 있는 자로서 회생채권자의 이해관계를 증진시켜야 하는 지위와 수탁자로서 수익자 등 신탁의 이해관계인을 위해 행동해야 하는 지위 간에 이해가 충돌하게 될 우려가 있기 때문이라고 설명하고 있다.[721]

그런데, 현행 신탁법에서는 수탁자의 당연 임무 종료 사유에 파산선고만 포함하고 회생절차 개시 결정은 제외되었다. 이와 관련하여 법무부는 회생절차의 경우에 수탁자 임무를 종료할지 여부는 위탁자가 결정할 사안이고, 회생절차는 파산과는 달리 경제활동의 계속을 전제하고 있으며, 수탁자를 업으로 하고 있는 경우에는 회생절차를 이유로 당연 종료하게 하면 회생가능성이 없어질 수 있다는 점을 고려하여 국회 통과 과정에서 수정되었다고 설명하고 있다.[722]

3) 일본 신탁법의 검토

일본 신탁법(信託法)을 살펴보면, 수탁자의 파산만을 임무 종료사유로 규정하고 재생절차와 회사갱생절차의 경우를 수탁자의 임무 종료사유로 정하고 있지 않을 뿐 아니라,[723] 수탁자의 임무는 신탁에서 달리 정하지 않는 한, 재생절차 개시로 인하여 종료되지 않는다고 명문으로 규정하고 있다.[724] 일본 학설 또한 수탁자에 대해 회사갱생절차가 개시된 경우에는 파산의 경우와 달리 수탁자의 임무가 종료되지 않는다고 하고 있다.[725]

우리나라 현행 신탁법이 수탁자의 회생절차 개시를 임무 종료사유에

---

[721] 법무부(2010b), 109면.
[722] 법무부(2012), 120면.
[723] 信託法 제56조 제1항 제3호.
[724] 信託法 제56조 제5항 및 제7항.
[725] 三ケ月章 外 (1998a), 553頁.

포함하지 않은 것은 이러한 일본 신탁법(信託法)의 규정의 영향도 받은 것으로 보인다. 그런데, 재생절차개시의 경우 임무의 종료가 되지 않는다고 명확하게 규정한 일본 신탁법(信託法)과는 달리 우리 현행 신탁법은 이를 명확하게 규정하지 않은 점은 의문이다.

4) 소결

신탁에서의 수탁자의 지위는 이해당사자 사이의 강한 신뢰를 바탕으로 하고, 수탁자는 선량한 관리자의 주의의무를 가지고 신탁재산을 관리하여야 할 의무를 가진다는 점에서, 회생절차 개시는 이러한 신뢰와 재산관리능력에 의문을 발생시키는 사안이 아닌가 하는 문제가 제기될 수는 있다.

그렇지만, 위에서도 언급한 바와 같이, 회생절차는 파산절차와는 달리 영업의 계속을 전제로 하는 절차이고, 특히나 수탁자 업무를 영업으로 하는 경우에 회생절차 개시를 이유로 무조건 임무를 종료하게 한다면, 그 수탁자의 회생 가능성은 사실상 박탈될 것이다.

물론 수탁자의 지위는 당사자 사이의 신뢰를 바탕으로 하지만, 이러한 신뢰의 정도도 경우에 따라 달리 판단될 수 있는 것이므로, 신탁에서 정하면 될 일이라고 생각된다. 또한, 신탁을 업으로 영위하는 수탁업자의 경우에는「자본시장과 금융투자업에 관한 법률」(이하 "자본시장법")에 따라 금융투자업 인가를 받아야 하고(자본시장법 제12조), 그 인가를 유지하기 위해서는 자본시장법에서 정하는 인가유지요건을 충족하여야 할 것이고(자본시장법 제15조), 이를 위반한 경우에는 인가가 취소될 수 있으므로(자본시장법 제450조 제1항), 이러한 규정에 의하여 신탁업자의 자산건전성은 간접적으로 강제되어 유지될 수 있을 것이므로, 회생절차가 개시되었다는 이유만으로 바로 신탁을 업으로 하는 수탁자의 수탁업무를 종료할 필요까지는 없을 것으로 보인다. 또한 우리법상 신탁을 업으로 영위하는 자는 자본시장법상의 신탁업자이고, 이러한 신탁업자는 「금융산업의 구조개선에 관한 법률」(이하 "금산법")의 적용을 받게 되므로(금산법 제2조 제1호 사목), 현실적으로는 채무자회생법상의 회생절차가 개시되기 전에 금산법에 따른 부실금융기관의 처리에 따라 조치될 것이다.726)

따라서 수탁자의 회생절차 개시를 당연 임무 종료 사유로 정할 것은 아니고, 신탁이 정하도록 맡기는 것이 타당할 것으로 생각되며 그러한 면에서 현행 신탁법은 타당한 규정이라고 판단된다. 신탁재산은 수탁자의 재산이 아닌데, 신탁재산의 관리업무를 수탁자의 회생절차에서의 관리인이 승계하여 처리하는 것이 타당한지에 대한 의문이 있을 수 있으나, 채무자회생법상 회생절차개시결정이 있는 때에는 '채무자의 업무의 수행과 재산의 관리 및 처분을 하는 권한'이 관리인에게 전속하는 것으로, 관리인의 권한은 채무자의 재산 관리에만 국한되는 것이 아니라 '채무자의 업무의 수행'도 포함된다(채무자회생법 제56조 제1항). 따라서 수탁자가 수행하던 수탁자로서의 업무를 관리인이 수행하는 것이 채무자회생법상 불가능하다고 해석되지는 않는다.727)

따라서 수탁자에게 회생절차가 개시되었다고 하여 당연히 그 임무가 종료된다고 볼 것은 없을 것으로 보이고, 다만 논란의 여지를 없애기 위하여 일본 신탁법(信託法)과 같이 명문 규정을 두어, 신탁이 정하는 경우가 아닌 한 수탁자에 대하여 회생절차가 개시된다고 하더라도 당연히 임무가 종료되는 것은 아니라는 점을 정하는 것이 더 바람직한 방향으로 생각된다.

---

726) 이와 같은 이유로 수탁자의 회생절차 개시의 사례가 거의 없고, 이에 대한 논의도 활발하지 않은 것으로 보인다.
727) 임채웅(2008b), 129-134면.

5) 여론 - 쌍방미이행 쌍무계약 해지의 문제

수탁자에 대하여 회생절차가 개시된다고 하더라도, 수탁자의 임무가 당연히 종료되는 것은 아니고, 수탁자의 관리인이 수탁업무를 계속하게 되는데, 수탁자의 관리인이 위탁자와의 신탁계약을 쌍방미이행 쌍무계약에 해당함을 이유로 해지를 할 수 있을 것인지 문제된다.

그런데 신탁재산은 수탁자로부터 독립성을 가지고 고유재산과 분리되고, 관리인이 신탁재산을 관리하는 것은 회생채무자인 수탁자의 업무 수행의 일환으로 하는 것이지 회생채무자의 재산의 관리 및 처분의 일환으로 하는 것은 아니다. 또한 쌍방미이행 쌍무계약에 따른 해지권의 행사는 고유재산으로 분별관리되는 신탁재산을 다시 위탁자에게 반환하는 처분행위에 해당하므로, 이러한 권한까지 관리인에게 있다고 보기는 어려울 것으로 생각된다. 따라서 신탁계약의 해지 권한은 수탁자의 권한 범위 밖에 있다고 보는 것이 타당할 것으로 생각된다.728)

5. 수탁자의 도산절차에서 사해신탁의 취급

가. 문제의 소재

앞에서 살핀 바와 같이 채무자회생법은 사해신탁에 대한 부인권의 행사에 관한 규정을 별도로 두고 있다. 그런데 이러한 채무자회생법 제113조의 2에 따른 부인권 행사는 채무자의 파산관재인 또는 관리인이 채권자들을 위하여 책임재산을 확보하기 위한 제도로서, 채무자 본인이 사해신탁 행위를 한 경우에 적용되는 규정이다.

---

728) 이계정(2017a), 269-270면.

즉, 신탁에 있어 위탁자가 채권자들을 해할 목적으로 신탁을 한 경우에 그 위탁자에 대하여 도산절차가 개시되는 경우 그 관리인 등이 부인권을 행사하기 위한 규정들이므로, 그 신탁행위의 상대방인 수탁자에 대하여 회생절차 또는 파산절차가 개시되는 경우에는 이러한 부인권에 관한 규정이 적용되지 않는다.

또한, 채권자가 채무자인 위탁자의 사해신탁에 대하여 신탁법 제8조에 따른 소송을 제기한 후, 해당 수탁자에 대하여 회생절차나 파산절차가 개시되는 경우라고 하더라도, 채무자회생법 제113조 등이 적용되지는 않는다.

그렇다면, 수탁자에 대하여 사해신탁의 소송을 제기한 후에 수탁자에 대하여 도산절차가 개시되게 되면 관리인 또는 파산관재인이 이를 수계하여야 하는지, 그리고 수탁자에 대하여 도산절차가 개시된 이후에는 관리인 또는 파산관재인에 대하여 사해신탁의 소를 제기하여야 하는지, 그리고 수탁자의 도산절차에서 사해신탁의 취소는 어떻게 진행되는지 등이 문제된다.

나. 사해신탁 취소

1) 사해신탁 취소의 요건 - 수탁자 선의의 고려 여부

사해신탁이 이루어진 후 수탁자에 대하여 도산절차가 개시되는 경우에는 신탁법 제8조가 적용될 것이므로, 그 요건을 우선 살펴볼 필요가 있다.

신탁법이 2012년에 전면으로 개정되기 전의 구 신탁법은 수탁자가 선의인 경우에도 사해신탁취소권을 인정하고 있었는데,[729] 이와 관련해서

---

[729] 구 신탁법 제8조 제1항은 "채무자가 채권자를 해함을 알고 신탁을 설정한 경우에

는 학설이 대립되고 있었다. 수탁자의 선의 여부를 고려할 필요가 없다는 견해는, 수탁자는 신탁재산으로부터 실질적인 수익을 하지 않기 때문에 사해신탁 취소의 효과에 따라 손해가 발생하지 않으므로, 선의 여부를 고려하지 않더라도 부당하지 않다고 한다.730) 한편, 수탁자의 선의를 고려하여야 한다는 견해는, 사해신탁의 취소는 신탁업법상의 신탁회사의 파산의 원인이 될 수 있고,731) 사해신탁을 근거로 한 취소소송 및 처분금지가처분이 이루어지면 수탁자는 선의임에도 불구하고 불안정한 지위에 놓이게 된다고 주장한다.732)

이와 관련하여 법무부가 2010년 2월에 국회에 처음으로 제출한 신탁법 개정안을 살펴보면, 선의의 수탁자가 유상으로 신탁을 인수한 경우에는 사해신탁취소권을 행사할 수 없도록 규정하였었는데, 이는 신탁법 개정안을 마련하기 위하여 이루어졌던 신탁법 개정 특별분과위원회 회의에서 실무상 사해신탁이 취소되는 경우 수탁자도 손해가 발생할 수 있으므로 수탁자의 선의를 고려해야 한다는 의견이 조금 우세하였기 때문에,733) 수탁자의 선의를 고려하는 내용으로 마련되었던 것이다.734)

는 채권자는 수탁자가 선의일지라도 민법 제406조제1항의 취소 및 원상회복을 청구할 수 있다"고만 규정하고 있었다.

730) 이재욱/이상호(2000), 104면; 이중기/이영경(2022), 101면 참조.
731) 이우재(2004), 555면.
732) 오창석(2009), 119-120면.
733) 신탁법 개정 특별분과위원회는 김상용 위원장, 김태진 위원, 송두일 위원, 심인숙 위원, 안성포 위원, 오창석 위원, 이연갑 위원, 이중기 위원, 최수정 위원의 총 9명의 위원으로 이루어졌는데, 위 사안에 대하여 김태진 위원, 심인숙 위원, 이연갑 위원, 최수정 위원의 4명이 수탁자의 선의를 고려할 필요가 없다는 입장이었고, 김상용 위원장, 송두일 위원, 안성포 위원, 오창석 위원, 이중기 위원의 5명이 선의의 수탁자를 보호해야 한다는 입장이었다.
734) 법무부(2010b), 제74면. 여기서 법무부는 "수탁자가 신탁설정에 대해 대가를 지불하거나 투자한 경우 또는 영업 목적의 수탁은행과 같이 신탁의 인수를 통해 보수를 취득하는 경우에는 이러한 신탁설정의 취소로 인해 수탁자가 이미 받은 신탁보수와 장래에 받을 신탁보수를 상실하게 되고, 선의의 수탁자가 신탁재산 원본을

그러나 이에 대해서는 수탁자는 신탁의 이익을 향유하는 자가 아니므로 민법 제406조에서 말하는 "이익을 받은 자"에 해당하지 않기 때문에 채무자의 사해행위의 상대방으로서 선의 또는 악의가 문제될 여지가 없고, 다른 입법례를 보아도 수탁자의 선의를 고려하는 예가 없으므로 수익자의 선의 또는 악의를 기준으로 취소 여부를 가리면 충분하다고 하는 법원행정처의 반론이 있었으며,735) 이러한 행정처의 의견을 받아들여 현행 신탁법은 수탁자의 선의 여부를 불문하고 사해신탁취소권을 행사할 수 있도록 하고, 다만 선의의 수탁자의 경우에는 현존하는 신탁재산의 범위 내에서 원상회복을 청구할 수 있도록 하는 내용으로 규정하게 되었다.736)

영업으로서 신탁행위를 하는 수탁자의 경우에는 수탁에 따른 수수료의 수취가 주된 영업인 경우가 있고, 그럼에도 불구하고 선의의 수탁자에 대해서도 사해신탁 취소가 가능하게 한다면, 신탁업자로서의 수탁자는 불측의 손해를 입고 심한 경우에는 파산하는 경우도 상정할 수 있다.

그러나 현행 신탁법은 선의의 수탁자의 경우 현존하는 이익의 범위 내에서 원상회복을 청구할 수 있도록 하고 있으므로, 이미 지급받은 수수료 등을 반환할 필요는 없고, 향후 신탁재산 관리를 통해 지급받을 수수료 등과 같은 장래 이익만을 잃게 될 것이므로, 사해신탁으로 피해를 입은 위탁자의 채권자들을 보호하여야 한다는 측면에서 볼 때 현행 사해신탁의 규정이 선의의 수탁자에게 과도한 불측의 손해를 지우고 있다고까지 보기는 어려울 것으로 생각된다.

   선의의 수익자에게 모두 양도하여 신탁재산을 보유하고 있지 않음에도 수탁자에 대한 취소권 행사와 원상회복청구권이 가능한 부당한 사안이 발생할 수 있으므로 개정안에서는 수탁자가 유상으로 신탁을 인수할 때 선의인 경우에는 사해신탁의 취소를 배제"한다고 설명하고 있다.
735) 법무부(2012), 82면.
736) 신탁법 제8조 제3항은 채권자는 선의의 수탁자에게 현존하는 신탁재산의 범위 내에서 원상회복을 청구할 수 있다.

또한 법원행정처의 지적과 같이 다른 입법례를 살펴보아도 수탁자의 선의를 사해신탁 취소의 요건으로 고려하고 있지 않다. 일본 신탁법은 수탁자가 채권자를 해한다는 사실을 알았는지 몰랐는지와 상관없이 사해신탁의 취소를 할 수 있다고 명문으로 규정하고 있는데(일본 신탁법 제12조 제1항), 이는 수탁자는 채무자인 위탁자로부터 재산의 처분을 받은 자에 지나지 않으므로 그 자신이 신탁의 이익을 향수하지 않고 신탁재산에 고유한 이해도 갖지 않기 때문이라고 한다.737) 또한, 미국 Restatement (Third) of Trusts 제63조는 신탁 설정의 목적이 채권자를 해하는 것이면 그 신탁은 무효로 하되, 수익자가 신탁 설정 당시 채권자를 해하는 사실을 알지 못하였으면 위탁자의 채권자의 이익을 침해하지 않는 한도에서 수탁자에게 신탁의 이행을 강제할 수 있다고 규정하고 있어 수익자의 선의만 고려하고 수탁자의 선의 여부는 고려하지 않고 있다.738)

따라서 사해신탁의 취소에 있어 수탁자의 선의를 고려할 필요성은 없을 것으로 판단되고, 다만 수탁자가 선의인 경우에는 수탁자의 보호를 위하여 수탁자의 책임을 신탁재산에 한정하는 것이 필요할 것이다. 그러한 측면에서 현행 신탁법의 규정은 타당한 것으로 생각되는데, 다만 수탁자의 신탁사무 처리에 따른 신탁채권자와의 관계에서의 문제는 명확하지 않은 측면이 있어 이하에서 검토하도록 하겠다.

2) 신탁채권자의 문제

신탁채권은 위에서 설명한 바와 같이 수탁자가 신탁사무를 처리하는 과정에서 발생하는 권리로 신탁재산에 대하여 행사하는 채권이다. 이러한 신탁채권자는 신탁재산뿐 아니라 수탁자의 고유재산에 대해서도 그

---

737) 최수정(2007), 25면.
738) American Law Institute, Restatement (Third) of Trusts § 63 (2003).

권리를 주장할 수 있는데, 선의의 수탁자에 대하여 사해신탁의 취소를 하여 신탁재산이 위탁자로 원상회복된 경우, 신탁채권자가 사해신탁취소 이전에 발생한 신탁채권에 관하여 선의의 수탁자의 고유재산에 대하여 책임을 묻는다면 수탁자는 자신의 고유재산으로 이를 변제해야 하는 문제가 있다.739)

현행 신탁법 제8조 제4항은 "신탁이 취소되어 신탁재산이 원상회복된 경우 위탁자는 취소된 신탁과 관련하여 그 신탁의 수탁자와 거래한 선의의 제3자에 대하여 원상회복된 신탁재산의 한도 내에서 책임을 진다"고 규정하여, 선의의 신탁채권자는 사해신탁 취소에도 불구하고 신탁재산의 범위 내에서 위탁자로부터 변제를 받을 수 있으므로, 그 범위에서는 선의의 수탁자 또한 보호될 수 있을 것이다.740)

그런데 신탁채권자는 신탁재산에 대하여 청구할 수 있음에도 불구하고 수탁자의 고유재산에 대하여 책임을 물을 수 있고, 반드시 신탁재산에 대하여 먼저 청구한 후에 수탁자의 고유재산에 대하여 책임을 물어야 하는 것은 아니다. 대법원도 신탁채권자는 수탁자의 고유재산에 대하

---

739) 신탁이 사해신탁으로 취소되면, 신탁이 유효하게 성립함을 전제로 한 수탁자와 신탁채권자 사이의 거래도 무효가 되는 것은 아닌지 의문이 있을 수 있다. 그러나 사해신탁취소는 채권자취소의 신탁에 대한 특칙으로 원칙적으로 채권자취소권의 효력에 의하므로, 그 취소의 효과는 상대적 효력만을 가져, 그 취소권자와 취소의 상대방 사이에서만 효력이 있다. 정순섭(2021), 191면; 최수정(2019), 223-224면. 따라서 신탁이 사해신탁으로 취소된다고 하더라도, 수탁자와 신탁채권자 사이의 거래에는 영향이 없으며, 신탁채권자는 수탁자에 대하여 그 거래에 따른 책임을 물을 수 있다고 보아야 한다.

740) 신탁법 제8조 제4항은 "신탁과 관련하여 그 신탁의 수탁자와 거래한 선의의 제3자"라고 표현하여, 신탁법 제22조 제1항의 "신탁사무의 처리상 발생한 권리"와는 그 표현이 다르다. 그렇지만, 둘 다 수탁자를 채무자로 하는 신탁사무와 관련된 권리로서 신탁채권을 말하는 것이라고 해석하는 것이 타당할 것으로 생각된다. 법무부 또한 위 규정을 신탁채권자에 관한 규정으로 설명하고 있으며, 대부분이 위 규정을 선의의 '신탁채권자'를 보호하기 위한 규정으로 설명하고 있다. 법무부(2012), 90-91면; 정순섭(2021), 194-196면; 주석신탁법(2017), 81-83면; 최수정(2019), 225-226면.

여 채권 전액에 대하여 책임을 물을 수 있다고 보고 있음은 위에서 살핀 바와 같다.741)

따라서 신탁법 제8조 제4항에서 선의의 신탁채권자가 취소된 신탁의 신탁재산에 대하여 권리를 행사할 수 있다고 규정하고 있다고 하더라도, 여전히 수탁자는 신탁채권자에 대하여 책임을 지게 될 위험이 있으며, 이를 수탁자의 고유재산으로 변제하고 난 다음에 그 금액을 원상회복된 신탁재산으로부터 보전받을 수 있을지 문제된다.

신탁법 제46조는 수탁자가 신탁사무의 처리에 관하여 필요한 비용을 고유재산에서 지출한 경우에는 지출한 비용과 지출한 날 이후의 이자를 신탁재산에서 상환받을 수 있고, 수탁자가 신탁사무의 처리를 위하여 자기의 과실 없이 채무를 부담하거나 손해를 입은 경우에도 같다고 규정하여, 수탁자는 신탁재산에 대하여 비용상환청구권을 가지는데, 신탁법 제8조 제4항은 "수탁자와 거래한 선의의 제3자"에 한하여 위탁자가 책임을 진다고 규정하고 있으므로, 위탁자가 수탁자에 대하여까지 책임을 진다고 보기 어렵다.742) 그러나 선의의 수탁자의 경우에는 신탁법 제46조에 의하여 신탁재산으로부터 변제받을 수 있었던 비용을 변제받을 수 있도록 하는 것이 수탁자의 불측의 손해를 방지하는 것으로서 타당할 것이므로, 선의의 수탁자가 선의의 채권자에 대하여 신탁채권을 변제한 경우를 포함하여 신탁법 제46조에 따라 신탁재산에 대한 권리가 있는 경우에는 위탁자가 그 선의의 수탁자에 대하여도 신탁법 제8조 제4항에서 규정하는 바와 같이 신탁재산의 한도에서 책임을 지는 것이 타당할 것이고, 이러한 취지로 규정이 변경되는 것이 바람직할 것이다.743)744)

---

741) 대법원 2004. 10. 15. 선고 2004다31883, 31890 판결.

742) 정순섭(2021), 195면; 최수정(2019), 226면.

743) 사해신탁취소에 관한 일본 信託法 제11조 제3항은 수탁자가 신탁재산에 대하여 행사할 수 있는 비용상환청구권도 위탁자가 신탁재산 한도로 책임을 지는 채권에 포함된다고 규정하고 있다.

한편, 신탁채권자가 악의인 경우에는 어떠한지 문제되는데, 신탁법 제8조 제4항의 해석상, 악의의 신탁채권자는 원상회복된 신탁재산에 대하여 권리를 행사할 수 없음은 명백한 것으로 보인다. 그런데, 이러한 악의의 신탁채권자가 수탁자에 대하여는 권리를 행사할 수 있는지 문제된다.

원칙적으로 사해행위취소의 효력은 상대적인 효력만을 가지는 것으로 그 취소의 당사자 간에만 취소의 효력이 있고, 당사자 이외의 제3자는 다른 특별한 사정이 없는 이상 사해행위취소로 그 법률관계에 영향을 받지 않는데,[745] 사해신탁취소는 채권자취소의 신탁에 대한 특칙으로 원칙적으로 채권자취소권의 효력에 의하므로, 취소의 상대방이 아닌 수탁자와 거래한 제3자에 대해서는 사해신탁취소의 효력이 영향을 미치지 않는다. 그렇다면 선의의 수탁자는 사해신탁에 대하여 선의임에도 불구하고 불측의 손해를 볼 가능성, 즉 악의의 신탁채권자에 대하여 수탁자의 고유재산으로 모두 책임을 지게 될 가능성이 있을 것인바, 사해신탁에 대하여 악의인 신탁채권자는 선의의 수탁자에 대하여는 그 책임을 물을 수 없도록 규정하는 등과 같이 이에 대하여 명문 규정으로 보완을 하는 것이 필요할 것으로 보인다.

---

[744] 이와 관련하여, 선의의 신탁채권자에게 변제한 수탁자는 그 신탁채권자가 가지는 신탁법 제8조 제4항에 따른 권리를 대위행사할 수 있다고 보는 견해가 있다. 정순섭(2021), 195면; 한민(2012), 15-16면. 그러나 신탁채권자는 수탁자와 위탁자 중 선택하여 그 책임을 물을 수 있고, 수탁자와 신탁채권자 사이의 거래관계에 대하여 위탁자는 아무런 이해관계가 없는데, 법적 근거 없이 수탁자가 위탁자에 대하여 구상권을 가지고 그에 따라 변제자 대위권을 행사할 수 있다고 볼 수 있을지에 대해서는 논란의 여지가 있을 것으로 판단된다. 따라서 이와 같은 논란을 피하기 위해서도 명문의 규정을 통해 수탁자를 보호하는 것이 더 바람직할 것으로 생각된다.

[745] 대법원 2009. 6. 11. 선고 2008다7109 판결; 대법원 2014. 6. 12. 선고 2012다47548,47555 판결; 대법원 2015. 11. 17. 선고 2013다84995 판결 등.

다. 사해신탁 취소권 행사 요건 - 수익자의 악의

신탁법은 "수탁자나 수익자에게" 취소를 청구할 수 있다고 하여, 수탁자 또는 수익자에게 선택적으로 사해신탁취소권을 행사할 수 있도록 규정하면서, "다만, 수익자가 수익권을 취득할 당시 채권자를 해함을 알지 못한 경우에는 그러하지 아니하다"고 규정하고 있다. 위 규정에 비추어 볼 때, 수익자의 전원이 사해신탁에 대하여 악의인 경우에는 위탁자의 채권자가 수탁자를 선택하여 사해신탁 취소권을 행사할 수 있음은 의문의 여지가 없을 것으로 보인다. 또한 위 단서 규정에 비추어볼 때 수익자 전원이 사해신탁에 대하여 선의인 경우에도 위탁자의 채권자는 수탁자에 대하여 사해신탁 취소권을 행사할 수 없을 것이며, 이 점 또한 명확한 것으로 생각된다.746)

그런데 수익자가 수인인 경우, 사해신탁에 대하여 일부는 선의이고, 일부는 악의인 경우에 수탁자에 대하여 사해신탁 취소를 할 수 있는지는 논란의 여지가 있다. 위 신탁법 단서 조항만 본다면 수익자 일부가 악의인 경우에도 수탁자에게 취소를 청구할 수 있는 것으로 해석될 여지가 있지만, 신탁법 제8조 제2항을 보면 여러 명의 수익자 중 일부가 수익권을 취득할 당시 채권자를 해함을 알지 못한 경우에는 악의의 수익자만을 상대로 취소 및 원상회복을 청구할 수 있다고 규정하였는데,

---

746) 이에 대하여, 본문에서 수탁자에 대한 사해신탁취소청구의 가능성을 언급하면서도 단서에서는 수탁자에 대한 언급은 일절 없기 때문에, 수익자를 상대방으로 하여 사해신탁취소를 할 경우에만 수익자의 선의, 악의 여부를 구분하여 그 가부를 판단하는 것이지, 수탁자를 상대방으로 하여 사해신탁 취소를 하는 경우에는 수익자의 선의 악의 여부를 불문하고 무조건 사해신탁취소권을 행사할 수 있다고 보는 입장이 있을 수 있다고 보는 견해가 있다. 김태진(2012), 194면 참조. 그러나, 단서 규정은 당연히 본문 전체에 적용되는 것으로 보아야 하고, 법무부 또한 신탁법 해설에서 사해신탁에 대한 수익자의 악의를 취소권 행사의 요건으로 규정하고 있다고 설명하고 있음에 비추어볼 때, 위와 같은 주장을 하기는 어려울 것으로 생각된다. 법무부(2012), 85면.

이 규정을 별도로 명시한 취지를 생각할 때 수익자의 일부만 악의인 경우에는 위탁자의 채권자는 수탁자에 대하여 사해신탁의 취소권을 행사하지 못한다고 해석하는 것이 타당할 것으로 생각된다. 만약 수익자의 일부가 선의임에도 불구하고, 수탁자에 대하여 사해신탁의 취소가 가능하다고 하다면, 선의의 수익자는 신탁의 권리를 박탈당하게 되어 악의의 수익자만을 상대로 사해신탁 취소를 할 수 있도록 정한 위 규정이 무의미해지게 될 것이기 때문이다.

이에 대해서는, 수익자의 일부가 선의인 경우에도 수탁자에 대하여 가액배상 등을 통하여 신탁재산의 일부만에 대하여 취소를 하도록 하는 것도 가능하다는 의문도 있을 수 있으나, 신탁재산의 일부가 취소되어 신탁재산에 부족이 생기는 것은 단순한 해당 부분만의 손실로 보기 어렵고, 선의의 수익자에 대해서도 손해가 가해질 수 있다는 점을 고려하면, 선의의 수익자의 보호를 위해서는 일부 수익자가 선의인 경우에는 수탁자에 대한 취소권의 행사는 가능하지 않도록 하는 것이 타당한 것으로 생각된다.

덧붙여, 채무자회생법은 신탁법 제8조의 사해신탁의 규정을 반영하여 신설한 부인권에 관한 특칙규정인 제113조의 2에서는 "관리인은 수익자(수익권의 전득자가 있는 경우에는 그 전득자를 말한다) 전부에 대하여 부인의 원인이 있을 때에만 수탁자에게 신탁재산의 원상회복을 청구할 수 있다"고 명확하게 규정하고 있다. 채무자회생법의 경우에는 신탁의 도산절연성과의 관계를 고려하여 보다 명확하게 규정할 필요가 있다는 점에서 이를 명시한 것으로 이해된다.

따라서 위와 같은 점들을 고려하면, 수익자 전원이 악의인 경우에만 수탁자에 대하여 사해신탁의 취소가 가능하다고 보는 것이 타당할 것이다. 다만, 신탁법 제8조 제2항은 위 채무자회생법의 규정과는 달리 "여러 명의 수익자 중 일부가 수익권을 취득할 당시 채권자를 해함을 알지 못한 경우에는 악의의 수익자만을 상대로 제1항 본문의 취소 및 원상회복을 청구할 수 있다"라고만 규정하고 있는데, 이렇게만 규정할 경우 수익자의 일부만 악의인 경우에도 수탁자에게 취소를 청구할 수 있다고 해석될 여지가 있다. 물론 학설상으로는 수탁자에게 취소를 청구할 수 있으려면 수익자 전원이 악의여야 한다고 보고 있으며,747) 현행 규정상으로도 이렇게 해석하는데 무리는 없으며 타당한 해석이라고 생각한다. 하지만 채무자회생법의 위 규정과 같이 신탁법 제8조도 이 점을 좀더 명확하게 하는 방향으로 개정하는 것이 좀 더 바람직할 것으로 생각된다.748)

라. 선의의 수탁자에 대한 사해신탁 취소

수탁자에 대하여 도산절차가 개시되고 사해신탁의 취소를 하는 경우에, 그 수탁자가 사해신탁에 대하여 선의인 경우에는 수탁자는 현존하는 신탁재산의 범위에서만 원상회복 책임을 지게 된다. 또한 신탁재산은 수탁자의 도산절차에 영향을 받지 않고 수탁자의 고유재산과 구별되는 독립성을 가지고, 위탁자의 채권자가 사해신탁취소에 의하여 신탁재산을 위탁자로 원상회복시키는 권리는 채무자에게 속하지 아니하는 재산을 채무자로부터 환취하는 권리인 채무자회생법 제70조에 따른 환취권의 기초가 될 수 있다.749)

신탁재산의 목적물이 처분 등으로 원본과는 다른 성격의 재산으로 변경된 경우, 예를 들어 부동산이 신탁재산으로 등기되었는데, 이를 처분

---

747) 김태진(2012), 196면; 오창석(2010), 35면; 최수정(2019), 217면.
748) 현재 신탁법 제8조가 명확하게 규정하고 있지 않음을 지적하고 있는 견해로는 최수정(2019), 216면 참조.
749) 대법원은 사해행위취소권에 대한 사안에서, 수익자 또는 전득자에 대하여 회생절차가 개시된 경우 채무자의 채권자가 사해행위의 취소와 함께 회생채무자로부터 사해행위의 목적인 재산 그 자체의 반환을 청구하는 것은 환취권의 행사에 해당하여 회생절차개시의 영향을 받지 아니한다고 하였다. 대법원 2014. 9. 4. 선고 2014다36771 판결.

하여 그 매매대금이 금전의 형태로 신탁재산으로 있는 경우에도, 신탁재산의 독립성의 원칙상 해당 금전은 수탁자의 고유재산과는 분리되어 관리되고 있을 것이고, 이는 신탁재산의 변형물로서 여전히 신탁재산에 해당하므로(신탁법 제27조), 이러한 금전의 상환은 신탁재산의 원상회복으로 보아야 할 것이다. 따라서, 이 경우에도 환취권을 행사할 수 있을 것으로 판단되고, 신탁재산이 현존하는 범위에서만 책임을 지는 선의의 수탁자의 경우에는 해당 금전에 대한 환취권의 행사만 문제될 것으로 판단된다.750)

마. 악의의 수탁자에 대한 사해신탁 취소

1) 원상회복청구의 경우

위탁자의 신탁재산에 대한 원상회복청구는 악의의 수탁자에 대하여도 선의의 수탁자의 경우와 동일하게 환취권의 행사로서 가능하다고 보는 것이 타당할 것이다. 신탁재산의 독립성의 원칙상 당연한 결론인 것으로 생각된다.

2) 가액배상청구의 경우

악의의 수탁자의 경우에는 선의의 수탁자의 경우와는 다르게 현존하는 범위에서만 책임을 지는 것이 아니라, 사해신탁 당시의 신탁재산 전체에 대하여 원상회복의 책임을 지게 되므로, 신탁으로부터 지급받은 수수료나 비용 등도 상환하여야 한다. 이는 결국 수탁자의 고유재산으로

---

750) 일반적으로 금전에 대해서는 환취권의 행사가 불가능할 것이나, 신탁재산의 경우에는 수탁자의 고유재산과 구별되어 관리되므로 금전임에도 불구하고 환취권의 행사가 가능할 것이다. 위 1. 나. 5) '환취권의 대상이 되는 신탁재산' 부분 참조.

편입된 재산으로부터 가액배상의 방식으로 상환받아야 할 것인데, 이 경우 수탁자의 도산절차에서 이러한 가액배상청구권이 어떻게 취급되어야 하는지 문제된다.

악의의 수탁자가 신탁재산으로부터 금전 등을 취득하여 해당 금액이 수탁자의 고유재산에 편입된 경우에는 결국 그 금전은 수탁자의 책임재산에 편입되게 되고, 이에 대해서는 직접적으로 환취권을 행사할 수는 없고 부당이득반환의 문제가 될 것이다. 이 때 수탁자의 도산절차에서의 위 청구권이 회생채권에 해당하는지 공익채권에 해당하는지 문제된다.

이에 대해서는 사해신탁에 대한 판례는 아니지만, 사해행위취소에 관하여 최근에 내려진 대법원판결을 참고할 필요가 있다. 해당 판결은 사해행위의 수익자 또는 전득자에 대하여 회생절차가 개시되는 경우에, 사해행위 취소채권자가 사해행위의 취소와 함께 해당 수익자 등에 대하여 사해행위의 목적인 재산 그 자체의 반환을 청구하는 것은 채무자회생법 제70조에 따른 환취권의 행사에 해당하고, 원물반환이 아닌 가액배상의 경우에는 이를 계속 보유하는 것은 사해행위 취소채권자에 대하여 법률상 원인 없이 이익을 얻는 것이 되어 이를 부당이득으로 반환할 의무가 있다고 보면서, 이를 채무자회생법 제179조 제1항 제6호의 '부당이득으로 인하여 회생절차개시 이후 채무자에 대하여 생긴 청구권'으로서 공익채권에 해당한다고 판단하였다.751)

이러한 판례의 태도를 사해신탁의 경우에도 유추적용한다면, 수탁자의 도산절차 개시 후에 신탁을 사해신탁으로 취소하는 경우에 악의의 수탁자가 신탁으로부터 얻은 이익은 법률상 원인 없는 이익으로서 부당이득에 해당하게 되고 이는 도산절차 개시 후에 채무자에 대하여 생긴 부당이득청구권으로서 공익채권에 해당한다고 보아야 할 것이다.

---

751) 대법원 2019. 4. 11. 선고 2018다203715 판결. 해당 판결은 사해행위자체는 수익자 등에 대한 회생절차 개시 이전에 있었다고 하더라도 그 가액배상청구권은 회생절차개시 이후에 발생한 것으로 보았다.

다만, 위의 판례의 태도에 대해서는 반대하는 의견도 있는 등 논란의 여지가 있는데, 이에 대해서는 뒤의 수익자의 도산절차에서의 사해신탁 부분에서 좀더 자세히 논하도록 하겠다.

제5장

수익자 도산절차에서의 신탁의 법리

1. 수익자의 도산절차에서의 수익권

 신탁재산은 수탁자에게 대내외적으로 소유권이 이전되고, 수익자는 신탁에 있어 수탁자에 대하여 채권적 권리를 가지는 자일 뿐, 신탁재산에 대하여 직접적인 물권적 권리를 가지지 않음은 앞서 검토한 바와 같다.
 따라서 수익자에 대하여 도산절차가 개시된다고 하더라도, 신탁은 그 도산절차에 영향을 받지 않으며, 신탁에 따른 수익권 자체만 수익자의 도산절차에서 채권자들을 위한 책임재산에 편입될 뿐이다.
 그리고 수익자에 대하여 도산절차가 개시된다고 하더라도, 신탁이 종료되는 것은 아니므로,[752] 수익자의 도산절차 개시에도 불구하고 신탁은 여전히 유효하게 존속할 것인데, 그렇다면 수익자가 보유하는 수익권도 여전히 유효할 것이다. 따라서 수익자에 대하여 도산절차가 개시되는 경우에는 그 소유의 수익권이 수익자의 도산절차에서 채무자의 재산 또는 파산재단에 편입될 것이고, 이와 같은 책임재산으로서의 수익권을 회생관리인 또는 파산관재인이 어떻게 처리하여야 하는지가 문제될 뿐이다.
 이하에서는 책임재산으로서의 수익권을 수익자의 도산절차에서 어떻게 처리하여야 하는지, 그리고, 만약 그 수익권이 사해신탁으로 인하여 취득한 것이라면 이러한 수익권이 수익자의 도산절차에서 어떻게 취급받을 것인지를 검토하고자 한다.

---

[752] 수익자는 신탁계약의 당사자가 아니므로 수익자의 도산절차 개시로 신탁이 종료되는 경우는 상정하기 어렵다.

2. 수익자의 관리인 또는 파산관재인의 신탁에서의 지위

가. 수익자의 지위의 이전의 문제

　수익자에 대하여 회생절차가 개시되게 되면, 관리인이 수익자의 재산을 관리 및 처분할 권한을 가지게 되는데(채무자회생법 제56조 제1항), 대법원은 이러한 관리인이 해당 재산의 소유자가 되는 것은 아니고, 채무자가 되거나 그 대표자가 되는 것도 아니며, 단지 회생절차 또는 파산절차가 개시된 채무자, 그 채권자 및 주주로 구성되는 이해관계인 단체의 관리자로서 일종의 공적 수탁자의 역할을 수행하는 것이라고 한다.753)

　한편 파산절차가 개시되면 수익자의 재산은 파산재단을 구성하고(채무자회생법 제382조), 파산관재인이 파산재단을 관리 및 처분하는 권한을 가지며(채무자회생법 제384조), 이러한 파산관재인에 대하여 대법원은 파산관재인은 파산자나 파산채권자 등의 대리인이라거나 그 이해관계인 단체의 대표자라 할 수 없고 파산절차에서 법원에 의하여 선임되어 법률상의 직무로서 파산재단에 관한 관리처분의 권능을 자기의 이름으로 행사하는 지위에 있는 자라고 하고,754) 파산관재인은 파산자의 포괄승계인과 같은 지위를 가지게 되지만, 파산관재인이 파산채권자 전체의 공동의 이익을 위하여 선량한 관리자의 주의로써 그 직무를 행하므로 파산선고에 따라 파산자와 독립하여 그 재산에 관하여 이해관계를 가지게 된 제3자로서의 지위도 가진다고 한다.755)

---

753) 대법원 1988. 10. 11. 선고 87다카1559 판결; 대법원 2013. 3. 28 선고 2010다63836 판결.
754) 대법원 1990. 11. 13. 선고 88다카26987 판결.
755) 대법원 2003. 6. 24. 선고 2002다48214 판결.

이러한 점에 비추어볼 때, 관리인은 채권자·주주·지분권자 등 이해관계인의 법률관계를 조정하여 채무자 또는 그 사업의 효율적인 회생을 도모하기 위하여 업무수행 등을 하는 것이고,756) 그러한 업무의 일환으로 수익권도 관리 및 처분을 하게 되는 것이고, 파산관재인도 파산채권자 전체의 공동의 이익을 위하여 선량한 관리자의 주의로써 그 재산을 관리 및 처분을 하는 것이라고 할 수 있다.

따라서 수익자에 대하여 도산절차가 개시된다고 하더라도, 관리인 또는 파산관재인은 그 수익권에 대한 소유자가 되는 것은 아니라고 보아야 하므로, 수익권이 관리인 또는 파산관재인에게 이전되는 등의 문제는 발생하지 않는다.

나. 도산절차에서의 수익권의 처리의 문제

1) 문제의 제기

수익자에 대하여 도산절차가 개시되게 되면 수익권의 관리 처분권은 회생관리인 또는 파산관재인에게 전속하게 되는데, 이 때 수익권 처분권한이 어느 범위까지 인정될 것인지 문제된다.

일반적으로 신탁에 있어서 수익권은 신탁기간에 걸쳐 신탁재산으로부터 수익을 지급받는 형태인 경우가 많고, 그 신탁기간은 장기인 경우가 대부분이다. 그런데, 회생절차의 경우에는 신속한 경영정상화를 이루기 위하여 채무자 자산을 신속하게 처분하여 기존 채권을 변제하는 등의 절차가 필요한 경우가 많고, 특히 청산을 목적으로 하는 파산의 경우에는 조속히 재산을 처분하여 채권자들에게 배분할 필요성이 있다. 이하에서는 관리인 또는 파산관재인이 수익권의 관리 및 처분에 있어 그 권한

---

756) 대법원 2015. 2. 12. 선고 2014도12753 판결.

의 범위가 어느 정도까지 인정되는지 살펴보고자 한다.

2) 수익권의 처분 가능성

가) 문제점

회생절차에서 채무자의 재산 또는 파산절차에서 파산재단에 포함되게 된 수익권은 채무자의 책임재산으로서, 회생채권자 또는 파산채권자 등에 대한 변제의 자원이 된다.

수익권은 신탁계약이 정하는 바에 따라 수탁자에 대하여 신탁재산으로부터의 수익을 청구할 수 있는 채권적 권리임은 앞에서 살핀 바와 같다. 이러한 수익권의 수익 청구는 신탁계약이 정하는 바에 따라 그 구체적인 내용은 달라질 것이나, 일반적으로는 장기에 걸쳐 분할하여 지급받게 되거나,[757] 어떠한 조건을 성취한 경우에 지급받게 되는 등[758] 그 수익이 회생절차 기간이나 파산절차 기간 내에 모두 지급되지 않을 수 있다.

이 경우 신속한 경영정상화 또는 파산채권의 변제를 위해서는 이러한 수익권의 현금화가 신속히 이루어져야 할 필요성이 있는데, 수익의 지급은 신탁계약이 정하는 바에 따르게 되고, 수익자는 신탁계약의 당사자가 아니기 때문에 그 조건을 변경할 수도 없다는 문제가 있다.

이 경우 수익을 신속하게 실현하기 위해서는 결국 수익권을 처분하는 방법 외에는 없을 것인데, 회생절차 또는 파산절차에서 관리인 또는 파산관재인이 수익권을 처분할 수 있을지 문제된다.

---

[757] 예를 들어 자산유동화거래에서의 신탁수익권의 내용을 살펴보면 신탁 당시에 수익권 인수대금을 지급한 후, 그 인수대금과 그에 대하여 특정 이율을 적용한 이자 금액을 수년에 걸쳐 수익을 분할하여 지급받게 된다.

[758] 상속이나 증여 목적의 신탁의 경우 수익자가 특정 나이에 도달하는 등의 조건이 수익지급의 조건으로 정해질 수 있다.

나) 수익권이 압류금지재산에 해당하는 경우

파산절차에서는 압류할 수 없는 재산은 파산재단에 속하지 아니하므로(채무자회생법 제383조 제1항), 수익자에 대하여 파산절차가 개시되었는데 그 수익권이 압류금지 재산에 해당하게 된다면 처음부터 파산재단에 속하지 않을 것이고, 수익권의 처분문제는 발생하지 않을 것이다. 이 규정에 따라 파산재단에서 제외되는 재산에는 민사집행법 제195조에 규정된 재산 등이 이에 해당할 것인데 신탁의 수익권과 관련하여 적용이 문제될 수 있는 것은 채무자 등의 생활에 필요한 최소 생계비에 해당하는 경우 등을 상정할 수 있을 것이다.

다) 수익권의 양도성의 원칙 및 이에 대한 제한

신탁법 제64조는 수익권은 원칙적으로 양도성을 가진다고 정하고 다만 성질상 양도를 허용하지 않는 경우와 신탁행위로 다르게 정한 경우에만 양도성이 제한된다고 정하고 있다. 이 규정은 지명채권의 양도에 대한 민법 제449조와 구조에 있어 거의 유사한데, 수익권이 사실상 지명채권과 유사한 성격을 가지고 있다는 점을 고려한 규정인 것으로 생각된다.759)

먼저, 성질상 양도를 허용하지 않는 수익권의 경우 양도가 제한되는데, 이러한 수익권에는 부양료를 신탁수익권으로 지급받는 경우, 그리고 종신정기금채권과 같이 전적으로 개인적 관계에 기초하는 수익권 등이 이에 해당할 수 있다.760)

신탁행위로 양도성을 제한하는 것은 양도금지특약을 설정한 채권의 경우와 유사하게 생각하면 될 것이다. 이러한 양도금지는 거래의 안전을

---

759) 법무부 또한 해당 신탁법 규정이 수익권 양도의 법률관계를 지명채권의 양도에 준하는 것으로 파악하고 있었던 학설을 입법적으로 수용한 조문이라고 설명하고 있다. 법무부(2012), 513면.
760) 임채웅(2009a), 286-289면.

위하여 선의의 제3자에 대하여 대항할 수는 없으며, 압류나 전부명령에는 영향을 미치지 않는다.761) 이와 관련하여, 회생절차 또는 파산절차에서 그 계획에 따라 수익권을 처분하는 것을 일종의 법원의 명령에 의한 이전이라고 볼 수 있을지 문제된다. 그런데 회생계획안에 특정 자산의 처분에 관한 사항을 명시한 경우라고 하더라도, 그것은 관리인에 대하여 해당 재산의 처분을 회생계획안을 통하여 허가한 것이라고 보아야 할 것이지,762) 그 재산의 처분이 법원의 명령에 의하여 이루어지는 것이라고 볼 수는 없을 것으로 보인다.

결국, 수익권의 성질상 양도가 제한되는 경우는 물론이고, 신탁행위에 의하여 양도가 제한되는 경우에도, 관리인 또는 파산관재인이 이를 임의로 처분하여 환가하였고 그 양수인 또한 그 제한에 대해 악의라면, 현행 법령의 해석상 그 양도는 무효가 될 위험이 있을 것으로 판단된다.

3. 수익자로서의 책임의 처리의 문제

가. 수탁자의 수익자에 대한 비용상환청구권

수탁자는 신탁사무의 처리에 관하여 필요한 비용을 신탁재산에서 지출할 수 있고, 신탁행위에서 정한 경우에는 보수를 지급받을 수 있는데, 만약 신탁재산이 신탁사무 처리 비용 및 보수를 수탁자에게 지급하기

---

761) 양도금지특약이 있는 채권에 관한 사안이기는 하나, 대법원은 '당사자 사이에 양도금지의 특약이 있는 채권이라도 압류 및 전부명령에 의하여 이전할 수 있고, 양도금지의 특약이 있는 사실에 관하여 압류채권자가 선의인가 악의인가는 전부명령의 효력에 영향을 미치지 못한다'고 판단하였다. 대법원 1976. 10. 29. 선고 76다1623 판결, 대법원 2003. 12. 11. 선고 2001다3771 판결 등.
762) 채무자회생법 제61조 제1항 제1호는 관리인이 재산의 처분을 하는 경우 법원의 허가를 받아야 한다고 규정하고 있다.

부족할 경우에는 수탁자는 수익자에게 그가 얻은 이익의 범위에서 그 비용을 청구하거나 그에 상당하는 담보의 제공을 요구할 수 있다.763)

따라서 수익자는 신탁에 있어 수익의 지급을 청구할 권리를 가지는 동시에 그 지급받은 수익의 범위 내에서 수탁자에 대하여 비용 및 보수를 지급하여야 할 의무 또한 가지게 된다. 그런데 만약 수익자에 대하여 도산절차가 개시되는 경우 수탁자가 수익자에 대하여 가지는 위와 같은 청구권이 어떻게 처리되는지 문제된다.

나. 비용상환청구권 등의 수익자의 도산절차에서의 지위

수탁자의 비용상환청구권 및 보수청구권은 채권으로서, 그 채권이 수익자의 도산절차 개시 전에 발생한 경우에는 해당 채권은 회생채권 또는 파산채권으로서의 지위를 가지게 될 것이다.764)765)

그런데 수탁자의 수익자에 대한 비용상환청구권 및 보수청구권이 수익자의 도산절차 개시 후에 발생한 경우에는,766) 이를 회생채권 또는 파산채권으로 볼 것인지 공익채권 또는 재단채권으로 볼 것인지 문제된다.

---

763) 신탁법 제46조 제1항 및 제4항, 제47조 제1항 및 제4항.
764) 채무자회생법 제118조 제1항은 채무자에 대하여 회생절차개시 전의 원인으로 생긴 재산상의 청구권을 회생채권이라고 규정하고 있으므로, 수익자의 회생절차개시 전에 발생한 수탁자의 비용상환청구권 및 보수청구권은 회생채권으로 보아야 할 것이다. 파산절차 개시의 경우에도 같다(채무자회생법 제423조).
765) 일본에서도 도산절차 개시 전에 발생한 수탁자의 비용상환청구권 등은 파산채권 등 도산채권에 해당한다고 보고 있다. 信託と倒産 實務研究會 (2008), 311頁.
766) 이와 관련하여, 수익자의 도산절차 개시는 신탁 및 신탁재산에 영향을 미치지 않으므로, 수익자에 대하여 도산절차가 개시되는 경우라고 하더라도 수탁자가 신탁재산으로부터 비용상환청구 및 보수청구를 하는 것에는 제한이 없다. 수익자의 도산절차가 문제되는 것은 신탁재산으로부터 이를 보전받기 어려울 때, 즉 신탁재산이 수탁자의 비용등을 상환하기에 부족한 경우에 문제되는 것이다.

이와 관련하여 채무자회생법 제179조 제1항 제2호 및 제473조 제3호는 채무자의 재산 또는 파산재단의 관리에 관한 비용은 공익채권 또는 재단채권으로 본다고 하고 있으므로, 결국 수탁자가 신탁사무를 처리하면서 발생한 비용 및 수탁자의 보수를 채무자의 재산 또는 파산재단에 포함되는 수익권의 관리에 관한 비용으로 보아 공익채권으로 볼 수 있을지 여부가 문제된다고 할 수 있다.

그런데 채무자회생법 제179조 제1항 제2호의 문구인 "회생절차개시 후의 채무자의 업무 및 재산의 관리와 처분에 관한 비용청구권"은 회생절차 개시 이후에 채무자의 '관리인'이 채무자회생법 제56조 제1항에 따라 채무자의 업무 및 재산의 관리와 처분에 관한 권한을 가지는 것과 대응되는 것으로 이해되며, 해당 규정은 명시적으로 규정하고 있지는 않지만 '관리인'이 지출한 비용을 상정한 것으로 이해되고, 파산절차의 경우도 마찬가지인 것으로 판단된다.767)

따라서 수탁자의 비용상환청구권과 보수청구권이 수익자의 도산절차 개시 후에 발생한 경우라고 해도, 이를 공익채권 또는 재단채권에 해당한다고 주장하기는 어려울 것이므로 결국 개시후기타채권으로 볼 수밖에 없을 것으로 판단된다.

---

767) 채무자회생법 제473조는 파산절차에 의하여 변제받지 않고 수시로 변제받는 재단채권에 관하여 규정하면서, 파산재단의 관리·환가 및 배당에 관한 비용 또는 파산재단에 관하여 파산관재인이 한 행위로 인하여 생긴 청구권 등이 재단채권에 해당한다고 정하고 있어 파산관재인의 행위로 인하여 발생한 것을 전제로 하고 있다.

4. 수익자 도산절차에서의 사해신탁의 취급

가. 문제의 제기

신탁의 수익자에 대하여 회생절차 또는 파산절차가 개시되면 해당 수익권은 채무자인 수익자의 책임재산으로 편입되는데, 만약 해당 신탁이 사해신탁으로서 신탁법 제8조에 따른 취소의 대상이 되는 경우,[768] 위탁자의 채권자들은 수익자의 도산절차에서 어떠한 권리를 행사할 수 있을지 문제된다.

나. 사해신탁 취소 및 원상회복의 소

1) 일반론

사해신탁의 경우 위탁자의 채권자는 수탁자 또는 악의의 수익자에게 선택적으로 취소권을 행사할 수 있는데(신탁법 제8조 제1항), 수익자가 수인인 경우에 일부의 수익자만을 상대방으로 하여 취소권을 행사할 수 있는지, 전원을 상대방으로 하여 필수적 공동소송을 하여야 하는지 문제된다.

그런데 현행 신탁법 개정 당시의 법무부의 설명자료에 의하면, 수익

---

[768] 채무자회생법상의 사해신탁에 대한 부인권 규정인 채무자회생법 제113조의 2는 위탁자가 사해신탁을 한 경우에 관한 규정들로서, 그 신탁행위의 수익을 받는 수익자에 대하여 회생절차 또는 파산절차가 개시되는 경우에는 이러한 부인권에 관한 규정이 적용되지 않는다. 또한, 채권자가 채무자인 위탁자의 사해신탁에 대하여 신탁법 제8조에 따른 소송을 제기한 후, 해당 신탁의 수익자에 대하여 회생절차나 파산절차가 개시되는 경우라고 하더라도, 채무자회생법 제113조 제1항이 적용되지 않으므로 그 소송이 중단되지 않는다.

자가 수인인 경우 그 수익자 전원을 대상으로 필수적 공동소송을 하도록 한다면 채권자에게 과도한 부담이 될 수 있으므로, 필수적 공동소송을 요건으로 규정하지 않았다고 하는데,769) 이러한 설명에 비추어 볼 때, 수익자가 수인인 경우에도 그 일부의 수익자에 대해서만 취소소송을 제기하는 것이 가능한 것으로 해석된다.

한편, 수익자가 아직 수탁자로부터 신탁재산에 속한 재산의 급부를 전혀 수령하지 않은 상태에서는 원상회복시켜야 할 대상이 존재하지 않기 때문에, 수익자를 상대방으로 하여 사해신탁의 취소 및 원상회복청구를 하기 위해서는 수익자가 신탁재산으로부터 어떠한 형태로든 급부를 받은 것이 전제가 되어야 한다는 견해가 있다.770)

그러나 국내 신탁법은 일본 신탁법과는 달리,771) 수익자가 수탁자로부터 신탁재산에 속한 재산의 급부를 받을 것'을 사해신탁 취소의 요건으로 정하고 있지 않고, 재산의 급부를 받지 않은 경우라도, 수익자로서의 지위는 존재하므로 이를 취소할 필요성이 있다. 따라서 수익자가 아직 수익을 지급받은 바가 없더라도 사해신탁의 취소를 할 수 있다고 보아 해당 수익자에 대한 수익자 지정의 취소를 할 수 있도록 하여야 할 것이다.772)

따라서 사해신탁의 경우 위탁자의 사해행위에 대하여 악의인 수익자는 신탁재산으로부터 수익을 받았는지 여부와 상관없이 사해신탁 취소의 상대방이 된다.

---

769) 법무부(2012), 87면.
770) 김태진(2012), 202면; 한민(2012), 14-15면.
771) 일본 신탁법 제11조 제4항은 수익자에 대한 사해신탁의 취소는 수익자가 수탁자로부터 신탁 재산에 속하는 재산의 급부를 받았을 때로 한정하고 있다.
772) 주석신탁법(2017), 83면. 해당 문헌에서는 이에 대하여 좀 더 논의가 필요하다고 지적하고 있다.

2) 수익자에 대하여 도산절차가 개시된 경우

가) 사해신탁 취소 및 원상회복의 소의 상대방

악의의 수익자에 대하여 사해신탁의 취소 및 원상회복이 가능한 것이 원칙임은 위에서 검토한 바와 같은데, 이러한 악의의 수익자에 대하여 도산절차가 개시되어 있는 경우에는 수익자의 관리인 또는 파산관재인에 대하여 직접 사해신탁 취소의 소를 제기하여야 하는지 문제된다.

회생절차가 개시되면 채무자의 업무의 수행과 재산의 관리처분권은 채무자로부터 관리인에게 전속되고(채무자회생법 제56조 제1항), 회생절차에서 관리인은 채무자 또는 채무자를 대표하는 자가 아니라 채무자와 그 채권자 등으로 구성되는 이해관계인 단체의 관리자로서 일종의 공적 수탁자의 지위를 가지며[773], 채무자를 대상으로 하는 채무자의 재산에 관한 소송절차는 중단되고(채무자회생법 제59조 제1항), 이 중 회생채권 및 회생담보권과 관련이 없는 것은 관리인이 이를 수계할 수 있다(채무자회생법 제59조 제2항). 이러한 규정에 비추어볼 때, 악의의 수익자에 대하여 도산절차가 개시되면 수익자의 관리인이나 파산관재인에게 직접 사해신탁 취소의 소를 제기하여야 하고, 만약 이미 소송을 제기한 상태라면 도산절차 개시 후에 관리인이나 파산관재인이 그 소송을 수계하여야 할 것이다.

나) 원상회복 또는 가액배상청구의 취급

수익자에 대하여 사해신탁을 취소하고 원상회복을 구하면, 그 취소 및 원상회복의 방법은 수익자 지정의 취소 및 수익권증서 또는 수익증권의 반환이 될 것이며, 만약 수익자가 신탁재산으로부터 지급받은 수익이 있을 경우에는 그 수익의 반환이 될 것이다. 이 때 이미 채무자의 재

---

[773] 대법원 2013. 3. 28 선고 2010다63836 판결.

산 또는 파산재단에 포함된 수익자의 수익에 대한 반환청구가 회생채권으로 취급되어야 하는지 공익채권으로 취급되어야 하는지 문제된다.

이와 관련해서는, 비록 사해신탁에 대한 판결이 아니라 사해행위에 대한 판결이기는 하지만, 위에서 소개한 바 있는 최근의 대법원판결(대법원 2019. 4. 11. 선고 2018다203715 판결)을 참고할 필요가 있다. 해당 대법원 판결은 수익자 등에 대하여 회생절차가 개시된 경우 취소채권자가 사해행위의 취소와 함께 회생채무자로부터 사해행위의 목적인 재산 그 자체의 반환을 청구하는 것은 환취권의 행사에 해당하여 회생절차개시의 영향을 받지 아니한다고 판단한 기존의 대법원 판결[774]의 연장선 상에서 원물반환이 아닌 가액배상의 경우에도 이를 계속 보유하는 것은 사해행위 취소채권자에 대하여 법률상 원인 없이 이익을 얻는 것이 되어 이를 부당이득으로 반환할 의무가 있으므로 설령 사해행위 자체는 수익자 등에 대한 회생절차개시 이전에 있었더라도, 사해행위취소에 기한 가액배상청구권은 채무자회생법 제179조 제1항 제6호의 '부당이득으로 인하여 회생절차개시 이후 채무자에 대하여 생긴 청구권'으로서 공익채권에 해당한다고 판단하였다.

취소채권자가 사해행위의 취소를 하고 원상회복을 하는 것의 법적 성격에 대해서 판례는 상대적 무효설의 입장을 취하고 있으므로,[775] 사해행위가 취소되는 경우 취소채권자와 소의 상대방인 수익자 등 사이에서는 상대적으로 취소의 효력이 발생하고, 취소된 법률행위는 처음부터 무효인 것으로 보게 된다(민법 제141조).

이와 같이 사해행위취소의 효력을 상대적 무효설로 보는 것에 대해서

---

[774] 대법원 2014. 9. 4. 선고 2014다36771 판결. 이에 대하여 취소채권자의 원상회복청구권은 자산의 환가를 통한 채권 만족을 지향하는 권리이지 소유권이 아니고, 사해행위에서의 채무자의 일반채권자를 수익자의 일반채권자보다 보호할 이유가 없다는 이유에서 원상회복청구권을 환취권이 아닌 회생채권으로 보아야 한다는 이유로 반대하는 견해가 있다. 최준규(2020), 98-99면.

[775] 대법원 2009. 6. 11. 선고 2008다7109판결 등.

는 비판적 논의가 있는데, 사해행위취소가 있더라도 무효가 되는 것은 아니며 법정채권관계가 발생하는 것이라고 보는 채권설,776) 그리고 사해행위취소로 수익자에 대하여 무효에 따른 물권적 효력이 발생하기는 하나 반환에 의할 것이 아니라 강제집행의 수인의 소에 의하여야 한다고 보는 책임설777) 등이 기존의 통설 및 판례의 태도인 상대적 무효설을 비판하고 있으며, 더 나아가 책임설은 상대적 무효설과 다른 견해라기보다는 오히려 상대적 무효설의 발전이라고 보는 견해도 있다.778) 그렇지만, 현행법상 사해행위는 '취소'되는 것이므로, 법률행위가 무효가 되는 것이 아니라고 보기는 어려울 것이고, 채무자와 사해행위로 인한 수익자 사이에서는 법률행위를 할 의사가 있었으므로 두 당사자 사이에서는 해당 법률행위를 무효로 볼 이유는 없다는 점에서 기존 통설과 판례에 따른 상대적 무효설이 타당하다고 판단된다.

상대적 무효설에 의한다면, 채무자가 수익자에 대하여 소유권 이전의 물권행위를 한 후에 수익자 등에 대하여 회생절차가 개시되고, 그러한 수익자 등에 대하여 사해행위 취소의 소가 확정되어 원상회복을 청구하게 되는 경우에는, 소유권 이전의 물권변동은 취소채권자에 대하여는 처음부터 일어나지 않은 것으로 보아야 하므로, 해당 자산은 취소채권자와의 관계에서는 수익자 등의 소유 자산이 아니라, 채무자의 소유 자산으로 보아야 한다.779) 따라서 수익자 등의 회생절차에서 사해행위 취소에 따른 원상회복청구권을 환취권으로 취급하는 것은 타당한 것으로 생각되고, 이를 회생채권으로 취급하여야 한다는 견해780)에는 동의하기 어

---

776) 김재형(2004b), 117-118면.
777) 김형석(2021), 345면 이하.
778) 이동진(2019), 54-56면.
779) 이와 같은 견지에서, 원상회복청구권은 물권적 효력을 가지는 것이고, 사해행위로 이전된 재산은 취소채권자를 비롯한 채무자의 채권자들만의 책임재산이라고 보는 견해가 있는데 타당한 것으로 생각된다. 이동진(2019), 54-56면.
780) 최준규(2020), 98-99면.

렵다. 또한 이러한 해석은 사해신탁의 경우에도 달라질 이유가 없으므로, 사해신탁의 수익자에 대한 원상회복청구의 경우에도 환취권의 대상이 된다고 보아야 할 것이다.

또한, 위에서 검토한 바와 같이 사해행위가 취소채권자와 수익자 등 사이에 상대적으로 무효가 되는 것으로 본다면, 취소채권자의 가액배상청구권은 무효인 법률행위를 원인으로 하여 이익을 취득한 수익자로부터 그 이익을 반환받는 것인데, 이것을 민법상 부당이득반환청구권에 해당한다고 볼 수 있는지 여부가 문제된다.

민법상의 부당이득반환청구권은 급부부당이득, 침해부당이득 및 비용부당이득으로 나눌 수 있는데, 급부부당이득은 이득자의 이득이 손실자의 급부에 의하여 이루어졌으나 그 급부의 법률상 근거가 결여되었을 때 성립하고, 침해부당이득은 타인의 재화나 권리에 대한 사용, 처분 등과 같은 어느 권리자의 배타적 이익의 침해 행위의 결과 재화나 권리의 귀속이 달라져 이득자가 이득을 얻을 때 성립한다.781) 그런데, 사해행위는 채무자와 그 거래 상대방, 즉 수익자 사이에 이루어지는데 그 사해행위를 취소하는 자는 채무자의 채권자이므로, 채권자의 수익자에 대한 가액배상청구권은 급부부당이득으로 설명할 수 없고, 침해부당이득에 해당하는지만 문제된다. 사해신탁의 경우에도 마찬가지다.

이에 대해서는, 사해행위 취소채권자의 배타적 만족권을 수익자가 침해한 것이므로 침해부당이득으로 볼 수 있다는 견해782)와 사해행위 취소채권자는 원상회복청구권 행사가 가능함에도 가액배상청구권을 선택하여 행사하는 경우가 있는데,783) 원상회복청구권 행사가 가능하면 취

---

781) 주석민법(채권각칙5)(2022), 764-765면(이계정 집필부분).
782) 이동진(2019), 62-64면.
783) 수익자가 전득자에게 소유권을 이전하는 경우 전득자에게 원상회복청구권을 행사하는 대신 수익자에게 가액배상청구권을 행사하는 경우, 수익자가 선의의 제3자에게 저당권을 설정하여 준 경우 저당권 설정 상태의 부동산을 원상회복하거나 수익자에 대하여 가액배상을 청구하는 것을 선택할 수 있는 경우 등이 있다. 최준

소채권자가 침해로 인한 손해를 입었다고 보기 어렵고, 취소채권자가 가지는 원상회복청구권은 환취권이 아니라 회생채권으로 보는 것이 타당하기 때문에 배타적 권리가 침해된 것도 아니므로 침해부당이득으로 설명하기 어렵다는 견해784)가 대립한다.

그런데, 침해부당이득은 물권 또는 채권의 귀속이 침해된 경우에 한정되는 것이 아니라, 타인의 권리를 권한 없이 이용하는 경우 등도 포함되고,785) 대법원 또한 무권리자가 소유자의 부동산에 관하여 근저당권을 설정한 사안에서 이러한 행위는 소유권을 침해하는 행위로서 근저당권설정으로 얻은 이익을 침해부당이득으로서 반환하여야 한다고 판단하여 권리의 귀속에 한하지 않고 타인의 권리를 어떠한 형태로든 침해하여 이익을 취한 경우 침해부당이득을 인정하고 있다.786)

따라서 취소채권자가 가지는 원상회복청구권은 수익자의 채권자들을 배제한다는 측면에서 배타적 권리의 성격이 있다고 볼 것이고, 그러한 배타적 권리를 침해하는 행위 또한 침해부당이득에 해당한다고 볼 수 있을 것으로 생각되고, 부당이득청구 외에 다른 방안의 구제가 가능하다

규(2020), 105-106면.
784) 최준규(2020), 104-107면.
785) 제철웅(2020), 286면; 주석민법(채권각칙5)(2022), 847-848면(이계정 집필부분).
786) 대법원 2021. 9. 9. 선고 2018다284233 전원합의체 판결. 해당 판결은 3자간 등기명의신탁에서 명의수탁자가 해당 부동산에 관하여 제3자에게 근저당권을 설정하는 등으로 처분행위를 한 사안으로, 대법원은 무권리자가 타인의 권리를 제3자에게 처분하였으나 선의의 제3자 보호규정에 의하여 원래의 권리자가 권리를 상실한 사안에서, 그 권리자는 무권리자를 상대로 무권리자가 제3자로부터 그 처분의 대가로 수령한 것을 이른바 침해부당이득으로 보아 반환을 청구할 수 있음을 명백히 하였는데(대법원 2011. 6. 10. 선고 2010다40239 판결, 대법원 2020. 5. 21. 선고 2017다220744 전원합의체 판결 등 참조). 이러한 법리는 명의수탁자가 제3자에게 신탁부동산을 처분한 경우에도 마찬가지로 적용되어야 한다고 하였고, 소유권을 이전한 것이 아니라 근저당권을 설정한 경우라고 하더라도, 제3자는 근저당권을 유효하게 취득하게 됨에 따라, 해당 부동산에 대한 권리자는 근저당권이 설정된 제한된 소유권을 갖게 되므로 침해부당이득을 구성한다고 판단하였다.

고 하더라도 현재 침해상태가 계속되고 있는 이상, 부당이득청구권을 부정하여야 할 이유 또한 없을 것으로 생각된다. 다른 구제방안이 가능하다고 하더라도 실제 그 구제방안을 실행하여 손실을 보전한 것이 아닌 이상, 손해가 없다고 보기는 어려울 것으로 생각된다.

이와 관련하여, 법에 의하여 인정되는 채권적 지위가 침해되고, 그 침해상태가 법에 의해 정당화될 수 없다면 침해부당이득반환청구권을 행사할 수 있다고 보는 견해도 있는데 타당한 견해라고 생각된다.[787]

이러한 점들을 종합하면, 사해신탁에 있어서 수익자에 대한 가액배상 청구는 침해부당이득청구권에 해당한다고 보는 것이 타당할 것으로 생각된다.

문제는 이러한 부당이득반환청구권을 회생절차개시 이후에 생긴 청구권으로 볼 수 있는지 여부이다. 이에 대해서는 부당이득반환청구권 자체가 사해행위 취소의 소가 확정된 때에 비로소 발생하는 것이라고 하더라도, 그 원인된 법률행위가 회생절차 개시 전에 있었다면, 회생절차 개시 이후에 발생한 청구권으로 볼 수 없다는 비판이 있는데,[788] 타당한 지적이라고 생각된다. 또한 위와 같은 태도를 유지한다면, 취소채권자가

---

[787] 제철웅(2020), 318면. 위 논문에서 제철웅 교수는 사해행위취소권 및 원상회복청구권의 행사로 소유권이전등기가 말소된 후 소유권등기를 회복한 채무자가 그 부동산을 다시 처분하여 제3자에게 소유권이전등기를 마쳐준 경우에도 취소채권자 등이 그 등기의 말소를 청구할 수 있다고 본 대법원 2017. 3. 9. 선고 2015다217980 판결과 관련해서, 취소채권자 등에게 인정된 채권적 등기청구권을 침해부당이득청구권의 유형으로 볼 수 있다고 한다. 위 대법원 2017. 3. 9. 선고 2015다217980 판결은 사해행위의 취소는 채권자와 수익자의 관계에서만 상대적으로 무효이므로, 채무자와 수익자 사이의 부동산매매계약이 사해행위로 취소되고 그에 따른 원상회복으로 수익자 명의의 소유권이전등기가 말소되어 채무자의 등기명의가 회복되더라도, 채무자가 권리자가 되는 것은 아니므로, 채무자가 사해행위 취소로 등기명의를 회복한 부동산을 제3자에게 처분하더라도 무권리자의 처분에 불과하여 효력이 없고 취소채권자 등은 소유권이전등기의 말소를 청구할 수 있다고 판단하였다.

[788] 이동진(2019), 72면; 최준규(2020), 104면.

수익자 등에 대하여 회생절차가 개시되기 전에 채권자취소권을 행사하여 가액배상의 확정판결을 받은 경우에는 회생절차가 개시된 이후에 발생한 부당이득반환청구권이 아니므로 회생채권에 해당한다는 결론에 이르게 될 것인데, 수익자 등에 대하여 회생절차가 개시되기 전에 확정판결을 받았는지 여부에 따라 취소채권자의 지위가 극명하게 갈리는 것이 과연 타당한 것인가라는 의문이 있다.

다만, 현행 채무자회생법 하에서 달리 해석할 근거는 찾기 어려우므로 현행법 하에서는 위와 같은 문제에도 불구하고 수익자에 대한 도산절차 개시 전에 취소권을 행사하여 확정되었는지 여부에 따라 달라질 수밖에 없을 것으로 보인다. 따라서, 사해행위 취소에서의 가액배상청구권이 환취권이 인정되는 원상회복청구권에 준하는 권리라는 점을 고려하여, 이를 채무자회생법 제179조에서 인정되는 공익채권으로 명시적으로 규정하는 것이 바람직할 것으로 생각된다.[789] 이렇게 입법적으로 해결을 한다면, 대상판결에 대한 비판, 즉 회생절차개시결정 이후에 사해행위취소 및 가액배상청구권이 확정되더라도 회생절차 개시 후에 발생한 부당이득반환청구권으로 보긴 어려워 공익채권이 아니라는 비판 또한 해결될 수 있을 것으로 보인다.

---

[789] 공익채권은 기본적으로 회생절차의 수행을 위해 필요한 비용에 우선권을 줌으로써 회생을 돕기 위한 개념이기는 하지만, 형평성이나 사회정책적인 측면을 고려하여 공익채권으로 인정하는 사례도 있음이 위에서 살핀 바와 같으므로, 이러한 채권도 공익채권으로 인정하는 것을 고려해볼 만하다고 생각된다.

다. 수익권양도청구권의 행사

1) 수익권양도청구권의 일반

가) 의의

신탁법 제8조 제5항은 채권자는 악의의 수익자에게 그가 취득한 수익권을 위탁자에게 양도할 것을 청구할 수 있다고 규정하여 사해신탁의 경우에 수익권양도청구권을 행사할 수 있다고 규정하고 있다.

이는 일본 신탁법의 영향을 받은 것으로 생각되는데, 일본 신탁법은 위에서 언급한 바와 같이 수익자가 수탁자로부터 신탁재산에 속한 재산의 급부를 받은 때에만 취소권을 행사할 수 있도록 규정하고 있으며, 수익자가 수탁자로부터 신탁재산에 속한 재산의 급부를 받기 전에는 수탁자에 대해서만 취소권을 행사할 수 있고, 다만 채권자는 위 규정에 따라 수익권을 양도할 것을 소구할 수 있을 뿐이다.[790]

그런데, 국내 신탁법은 수익자가 신탁재산으로부터 수익을 받았는지 여부와 관계없이, 언제든지 선택적으로 수익자에 대하여 사해신탁의 취소권을 행사할 수 있도록 하고 있으므로 위와 같은 수익권양도청구권을 별도로 인정할 필요가 있는지 의문이 있을 수 있다.

이와 관련하여, 현행 신탁법을 제안한 법무부는 위 규정을 도입한 취지가 어떠한 것이었는지를 명확히 설명하고 있지 않다. 다만, 채권자의 입장에서는 신탁행위를 취소하고 원상회복을 시키는 것보다, 수익권을 책임재산으로 확보하는 것이 더 유리한 경우도 있을 수 있다. 예를 들어, 수익자가 수인이고, 수익자 중 일부는 선의여서 수탁자를 상대로 신탁 자체의 취소를 하지 못하는 경우에는, 일부의 악의의 수익자에 대하여 수익자 지정 취소 등을 하는 것보다 수익권 자체를 양도받는 것이 유리

---

[790] 信託法 제11조 제4항 및 제5항.

할 수 있다. 따라서 채권자 입장에서는 더 유리한 방향으로 사해신탁의 취소의 효과를 누릴 수 있다는 점에서 채권자가 더 보호받을 수 있고, 이러한 측면에서 수익권양도청구권을 도입한 것은 바람직한 방향이라고 생각된다.

나) 사해신탁의 취소와의 관계

수익권양도청구권을 행사하기 위해서 사해신탁의 취소가 전제되어야 하는지 여부가 문제되는데, 이에 대해서는 학설이 대립되고 있다. 즉, 수익권양도청구권 또한 사해신탁 취소의 한 방법이므로 사해신탁의 취소가 전제되어야 한다는 견해,[791] 수익권양도청구권을 행사하기 위해서는 반드시 사해신탁 취소가 전제될 필요는 없지만 병행적으로 행사할 수 있다는 견해,[792] 수익권양도청구권은 신탁법상의 특별한 권리로 사해신탁을 행사하거나 수익권양도청구권을 행사하거나 선택적으로 행사하여야 한다는 견해[793]가 있다.

그런데 i) 신탁법 제8조 제1항은 "민법 제406조 제1항의 취소 및 원상회복을 청구할 수 있다"고 규정하고 있는데 반하여, 제8조 제5항은 취소라는 표현을 사용하고 있지 않고, ii) 사해신탁 취소의 대상은 신탁행위라 할 것인데, 신탁행위를 취소하면서 신탁행위에 따른 수익권의 양도를 청구한다는 것은 논리적으로도 맞지 않는 것으로 생각되며, iii) 해당 규정은 민법 제406조 제2항을 준용한다고 특별히 규정하고 있는데, 사해신탁의 취소도 결국 406조 제1항에 따른 채권자취소권을 행사하는 것이고, 이에 따라 제406조 제2항이 "적용"된다고 보는 것이 일반적인 견해라는 점을 비추어보면, 민법 제406조 제2항이 "준용"된다고 규정하고 있

---

[791] 한상곤(2014b), 86-89면.
[792] 김태진(2012), 204-205면.
[793] 오영걸(2021), 122면; 주석신탁법(2017), 84면; 최수정(2016), 28면.

는 것은 수익권양도청구는 사해신탁의 취소와는 별개의 권리라는 점을 전제로 하고 있는 것으로 판단된다. 따라서 신탁법 제8조 제5항에 따른 수익권 양도 청구권을 행사하기 위해서는 사해신탁의 취소가 전제되어야 한다고 보기는 어려울 것으로 생각된다.

일본 신탁법에서의 수익권양도청구권에 관한 규정도 위탁자가 그 채권자를 해하는 것을 알고 신탁을 한 경우에는 채권자는 수익자를 피고로 하여 그 수익권을 위탁자에게 양도하는 것을 소로써 청구할 수 있다고 규정하고 있을 뿐이어서 사해신탁의 취소를 전제로 하지 않고 있다. 또한, 학계에서도 이러한 수익권양도청구권의 성격에 대해서 민법상의 사해행위취소권과 실질적으로 유사한 기능을 가지는 '특수한 청구권'이라고 설명하면서, 수익자 중 1인이라도 선의인 경우에는 수탁자에 대하여 사해신탁의 취소를 할 수 없으므로 이를 보완하기 위한 제도라고 설명하고 있다.794) 이러한 일본신탁법의 규정 및 그에 대한 설명을 살펴보아도, 수익권양도청구권이 사해신탁의 취소를 전제하는 것을 상정한 제도는 아닌 것으로 생각된다.

따라서 수익권양도청구권을 행사하기 위해서 사해신탁의 취소가 전제된다고 볼 수 없으며, 오히려 사해신탁을 취소하게 되면 신탁에 기반하는 권리인 수익권 또한 신탁의 취소로 소멸한다는 점을 고려한다면, 사해신탁의 취소권을 행사하면 오히려 수익권양도청구권은 행사할 수 없다고 보아야 할 것이므로 선택적으로만 행사할 수 있다고 보는 것이 타당하다.795)

한편, 수익권양도청구를 하는 경우에도 사해신탁취소권을 행사하기

---

794) 道垣內弘人 外 (2017), 68頁.

795) 수탁자에 대하여 사해신탁취소를 하게 되면 수익자의 지위가 전부 소멸하게 되므로, 수익권양도청구권을 행사할 수 없음이 분명하며, 수탁자에 대해서는 행사하지 않고, 일부의 수익자만을 대상으로 하여 사해신탁취소를 하는 경우라고 하더라도, 이는 수익자지정의 취소 및 지급받은 수익의 원상회복의 형태로 이루어지게 되어, 수익권이 소멸하게 될 것이다. 최수정(2019), 225면.

위하여 필요한 요건들이 요구되는지 문제되는데, 일본 신탁법 제11조 제5항의 경우에는 "위탁자가 그 채권자를 해함을 알고 신탁을 설정한 경우에" 행사할 수 있음을 명시적으로 규정하고 있으며, 해당 규정은 실질적으로 사해신탁취소권과 동일한 기능을 가지므로 수익권양도청구에 있어 사해신탁취소권을 행사하기 위한 기본 요건이 모두 충족되어야 한다고 해석되고 있다.796)

이러한 점에 비추어볼 때, 현행 신탁법에서의 수익권양도청구 또한 사해신탁 취소와 동일한 기능을 부여하기 위하여 인정되는 권리이므로, 일본 신탁법상의 수익권양도청구권에서의 해석과 동일하게, 사해신탁취소권을 행사하기 위한 기본 요건을 모두 충족하여야 한다고 보는 것이 타당할 것으로 생각된다.797)

다) 수익권양도청구권을 소로써 청구하여야 하는지 여부

신탁법 제8조 제5항에서 정하는 수익권양도청구권을 소로써 청구하여야 하는지 문제되는데,798) 현행 신탁법은 수익권양도청구권을 소로써 청구하여야 한다고 명확하게 규정하고 있지 않다. 이에 반해, 일본 신탁법 제11조 제5항은 "그 수익권을 위탁자에 양도할 것을 소구할 수 있다"고 규정하여 수익권양도청구권도 소로써 청구할 수 있음을 분명히 하고 있다.

이와 관련하여, 사해신탁취소권에 갈음하는 것이라는 이유로 소송에

---

796) 임채웅(2006), 50면; 최수정(2007), 27면.
797) 다만, 논란의 여지를 줄이기 위하여 현행 신탁법도 일본 신탁법과 같이 "위탁자가 그 채권자를 해함을 알고 신탁을 설정한 경우에" 행사할 수 있음을 명시적으로 규정하는 방향으로 개정되는 것이 바람직할 것으로 생각된다.
798) 신탁법 제8조 제1항에 따른 사해신탁의 취소의 경우에는 민법 제406조 제1항에 따른 취소를 하도록 규정하고 있으므로, 소로써 청구하여야 한다는 점에 대해서는 의문이 없는 반면 신탁법 제8조 제5항은 위와 같이 규정하고 있지 않아 의문이 생긴다.

의한 행사만 허용된다고 보는 것은 의문이라고 하면서 수익권양도청구권은 소송 이외의 방법으로 청구할 수 있다는 보는 견해가 있다.[799] 그런데 수익권양도청구는 사해신탁취소권의 행사에 갈음하여 청구할 수 있는 권리이고, 사실상 사해신탁취소권과 동일한 효과를 가져올 수 있는 권리라는 점에서, 수익권양도청구의 경우에만 소로써 청구하지 않아도 된다고 보는 것은 타당하지 않을 것으로 생각된다. 또한 신탁법 제8조 제5항은 수익권양도청구권에 민법 제406조 제2항을 준용한다고 하고 있는데 해당 규정은 '전항의 소는 채권자가 취소원인을 안 날로부터 1년, 법률행위 있은 날로부터 5년내에 제기하여야 한다'는 것인데, 위 규정을 준용한다는 것은 결국 수익권양도청구권도 소로써 제기하는 것을 전제로 한 것이라고 볼 수 있다.

따라서 비록 신탁법 제8조 제5항에서 수익권양도청구권을 소로써 청구하여야 한다고 명확하게 규정하고 있는 것은 아니지만,[800] 사해신탁에 준하는 절차로서 인정되는 것이라는 점, 사해행위 취소의 소제기에 관한 제척기간을 준용하고 있는 점 등을 고려하면, 수익권양도청구권도 소로써 청구하여야 한다고 보는 것이 타당할 것으로 생각된다. 다만, 이와 관련하여 논란의 여지가 없도록 일본 신탁법의 예와 같이 수익권양도청구권도 소로써 행사하여야 한다는 점을 분명히 명시하는 방향으로 신탁법이 개정되는 것이 타당할 것으로 생각된다.

---

[799] 김태진(2012), 205면.

[800] 현행 신탁법 제8조 제5항에서 소로써 청구하여야 한다고 명확하게 규정하지 않은 것이 단순한 입법의 미비인 것인지, 수익권양도청구의 경우에는 소로써 청구하지 않아도 되는 것으로 규정하고자 한 것인지 여부는 분명하지 않으며, 이에 대해서는 법무부의 신탁법 해설 및 국회 의안정보에서도 특별한 언급은 없다.

2) 수익자의 도산절차에서의 수익권양도청구권의 취급

수익권양도청구는 사해신탁의 경우에 사해신탁의 취소 및 원상회복의 청구와 유사한 기능을 가지는 구제방안으로 신탁법에서 별도로 인정하고 있는 제도이다. 위에서 살핀 바와 같이 수익권양도청구는 사해신탁의 취소와는 별개의 권리로서 사해신탁취소권의 행사를 전제로 하지는 않지만, 사해신탁취소권을 행사하기 위한 요건을 갖추어야 한다는 점에서 사해신탁취소에 준하는 권리이다. 그런데, 위에서 살핀 바와 같이 수익권양도청구는 사해신탁취소권의 행사를 전제로 하지 않고, 오히려 신탁 자체 및 수익자의 지위 자체는 유효하게 존속하는 것을 전제로 인정되는 청구권이다.

그렇다면, 이러한 신탁법 제8조 제5항에 따른 수익권양도청구권을 수익자에게 도산절차에서 어떻게 취급할 것인지가 문제된다.

수익권양도청구권은 사해신탁의 취소를 전제로 하지 않으므로, 수익자의 해당 수익권 취득이 무효임이 전제되는 것이 아니며, 오히려 신탁과 수익권의 취득 자체는 유효함을 전제로 한다. 따라서, 수익권양도청구권은 신탁법 제8조 제5항에 따라 법적으로 인정되는 청구권일 뿐이고, 수익자는 그 수익권에 대하여 무권리자의 지위에 있는 것도 아니다.

그렇지만, 위에서 살핀 바와 같이 수익권양도청구권은 사해신탁의 취소 및 원상회복 설자에 준하여 인정되는 권리이고, 그 인정 요건에 있어서도 사해신탁의 요건을 충족하여야 하며, 사해신탁의 경우와 같이 소로써 이를 구하여야 할 것으로 판단되는바, 이러한 수익권양도청구권을 구하는 소는 기존 법률관계의 변경·형성을 목적으로 하는 것으로서 형성의 소에 해당하고,[801] 사해행위취소 및 사해신탁취소의 소에서의 원상

---

[801] 대법원은 기존 법률관계의 변경·형성을 목적으로 하는 형성의 소는 법률에 명문의 규정이 있는 경우에 한하여 제기할 수 있다고 하고 있다. 대법원 2001. 1. 16. 선고 2000다45020 판결.

회복청구권과 그 성격이 유사하다고 보아야 할 것이다. 그렇다면, 위탁자의 채권자가 소로써 수익권양도청구권을 행사하고 법원에 의하여 수익권양도청구가 인용되게 되면 해당 수익권은 그 순간부터 수익자의 책임재산에 속하는 것이 아니고, 사해신탁에 있어서의 원상회복의 경우에 준하여 환취권의 대상이 되어야 할 것으로 판단된다.[802]

결국 수익권양도청구권은 수익자의 도산절차 개시 후에 관리인 또는 파산관재인을 대상으로 소로써 청구를 하고, 그러한 청구가 법원에 의하여 인정되는 경우에는 위탁자의 채권자는 환취권을 행사하여 수익권을 수익자로부터 위탁자로 이전할 수 있다고 보는 것이 타당할 것으로 생각된다.

---

[802] 채무자의 채권자가 사해행위의 취소와 함께 회생채무자로부터 사해행위의 목적인 재산 그 자체의 반환을 청구하는 것은 환취권의 행사에 해당하여 회생절차개시의 영향을 받지 아니한다고 본 대법원의 판결(대법원 2014. 9. 4. 선고 2014다36771 판결)에 준하여 수익권양도청구권에 기하여 수익권 자체의 양도를 청구하는 것도 환취권의 행사에 해당한다고 볼 수 있을 것이다.

제6장

신탁재산 자체의 도산

1. 문제의 소재

지금까지 검토한 바와 같이 신탁의 도산절연성이라는 신탁의 본질적 특성으로 인하여, 신탁재산은 위탁자, 수탁자 및 수익자 모두의 도산절차로부터 독립성이 인정되고, 그 절차의 구속을 받지 않는다.

그런데, 만약 신탁재산 자체에서 도산사유가 발생하는 경우에는 어떻게 처리할 것인지 문제된다. 즉 신탁재산으로 그 채무를 변제하기 부족한 경우에는 어떻게 처리해야 하는지 문제되는데, 이는 신탁재산 자체의 도산이 가능한지의 문제이다. 신탁재산이 위탁자, 수탁자 및 수익자 그 누구의 도산절차로부터 절연된다고 한다면, 결국 신탁재산은 그 자체의 도산절차의 개시를 통해서만 채권의 공평한 배분이 가능하다고 할 것인데 이에 대하여 검토하고자 한다.

2. 신탁재산 자체의 도산절차 개시 가능 여부

가. 문제의 제기

신탁재산 자체에 도산절차 개시가 가능한지 여부에 대하여, 2012년에 신탁법이 전면 개정되기 전의 구 신탁법 체계에서는 가능하지 않다고 보는 것이 일반적인 견해였다.[803] 구 신탁법상 수탁자가 신탁채권에 대하여 무한책임을 지는 것이 원칙이었으므로, 신탁재산 자체에 대하여 도산절차를 개시할 필요성이 크지 않았던 것도 원인인 것으로 생각된다.

---

803) 이연갑(2012), 339면.

그런데 개정 신탁법에서 유한책임신탁을 도입하면서,804) 유한책임신탁을 청산하면서 그 신탁재산이 채무를 모두 변제하기에 부족한 경우에는 청산수탁자가 파산신청을 하여야 한다는 규정을 신설하였다(신탁법 제138조). 또한 채무자회생법에서는 이러한 신탁법 개정안에 맞추어 유한책임신탁의 파산에 대한 특칙을 제578조의 1 내지 17조의 규정을 통해 마련하였다.

따라서 유한책임신탁의 경우에는 파산신청을 할 수 있음은 명문 규정상 명확한데, 유한책임신탁 외의 경우에도 파산신청을 할 수 있는지, 그리고 파산신청 외에 회생절차 개시신청도 가능한 것인지 문제된다.

나. 유한책임신탁 외 신탁에 대한 파산신청

1) 현행법의 해석상 가능한지 여부

신탁법은 제138조에서 유한책임신탁의 청산에 있어서 신탁재산이 채무를 변제하기 부족한 경우에만 파산신청을 할 수 있도록 규정하고 있고, 일반 신탁의 청산에 관한 규정인 제104조에서는 파산신청을 할 수 있다는 규정을 두고 있지 않다.805) 또한 신탁법 제98조의 신탁의 종료사유에서도 신탁법 제138조에 따라 유한책임신탁에서 신탁재산에 대한 파산선고가 있는 경우만을 신탁의 종료사유로 열거하고 있고, 일반 신탁에 있어서 파산선고가 내려진 경우를 신탁의 종료 사유의 하나로 인정

---

804) 유한책임신탁이란 수탁자가 신탁재산에 속하는 채무에 대하여 신탁재산만으로 책임지는 신탁으로 신탁행위를 통하여 설정할 수 있다(신탁법 제114조 제1항). 이 경우 제126조에 따라 유한책임신탁의 등기를 하여야 그 효력이 발생한다.

805) 해당 규정은 "신탁행위 또는 위탁자와 수익자의 합의로 청산절차에 따라 신탁을 종료하기로 한 경우의 청산절차에 관하여는 제132조제2항, 제133조제1항부터 제6항까지 및 제134조부터 제137조까지의 규정을 준용한다"고만 하고 있어 제138조를 준용하고 있지 않다.

하고 있지 않다.

또한 채무자회생법도 유한책임신탁의 파산에 관하여만 특칙을 정하고 있을 뿐, 일반적인 신탁재산의 파산에 관하여는 규정을 두고 있지 않다.

이러한 규정에 비추어볼 때, 현행법의 해석상 유한책임신탁의 파산신청 외에 신탁재산 일반의 파산신청이나, 회생절차 개시신청은 불가능하다고 보아야 할 것으로 판단된다.

일본 신탁법은 제179조에서 신탁의 청산 중에 신탁재산에 속하는 재산이 그 채무를 완제하기에 부족함이 밝혀진 때에는 청산수탁자는 즉시 신탁재산에 대한 파산절차 개시 신청을 하여야 한다고 규정하여 한정책임신탁[806]에 한정하고 있지 않고, 파산법 또한 제10장의 2에서 일반 신탁의 파산에 관하여 특칙을 두고 있는데, 이러한 규정과 비교해보아도 국내법의 신탁법 및 채무자회생법은 유한책임신탁 외의 신탁의 파산을 인정하지 않으려는 의도인 것이 명확하다. 이런 이유로 일본법에서는 자연인, 법인, 상속재산에 더하여 일반 신탁재산도 파산법 상의 파산능력이 있다고 설명하고 있다.[807]

따라서, 현행법의 해석상으로는 유한책임신탁의 파산의 경우에만 신탁재산 자체의 도산이 가능하고, 그 외의 신탁재산 자체의 도산은 불가능하다고 보아야 한다.

2) 유한책임신탁 외 신탁에 대한 파산의 도입 가능성

가) 유한책임신탁 외 신탁에 대한 파산 도입의 필요성 여부

현행법의 해석상 유한책임신탁 외의 신탁의 파산이 인정되지 않음은 명확한 것으로 보이는데, 그렇다면, 일본 신탁법에서와 같이 일반 신탁

---

[806] 국내 신탁법상의 유한책임신탁과 유사한 개념의 신탁이다.
[807] 加藤哲夫(2012), 52-55頁.

의 파산도 인정하는 방향으로 개정할 필요성은 없는지 문제된다.

법무부는 개정 신탁법의 해설에 있어 일반 신탁에 대해서는 파산을 인정하지 않은 이유에 대해서는 특별한 언급을 하고 있지 않다. 다만 신탁법 개정과정에서 이 부분에 대하여 논란은 있었는데, 긍정설은 신탁 일반에 대하여 청산을 인정한다면 파산도 인정하는 것이 논리적이고 채권자 사이의 공평을 위해서도 필요하다는 점을 근거로 들었고, 부정설은 모든 신탁재산에 관하여 청산을 인정한다고 하여 반드시 파산까지 인정해야 할 논리적 필연성은 없고, 수탁자의 책임이 신탁재산에 한정되는 유한책임신탁이 아니면 파산을 인정할 필요성이 없다고 하였다.[808]

일본법에서 일반 신탁에 대한 파산을 인정한 근거와 관련해서는, 무한책임사원이 존재하는 합명회사에 대하여도 파산제도가 인정되므로, 수탁자가 신탁채권자에 대하여 무한책임을 진다고 하여 파산이 부정될 것은 아니고, 채권자에 대한 공평한 변제를 확보하기 위하여 필요하다는 이유인 것으로 파악된다.[809]

유한책임신탁의 경우에 그 종료에 있어 반드시 청산을 하도록 하고 있고 채권신고 기간 내에 채권을 신고한 채권자에게만 청산채권자로서의 권리를 인정하여(신탁법 제132조 제1항 및 신탁법 제134조), 청산절차에 따라 엄격하게 채권을 변제하도록 하고 있음에도 불구하고, 신탁재산이 채무 전부를 변제하기에 부족한 경우에는 파산절차를 개시할 수 있도록 규정하고 있는 것은, 파산절차를 통하여 채권자들이 보다 공평하게 변제를 받도록 하는 것이 바람직하기 때문인 것으로 이해된다.

그런데, 이러한 채권자들에 대한 공평한 변제의 필요성이 유한책임신탁의 경우에만 한정된다고 보는 것은 수탁자의 고유재산이 신탁채권자들의 채권을 변제하기에 충분한 경우만을 상정한 것인데, 수탁자의 고유재산 또한 수탁자 고유의 채권자들의 채권들까지 고려하면 그 채권을

---

[808] 이연갑(2011), 85면.
[809] 信託と倒産 實務研究會 (2008), 321-322頁; 新井誠 (2014), 438頁.

모두 변제하기 어려운 상황이 충분히 존재할 수 있다는 점에서, 단지 수탁자가 무한책임을 진다는 이유로 신탁재산의 파산절차 개시를 통한 신탁채권자의 공평한 변제의 필요성이 없다고 단정하기는 어려울 것으로 생각된다.

특히, 만약 수탁자에 대하여 파산절차 또는 회생절차가 개시되는 경우를 상정하여 본다면, 신탁재산은 수탁자의 도산절차의 영향을 받지 않으므로, 신탁채권자들은 신탁재산으로부터는 언제든지 변제받을 수 있을 것인데, 신탁재산이 그 신탁채권을 전액 변제하기 부족한 경우에는 신탁채권자들 중 신탁재산으로부터 먼저 변제를 받은 자와 그렇지 못한 자 사이에 심각한 불균형이 발생하게 될 것이다.

따라서 이러한 경우를 대비하기 위해서도, 신탁 일반에 대하여 파산절차를 인정할 필요성이 있다. 법무부는 일반 신탁에 대하여 청산절차를 도입한 이유에 대해 공평한 변제를 받을 수 있도록 하기 위함이라고 설명하고 있는데,[810] 이러한 청산절차는 인정하면서, 그보다 더 공평한 절차인 파산절차를 배제할 이유는 특별히 없을 것이다.

따라서, 신탁법 및 채무자회생법의 개정을 통하여 일반 신탁의 경우에도 파산의 원인이 있는 경우에는 파산이 가능하도록 규정할 현실적 필요성은 있는 것으로 생각된다.

나) 유한책임신탁 외 신탁의 파산능력의 문제

원칙적으로 채무자회생법은 '채무자'를 대상으로 하는 것이고(채무자회생법 제1조), 채무자회생법은 민사소송법을 준용하며(채무자회생법 제33조), 소송절차의 진행을 위하여 당사자능력이 필요하므로(민사소송법 제51조 및 제52조), 채무자회생법상의 각 절차는 그 채무자에게 민사소송법상의 당사자능력이 있을 것을 전제로 한다.[811]

---

[810] 법무부(2012), 786면.

그런데 신탁재산은 재산의 집합체로 별도의 법인격이 있는 것은 아니므로,[812][813] 민사소송법상 당사자능력이 인정되지 않고,[814] 채무자회생법에 별도의 규정을 두어야 파산능력이 생기는 것이므로, 이러한 예외를 폭넓게 인정하는 것이 타당한지 의문이 있을 수 있다.

채무자회생법이 특별 규정을 두어 유한책임신탁에 대하여 예외적으로 파산능력을 인정한 것은,[815] 유한책임신탁의 경우 모든 신탁채무에 대해 신탁재산만으로 책임을 지므로 전통적인 신탁의 법리인 신탁재산에 대한 수탁자의 완전한 권리 및 그에 따른 수탁자의 대외적 무한책임, 신탁재산의 독립성의 의미 등에 대한 수정이 이루어지기 때문이라고 설명한다.[816] 물론, 유한책임신탁이 위와 같은 특징을 가지기 때문에 파산능력을 인정할 필요성이 일반 신탁에 비해 더 크고, 신탁재산에 대한 파산

---

811) 이연갑(2012), 341-342면; 이연갑(2011), 83-85면.
812) 신탁에 대하여 실질적 법주체성을 인정할 수 있다는 견해도 있지만(四宮和夫 (1989), 58頁 이하), 우리법상 신탁에 대하여 법주체성을 인정할 수는 없을 것으로 보인다(경우에 따라 실질적 법주체성설을 적용해야 한다는 견해가 있기는 하다, 정순섭(2006), 14면).
813) 일본에서도 신탁재산에 법인격이 있는 것은 아니고, 법주체성을 인정하기는 어렵지만 신탁재산이 수탁자로부터 독립된다는 특징을 고려하여 신탁재산의 파산을 고려해야 한다고 설명한다. 沖野眞已 (2013), 40頁.
814) 주석민사소송법(총칙)(2018), 347-352면(장석조 집필부분).
815) 온라인주석서(채무자회생법), 제9장 집필부분(집필자:임채웅), 2015. 이 부분의 설명에 의하면, 신탁재산은 수탁자와 별개로 독립하여 법인격이 인정되지 아니하므로 파산능력 역시 인정되지 아니함이 원칙이지만, 위 특칙의 신설로 유한책임신탁재산에 대해서는 파산절차에 관한 파산능력이 인정되게 되었고, 그렇다고 하여 유한책임신탁재산에 대해 법인격이 인정되었다고 볼 수는 없다고 한다.
816) 안성포(2013b), 70면; 안성포(2013a), 183-184면. 그런데 해당 논문은 유한책임신탁이 이와 같은 이유로 법인격의 외관을 갖추고 있고, 신탁에 대하여 독립성이 인정된다는 이유로 실질적 법주체성이 있다고 볼 수 있다는 취지의 주장을 하지만, 위에서 살핀 바와 같이 신탁의 독립성과 도산절연성이 인정된다고 하여 신탁에 대하여 실질적 법주체성이 인정되는 것은 아니고, 유한책임신탁은 수탁자의 책임을 신탁법에 의하여 제한하는 특수한 형태의 신탁이지만 신탁법상의 신탁인 이상, 실질적 법주체성이 인정되는 것은 아니다.

능력의 인정은 일반 법원칙에 대한 예외이므로, 제한적으로 인정해야 하므로 유한책임신탁에 한정하여 인정하여야 한다는 주장도 가능할 것이다.

그렇지만, 위에서 살핀 바와 같이 일반 신탁의 경우에도 파산절차를 진행하여야 할 필요성이 없다고 볼 수 없고, 일반 신탁에 대하여 파산능력을 인정하지 않으면, 결국 수탁자가 파산상태에 이를 때까지는 신탁재산이 아무리 부실해져도 파산을 신청하지 못한다는 결론이 되는데, 이는 결국 신탁재산의 파산 여부를 수탁자의 자력에 의존한다는 것으로 신탁의 독립성의 원칙에 맞는 결론은 아닌 것으로 생각된다.

따라서 비록 신탁재산은 재산의 집합체로서 별도의 당사자능력이 없는 것이 원칙이기는 하지만, 신탁재산은 수탁자와 분리되어 독립성을 가진다는 점을 고려하여, 수탁자의 자력과는 별개로 그 신탁재산 자체만을 평가하여 파산여부를 결정하게 하는 것이 신탁의 독립성, 그리고 신탁의 도산절연성이라는 신탁의 본질에 더 부합하는 방향인 것으로 생각된다.

3) 신탁재산의 회생절차 인정의 필요성에 대한 검토

현행 신탁법은 유한책임신탁의 파산만 인정하고 있으므로, 신탁에 있어 회생절차의 개시는 인정하고 있지 않다. 그렇다면 신탁재산에 대하여 회생절차 개시를 인정할 필요성은 없는지 문제된다.

그렇지만, 채무자회생법상의 재산을 신속하고 효율적으로 환가하여 채권자들에게 공평하게 배분하는 것이 목적인 파산절차와는 달리 회생절차는 이해관계인의 법률관계를 조정하여 채무자의 효율적인 회생을 도모하는 절차이다(채무자회생법 제1조).

그런데, 신탁은 수익자 이익 또는 특정의 목적을 위해 설정되고, 그 목적을 달성할 수 없게 된 때에는 신탁이 종료되는 것으로(신탁법 제98조 제1호), 신탁의 목적을 달성하기 어려울 때 이해관계인의 법률관계를 조정하여서까지 그 신탁을 유지하여야 할 필요성이 있다고 보기는 어렵다. 또한 신탁 자체는 제3자인 수탁자가 신탁재산을 선관주의의무에 따라 신탁목적 달성을 위해 관리하는 것이므로, 법원의 감독 하에 공적 수탁자의 지위를 가지는 관리인을 선임하여 신탁을 별도로 관리할 필요성 또한 없다. 이런 이유로 신탁재산에 대한 회생절차 개시를 허용할 필요성은 없을 것으로 생각된다.[817]

3. 유한책임신탁의 파산

가. 문제의 제기

신탁재산 자체의 도산절차 개시와 관련하여 현행법상 유한책임신탁에 대한 파산만이 가능함은 앞서 살핀 바와 같다. 이하에서는 현행 채무자회생법에서 정하고 있는 유한책임신탁의 파산절차에 관한 규정을 살펴보고자 한다.

나. 파산신청의 주체

채무자회생법 제578조의 3은 신탁채권자, 수익자, 수탁자, 신탁재산관리인 또는 신탁법 제133조에 따른 청산수탁자는 파산신청을 할 수 있다고 규정하고 있다. 신탁법은 유한책임신탁의 청산절차 진행 중에 신탁재산이 채무 전액을 변제하기 부족한 경우에는 청산수탁자가 반드시 파산을 신청하도록 하고 있는데, 채무자회생법은 그러한 경우의 청산수탁자뿐 아니라, 청산 중이 아닌 경우의 수탁자, 수익자 및 신탁채권자의

---

[817] 同旨. 이연갑(2012), 344면.

경우에도 파산원인이 있는 경우에는 파산신청을 할 수 있도록 규정하고 있다.

반드시 청산절차가 선행되지 않더라도, 신탁의 이해관계인은 파산원인이 있을 때는 언제든지 파산을 신청할 수 있도록 해야 한다는 점에서 청산수탁자에 한정하지 않고 수탁자, 수익자 및 신탁채권자 모두에게 파산신청권을 부여한 것은 타당한 것으로 생각된다.

다. 파산원인

채무자회생법 제578조의 2는 신탁재산이 채무를 전부 변제하기에 부족한 경우뿐만 아니라 신탁재산으로 지급을 할 수 없는 지급불능의 경우에도 파산의 원인이 있으며, 수탁자가 신탁채권자 또는 수익자에 대하여 지급을 정지한 경우에는 지급불능으로 추정한다고 하고 있다.

이러한 파산원인은 일반적인 파산신청에 있어서의 파산원인에 관한 규정을 그대로 적용한 것이다(채무자회생법 제305조). 대법원은 파산원인 중 지급정지의 개념에 대하여 채무자가 변제기가 도래한 채무를 자력의 결핍으로 인하여 일반적 계속적으로 변제할 수 없다는 것을 명시적, 묵시적으로 외부에 표시하는 것을 말하고, 자력의 결핍이란 단순한 채무초과 상태를 의미하는 것이 아니라 채무자에게 채무를 변제할 수 있는 자산이 없고 변제의 유예를 받거나 또는 변제하기에 족한 융통을 받을 신용도 없는 것을 말한다고 하고 있다.[818]

라. 채권의 순위

신탁재산에 대하여 채권을 가지는 자는 수익자와 신탁채권자인데, 신

---

[818] 대법원 2007. 8. 24. 선고 2006다80636 판결.

탁법상 신탁채권자의 채권이 수익자의 채권에 우선하는 것(신탁법 제62조)을 반영하여 채무자회생법 제578조의 16 제1항 또한 신탁채권자의 채권이 수익자의 채권에 우선한다고 하고 있다.

또한 동조 제2항에서는 수탁자 또는 신탁재산관리인과 채권자(수익자를 포함함)가 유한책임신탁재산의 파산절차에서 다른 채권보다 후순위로 하기로 정한 채권은 그 정한 바에 따라 다른 채권보다 후순위로 한다고 규정하여 후순위채권에 관하여 정하고 있는데, 이는 채무자회생법 제446조 제2항의 일반적인 파산절차에서의 후순위파산채권에 관한 규정을 유한책임신탁의 파산에도 적용하기 위하여 규정한 것으로 이해된다.

그런데 이와 관련하여 그 의미가 불분명하다고 지적하면서, 만약 수탁자와 수익자의 합의로 수익채권을 후순위파산채권으로 하기로 정한다는 것은 수익채권을 신탁채권 중 후순위파산채권과 동순위로 하기로 약정하는 것인데 이것은 강행규정인 신탁법 제62조에 반하여 무효이므로 채권자의 개념에 "(수익자를 포함한다)"고 한 부분은 무의미하다는 지적을 하는 견해가 있다.[819] 그렇지만, 이 규정은 수익자가 가지는 수익채권도 "채권"으로 표현하여, 수익자가 본인이 가지는 수익채권을 다른 수익채권보다 후순위로 하기로 하는 것을 가능하게 한 규정인 것으로 이해된다. 따라서, 그러한 범위에서는 "(수익자를 포함한다)"고 한 부분도 의미가 있을 것으로 생각된다.

4. 소결

신탁재산은 위탁자, 수탁자 및 수익자 모두의 도산절차로부터 격리되어 독자성을 가지기 때문에, 신탁재산 자체에 대한 도산절차를 인정할

---

[819] 이연갑(2011), 96면.

필요성이 있다.

　신탁제도 자체가 신뢰관계에 기초한 제3자를 수탁자로 선정하여 신탁목적을 위해 신탁재산을 관리하도록 하는 제도이므로, 채무자회생법상의 회생절차가 필요한 경우는 거의 없을 것이지만, 파산의 원인이 발생하였을 때 채권자들에게 공평하게 변제할 필요성이 있다는 점에서는 그 신탁이 유한책임신탁인지 아닌지가 결정적인 기준이 되지는 않을 것으로 생각된다.

　따라서, 신탁재산의 공평한 배분을 위하여 신탁 일반에 대하여 파산절차의 개시가 가능하도록 개정하는 것이 필요할 것으로 생각한다.

제7장

결 어

지금까지 도산절차의 발전 방향 및 그 의의 및 본질, 그리고 그 헌법적 한계를 살펴보고, 신탁의 거래구조 상의 특징, 신탁 거래 당사자 사이의 관계, 그리고 신탁재산의 독립성이라는 신탁의 특징으로부터 도출되는 '신탁의 도산절연성'이라는 신탁의 본질적 특성을 살펴봄으로써, 신탁의 도산절연성이라는 원칙을 중심으로 도산절차와 신탁의 관계, 그리고 신탁이 각 당사자의 도산절차에서 어떻게 취급되어야 하는지에 대하여 자세히 검토하였다.

도산절차는 채권자에 대한 공평한 배분을 우선 목적으로 하다가 채무자의 정상화를 추구하는 절차로 발전되어 온 절차로, 크게 채무자의 채무를 확정하는 것과 채무자의 자산을 확정하는 것이 그 절차의 시작에 있어서 가장 중요한 두 가지이며, 이후 이를 바탕으로 채권자들에게 공평한 배분을 하게 된다. 또한 도산절차는 필연적으로 다른 법률을 변경하게 된다는 특성을 가진다.

그렇지만, 도산절차의 이러한 특성에도 불구하고, 그에는 헌법적 한계가 존재하며, 무엇보다도 도산절차의 의의 및 본질이 채권의 집단적 추심이라는 점에 비추어볼 때 다른 법률 및 권리의 변경은 '법률'에 명시적인 근거를 두고 있지 않은 한 원칙적으로 채권의 변경에 한하여야 한다. 그러한 이유로 어떠한 정책상의 필요성이 있다고 하더라도 도산절차 내에서 도산법원의 해석에 의하여 어느 권리의 본질적인 부분까지 변경하는 것은 불가능하다. 또한, 권리의 감면의 대상이 되는 채권조차도 청산가치의 보장은 지켜져야 하는 것에서 볼 수 있듯이 도산절차라고 하여도 헌법상 보장되는 재산권을 함부로 해할 수는 없으므로, '법률'을 통하여 다른 재산권을 수정하거나 그 권한 행사를 제한한다고 하더라도, 그로 인하여 달성할 수 있는 공익적 목적과의 비교형량을 통하여 신중하게 이루어져야 할 것이고, '법률'에 의한 권리의 제한의 방식을 정함에 있어서도 그 권리의 본질적인 부분을 해하는 방식은 지양하는 것이 바람직할 것이다.

신탁법상의 신탁은 영미법계의 신탁으로부터 발전되어 온 개념으로서, 신탁재산이 위탁자로부터 수탁자로 이전되면서 위탁자로부터 분리되고, 수탁자 또한 신탁재산을 위탁자로부터 취득하지만 신탁재산을 고유재산으로부터 분별하여 관리해야 하고 신탁재산이 독립성을 가진다는 특징을 가지기 때문에 수탁자로부터도 분리되며, 수익자는 신탁재산으로부터 수익을 가지나 신탁재산에 대하여 직접 권리를 가지지 못하고 채권적 지위만을 가진다는 측면에서 신탁재산은 수익자로부터도 분리된다. 이러한 신탁의 도산절연성은 신탁의 본질적인 특징이고, 여기서 파생되는 신탁재산의 담보적 기능 또한 신탁의 본연의 특징이다.

신탁은 위탁자가 수탁자라는 제3자에게 신탁재산을 수탁함으로써 이해관계자인 위탁자와 수익자로부터 그 재산을 분리하고, 수탁자 또한 그 신탁재산을 본인 개인의 재산과 분리하여 선량한 관리자의 주의에 따라 신탁이 정하는 바에 따라서만 관리, 처분하도록 함으로써, 신탁계약에서 정한 목적을 가장 확실하게 달성하기 위하여 만들어진 제도이다. 따라서 이러한 원칙이 깨진다면 그것은 더 이상 신탁이라고 볼 수 없다.

물론 정책적인 이유로 이러한 신탁의 도산절연성의 효과를 사실상 수정할 필요성이 있을 수는 있으나, 위에서 검토한 바와 같이 신탁의 도산절연성은 신탁의 본질적인 부분이므로 그 수정을 도산절차 내에서 도산법원의 해석을 통하여 하는 것은 불가능할 것으로 생각되고, 새로운 입법을 통하여 하여야 할 것이다.

또한 법률의 규정에 의하여 신탁의 도산절연성을 사실상 수정하거나 제한한다고 하더라도 그 방법은 신탁법에 일정한 요건 하에 신탁을 해지 또는 종료할 수 있는 근거 규정을 두어, 그 신탁재산을 위탁자에게 환원시키는 방식 등으로 하는 것이 바람직할 것이고, 신탁의 본질적 특성인 신탁의 도산절연성을 직접적으로 부정하는 방식은 지양해야 할 것으로 생각된다. 정책적인 필요성이 있는 예외적인 경우라고 하더라도, 신탁이 적법 유효하게 존속하는 상태에서 신탁의 도산절연성을 부정하는 방식을 취하는 것은 바람직하지 않은 방식인 것으로 생각된다.[820]

그리고 위탁자, 수탁자 및 수익자의 각 도산절차에서의 신탁의 법리에 대한 검토는 이러한 신탁의 본질에 대한 이해를 바탕으로 시작하여야 하며, 이러한 이해를 바탕으로 한다면, 각 도산절차에서의 다양한 쟁점들을 일관된 기준으로 검토할 수 있을 것이다.

이 글은 이러한 신탁의 본질에 대한 검토와 이해를 바탕으로, 각 도산절차에서의 쟁점들을 검토하고 논쟁을 정리하고자 하였다. 신탁과 도산의 관계에 대하여 논란이 발생하는 것은 신탁과 도산 모두에 대한 이해를 바탕으로 쟁점을 바라보지 않고, 신탁의 측면에서 치우쳐서, 혹은 도산의 측면에 치우쳐서 쟁점을 해결하려고 하기 때문이 아닐까 한다.

신탁의 도산절연성이 인정되는 것은 신탁이 도산에 우선하기 때문도 아니고, 신탁법이 채무자회생법에 우선하는 법이기 때문도 아니며, 단지 신탁재산이 독립성을 가진다는 것이 신탁의 본질이며, 도산 절차도 다른 권리의 본질적인 면을 침해할 수는 없다는 헌법적 한계가 있기 때문이다.

이 글은 이러한 이해를 바탕으로, 신탁과 도산에 관하여 좀 더 균형적인 관점에서 여러 쟁점들을 검토하고자 하였다. 이러한 연구가 도산절차에서의 신탁의 본질에 대한 오해를 해결함으로써, 도산절차에서의 신탁재산의 독자적인 지위를 인정하고, 신탁구조를 활용한 금융거래에서 도산의 위험을 제거하도록 하여, 앞으로 보다 안정적으로 신탁거래가 활성화되는데 기여할 수 있기를 기대해 본다.

---

820) 미국법상의 철회가능신탁(revocable trust)에 관한 규정이 그 예가 될 것이다.

참고문헌

〈국문문헌(國文文獻)〉

1) 단행본

곽윤직/김재형, 민법총칙(제9판), 박영사, 2013 **[곽윤직/김재형 (2013)]**
_____, 물권법(제8판), 박영사, 2015 **[곽윤직/김재형 (2015)]**
김상용, 비교동산담보법, 법원사, 2011 **[김상용(2011)]**
김은아, 소유권유보에 관한 연구, 경인문화사, 2021 **[김은아 (2021)]**
김준호, 민법총칙(제12판), 법문사, 2018 **[김준호(2018)]**
_____, 민법강의(제28판), 법문사, 2022 **[김준호(2022)]**
김증한/김학동, 채권각론(제7판), 박영사, 2006 **[김증한/김학동(2006)]**
김형배, 채권각론(신정판), 박영사, 2001 **[김형배(2001)]**
법무부, 신탁법 개정 특별분과위원회 회의록, 법무부 법무실, 2010 **[법무부 (2010a)]**
_____, 신탁법 개정안 해설, 법무부 법무실, 2010 **[법무부 (2010b)]**
_____, 신탁법 해설, 도서출판 동강, 2012 **[법무부(2012)]**
법원행정처, 부동산등기실무(III), 경성문화사, 2015 **[법원행정처 (2015)]**
사단법인 도산법연구회, 도산판례백선, 박영사, 2021 **[사단법인 도산법연구회 (2021)]**
사법연수원, 법원실무제요 민사집행 III-부동산집행(2), 경성문화사, 2020 **[사법연수원(2020)]**
서울중앙지방법원 파산부 실무연구회, 회생사건실무(상), 제6판, 박영사, 2023 **[서울중앙지방법원 파산부 실무연구회 (2023a)]**
서울중앙지방법원 파산부 실무연구회, 회생사건실무(하), 제6판, 박영사, 2023 **[서울중앙지방법원 파산부 실무연구회 (2023b)]**

서울중앙지방법원 파산부 실무연구회, 법인파산실무, 제5판, 박영사, 2019 **[서울중앙지방법원 파산부 실무연구회 (2019)]**
송덕수, 민법총칙(제4판), 박영사, 2018 **[송덕수(2018)]**
＿＿＿, 신민법강의(제15판), 박영사, 2022 **[송덕수(2022)]**
오영걸, 신탁법, 홍문사, 2021 **[오영걸(2021)]**
윤진수, 민법기본판례, 홍문사, 2016 **[윤진수(2016)]**
이계정, 신탁의 기본 법리에 관한 연구, 경인문화사, 2017 **[이계정(2017a)]**
이연갑, 신탁법상 수익자 보호의 법리, 경인문화사, 2014 **[이연갑(2014)]**
이은영, 채권각론(제5판), 박영사, 2007 **[이은영(2007)]**
이재욱/이상호, 신탁법 해설, 한국사법행정학회, 2000 **[이재욱/이상호 (2000)]**
이중기/이영경, 신탁법(개정판), 삼우사, 2022 **[이중기/이영경 (2022)]**
임채웅, 신탁법 연구, 박영사, 2009 **[임채웅(2009)]**
임치용, 파산법 연구(제5판), 박영사, 2020 **[임치용(2020)]**
전병서, 도산법(제4판), 박영사, 2019 **[전병서(2019)]**
정순섭, 신탁법, 지원출판사, 2021 **[정순섭(2021)]**
지원림, 민법강의(제20판), 홍문사, 2023 **[지원림(2023)]**
최동식, 신탁법, 법문사, 2006 **[최동식(2006)]**
최수정, 신탁법(개정판), 박영사, 2019 **[최수정(2019)]**
＿＿＿, 일본신신탁법, 진원사, 2007 **[최수정(2007)]**
최준규, 계약법과 도산법, 경인문화사, 2021 **[최준규(2021)]**
홍유석, 신탁법(전정판), 법문사, 1999 **[홍유석(1999)]**

2) 주석서

민법주해(II), 총칙(2), 편집대표 곽윤직, 박영사, 2007 **[민법주해(II) (2007)]**
민법주해(V), 물권(2), 편집대표 곽윤직, 박영사, 2007 **[민법주해(V) (2007)]**
민법주해(VII), 물권(4), 편집대표 곽윤직, 박영사, 2007 **[민법주해(VII) (2007)]**
온라인주석서(신탁법), 온주편집위원회, ㈜로앤비 **[온라인주석서(신탁법)]**
온라인주석서(채무자회생법), 온주편집위원회, ㈜로앤비 **[온라인주석서(채무자회생법)]**

주석 민법, 민법총칙 2 (제5판), 한국사법행정학회, 2019 **[주석민법(민법총칙 2)(2019)]**
주석 민법, 물권법 1 (제5판), 한국사법행정학회, 2019 **[주석민법(물권법1)(2019)]**
주석 민법, 물권법 2 (제5판), 한국사법행정학회, 2019 **[주석민법(물권법2)(2019)]**
주석 민법, 상속법 (제5판), 한국사법행정학회, 2020 **[주석민법(상속법)(2020)]**
주석 민법, 채권각칙 2 (제5판), 한국사법행정학회, 2021 **[주석 민법(채권각칙 2)(2021)]**
주석 민법, 채권각칙 4 (제5판), 한국사법행정학회, 2022 **[주석 민법(채권각칙 4)(2022)]**
주석 민법, 채권각칙 5 (제5판), 한국사법행정학회, 2022 **[주석민법(채권각칙 5)(2022)]**
주석 민법, 채권총칙 1 (제5판), 한국사법행정학회, 2020 **[주석민법(채권총칙 1)(2020)]**
주석 민사소송법, 총칙(제8판), 편집대표:민일영, 한국사법행정학회, 2018 **[주석 민사소송법(총칙)(2018)]**
주석 상법, 총칙상행위 1(제4판), 한국사법행정학회, 2013 **[주석 상법(총칙상행위 1)(2013)]**
주석 신탁법(제2판), 광장신탁법연구회, 박영사, 2017 **[주석신탁 법(2017)]**

3) 논문

가정준, "신탁인 듯 신탁 아닌 '부동산담보신탁'", 법학논총 36권 1호, 전남대학교 법학연구소, 2016 **[가정준(2016)]**
강율리, "신탁을 이용한 자산유동화에 관한 법적 문제점-실무 상 제기된 몇 가지 문제", BFL 제17호, 서울대학교 금융법센터, 2006 **[강율리(2006)]**
고일광, "부동산신탁에 관한 회생절차상 취급-부동산담보신탁 의 경우를 중심으로", 사법 통권 제9호, 사법발전재단, 2009 **[고일광(2009)]**
곽윤직, "명의신탁에 관한 판례이론의 연구", 서울대학교 법학 제15권 제2호, 서울대학교 법학연구소, 1974 **[곽윤직(1974)]**
권영준, "도산해지조항의 효력", 민법과 도산법, 박영사, 2019 **[권영준 (2019)]**

_____, "배타적 사용수익권 포기 법리에 관한 비판적 검토", 서울대학교 법학 제47권 제4호, 2006 **[권영준(2006)]**

김경욱, "회생절차에 있어서 청산가치보장의 원칙", 경영법률 제26권 제4호, 한국경영법률학회, 2016 **[김경욱(2016)]**

김규화, "파산절차와 소송수계에 관한 실무상 쟁점", 민사판례 연구 제42권, 민사판례연구회, 박영사, 2020 **[김규화(2020)]**

김상용, "부동산 담보신탁제도 개발의 필요성과 법적 문제점 검토", 경영법률 제5권, 한국경영법률학회, 1992 **[김상용 (1992)]**

김성용, "담보 목적으로 신탁계약상 수익자로 지정된 채권자가 회생담보권자인지 여부", 도산판례백선, 박영사, 2021 **[김성용(2021)]**

김영주, "도산절차상 양도담보계약 당사자의 법적 지위", 사법 통권 제33호, 사법발전재단, 2015 **[김영주(2015)]**

김용호/이선지, "자산유동화 거래와 법적 과제", BFL 제5호, 서울대학교 금융법센터, 2004 **[김용호/이선지(2004)]**

김재형, "도산절차에서 담보권자의 지위", 인권과정의 제356호, 대한변호사협회, 2006 **[김재형(2006)]**

_____, "동산담보제도의 개선방안-등록제도의 도입에 관한 시론", 민사법학 제30호, 한국민사법학회, 2005 **[김재형(2005)]**

_____, "「자산유동화에 관한 법률」의 현황과 문제점", 민법론 I, 박영사, 2004 **[김재형(2004a)]**

_____, "채권자취소권의 본질과 효과에 관한 연구", 민법론 II, 박영사, 2004 **[김재형(2004b)]**

_____, "통합 도산법안의 주요쟁점", 비교사법 제10권 제1호, 한국비교사법학회, 2003 **[김재형(2003)]**

김준태, "자산유동화를 통한 기업자금조달의 구조 및 특성에 관한 연구", 전문경영인연구 제17권, 한국전문경영인학회, 2014 **[김준태(2014)]**

김진우, "신탁재산의 특수성", 법조 제533호, 법조협회, 2002 **[김진우(2002)]**

_____, "형성권에 관한 재고", 외법논집 제26집, 한국외국어대학교 법학연구소, 2007 **[김진우(2007)]**

김천수, "양도담보 법리의 기본적 고찰", 민사판례연구 제28권, 민사판례연구회,

2006 **[김천수(2006)]**

김태진, "사해신탁취소권에 관한 개정 신탁법의 해석과 재구성", 선진상사법률연구 통권 제59호, 법무부, 2012 **[김태진(2012)]**

김형석, "채권자취소권의 행사와 효과에 관한 관견(管見)", 저스티스 제183호, 한국법학원, 2021 **[김형석(2021)]**

_____, "유류분과 신탁-비교법적 개관과 평가", 가족법연구 제36권 제1호, 한국가족법학회, 2022 **[김형석(2022)]**

남동희, "부동산신탁의 위탁자에 대한 회생절차의 실무상 쟁점", 사법 통권 제15호, 사법발전재단, 2011 **[남동희 (2011)]**

박재억, "체육필수시설 담보신탁을 근거로 한 매각 절차와 인수 인의 체육시설업자 권리·의무 승계 여부", 사법 통권 제47호, 사법발전재단, 2019 **[박재억(2019)]**

심인숙, "프랑스 제정법상 '신탁' 개념 도입에 관한 소고", 중앙법학 제13집 제4호, 중앙법학회, 2011 **[심인숙(2011)]**

안성포, "기업유형으로서 상사신탁의 법적 쟁점", 상사법연구 제32권 제2호, 한국상사법학회, 2013 **[안성포(2013a)]**

_____, "신탁재산의 권리주체성에 관한 소고", 법학연구 제39집, 전북대학교 법학연구소, 2013 **[안성포(2013b)]**

_____, "유동화에 따른 신탁재산의 독자성에 관한 소고", 증권법연구 제7권 제2호, 한국증권법학회, 2006 **[안성포 (2006)]**

_____, "채권금융기관에 의한 담보신탁의 활용", 증권법연구 제13권 제3호, 한국증권법학회, 2012 **[안성포(2012)]**

양창수, "부동산실명법 제4조에 의한 명의신탁의 효력 -소위 등기명의신탁을 중심으로-", 서울대학교 법학 제38권 제1호, 서울대학교 법학연구소, 1997 **[양창수(1997)]**

양형우, "사해신탁과 부인권의 관계", 민사법학 제61호, 한국민사법학회, 2012 **[양형우(2012)]**

_____, "수익자에 대하여 회생절차가 개시된 경우 사해행위취소에 따른 가액배상청구권이 공익채권에 해당하는지 여부 -대법원 2019. 4. 11. 선고 2018다203715 판결-", 홍익법학 제21-2호, 홍익대학교 법학연구소,

2020 **[양형우(2020)]**

오수근, "기업구조조정촉진법의 운영실태(2007-2013)에 대한 실증연구", 경제법연구 제16권 제1호, 한국경제법학회, 2017 **[오수근(2017)]**

_____, "청산가치 보장의 원칙", 민사판례연구 제29권, 민사판례연구회, 박영사, 2007 **[오수근(2007)]**

오영걸, "리부트 -대법원 2001. 7. 13. 선고 2001다9267 판결 -", 법조 제71권 2호, 법조협회, 2022 **[오영걸(2022)]**

_____, "신탁의 변용적 계수 및 그 법리적 과제들", 서울대학교 법학 제60권 제4호, 2019 **[오영걸(2019)]**

오영준, "신탁재산의 독립성", 민사판례연구 제30권, 민사판례연구회, 박영사, 2008 **[오영준(2008)]**

오창석, "개정 신탁법상 사해신탁법상 사해신탁제도에 관한 소고", 한국금융법학회 2009년 동계학술발표회 자료집 "금융법의 현안과 과제", 한국금융법학회, 2009 **[오창석(2009)]**

_____, "개정 신탁법이 신탁실무에 미치는 영향, BFL 제39호, 서울대학교 금융법센터, 2010 **[오창석(2010)]**

윤석찬, "소유권유보부매매의 유형과 법리", 재산법연구 제37권 제1호, 한국재산법학회, 2020 **[윤석찬(2020)]**

윤정운, "담보신탁을 근거로 한 매각 절차와 입회보증금반환채무의 승계 -정당한 법해석의 관점에서-", 서울대학교 법학 제61권 제3호, 서울대학교 법학연구소, 2020 **[윤정운(2020)]**

윤진수, "담보신탁의 도산절연론 비판", 비교사법 제25권 제2호, 한국비교사법학회, 2018 **[윤진수(2018)]**

윤진수/최효종, "담보신탁의 경제적 분석:도산절연의 문제를 중심으로", 법경제학연구 제20권 제1호, 한국법경제학회, 2023 **[윤진수/최효종(2023)]**

이계정, "고령사회에서의 신탁의 역할 -신탁의 공익적 기능에 주목하여", 서울대학교 법학 제61권 제4호, 서울대학교 법학연구소, 2020 **[이계정(2020a)]**

_____, "골프장 시설에 대한 담보신탁에 기한 공매와 입회보증금반환의무의 승계", 민사법학 제89호, 한국민사법학회, 2019 **[이계정(2019)]**

_____, "담보신탁과 분양보증신탁에 관한 연구", 사법 제41호, 사법발전재단,

2017 **[이계정(2017b)]**

_____, "삼자간 등기명의신탁에서 명의수탁자의 처분으로 인한 부당이득 법률관계", 법조 제71권 제2호, 법조협회, 2022 **[이계정(2022)]**

_____, "신탁의 경제적 분석", 법조 제69권 제4호, 법조협회, 2020 **[이계정(2020b)]**

_____, "신탁의 수익권의 성질에 관한 연구", 민사법학 제77호, 한국민사법학회, 2016 **[이계정(2016a)]**

_____, "형평법상 추급권과 신탁의 법리", 저스티스 제157호, 한국법학원, 2016 **[이계정(2016b)]**

이근영, "신탁법상 자기신탁에 대한 연구", 민사법학 제64호, 한국민사법학회, 2013 **[이근영(2013)]**

이동진, "채권자취소권의 법적 성질과 그 구성", 저스티스 제174호, 한국법학원, 2019 **[이동진(2019)]**

_____, "부당이득반환청구권의 도산절차상 지위", 법조 제67권 제6호, 법조협회, 2018 **[이동진(2018)]**

이소은, "양도담보와 대내적 소유권 개념에 대한 고찰", 민사법학 제76호, 한국민사법학회, 2016 **[이소은(2016)]**

이연갑, "리스계약과 도산절차", 민사판례연구 제28권, 민사판례연구회, 2006 **[이연갑(2006)]**

_____, "수탁자의 보상청구권과 충실의무", 민사판례연구 제30권, 민사판례연구회, 2008 **[이연갑(2008a)]**

_____, "신탁법상 수익자의 지위", 민사판례연구 제30권, 민사판례연구회, 2008 **[이연갑(2008b)]**

_____, "신탁법상 수탁자의 의무와 권한", 선진상사법률연구 통권 제48호, 법무부, 2009 **[이연갑(2009a)]**

_____, "신탁법상 수탁자의 파산과 수익자의 보호", 민사법학 제45-1호, 한국민사법학회, 2009 **[이연갑(2009b)]**

_____, "신탁재산에 강제집행할 수 있는 채권자", 중앙법학 제11집 제4호, 중앙법학회, 2009 **[이연갑(2009c)]**

_____, "신탁재산의 파산", 회생과파산 v1., 한국도산법학회, 사법발전재단,

2012 [이연갑(2012)]

_____, "신탁재산의 파산에 관한 「채무자 회생 및 파산에 관한 법률」개정안의 검토", 법조 제60권 제10호, 법조협회, 2011 [**이연갑 (2011)**]

이우재, "개발신탁의 사해행위 판단방법", 대법원판례해설 제46호, 법원도서관, 2004 [이우재(2004)]

이은재, "신탁과 도산", 기업법연구 제30권 제3호, 한국기업법학회, 2016 [이은재(2016)]

이주현, "신탁법상의 신탁을 체결하면서 담보목적으로 채권자를 수익자로 지정한 경우 그 수익권이 정리계획에 의하여 소멸되는 정리 담보권인지 여부", 대법원판례해설 제42호, 법원도서관, 2003 [**이 주현(2003)**]

이중기, "담보신탁과 담보권신탁", 증권법연구 제14권 제2호, 한국증권법학회, 2013 [이중기(2013)]

_____, "분별관리의무위반으로 인한 신탁금전의 혼화, 혼화금전의 처분, 금전처분에 대한 수익자취소권의 행사 및 수탁자 파산시 환취권의 행사가능성", 홍익법학 제9권 제2호, 홍익대학교 법학연구소, 2008 [이중기(2008a)]

_____, "사해신탁에 대한 취소와 원상회복", 비교사법 제14권 제1호, 한국비교사법학회, 2007 [이중기(2007)]

_____, "신탁의 정의방법과 신탁성립에 관한 제문제", 민사판례연구 제30권, 민사판례연구회, 2008 [이중기(2008b)]

_____, "잔여수익권의 특징과 양도방법: 수익권의 불가분성을 중심으로", 홍익법학 제14권 제2호, 홍익대학교 법학연구소, 2013 [이중기(2013)]

임채웅, "도산격리의 연구", 민사소송 제12권 제1호, 한국민사소송법학회, 2008 [임채웅(2008a)]

_____, "사해신탁의 연구", 법조 제55권 제9호, 법조협회, 2006 [**임채웅 (2006)**]

_____, "신탁수익권에 관한 민사집행의 연구", 서울대학교 법학 제50권, 서울대학교 법학연구소, 2009 [임채웅(2009a)]

_____, "수탁자가 파산한 경우의 신탁법률관계 연구", 사법 제6호, 사법연구지원재단, 2008 [임채웅(2008b)]

_____, "신탁재산에 대한 민사집행의 연구", 법조 제58권 제8호, 법조협회,

2009 **[임채웅(2009b)]**

_____, "신탁행위의 연구", 저스티스 통권 제99호, 한국법학원, 2007 **[임채웅(2007)]**

_____, "유언신탁 및 유언대용신탁의 연구", 인권과정의 제397호, 대한변호사협회, 2008 **[임채웅(2008c)]**

전병서, "파산법상 환취권 고찰", 법조 제48권 제3호, 법조협회, 1999 **[전병서(1999)]**

전원열, "파산선고 후 제기된 사해행위취소의 소를 파산관재인이 수계할 수 있는지 여부", 법조 제68권 제4호, 법조협회, 2019 **[전원열(2019)]**

정건희, "도산제도와 면책제도의 법제사적 검토", 회생법학 제24호, 한국채무자회생법학회, 2022 **[정건희(2022)]**

정소민, "담보신탁의 법리에 관한 비판적 고찰", 선진상사법률연구 통권 제85호, 법무부, 2019 **[정소민(2019)]**

_____, "도산법상 소유권유보부 매매의 매도인의 지위", 민사판례연구 제37권, 민사판례연구회, 2015 **[정소민(2015)]**

정순섭, "신탁의 기본 구조에 관한 연구", BFL 제17호, 서울대학교금융법센터, 2006 **[정순섭(2006)]**

정태윤, "프랑스 신탁법", 비교사법 제19권 제3호, 한국비교사법학회, 2012 **[정태윤(2012)]**

제철웅, "등기청구권과 침해부당이득: 새로운 법리의 형성과정에 관한 고찰", 민사법학 제93호, 한국민사법학회, 2020 **[제철웅(2020)]**

조영희, "파산절연과 자산유동화에 관한 법률 제13조에 관한 소고", BFL 제31호, 서울대학교 금융법센터, 2008 **[조영희(2008)]**

진상훈, "부동산신탁의 유형별 사해행위 판단방법", 민사집행법연구 제4권, 한국민사집행법학회, 2008 **[진상훈(2008)]**

최수정, "개정 신탁법상의 수익권", 선진상사법률연구 통권 제59호, 법무부, 2012 **[최수정(2012)]**

_____, "담보를 위한 신탁", 법조 제62권 제8호, 법조협회, 2013 **[최수정(2013)]**

_____, "민법상 금전의 개념과 금전채권의 특질", 비교사법 제10권 제1호, 한국비교사법학회, 2003 **[최수정(2003)]**

_____, "부동산담보신탁상 우선수익권의 성질과 우선수익권질권의 효력", 인권과정의 제470호, 2017 **[최수정(2017)]**

_____, "상속수단으로서의 신탁", 민사법학 제34호, 한국민사법학회, 2006 **[최수정(2006)]**

_____, "수익자취소권 재고", 법조 통권 제63권 제6호, 법조협회, 2014 **[최수정(2014)]**

_____, "채권자취소권의 관점에서 본 신탁법상의 취소제도", 저스티스 통권 제155호, 한국법학원, 2016 **[최수정(2016)]**

_____, "퀘벡주를 통해서 본 대륙법계국가에서의 신탁", 신탁연구, 한국신탁학회, 2021 **[최수정(2021)]**

최유나, "일본 파산법제에서 면책의 변화에 대한 법제사적 연구", 상사법 연구 제39권 제3호, 한국상사법학회, 2020 **[최유나(2020)]**

최종길, "소유권유보매매의 법률관계에 관한 고찰 -그 매수인의 법적지위를 중심으로-", 서울대학교 법학 제9권 제2호, 서울대학교 법학연구소, 1967 **[최종길(1967)]**

최준규, "금융리스와 도산절차 -재론(再論)-", 저스티스 제183호, 한국법학원, 2021 **[최준규(2021)]**

_____, "금전의 이동(移動)과 물권적청구권 -가치 소유권 및 의제신탁으로부터의 시사-", 법조 제58권 제11호, 법조협회, 2009 **[최준규(2009)]**

_____, "담보신탁을 근거로 한 체육필수시설의 매매와 매수인의 권리·의무 승계", 사법 제48호, 사법발전재단, 2019 **[최준규(2019)]**

_____, "사해행위의 수익자에 대하여 도산절차가 개시된 경우의 법률관계", 서울대학교 법학 제61권, 서울대학교 법학연구소, 2020 **[최준규(2020)]**

최효종/김소연, "2010년대 골프장 회생절차에 대한 실증연구", 법조 제67권 제6호, 법조협회, 2018 **[최효종/김소연(2018)]**

한 민, "사해신탁의 취소와 부인" BFL 제53호, 서울대학교 금융법센터, 2012 **[한민(2012)]**

_____, "신탁제도 개혁과 자산유동화", BFL 제50호, 서울대학교 금융법센터, 2011 **[한민(2011)]**

한 민/박종현, "신탁과 도산법 문제", BFL 제17호, 서울대학교 금융법센터, 2006

[한민/박종현(2006)]
한상곤, "부동산담보신탁의 수익권에 관한 고찰", 경희법학 제49권 제1 호, 경희법학연구소, 2014 **[한상곤(2014a)]**
_____, "사해신탁취소권의 행사에 관한 법적 고찰", 경희법학 제49권 제3호, 경희법학연구소, 2014 **[한상곤(2014b)]**
함대영, "신탁형 자산유동화에서의 진정양도 판단", BFL 제44호, 서울대학교 금융법센터, 2010 **[함대영(2010)]**

⟨영문문헌(英文文獻)⟩

1) 단행본

Hudson, Alastair, Principles of Equity and Trusts (Routledge. 2d ed. 2022) **[Alastair Hudson (2022)]**

Jackson, Thomas H., The Logic and Limits of Bankruptcy Law (Beard Books. 2001) **[Thomas H. Jackson (2001)]**

Martin, Jill E., Hanbury & Martin Modern Equity (Sweet & Maxwell. 19th ed. 2012) **[Jill E. Martin (2012)]**

Mitchell, Charles, Matthews, Paul, Harris, Jonathan, & Agnew, Sinéad, Underhill & Hayton Law of Trusts and Trustees (Butterworths. 20th ed. 2022) **[Charles Mitchell, Paul Matthews, Jonathan Harris & Sinéad Agnew (2022)]**

Pearce, Robert, Stevens, John & Barr, Warren, The Law of Trusts and Equitable Obligations (Oxford University Press. 5th ed. 2010) **[Robert Pearce, John Stevens & Warren Barr (2010)]**

Pettit, Philip H., Equity and the Law of Trusts (Oxford University Press. 12th ed. 2012) **[Philip H. Pettit (2012)]**

Resnick, Alan N. & Sommer, Henry J., Collier on Bankruptcy (LexisNexis. 16th ed. 2022) **[Alan N. Resnick & Henry J. Sommer (2022)]**

Roe, Mark J. & Tung, Frederick, Bankruptcy and Corporate Reorganization, Legal and Financial Materials (Foundation Press. 4th ed. 2016) **[Mark J. Roe & Frederick Tung (2016)]**

Scott, Austine Wakeman & Ascher, Mark L., Scott and Ascher on Trust - Volume 1 (Aspen Publisher. 6th ed. 2022) **[Austine Wakeman Scott & Mark L. Ascher (2022a)]**

Scott, Austine Wakeman & Ascher, Mark L., Scott and Ascher on Trust - Volume 2 (Aspen Publisher. 6th ed. 2022) **[Austine Wakeman Scott & Mark L. Ascher (2022b)]**

Scott, Austine Wakeman & Ascher, Mark L., Scott and Ascher on Trust - Volume 3 (Aspen Publisher. 6th ed. 2022) **[Austine Wakeman Scott & Mark L. Ascher (2022c)]**

Scott, Austine Wakeman & Ascher, Mark L., Scott and Ascher on Trust - Volume 4 (Aspen Publisher. 6th ed. 2022) **[Austine Wakeman Scott & Mark L. Ascher (2022d)]**

Thomas, Geraint & Hudson, Alastair, The Law of Trusts (Oxford University Press. 2004) **[Geraint Thomas & Alastair Hudson (2004)]**

Tucker, Lynton, Le Poidevin, Nicholas & Brightwell, James, Lewin on Trusts - Volume 1 (Sweet & Maxwell. 20th ed. 2020) **[Lynton Tucker, Nicholas Le Poidevin & James Brightwell (2020)]**

Virgo, Graham, The Principles of Equity & Trusts (Oxford University Press. 4th ed. 2020) **[Graham Virgo (2020)]**

Warren, William D. & Bussel, Daniel J., Bankruptcy (Foundation Press. 8th ed. 2009) **[William D. Warren & Daniel J. Bussel (2009)]**

Watt, Gary, Equity & Trust Law (Oxford University Press. 7th ed. 2021) **[Gary Watt (2021)]**

Worthington, Sarah, Equity, (Oxford University Press. 2d ed. 2006) **[Sarah Worthington (2006)]**

Young, Brian, Politics of Codification : The Lower Canadian Civil Code of 1866 (McGill-Queen's University Press. 1994) **[Brian Young (1994)]**

2) 논문

Baird, Douglas G., *Bankruptcy's uncontested axioms*, 108 Yale L.J. 573 (1998) [Douglas G. Baird (1998)]

Baird, Douglas G. & Jackson, Thomas H., *Corporate reorganizations and the treatment of diverse ownership interests: a comment on adequate protection of secured creditors in bankruptcy*, 51 U. Chi. L. Rev. 97 (1984) [Douglas G. Baird & Thomas H. Jackson (1984)]

Bohemier, Albert, *Application of the Bankruptcy and Insolvency Act to the Trust of the Civil Code of Quebec*, 37 R. J. T. 113 (2003) [Albert Bohemier (2003)]

Cohen, Gershon Dean, *Deed of Trust Mortgage: Foreclosure Problems*, 7 St. MARY's L.J. 135 (1975) [Gershon Dean Cohen (1975)]

Fogel, Bradley E.S., *Trust Me? Estate Planning With Revocable Trusts*, 58 St. Louis U. L.J. 805 (2014) [Bradley E.S. Fogel (2014)]

Gdanski, Martin & Pichardo-Angadi, Tara, *The French law on fiducie and its application to banking and finance transactions*, 22 J.I.B.L.R. 434 (2007) [Martin Gdanski & Tara Pichardo-Angadi (2007)]

Guidotti, Aldo P., "*Mortgages and Trust Deeds: Enforcement of a Secured Debt in California*", 31 Calif. L. Rev. 429 (1943) [Aldo P. Guidotti (1943)]

Haines, Randolph J., *The Conservative Assault On Federal Equity*, 88 Am. Bankr. L.J. 451 (2014) [Randolph J. Haines (2014)]

Hohimer, Ashely S., *Constructive Trusts in Bankruptcy: Is an Equitable Interest in Property More Than Just a Claim*, 19 Bankr. Dev. J. 499 (2003) [Ashely S. Hohimer (2003)]

Honoré, Antony M., *Ownership*, Oxford Essays in Jurisprudence 107 (Oxford: Oxford University Press, 1961) [Antony M. Honoré (1961)]

Ipock, Charles Epps, *A Judicial and Economic Analysis of Attorney's Fees In Trust LitigationI and The Resulting Inequitable Treatment of Trust*

Beneficiaries, 43 St. Mary's L.J. 855 (2012) [Charles Epps Ipock (2012)]

Jackson, Thomas H., Avoiding Powers in Bankruptcy, 36 Stan. L. Rev. 725 (1984) [Thomas H. Jackson (1984)]

_____, Bankruptcy, Non-Bankruptcy Entitlements, and the Creditors' Bargain, 91 Yale L.J. 857 (1982) [Thomas H. Jackson (1982)]

_____, On the nature of bankruptcy law: an essay on bankruptcy sharing and the creditors' bargain, 75 Va. L. Rev. 155 (1989) [Thomas H. Jackson (1989)]

_____, Statutory Liens and Constructive Trusts in Bankruptcy: Undoing the Confusion, 61 Am. Bankr. L.J. 287 (1987) [Thomas H. Jackson (1987)]

_____, Translating assets and liabilities to the bankruptcy forum, 14 J. Legal Stud. 73 (1985) [Thomas H. Jackson (1985)]

Kidd, A. M., Trust Deeds and Mortgages in California, 3 Calif. L. Rev. (1915) [A. M. Kidd (1915)]

Korobkin, Donald R., Rehabilitating Values: A Jurisprudence of Bankruptcy, 91 Colum. L. Rev. 717 (1991) [Donald R. Korobkin (1991)]

Lépaulle, Pierre, Civil Law Substitutes For Trusts, 36 Yale L.J. 1126 (1927) [Pierre Lépaulle (1927)]

Lipson, Jonathan C., Debt and Democracy: Towards a Constitutional Theory of Bankruptcy, 83 Notre Dame L. Rev. 605 (2008) [Jonathan C. Lipson (2008)]

Mangano, Renato, The Role of Fraudulent Transfer Rules in Corporate Insolvency, 5 ECFR 193 (2008) [Renato Mangano (2008)]

McJohn, Stephen, Person or Property? On The Legal Nature of The Bankruptcy Estate, 10 Bankr. Dev. J. 465 (1994) [Stephen McJohn (1994)]

Newman, Alan, The Rights of Creditors of Beneficiaries Under The Uniform

Trust Code: An Examination of The Compromise, 69 TNLR 771 (2002) [Alan Newman (2002)]

Nsubuga, Hamiisi Junior, *The interpretative approach to bankruptcy law: remedying the theoretical limitations in the traditionalist and the proceduralist perspectives on corporate insolvency*, 60 Int. J.L.M. 824 (2018) [Hamiisi Junior Nsubuga (2018)]

Patterson, Benjamin D., *The Uniform Trust Code Revives The Historical Purposes of Trusts snd Reiterates The Importance of The Settlor's Intent*, 43 Creighton L. Rev. 905 (2010) [Benjamin D. Patterson (2010)]

Plank, Thomas E., *The Constitutional Limits of Bankruptcy*, 63 Tenn. L. Rev. 487 (1996) [Thomas E. Plank (1996)]

Renaudin, Muriel, *The modernisation of French secured credit law: law as a competitive tool in global markets*, 24 I.C.C.L.R. 385 (2013) [Muriel Renaudin (2013)]

Riesenfeld, Stefan A., *Classification of Claims and Interests in Chapter 11 and 13 Cases*, 75 Calif. L. Rev. 391 (1987) [Stefan A. Riesenfeld (1987)]

Rogers, James Steven, *The Impairment of Secured Creditors' Rights in Reorganization: A Study of The Relationship Between The Fifth Amendment and The Bankruptcy Clause*, 96 Harv. L. Rev. 973 (1983) [James Steven Rogers (1983)]

Schick, Sandor E.. Globalization, B*ankruptcy and the Myth of the Broken Bench*, 80 Am. Bankr. L.J. 219 (2006) [Sandor E. Schick (2006)]

Seymour, Jonathan M., Against Bankruptcy Exceptionalism, 89 U. Chi. L. Rev. 1925 (2022) [Jonathan M. Seymour (2022)]

Sorensen, Anker, *The fiducie-surete: the most effective French security interest?*, 30 J.I.B.L.R. 621 (2015) [Anker Sorensen (2015)]

Speier, Jared W., *Clarifying the Business Trust in Bankruptcy: A Proposed Restatement Test*, 43 Pepp. L. Rev. 1065 (2016) [Jared W. Speier

(2016)]
Tabb, Charles J., *The History of the Bankruptcy Laws in the United States*, 3 AM. Bankr. Inst. L. Rev. 5 (1995) **[Charles J. Tabb (1995)]**
_____, The Historical Evolution of the Bankruptcy Discharge, 65 Am. Bankr. L.J. 325 (1991) **[Charles J. Tabb (1991)]**
Treiman, Israel, *Acts of Bankruptcy: A Medieval Concept in Modern Bankruptcy Law*, 52 Harv. L. Rev. 189 (1938) **[Israel Treiman (1938)]**
Vitiello, Anthony F. & Kessler, Daniel B., *Estate Planning & Elder Law, Piercing the Trust Veil: How Foolish Beneficiaries Can Compromise Foolproof Trusts*, 194 New Jersey Law Journal 535 (2008) **[Anthony F. Vitiello & Daniel B. Kessler (2008)]**
Warren, Elizabeth, *Bankruptcy policy*, 54 U. Chi. L. Rev. 775 (1987) **[Elizabeth Warren (1987)]**
_____, *Bankruptcy policymaking in an imperfect world*, 92 Mich. L. Rev. 336 (1993) **[Elizabeth Warren (1993)]**

〈일문문헌(日文文獻)〉

1) 단행본

加藤哲夫, 破産法, 弘文堂, 2012 **[加藤哲夫 (2012)]**
野村剛司, 倒産法, 青林書院, 2021 **[野村剛司 (2021)]**
道垣內弘人, 信託法(第2版), 有斐閣, 2022 **[道垣內弘人 (2022a)]**
_____, 信託法の問題狀況, 有斐閣, 2022 **[道垣內弘人 (2022b)]**
道垣內弘人 外, 條解信託法, 弘文堂, 2017 **[道垣內弘人 外 (2017)]**
三上威彦, 倒産法(法律学講座), 信山社, 2017 **[三上威彦 (2017)]**
三ケ月章 外, 條解會社更生法(上)(第三次補訂), 弘文堂, 1998 **[三ケ月章 外 (1998a)]**
_____, 條解會社更生法(中)(第三次補訂), 弘文堂, 1999 **[三ケ月章 外 (1999)]**
_____, 條解會社更生法(下)(第三次補訂), 弘文堂, 1998 **[三ケ月章 外 (1998b)]**

信託と倒産 實務研究會, 信託と倒産, 商事法務, 2008 **[信託と倒産 實務 研究會 (2008)]**

四宮和夫, 信託法(新版), 有斐閣, 1989 **[四宮和夫 (1989)]**

新井誠, 信託法(第4版), 有斐閣, 2014 **[新井誠 (2014)]**

伊藤眞, (条解)破産法, 弘文堂, 2020 **[伊藤眞 (2020)]**

_____, 破産法·民事再生法(第5版), 有斐閣, 2022 **[伊藤眞 (2022)]**

青木徹二, 信託法論, 財政経済時報社, 1926 **[青木徹二 (1926)]**

大阪谷公夫, 信託法の研究 (上), 信山社, 1991 **[大阪谷公夫 (1991)]**

入江眞太郎, 信託法原論, 巖松堂書店, 1928 **[入江眞太郎 (1928)]**

岩田新, 信託法新論, 有斐閣, 1933 **[岩田新 (1933)]**

東京地裁破産再生實務研究會, 破産·民事再生の實務 [2], 破産編(第3版), 東京:金融財政事情研究會, 2014 **[東京地裁破産再生實務研究會 (2014)]**

2) 논문

齋藤常三郎, "破産法発達史-日本独逸に関するもの、破産法改正私論の一節-",「法学論叢」第37巻 第2号, 1937 **[齋藤常三郎 (1937)]**

桜井孝一, "破産制度の近代化と外国法の影響-第二次対戦前における-",「比較法学」第2巻 第2号, 1966 **[桜井孝一 (1966)]**

山本研, "日本の會社更生及び企業民事再生制度の現狀と展望", 회생법학 제16호, 한국회생법학회, 2018 **[山本研 (2018)]**

山本克己, "日本新會社更生法の概要 等", 민사소송 제7권 제2호, 한국민사소송법학회, 2003 **[山本克己 (2003)]**

沖野眞已, "[特集] 信託の展開 Ⅲ 信託法解釈の展開 信託財産破産を めぐる諸問題", ジュリスト No. 1450, 2013 **[沖野眞已 (2013)]**

小早川欣吾, "近世に於ける身代限り及分散續考(二)",「法学論叢」第44巻 第2号, 1941 **[小早川欣吾 (1941)]**

〈불문문헌(佛文文獻)〉

Barrière, François, *La Fiducie-Sûreté en Droit Français*, 58 McGill L.J. 869 (2013) **[François Barrière (2013)]**

Lépaulle, Pierre, Traité théorique et pratique des trusts en droit interne, en droit fiscal et en droit international (Rousseau & Cie, 1932) **[Pierre Lépaulle (1932)]**

〈독문문헌(獨文文獻)〉

Frege, Michael C., Keller, Ulrich & Riedel, Ernst, Insolvenzrecht (C. H. Beck, 8. Auflage, 2015) **[Michael C. Frege, Ulrich Keller & Ernst Riedel (2015)]**

Gottwald, Peter & Haas, Ulrich, Insolvenzrechts-Handbuch (C. H. Beck, 6. Auflage, 2020) **[Peter Gottwald & Ulrich Haas (2020)]**

Schmidt, Karsten, Insolvenzordnung: InsO (C. H. Beck, 19. Auflage, 2016) **[Karsten Schmidt (2016)]**

찾아보기

ㄱ
가액배상청구 278, 305, 321
개발신탁 159
고유재산 261
공익채권 270, 306, 317, 322
관리신탁 159
금융리스 64
금전 266, 268

ㄷ
담보신탁 154
담보권신탁 168, 226
대체적 환취권 267
도산 예외주의(bankruptcy exceptionalism) 129
Deed of Trust 178

ㅁ
면책(discharge) 21, 49
명의신탁 71, 167
목적재산(patrimoine d'affectation) 81

ㅂ
별제권 32, 205, 235
부당이득반환청구 265, 268, 324
부인권(Avoiding Power) 26, 37, 242, 245
분별관리 107, 266

ㅅ
비용상환청구권 317, 316

사해신탁 117, 240, 294, 319
소유권유보부 매매 55
수익권 91, 311, 313
수익권양도청구권 328
수익자취소권 100, 261, 277
수탁자의 고유재산 255, 261, 268, 284
신수탁자 257, 275, 283, 288
신탁의 도산절연성 102, 135, 251
신탁재산 73, 119, 148, 255, 283, 337
신탁재산관리인 257, 275, 283, 288
신탁재산의 독립성 87
신탁채권 280, 283, 298
쌍방미이행의 쌍무계약 62, 66, 191, 215, 235

ㅇ
양도담보(권) 56, 165, 170, 198, 209
원상회복(청구) 249, 305, 319
유언대용신탁 142
유한책임신탁 338, 344
의제신탁 276

ㅈ
자기신탁 73, 109

자산유동화 149
자익신탁 112
진정양도 153

ㅊ

채권자취소권 240, 242
책임재단(estate) 21, 24, 27, 52
처분신탁 159
철회가능신탁 137, 208, 213
청산가치보장의 원칙 35, 38, 46

ㅍ

파산재단 36, 47
표준신탁법 88, 94, 138, 282

ㅎ

형식보다 실질의 원칙(the substance over form doctrine) 68, 128, 216
형평법상의 추급권(equitable tracing remedy) 93, 269
환취권 51, 256, 273
회생담보권 206, 229

문혜영

서울대학교 법학과
서울대학교 법과대학원 법학석사 및 법학박사
(전) 법무법인 세종 변호사
(현) 아주대학교 법학전문대학원 부교수

도산절차에서의 신탁의 법리

초판 인쇄   2025년 03월 12일
초판 발행   2025년 03월 19일

저　자　문혜영
펴낸이　한정희
펴낸곳　경인문화사
등　록　제406-1973-000003호
주　소　경기도 파주시 회동길 445-1 경인빌딩 B동 4층
전　화　(031) 955-9300　팩　스　(031) 955-9310
홈페이지　www.kyunginp.co.kr
이메일　kyungin@kyunginp.com

ISBN   978-89-499-6843-8 93360
값 30,000원

＊ 저자와 출판사의 동의 없는 인용 또는 발췌를 금합니다.
＊ 파본 및 훼손된 책은 구입하신 서점에서 교환해 드립니다.

서울대학교 법학연구소 법학 연구총서

1. 住宅의 競賣와 賃借人 保護에 관한 實務硏究
   閔日榮 저 412쪽 20,000원
2. 부실채권 정리제도의 국제 표준화
   鄭在龍 저 228쪽 13,000원
3. 개인정보보호와 자기정보통제권 ●
   권건보 저 364쪽 18,000원
4. 부동산투자회사제도의 법적 구조와 세제
   박훈 저 268쪽 13,000원
5. 재벌의 경제력집중 규제 ●
   홍명수 저 332쪽 17,000원
6. 행정소송상 예방적 구제 ●
   이현수 저 362쪽 18,000원
7. 남북교류협력의 규범체계
   이효원 저 412쪽 20,000원
8. 형법상 법률의 착오론 ●
   안성조 저 440쪽 22,000원
9. 행정계약법의 이해 ●
   김대인 저 448쪽 22,000원
10. 이사의 손해배상책임의 제한 ●
    최문희 저 370쪽 18,000원
11. 조선시대의 형사법 –대명률과 국전– ●
    조지만 저 428쪽 21,000원
12. 특허침해로 인한 손해배상액의 산정 ●
    박성수 저 528쪽 26,000원
13. 채권자대위권 연구
    여하윤 저 288쪽 15,000원
14. 형성권 연구 ●
    김영희 저 312쪽 16,000원
15. 증권집단소송과 화해 ●
    박철희 저 352쪽 18,000원
16. The Concept of Authority
    박준석 저 256쪽 13,000원
17. 국내세법과 조세조약
    이재호 저 320쪽 16,000원
18. 건국과 헌법
    김수용 저 528쪽 27,000원
19. 중국의 계약책임법
    채성국 저 432쪽 22,000원
20. 중지미수의 이론 ●
    최준혁 저 424쪽 22,000원
21. WTO 보조금 협정상 위임·지시 보조금의 법적 의미 ●
    이재민 저 484쪽 29,000원
22. 중국의 사법제도 ▲
    정철 저 383쪽 23,000원
23. 부당해고의 구제
    정진경 저 672쪽 40,000원
24. 서양의 세습가산제
    이철우 저 302쪽 21,000원
25. 유언의 해석 ▲
    현소혜 저 332쪽 23,000원
26. 營造物의 개념과 이론 ●
    이상덕 저 504쪽 35,000원
27. 미술가의 저작인격권 ●
    구본진 저 436쪽 30,000원
28. 독점규제법 집행론
    조성국 저 376쪽 26,000원
29. 파트너쉽 과세제도의 이론과 논점
    김석환 저 334쪽 23,000원
30. 비국가행위자의 테러행위에 대한 무력대응
    도경옥 저 316쪽 22,000원
31. 慰藉料에 관한 硏究
    –不法行爲를 중심으로– ●
    이창현 저 420쪽 29,000원
32. 젠더관점에 따른 제노사이드규범의 재구성
    홍소연 저 228쪽 16,000원
33. 親生子關係의 決定基準
    권재문 저 388쪽 27,000원
34. 기후변화와 WTO = 탄소배출권 국경조정 ▲
    김호철 저 400쪽 28,000원
35. 韓國 憲法과 共和主義 ●
    김동훈 저 382쪽 27,000원
36. 국가임무의 '機能私化'와 국가의 책임
    차민식 저 406쪽 29,000원
37. 유럽연합의 규범통제제도 – 유럽연합 정체성 평가와 남북한 통합에의 함의 –
    김용훈 저 338쪽 24,000원
38. 글로벌 경쟁시대 적극행정 실현을 위한 행정부 법해석권의 재조명
    이성엽 저 313쪽 23,000원
39. 기능성원리연구
    유영선 저 423쪽 33,000원
40. 주식에 대한 경제적 이익과 의결권
    김지평 저 378쪽 31,000원
41. 情報市場과 均衡
    김주영 저 376쪽 30,000원
42. 일사부재리 원칙의 국제적 전개
    김기준 저 352쪽 27,000원
43. 독점규제법상 부당한 공동행위에 대한 손해배상청구 ▲
    이선희 저 351쪽 27,000원